心理学教程

主　编　李　飞
副主编　张爱芹　张　爽
参　编　胡俊杰　于　敏　赵　扬

北京理工大学出版社
BEIJING INSTITUTE OF TECHNOLOGY PRESS

内 容 简 介

本书以普通心理学知识体系为蓝本，有效融合教师资格认证考试的笔试科目《教育教学知识与能力》《教育知识与能力》考试大纲中的相关内容，并在总结和反思高等师范院校通识必修课程"心理学"多年教学实践的基础上，以心理学基本理论为基础、以心理学知识的实际应用为主线，从基础理论、心理特点、实践应用等方面出发，紧密结合学生心理发展和学校教育教学的实际来组织教材内容，设计编写体例，比如，在教材中设置了"青少年心理健康与辅导""教师心理"等章节内容，每章内容除正文外，还设计了"案例导学""目标解析""阅读窗""要点回顾""习题园地""思维导图"模块，以求达到科学性、应用性、实用性和趣味性的有机结合，以更好地适应新时代高等师范院校教师教育专业学生成长的实际需求。全书结构完整、布局合理、内容新颖，既可作为高等师范院校教师教育专业开设心理学类通识必修课的基础教材，也可作为广大心理学爱好者的参考用书。

版权专有　侵权必究

图书在版编目(CIP)数据

心理学教程 / 李飞主编. --北京：北京理工大学出版社，2024.7.
ISBN 978-7-5763-4376-2

Ⅰ. B84

中国国家版本馆 CIP 数据核字第 2024MC2725 号

责任编辑：李慧智　　**文案编辑**：李慧智
责任校对：刘亚男　　**责任印制**：李志强

出版发行 / 北京理工大学出版社有限责任公司
社　　址 / 北京市丰台区四合庄路 6 号
邮　　编 / 100070
电　　话 / (010) 68914026（教材售后服务热线）
　　　　　　 (010) 68944437（课件资源服务热线）
网　　址 / http://www.bitpress.com.cn
版 印 次 / 2024 年 7 月第 1 版第 1 次印刷
印　　刷 / 唐山富达印务有限公司
开　　本 / 787 mm×1092 mm　1/16
印　　张 / 18.5
字　　数 / 431 千字
定　　价 / 95.00 元

图书出现印装质量问题，请拨打售后服务热线，负责调换

前 言

党的二十大报告提出"重视心理健康和精神卫生",这对新时代做好心理健康和精神卫生工作提出了明确要求。学校教育在系统开展心理健康教育工作方面具有无可比拟的优势,作为基础教育师资重要储备力量——高等师范院校教师教育专业的学生,学习和掌握心理学的一般原理以及青少年心理发展特点和规律,不仅有利于其教育教学实践,更有利于其组织开展有针对性的心理健康工作,充分发挥心理育人的重要作用。

基于高等师范院校教师教育专业通识必修课程教学改革的实际需求,为充分满足教师教育专业学生提高教育理论素养、提高职业素质、提升专业教学技能的成长需要,不断推进教师教育通识必修课程的教材革新并加强教材建设以提高教材质量已成为形势所需、发展所求。《心理学教程》以原有心理学学科知识体系为蓝本,有效融合中小学教师资格认证考试中的《教育教学知识与能力》《教育知识与能力》考试大纲,并在总结和反思高等师范院校通识必修课程"心理学"多年教学实践的基础上,试图以心理学基本理论为基础、以心理学知识的实际应用为主线,从基础理论、心理特点、实践应用等方面出发,紧密结合青少年心理发展和中学教育教学的实际,来组织教材内容、设计编写体例,以求达到科学性、应用性、实用性和趣味性的有机结合,以更好地适应新时代高等师范院校教师教育专业学生成长的实际需求。比如,在教材中设置了"青少年心理健康与辅导""教师心理"等章节内容,与教师资格认证考试有关科目考纲保持一致,尽力做到"课证"的协调、融通。同时,教材编写组积极将党的二十大精神、中华优秀传统文化等融入相关内容,增强育人效果。

在编写体例方面,教材中每一章的内容除正文之外,还有"案例导学""目标解析""阅读窗""要点回顾""习题园地""思维导图"等模块。其中,"案例导学"主要运用与章节内容相关的经典心理学故事(或实验)来设置疑问、引起思考,激发学习兴趣,起到导入的作用;"目标解析"主要是立足学习实际,指出章节学习所要达成的目标,达到重难点明确、突出学习目标导向的作用;"阅读窗"主要是用于章节相关知识点的拓展延伸,引入有关研究热点或经典事例,以拓展学生知识面,培养学生自主学习和主动探究的意识与能力;"要点回顾"为章节重点知识的简要概括总结,以帮助学生更清晰、更准确地把握核心内容,便于梳理知识点;"习题园地"则以教师资格认证考试的历年真题、模拟题和章节思考题为主,用以帮助学生及时检测学习效果,增强学习的针对性和有效性;

"思维导图"是运用思维形象化的方式,将学习内容及其逻辑关系直观呈现出来,便于学生建构知识脉络,形成知识谱系,增强学习效果。本教材注重内容的科学性、准确性,力争做到通俗易懂,兼顾学科体系、学生成长、基础教育需求等多维度,同时,注重引用图表以增强教材内容的直观性与可读性。

在编写分工上,胡俊杰负责第一章、第二章的编写,李飞负责第三章、第六章、第八章、第九章的编写,张爽负责第四章、第五章的编写,张爱芹负责第七章、第十章、第十一章的编写,于敏负责第十二章、第十三章的编写,赵扬负责第十四章、第十五章的编写,李飞负责教材编写体例的设计与全书的统稿工作。参加编写工作的各位老师付出了辛苦的劳动,也本着严肃认真负责的态度来处理每一个环节,但限于水平问题,书中难免存在纰漏之处,敬请广大读者和同行专家批评指正。

在编写过程中,编者参考了大量国内外学者的优秀教材、专著,并从中汲取和借鉴了许多富有创造性的内容,在此深表感谢。

本教材的编写工作得到了通化师范学院领导的大力支持和帮助,得到北京理工大学出版社编辑老师的大力支持和帮助,在此一并表示衷心的感谢。

编 者

2024 年 3 月

目 录

第一章 绪 论 ……………………………………………………………… (1)
- 第一节 心理学的研究对象……………………………………………… (2)
- 第二节 心理学的任务…………………………………………………… (3)
- 第三节 心理学的研究原则与方法……………………………………… (8)
- 第四节 心理学的历史沿革……………………………………………… (11)

第二章 心理的实质 ……………………………………………………… (16)
- 第一节 心理产生的生理基础…………………………………………… (17)
- 第二节 高级神经活动学说……………………………………………… (28)
- 第三节 科学的心理实质观……………………………………………… (31)

第三章 注 意 ……………………………………………………………… (36)
- 第一节 注意概述………………………………………………………… (37)
- 第二节 注意的种类……………………………………………………… (42)
- 第三节 注意的品质……………………………………………………… (47)
- 第四节 注意理论………………………………………………………… (52)
- 第五节 注意规律与教学………………………………………………… (55)

第四章 感 觉 ……………………………………………………………… (59)
- 第一节 感觉概述………………………………………………………… (60)
- 第二节 感觉的种类……………………………………………………… (64)
- 第三节 感觉规律与教学………………………………………………… (67)

第五章 知 觉 ……………………………………………………………… (72)
- 第一节 知觉概述………………………………………………………… (73)
- 第二节 知觉的种类……………………………………………………… (74)
- 第三节 知觉的特性……………………………………………………… (80)
- 第四节 知觉规律与教学………………………………………………… (84)

第六章 记 忆 ……………………………………………………………… (86)
- 第一节 记忆概述………………………………………………………… (87)
- 第二节 记忆过程………………………………………………………… (94)

第三节　青少年记忆发展规律与教学……………………………………（103）

第七章　表象与想象……………………………………………………………（109）
　　第一节　表象………………………………………………………………（110）
　　第二节　想象………………………………………………………………（114）
　　第三节　表象、想象与教学………………………………………………（121）

第八章　思　维…………………………………………………………………（125）
　　第一节　思维概述…………………………………………………………（125）
　　第二节　问题与问题解决…………………………………………………（133）
　　第三节　创造性思维及其培养……………………………………………（141）

第九章　情绪情感………………………………………………………………（147）
　　第一节　情绪情感概述……………………………………………………（148）
　　第二节　情绪情感的分类…………………………………………………（154）
　　第三节　情绪理论…………………………………………………………（158）
　　第四节　情绪情感与教学…………………………………………………（163）

第十章　意　志…………………………………………………………………（168）
　　第一节　意志概述…………………………………………………………（168）
　　第二节　意志行动的过程…………………………………………………（170）
　　第三节　青少年意志品质及培养…………………………………………（174）

第十一章　人格与人格倾向性…………………………………………………（184）
　　第一节　人格概述…………………………………………………………（185）
　　第二节　人格倾向性………………………………………………………（188）
　　第三节　青少年人格特点与塑造…………………………………………（197）

第十二章　气质与性格…………………………………………………………（201）
　　第一节　气质………………………………………………………………（202）
　　第二节　性格………………………………………………………………（207）
　　第三节　气质、性格与教学………………………………………………（218）

第十三章　能　力………………………………………………………………（223）
　　第一节　能力概述…………………………………………………………（224）
　　第二节　能力发展的个体差异……………………………………………（233）
　　第三节　能力的测量与培养………………………………………………（238）

第十四章　青少年心理健康与辅导……………………………………………（248）
　　第一节　心理健康与心理问题……………………………………………（249）
　　第二节　心理辅导方法……………………………………………………（256）

第十五章　教师心理……………………………………………………………（266）
　　第一节　教师的角色………………………………………………………（267）
　　第二节　教师的能力………………………………………………………（269）
　　第三节　教师心理健康……………………………………………………（277）

参考文献…………………………………………………………………………（286）

第一章 绪 论

案例导学

1. 《论语·先进》中记载了孔子与弟子之间的一段对话：

子路问："闻斯行诸?"子曰："有父兄在，如之何其闻斯行之?"

冉有问："闻斯行诸?"子曰："闻斯行之。"

公西华曰："由也问'闻斯行诸?'，子曰'有父兄在'；求也问'闻斯行诸?'，子曰'闻斯行之'。赤也惑，敢问。"子曰："求也退，故进之；由也兼人，故退之。"

对于"听到后是否马上就去做"这个问题，针对冉求胆小的特点，孔子就给他壮胆，鼓励他去做；针对仲由胆量过人的特点，孔子就压一压他。这种针对不同人的心理特点"因材施教"的做法，教育效果甚佳。

2. 颜之推基于儿童思虑纯一、机械识记能力强于成年人的特点，结合自己的亲身经验谈道："人生小幼，精神专利，长成已后，思虑散逸，固须早教，勿失机也。吾七岁时，诵《灵光殿赋》，至于今日，十年一理，犹不遗忘；二十之外，所诵经书，一月废置，便至荒芜矣。"这不但充分肯定了儿童具有较强的识记能力，而且具体剖析了儿童具有较强识记能力的原因是其"精神专利"。

3. 明代重要的哲学家与教育家王守仁说："大抵童子之情，乐嬉游而惮拘检，如草木之始萌发，舒畅之则条达，摧挠有则衰痿。今教童子，必使其趋向鼓舞，心中喜悦，则其进自不能已。譬之时雨春风，沾被卉木，莫不萌动发越，自然日长月化。"王守仁不仅明确地道出了"童子"心理发展的主要特征是"乐嬉游"而害怕"拘检"，教育者要顺应其"乐嬉游"的心理状态，才能使儿童健康发育成长；进而指出在学习进程中要多给予"鼓舞"，使之保持"喜悦"的心境，才能达到"则其进自不能已"的状态。这种看法同现代儿童心理学观点不谋而合。

如何利用学生心理特点制定适应其年龄、个性特点的教育，是从事教育工作的每位教师需要掌握的基本技能。学生的心理特征究竟是什么？这是我们教育工作者需要了解的最基本问题。心理学的工作目标就是研究个体行为及其精神过程，通过这一过程，我们能够更好地认识自己、认识学生、认识人类。

目标解析

1. 掌握心理学的含义及其研究对象。
2. 明确心理学的主要任务,理解心理学的意义。
3. 理解心理学运用的研究方法和要遵循的研究原则。
4. 了解科学心理学诞生后主要心理学流派及其基本思想与代表人物。

第一节 心理学的研究对象

一、心理学的含义

1879年冯特(Wilhelm Wundt)在德国莱比锡大学创立了第一个心理学实验室,标志着科学心理学的诞生。冯特在科学心理学创立之初就主张研究人的直接经验(意识),认为心理学只能是实验性的自我观察和内省。目前,对于心理学更为普遍的认识或界定是:心理学是一门研究心理现象发生、发展及其变化规律的科学,具体来说主要是研究人的行为和心理活动规律的科学。

二、心理学的主要研究内容

心理现象纷繁复杂,表现形式丰富多样,它与人的一切活动及成果分不开。心理学把人的心理现象划分为既相互联系又相互区别的两个部分:心理过程和人格。

(一)心理过程

人的心理过程分为认识过程、情绪情感过程和意志过程三个方面。

1. 认识过程

认识过程是指人认识客观事物的过程,是人由表及里、由现象到本质地反映客观事物特性及其内在联系的心理活动。认识过程包括感觉、知觉、记忆、思维和想象等。注意伴随心理活动过程。

2. 情绪情感过程

情绪情感过程是指人对客观事物是否满足自身物质和精神上的需要而产生的态度体验。它反映的是客观事物同人的需要之间的关系,包括喜、怒、哀、乐、爱、憎、惧等。一般来说,凡是符合并满足人的某种需要的,会使人产生积极、肯定的情绪情感;反之则会使人产生消极、否定的情绪情感。

3. 意志过程

意志过程是指人自觉地确定目的,克服内部和外部困难,力求实现预定目的的心理过程。意志过程是人的意识能动性的体现,表现在发动和制止两个方面:发动行动去实现目的,制止与预定目的不相符的言语或行为。

人的认识过程、情绪情感过程和意志过程统称为心理过程,它们相互联系、相互作用而构成一个有机整体。人的认识过程是人的情绪情感和意志产生的基础,没有人的认识活动，人既不会产生情绪情感，也不可能有坚强的意志。情绪情感和意志又反作用于认识过程，没有人的情绪情感的推动或者缺乏坚强的意志，人的认识活动就不可能发展和深入。可见，人的认识过程和意志过程总是伴随着情绪情感活动，意志过程又总是以一定的认识活动为前提，而人的情绪情感和意志活动又促进了人的认识的发展。

（二）人格

心理过程总是在具体的某个人身上进行，由于每个人的先天素质和后天环境影响不同，心理过程总会带有个体自己的特征，因而形成了每个人独特的人格。人格是指一个人的整个心理面貌，是个人心理活动稳定的心理倾向和心理特征的总和。人格主要包括人格倾向性和人格心理特征两个方面。

1. 人格倾向性

人格倾向性是指人对客观事物的态度及对活动对象的选择与趋向，是人从事活动的基本动力，主要包括需要、动机、兴趣、理想、价值观、人生观和世界观等，它随着个人的成熟与发展阶段的变化而有所不同。例如，儿童时期，兴趣是人生观、价值观和世界观的具体体现，它是人类行为的主要心理动力，支配着整个心理活动和行为表现。

2. 人格心理特征

人格心理特征是指人的认识过程、情绪情感过程和意志过程中形成的稳定而经常表现出来的特点，是个体多种心理特点的独特结合，集中反映了一个人的心理面貌。人格心理特征主要包括能力、气质和性格。例如，有的人有数学才能，有的人有写作才能，有的人有音乐才能，因此在各科成绩上就有高低之分，这是能力方面的差异。在行为方面，有的人活泼好动，有的人沉默寡言，有的人热情友善，有的人冷漠无情，这些都是气质和性格方面的差异。能力、气质性格统称为个性心理特征，它是心理学研究的另一个重要对象。

心理学的研究对象可用图 1-1 概括。

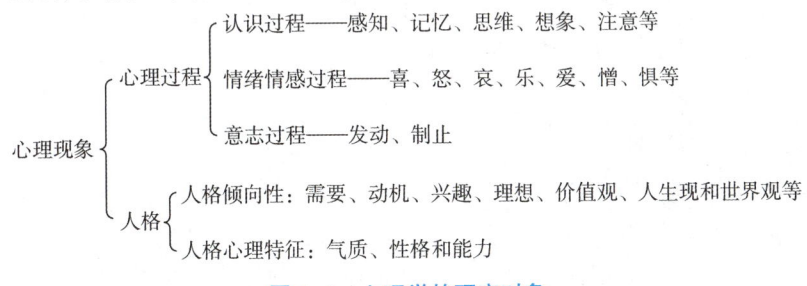

```
          ┌ 心理过程 ┬ 认识过程——感知、记忆、思维、想象、注意等
          │          ├ 情绪情感过程——喜、怒、哀、乐、爱、憎、惧等
心理现象 ┤          └ 意志过程——发动、制止
          │
          └ 人格 ┬ 人格倾向性：需要、动机、兴趣、理想、价值观、人生现和世界观等
                 └ 人格心理特征：气质、性格和能力
```

图 1-1　心理学的研究对象

第二节　心理学的任务

一、心理学研究的意义

正确地揭示心理现象的规律，具有重要的理论意义和实践意义。

在理论上，它有助于正确地解释心理现象的本质和起源。所以，列宁把心理学列为"构成认识论和辩证法的知识领域"的基础科学之一。例如，现代生理学家的研究认为：

梦与睡眠时的内外刺激及大脑遗留的痕迹的兴奋有关。有些心理学家认为，做梦不是坏事，梦可以重新组合已有的知识，也可以清洗掉不需要留下的痕迹。这些事实可以帮助人们破除迷信、纠正偏见、清洗糊涂观念。正如列宁所说的："心理学提供的一些原理已使人们不得不拒绝主观主义而接受唯物主义。"

在实践上，心理学能够帮助人们运用所揭露的心理规律去预测和控制心理现象的发生和进行，从而为人类不同领域的实际需求服务，提高活动效率。例如，父母应根据亲子关系对情绪的作用培养和发展儿童健康的情绪；教师应根据注意规律组织教学，提高学生的听课效果；劳动者可以根据噪声对身心的危害，对噪声加以控制，对环境加以改造；等等。总之，现代心理学是一门有重要实践意义的学科，它和人类生活的各个领域都有密切的关系。

二、心理学的基本任务

（一）描述心理事实

描述心理事实，是对心理现象进行科学研究的第一步。它的主要任务是从科学心理学的角度对各种心理现象进行科学界定，以建立和发展心理学中有关心理现象的一个完整的、科学的概念体系。这涉及大至对整个心理现象、小至对某一具体心理现象的概念内涵和外延的确定。例如，从大的方面看，"心理"的内涵是什么，心理现象包括哪些，如何划分其种类；从具体方面看，"情感"的内涵是什么，情感种类包括哪些，如何划分其种类，等等。我们说，心理学是一门正在发展中的尚未完全成熟的科学，一个很重要的事实是，迄今为止心理学尚未完全建立完整、严密、统一的概念体系，其中有不少概念还在争鸣和研讨之中。例如：关于"智力"的概念就有几十种，"智力"到底指什么？智力测验测出的是否都是人的智力现象？"情商"的概念是否科学，它又涉及什么样的智力现象？都是众说不一的问题。一门科学的成熟状况在很大程度上就是看其概念体系的完整性和科学性的水平。由此看来，要建立成熟的心理科学，在描述心理事实方面还有相当漫长的探索历程。

（二）揭示心理规律

科学的心理学不能只限于描述心理事实，而应从对现象的描述过渡到对现象的说明，即要求揭示这些现象所遵循的规律，这是对心理现象进行科学研究的更深入的一步，也是最主要的一步。它包括两大方面：一方面是研究各种心理现象的发生、发展、相互联系以及表现出的特性和作用等。仍以智力现象为例，在我们对智力这一心理事实有所认识的基础上，我们要进一步探明：智力在全人口中的分布情况怎样？人的智力差异主要表现在哪些方面？智力在个体身上一般是如何发展的？其发展曲线呈什么状态？智力的发展主要受哪些因素的影响？智力与非智力因素之间的关系如何？儿童、青少年智力发展的特点是什么？这些就是心理学要加以研究的具体规律性方面的任务。另一方面是研究心理现象赖以发生和表现的机制，它包括心理机制和生理机制两个层面。前者研究心理现象所涉及的心理结构组成成分的相互关系的变化；后者研究心理现象背后所涉及的生理或生化成分的相互关系和变化。当然，对心理机制的探讨和心理生理机制的探讨毕竟属于心理学研究的不同层次，完全可以非同步地进行。例如，对情绪发生机制的研究，以往更多是在生理、生化层面上进行的，产生了不少相关的理论，积累了大量的资料，但对其在心理层面上的研究则相对不足，这几年认知心理学的深入发展，为从心理层面进行研究创造了有利条件，对于认识和调控人类的情感具有十分重要的意义。

（三）预测和影响行为

对心理现象的描述和对心理规律的揭示，都属于认识范畴，我们不仅要认识世界，还要改造世界（包括客观世界和主观世界），因此，在认识心理现象和规律的基础上，我们还要将这些认识成果运用于改造世界的实践活动中。这就需要将心理规律运用到实践中，这部分内容也就成为心理学研究任务的又一必要的组成部分。这部分归结起来就是指导人们在实践中如何了解、预测和影响人的行为，也是心理学理论向实践转化的重要环节。例如，我们可以根据智力、创造力、个性、动机、兴趣、态度等各种心理现象的表现情况，研制各种测试量表，借以了解人们的心理发展水平和特点，为因材施教和人职匹配提供依据；又可根据各种心理现象和行为的相互联系，从一个人的过去和现在的心理和行为状况出发，预测他将来的心理和行为表现；还可根据某些心理现象发生的机制和影响因素，在不同的环境和情况下加以有效的调控（其中也包括自我的调控），以求获得适宜的心理反应和最佳的个性发展。总之，心理学家可以在这些方面为人们提供种种指导，使心理学理论更贴近人们的生活、工作和学习实际，以提高实践活动的效率和生活的质量。

上述三项任务是相互联系、环环相扣的。心理事实的准确描述，有利于心理规律的深入揭示；心理规律的深入揭示又为实践应用的有效指导创造必要的条件；而在指导实践应用的过程中发现的问题，又会促进人们对心理事实、规律的描述和揭示进行进一步的探索，从而使人们对心理学的研究与应用得以步步推进。

三、心理学的分类

心理学大致可以分为两大领域：基础理论领域和应用领域。

（一）基础理论领域

1. 普通心理学

普通心理学是研究正常成人的心理过程和个性心理特征的一般规律的学科，是心理学最基本、最重要的基础研究。普通心理学研究心理过程的发生发展和个性心理特征形成的最一般的理论和规律，建立心理学研究最一般的方法论原则和具体的方法。普通心理学既包括过去研究中已经定论的、为科学实践所证实并为科学家所公认的理论和规律，也包括虽然不是公认，但却有重大影响的学派的理论和学说，还包括处于科学发展前沿的新成果和新发现。因此，普通心理学的内容不是一成不变的，在它已形成的理论体系上，不断地充实着新的内容。

2. 发展心理学

发展心理学是研究个体心理发展规律的学科。发展中的个体，无论处于发展的哪一阶段，他们的心理发展既包括心理的各个过程及各个特征，又分别有着主要的发展方向和主要的矛盾。在全面发展的基础上，每一阶段主要矛盾得到解决，即向下一阶段过渡。发展心理学就要研究个体心理发展各个阶段、各方面的矛盾与变化。发展心理学可分为婴儿心理学、幼儿心理学、学龄儿童心理学、少年心理学、老年心理学等分支学科。发展心理学既是心理学理论体系的重要组成部分，又是对发展中的人进行教育、培养的理论根据。

3. 生理心理学

生理心理学是从人体生理和神经生理、神经解剖、神经生物化学等方面进行研究的关于心理的生理基础和机制的学科，是心理学基础研究的重要组成部分。生理心理学在现代脑科学研究成果和现代技术方法的基础上，揭示各种心理现象在脑的解剖部位及脑功能上发生的规律。生理心理学包括神经心理学、心理生物学、动物心理学等分支学科。

4. 人格心理学

人格心理学为心理学的分支之一，可简单定义为研究一个人所特有的行为模式的心理学。准确来说，"人格"是指一个人一致的行为特征的群集。人格心理学家会研究人格的构成特征及其形成，从而预计它对塑造人类行为和人生事件的影响。人格是个体在行为上的内部倾向，它表现为个体适应环境时在能力、情绪、需要、动机、兴趣、态度、价值观、气质、性格和体质等方面的整合，是具有动力一致性和连续性的自我，是个体在社会化过程中形成的具有自身特色的身心组织。

（二）应用领域

1. 教育心理学

教育心理学是研究学校教育和教学过程中学生的心理活动规律的学科。它主要涉及掌握各科知识和各种技能的心理活动特点及规律，研究智能的发展与智力测查方法，影响教学过程的心理因素、道德品质与行为习惯的形成规律，以及家庭、学校、团体、社会意识形态等对学生的影响。教育心理学涉及的范围很广，包括德育心理、学习心理、学科心理、智力缺陷与补偿、智力测量与教师心理等分支。

2. 社会心理学

社会心理学是研究个体在特定社会、群体条件下，心理、动机、人际关系发生发展及其规律的学科。社会心理学着重探讨个体社会化的条件和规律、个体的社会动机与态度的形成、人际关系和群体心理的形成与影响等方面的一般规律。社会心理学包括民族心理学、家庭心理学等分支学科。

3. 变态心理学

变态心理学研究人的心理与行为的异常，包括认知活动、情感活动、动机和意志行为活动、智力和人格特征等方面的异常表现，是研究和揭示心理异常现象的发生、发展和变化规律的一门科学。变态心理学又称病理心理学。它用心理学原理和方法研究异常心理或病态行为的表现形式、发生原因和机制及其发展规律，探讨鉴别评定的方法及矫治与预防的措施。

4. 管理心理学

管理心理学研究某一群体——一个企业或一个学校的组织管理工作中人的因素。它涉及领导者与被领导者的心理素质以及二者之间的关系的协调问题。一方面是领导者对被领导者的心理活动的掌握。例如对生产者的专业能力和技能的了解，用以对人才的估量和选拔；对生产者的动机、情绪和需要的了解，以预测他们的表现和对工作的影响；协调与生产者之间的关系，发挥他们的生产和工作积极性。另一方面是对领导者的心理活动特点的研究。例如领导能力、领导作风、领导心理素质的了解，用以对领导行为进行评价和对领

导者进行选拔。管理心理学既可用于工业生产、企业经营，又可用于诸如学校、医院、文体机构等事业单位。

5. 临床及医学心理学

心理异常可因遗传和社会适应不良而产生。临床心理学是研究心理异常的发生原因、发病机制、症状与诊断、预防与治疗的学科。临床心理学既包括严重的心理变态疾病（如精神分裂症），也包括轻度的单纯由心理因素所引起的神经症（如神经性焦虑）或忧郁症，还包括由心理因素引起的躯体疾病（如高血压）。医学心理学称为心身医学，研究疾病的诊断、治疗、护理、预防中的心理学问题，为人的保健事业服务。

6. 司法心理学与犯罪心理学

司法心理学是研究违法行为以及处理违法行为中的心理学问题的学科。它涉及犯罪、侦察、审讯以及改造罪犯等过程中，对犯罪原因、侦讯技术、改造手段的研究，侦察和审讯人员应具备的心理素质和心理技能也是研究的组成部分。

犯罪心理学着重研究罪犯行为的心理原因，尤其是青少年罪犯的心理特点、心理动机、个体人格和情绪特征，是研究的重要方面。对罪犯的个人成长背景、家庭、学校、社会等导致犯罪因素等方面，也要进行调查研究。

除此之外还有健康心理学、咨询心理学、工程心理学、神经心理学等。

> **阅读窗**
>
> **心理学本土化研究**
>
> 　　现代心理学是在20世纪二三十年代由归国的中国学者引入的。一方面，我国古代有丰富的心理学思想，但没有独立的心理学著作，需要学者对古代论著进行重新梳理归纳。本土心理学者依据中国本土特有的文化心理改造西方科学心理学以促其更具有本土契合性，以西方科学心理学为标准重塑中国传统心理学思想以促使其更符合科学心理学的要求，为心理学本土化与本土心理学的科学化发展做出了巨大贡献。另一方面，由于我们的传统文化思想、生活方式、人格特征等均与西方存在差异，因此需要本土心理学家辩证性地思考，重新实验、归纳、总结。比如：在语言研究领域，谭力海等在2000年发现，汉字不同于拼音文字，对汉字的阅读要求左侧额中回更多参与，而在拼音文字阅读中，这个脑区一般都没有活动，这说明了文化对脑的塑造作用。在人格研究领域，朱滢等在2007年的研究中发现，中国人的自我概念不同于西方人，西方人以独立的自我为中心，而中国人是相互依赖式的自我。中国人在评价自己和母亲时，大脑内侧前额叶均有活动，而西方人仅在评价自我时才激活大脑内侧前额叶，这表明，中西文化不同影响了自我表征的脑区。众多研究者对中国人的人格特征也进行了科学研究，宋维真、黄希庭、张建新分别提出了符合中国人特点的四因素、六因素、十因素人格模型。
>
> 摘编自：心理学本土化［EB/OL］.［2024-4-28］.https://baike.baidu.com/item/心理学本土化/2211703/

第三节　心理学的研究原则与方法

一、研究原则

科学研究必须遵循一定的科学研究通则和本学科的特殊准则，心理学研究的基本原则主要包括以下四点：

（一）客观性原则

心理现象是世界上最为复杂的事物，认识它、解释它并不是一件轻而易举的事情。古往今来，无数思想家、科学家致力于心理现象的探索，取得了辉煌的成果，也走过许多的弯路，甚至犯过不少的错误。了解心理现象关键在于，一要有科学的手段，二要有实事求是的态度。

对心理学研究来说，就是要从人的心理活动产生所依存的客观条件及其表现和作用来揭示其发生发展的规律。由于心理现象纷繁复杂，在研究中容易产生猜测、武断和片面等缺点，为此任何结论都必须在对所获得的事实材料和数据，甚至包括相互矛盾的现象进行全面分析的基础上得出，而不能仅凭研究者的主观臆测来肯定或否定某种结论。

（二）系统性原则

事物都是普遍联系的，处于有组织的系统中。现代系统科学与哲学揭示的很多基本原则对于理解心理学问题都有指导意义。例如，整体性原则、矛盾性原则、层次性原则、动力性原则等，都可以用来理解心理的本质。以家庭对儿童发展的影响为例，可以单独研究家庭成员的特点，如父母的文化水平与儿童发展的关系，这是在考察两个各自独立的元素之间的关系；可以研究亲子互动对儿童发展的影响，这是把儿童置于人际关系中考察其发展，即考察元素之间的关系对其中一个元素的影响；也可以探讨整个家庭系统的演变与儿童成长的关系，这是在考察系统与元素的关系；当然，这种研究还可以探讨系统与系统的关系，甚至这种关系的演变。总之，研究可以在元素的层次、元素关系的层次、关系结构的层次、系统的层次、系统演变的层次等不同层次上进行。每个层次的研究都不能孤立，要考虑研究的层次性，考虑各因素的相互关联，用系统的原则指导研究。

（三）发展性原则

一个"活的"系统应该是变化的，因此，心理的研究应坚持发展性原则或动态性原则。心理系统的变化有很多形态，最典型的是心理的发展。心理的发展有两个层次：人类作为一个种系的心理进化与作为个体的心理进化，即种系心理发展与个体心理发展。个体的心理特性和品质往往处于从萌发到发展、成熟、直至衰败的变化过程中。从总体上看，这种变化是在单向的时间维度上展开的，是不可逆的。除了心理发展，还有各种形式的变化过程。在具体研究中，必须注重发展性原则，即在系统性原则的基础上把时间维度考虑在内，考察系统的动态变化过程，不能静态地研究"死的"系统。

（四）伦理性原则

心理学的研究对象在大多数情况下以人类为被试。作为人有着自己的权利和尊严，任何研究都必须尊重这一点，并旨在促进人的发展，提高其生活质量与生存价值。以人为被试的心理学实验，必须遵循的基本伦理原则：保证被试的退出自由；保护被试免受伤害；为被试保密。在研究中不应该违背人类普遍的和个体所处文化中认为重要的伦理原则。

二、研究方法

（一）观察法

观察法是指在自然情景中对人的行为进行有目的、有计划的系统观察和记录，然后对所做记录进行分析，发现心理活动和发展规律的方法。观察法要求在自然条件下，有目的、有计划地对研究对象的行为或行为迹象进行观察记录。

根据观察的情景条件，观察法可分为自然观察和控制观察。自然观察也称现场观察，通常采用纸和笔对偶然现象或系统现象进行描述性的记录和分析；控制观察又称实验室观察或条件观察，通常要求观察程序标准化，观察问题结构化。

按是否借助仪器和技术手段，观察法可分为直接观察和间接观察。直接观察就是观察者直接运用自己的感官对研究对象的行为进行感知的观察；间接观察是利用仪器或技术间接地对现象和行为进行观测，从而获取资料的观察。

根据观察的程序与方法，可将观察法分为结构式观察和非结构式观察。

观察法的主要优点在于：①它能通过观察直接获得资料，不需要其他中间环节，因此，观察的资料比较真实；②在自然状态下的观察，能获得生动的资料；③具有及时性的优点，能捕捉到正在发生的现象；④能搜集到一些无法言表的材料。

观察法的主要缺点是：①受时间的限制，某些事件的发生是有一定时间限制的，过了这段时间就不会再发生；②受观察对象限制，如研究青少年犯罪问题，有些秘密团伙一般不会让别人观察的；③受观察者本身限制，人的感官都有生理限制，超出这个限度就很难直接观察，另外，观察结果也会受到主观意识的影响；④观察者只能观察外表现象和某些物质结构，不能直接观察到事物的本质和人们的思想意识；⑤观察法不适用于大面积调查。

> **阅读窗**
>
> **观察的可靠性**
>
> 1903年，法国物理学家布隆德洛声称发现了"N射线"。很快，法国的许多物理学家都确认了"N射线"的存在。但是，美国、德国、意大利的物理学家都未能成功重复布隆德洛的研究。后来，美国物理学家伍德（R. W. Wood）拜访了布隆德洛。布隆德洛向伍德出示了一张绘有光环的卡片，调低灯光后，布隆德洛说卡片上光环的亮度增加，那就是"N射线"的作用。然而伍德却并未看到任何亮度变化，于是他被指责为"眼睛不太敏感"。后来，伍德要求使用其他简单测试来观察"N射线"，他把一个薄铅版插在"N射线"与卡片之间进行反复移动（铅版是用来阻止"N射线"通过的），此时布隆德洛报告说卡片上光环的亮度发生了相应的变化。但是实际上伍德并没有真正移动铅板，仅仅是装作移动的样子而已。这表明，通过观察法确定"N射线"的存在并不可靠。
>
> 摘编自：郭秀艳. 实验心理学［M］. 北京：人民教育出版社，2004

（二）调查法

调查法是研究者根据自己所要研究的问题，采用口头或书面的形式向被调查的对象提问，通过对被调查者回答的分析来了解他的心理活动的方法。调查法通常包括访谈法和问卷法。

1. 访谈法

访谈法也叫谈话法，是研究者通过与被调查者交谈的方式了解其心理特点的方法。采用这种方法要注意以下几点：研究者要事先拟好提纲，交谈时要注意把握内容与方向；谈话应在轻松的氛围中进行；对被调查者的回答（包括反应的快慢、伴随的表情与动作、具体的内容等）要详细记录。谈话法的优点是简便易行，但得出的结论有时带有主观片面的成分。

2. 问卷法

问卷法是用书面问卷表让被调查者填写，从而了解其心理的一种方法，如小学生阅读兴趣的调查或中学生理想的调查等。这种方法的优点是比较简单易行，且同时可以研究很多被调查者。

（三）实验法

实验法是指有目的、有计划地控制条件，使被试产生某种心理活动，然后进行分析研究，以得出心理现象发生的原因或起作用的规律的方法，简称实验研究设计。真实验设计的基本逻辑是，根据随机化的原则把被试分配到不同的实验条件中去，所形成的这些组具有同质性或是等组，也就是这些组在相同的条件下完成相同的任务，他们的成绩在统计上应该是相等的。如果这些组的成绩有所差异，则可以推论这些差异是由不同的实验条件造成的。实验法研究遵循如下的逻辑框架：

首先，操纵自变量。自变量是最主要的实验条件，通过改变或创设实验条件，系统地对被试施加影响，可以观测、比较不同实验条件下因变量的变化或差异。例如，要研究室内温度是否影响人际信任水平，可以设置不同的温度条件，然后观察在温度不同时，人们表现出的人际信任水平是否有相应的差异。如果因变量表现出差异或变化，则可能推定是自变量所致。这种对自变量的人为操纵是实验研究最突出的特征，在观察、调查、访谈等其他研究方法中是没有的。

其次，控制干扰变量。要确保自变量对因变量关系的纯净，必须控制实验中的无关变量或干扰变量。在实验过程中，可能有各种导致实验结果变异的来源，如环境中的额外刺激、实验过程带来的干扰因素（如练习效应、疲劳效应），只有控制住这些因素的作用，才能让自变量和因变量之间的关系更有说服力。

再次，使个体变量保持恒定。在实验研究中，很多变量的影响是无法消除的，这些变量主要是个体自身因素（如被试的性别、年龄、心情），也包括一些与个体因素有交互作用的实验环境方面的因素，只要被试存在，这些因素的影响就存在，这时只要确保个体之间或处于不同实验条件下的各组（如实验组、对照组等）之间这些因素的影响对等或恒定，就可以确保自变量的变化是因变量变化的原因，因为人们不可能把因变量的变化归结为一个不变的因素。例如，在研究信任时，有的人"天性"就是容易相信别人的，有的人则不然，但如果每种实验条件下的样本量足够大而且被试是按照随机程序分组的，我们就

可以推定两组被试基础的信任水平是对等的。

最后，观测因变量的变化。实验研究要在自变量得到了有效操纵而且无关的、干扰性的变量被有效控制的情况下，观察和测量因变量的变化。只有观察到因变量系统、稳定的变化，才能推定是自变量使然。如在人际信任的研究中，可以通过真实的信任博弈实验，考察被试愿意拿出多少钱投资给陌生人，投出的钱数就代表了信任水平。如果研究中确实观察到温度不同时投资数额有变化，就可能说明二者的因果关系。

（四）个案研究法

个案研究法是一种纵向研究方法，它是对被试在较长时间里（一年、几年或更长时间）连续进行追踪了解，以研究其心理发展变化历程的方法。虽然从个案研究中可以发现有价值的结果，但仅限于部分案例，不具有典型的代表性，推广必须谨慎。如虎爸狼妈教育方法、天才儿童教育方法是否在每个孩子身上都行得通，是否每个接受同样教育模式的孩子都可以成为"哈佛女孩"，都是值得探讨的问题。

第四节　心理学的历史沿革

一、哲学对心理学发展的影响

艾宾浩斯曾经说过：心理学有一个很长的过去，却只有一个短暂的历史。心理学作为一门科学只有140多年的历史，而数千年来，人类一直以非正规的方式对自身行为进行着观察，并试图从哲学角度加以解释。

心理学在尚未从哲学中分化出来以前，属于哲学心理学的范畴。这一时期，哲学家们主要围绕着如何理解灵魂、心灵展开。古希腊、古罗马时期，当哲学从思考宇宙的本源、世界的结构等"自然哲学"的问题，转向研究人类本身的问题，心理学就开始孕育于哲学体系之中，并且以哲学心理学的意识形态而产生、存在并发展。随着哲学的发展，哲学心理学也由研究灵魂，转而研究心灵，到最后的研究意识。哲学在发展中，离开了较陈旧的理性主义和教条主义的传统，虽然仍然关心许多同样的问题，但研究这些问题的方法越来越具有经验主义、原子主义和机械主义的特征。

到19世纪中叶，心理学接近成为一种科学，在心理学的对象和方法方面已持有科学主义的态度。当心理学被实证主义、经验主义和唯物主义精神渗透时，心理学才成为一门明确的实验科学。作为研究人的自然科学，其理论基础已经确立。把理论转化为实际所需要做的事，也就是对心理学进行实验。

二、科学心理学诞生后的发展

1879年冯特在莱比锡大学创立心理学实验室标志着科学心理学的诞生，至此众多研究者对心理现象展开系统的科学研究。这是第一次用定量的自然科学的方法研究人类心理活动，关注人类的意识活动的基本过程，使当时处于"神学的奴婢、哲学的附庸"位置的心理学被正式纳入科学实验的轨道，从而使心理学从近代的哲学、生理学、神学中脱离出来，成为一门正式独立的科学，从此开辟了科学的一个新领域——心理学。冯特所开展的对感觉、知觉和注意等基本心理过程进行的实验研究，开创了实验心理学这个分支科学。在心理学史上，人们公认1879年是心理学的正式诞生之年，冯特被誉为"心理学之父"。

（一）现代心理学的两大根基

像其他任何学科一样，心理学也随着时间的推移演变、完善。回顾心理学的发展历史，在心理学诞生之初，有研究者认为心理学应该研究的是心理的组成成分有哪些，另一部分认为单独研究组成难以窥见心理学的全貌，心理学应该整体去研究，研究人的心理究竟能够干什么、有什么机能。这两种研究取向构造主义与机能主义的争议一直伴随着心理学的深入发展。在1898年，继承和发展了冯特的实验心理学的铁钦纳（Edward Titchener）正式创立了构造主义心理学，他试图把人的精神生活结构分解成一个个基本要素来加以分析。构造主义认为：①所有的心理现象都是由元素构成的，研究应重视人的直接经验即意识；②意识可以分解为感觉、意向和激情三种元素，感觉是知觉的元素，意向是观念的元素，激情是感情的元素；③心理学的目的在于通过内省了解不同的刺激情境下各种元素的结构。

但结构主义研究的研究结果不能得到两个或更多独立观察者的证实，因为结构主义者常常试图用内省法进行心理上的解释，每位观察者研究的都是自己头脑里的内容，而这是其他观察者所无法观察到的东西。这也导致结构主义心理学发展到后来彻底消失。

与此同时，美国学者詹姆斯（William James）拓展了心理学领域，将动物行为、宗教体验、异常行为及其他一些有趣的课题纳入心理学研究范畴。在1890年，他的《心理学原理》（Principles of Psychology）奠定了心理学的独立科学地位。机能主义者崇拜达尔文学说，对心理机能在人类适应环境的过程中所起的作用感兴趣。该学派主张意识是连续的整体，强调意识活动在人类有机体的需要和环境之间起重要的中介作用，强调心理的适应机能，重视心理学的实际应用，并且主张把心理学的研究范围扩大到动物心理学、儿童心理学、教育心理学、变态心理学、差异心理学等领域。

（二）心理学的三大流派

科学心理学建立以后，陆续出现了十个主要的心理学理论流派，其中行为主义心理学、精神分析学派和人本心理学逐渐发展壮大，对人类的生产生活产生了巨大影响，被称为"西方心理学的三大流派"。其中华生（John B. Watson）开创的行为主义心理学为第一流派，以弗洛伊德（Sigmund Freud）、荣格（Carl Gustav Jung）为代表的心理动力学学派为第二流派，以马斯洛（Abraham H. Maslow）为代表的人本主义心理学为第三流派。

1. 行为主义流派

行为主义是由华生于1913年所创立，是美国现代心理学主要流派之一。行为主义流派的主要表现有三点：把人和动物相混淆，只承认两者之间的连续性，不承认人与动物行为的本质区别；割裂意识与行为，否认意识的存在及其可知性，否认心理的认知功能，把心理与行为等同起来，把一切心理活动都简化为S-R（刺激-反应）的活动和单纯的适应功能；否认行为的遗传，单纯强调学习和训练的作用，导致环境决定论和教育万能论。

2. 心理动力学流派

心理动力学流派产生于 19 世纪，是由弗洛伊德创建的一种神经症的治疗方法和理论，同时又是一种潜意识心理学体系。20 世纪 20 年代，这个理论逐渐扩展到社会科学的各个领域，应用于绘画、影视作品、文学、哲学等众多领域，也称精神分析流派。

精神分析学派不同于以往的学院心理学。它产生于精神病治疗实践，应用性大于科学性；它的研究对象是精神失常的人，运用临床观察法而非实验室实验法；侧重探讨潜意识、情欲、动机和人格等深层次的内容。

3. 人本主义心理学流派

人本主义心理学是 20 世纪 50 年代兴起于美国的西方心理学思潮和革新运动，它反对行为主义的环境决定论和精神分析的生物还原论思想，认为人的本质是好的、善良的，他们不是受无意识欲望的驱使并为这些欲望而挣扎的野兽。人有自由意志，有自我实现的需要。因此，只要有适当的环境，他们就会努力争取达到某些积极的社会目标。人本主义心理学流派是一个由许多观点相近的心理学家和学派所组成的松散联盟，其中马斯洛、罗杰斯（Carl Ransom Rogers）是公认的领袖和主要代表。

马斯洛对人类的基本需要进行了研究和分类，将之与动物的本能加以区别，提出人的需要是分层次发展的；他按照追求目标和满足对象的不同把人的各种需要从低到高安排在一个层次序列的系统中，最低级的需要是生理的需要，这是人所感到要优先满足的需要。罗杰斯在心理治疗实践和心理学理论研究中发展出人格的"自我理论"，并倡导了"患者中心疗法"的心理治疗方法。

因此在人本主义心理学看来，人类有一种天生的"自我实现"的动机，即一个人发展、扩充和成熟的趋力，它是一个人最大限度地实现自身各种潜能的趋向。

（三）当代心理学的五大研究取向

1. 生理心理学

心理现象有脑基础，我们所有的高级心理过程（知觉、记忆、思维和情绪等）都和生理功能，特别是脑功能有密切关系。这种研究取向用生理心理学的观点和方法研究心理现象和行为，关注心理与行为的生物学基础，基本手段是用生理学描述和解释心理功能。研究的主要问题包括脑功能定位、心理免疫学（思想、情感与身体健康的关系）、遗传作用等。研究方法有临床法、局部切除法、电刺激法、生物化学法及神经成像或脑成像等技术。

2. 认知心理学

广义上的认知心理学包括以皮亚杰（Jean Piaget）为代表的构造主义认知心理学、心理主义心理学和信息加工心理学，狭义上的认知心理学就是信息加工心理学（Information Processing Psychology），它用信息加工的观点等研究人的接收、贮存和运用信息的认知过程，包括对知觉、注意、记忆、心象（即表象）、思维和语言的研究。主要的研究方法有实验法、观察法和电脑模拟法。1956 年被认为是认知心理学史上的重要年份。这一年几项心理学研究都体现了心理学的信息加工观点。如乔姆斯基（Avram Noam Chomsky）的语言

理论、纽厄尔（Alan Newell）和西蒙（Herbert Alexander simon）的"通用问题解决者"模型。"认知心理学"这个术语第一次出现在 1967 年乌尔里克·奈瑟（Donald Broadbent Ulrich Neisser）出版的新书中。而唐纳德·布罗德本特于 1958 年出版的《知觉与传播》一书则为认知心理学取向打下了重要基础。此后，认知心理学取向的重点便在唐纳德·布罗德本特（Donald E. Broadbent）所指出的认知的信息处理模式：一种以心智处理来思考与推理的模式。思考与推理在人类大脑中的运作便同电脑软件在电脑里运作相似。认知心理学理论时常谈到输入、表征、计算或处理，以及输出等概念。

3. 进化心理学

进化心理学产生于 20 世纪 80 年代。进化心理学认为，人类的心理（Mind）就是一整套信息处理的装置，这些装置是由自然选择而形成的，其目的是处理我们祖先在狩猎等生存过程中所遇到的适应问题。

进化心理学认为，当代人类的大脑里装着一个有着漫长进化历史的心理，因此，过去是了解现在的钥匙。这里的"过去"不仅是指个体的成长史，更主要是指人类的种系进化史。人类祖先 99% 的进化历史发生在更新世（Pleistocene）的狩猎-采集时代。这种漫长历史的进化过程给我们的心理带来了长久的历史积淀。当今人类的心理中，仍然带有漫长的历史所留下的痕迹。今天的每一个活着的人都是进化的产物，作为"活化石"，帮助我们了解祖先的过去。

进化心理学主张要了解心理首先要弄清这些心理机制是用来解决哪些适应问题的。只有弄清了这些心理现象的功能，才能对它们的机制有清楚的了解。就方法论程序来说，进化心理学的解释程序有如下要点：第一，通过分析某一心理所做的工作或所完成的任务，揭示这一心理的功能；第二，推测出这一功能背后的心理机制；第三，追溯这些机制形成的进化史、选择史，直至其终极根源；第四，根据机制和终极原因对心理现象进行解释。

4. 跨文化心理学

跨文化心理学（Cross-Cultural Psychology）是一门心理学分支学科，以两种以上的文化资料为基础，研究不同文化背景下人的心理的共同性、差异性，以及社会文化特点对心理产生的影响。跨文化心理学有两个基本来源：文化人类学研究和心理学研究。前者指出了存在于不同文化中的心理特征的巨大差异，后者通过对文化和环境的分析提供对这些差异的解释。

5. 积极心理学

积极心理学的研究是 20 世纪末西方心理学界兴起的一股新研究思潮。这股思潮的创始人是美国当代著名的心理学家马丁·塞利格曼（Martin E. P. Seligman）、谢尔顿（Kennon M. Sheldon）和劳拉·金（Laura King）。他们定义了积极心理学的本质特点：积极心理学是致力于研究普通人的活力与美德的科学，采用科学的原则和方法来研究幸福，倡导心理学的积极取向，以研究人类的积极心理品质，关注人类的健康幸福与和谐发展。积极心理学充分挖掘人固有的潜在的具有建设性的力量，促进个人和社会的发展，使人类走向幸福，其矛头直指过去传统的"消极心理学"。积极心理学是利用心理学目前已比较完善和有效的实验方法与测量手段，研究人类的力量和美德等积极方面的一个心理学思潮。

阅读窗

中国心理学会

中国心理学会（Chinese Psychological Society，CPS）创建于1921年，是我国现有的全国学会中最早成立的学术组织之一，中国科学技术协会团体会员。中国心理学会是由中国心理学工作者组成的公益性、学术性社会团体，宗旨是团结广大心理学工作者，开展学术活动，进行学术上的自由讨论，以促进我国心理科学的繁荣和发展，促进心理科学知识的普及和推广，促进心理科学人才的成长和提高。中国心理学会现有在册个人会员约25 000人、学术单位会员48个。中国心理学会理事会每届任期四年，自2009年12月第十届理事会起实行"三理事长"制，即由前任理事长、现任理事长、候任理事长共同主持学会工作。中国心理学会主办的全国心理学学术会议已经召开了二十五届，当前规模已超过2 000人，是国内心理学领域最大规模的学术交流平台。中国心理学会于1980年加入国际心理科学联合会（International Union of Psychological Science，IUPsyS），1984年加入国际应用心理学协会（International Association of Applied Psychology，IAAP）。中国心理学会设立会士制度，设有中国心理学会终身成就奖、中国心理学会学科建设成就奖等奖项，设立"荆其诚国际心理学大会青年学者资助计划"，每两年会资助青年学者参加国际心理学大会。

摘编自：中国心理学会官方网站

第一章　要点回顾　　　　第一章　习题园地　　　　第一章　思维导图

第二章 心理的实质

案例导学

25岁的菲尼亚斯·盖奇在美国佛蒙特州铁路建设工地上工作，他负责爆破岩石。1848年9月13日，正当盖奇用一根铁钎把甘油炸药填塞到岩面孔中的时候，一颗火星意外地点燃了炸药。当时他的头正歪向一边，引爆的甘油炸药将他手中的铁钎从他的左颧骨下方穿入头部，然后从眉骨上方出去，在空中飞行100多英尺（1英尺≈0.3米）后落在他身后二十几米远的地方。这根铁钎长约1.1米，重5.04千克，一端直径为3.18厘米，另一端的直径为0.64厘米。盖奇被铁钎击倒后，尽管颅骨的左前部几乎完全被损毁了，但他并未失去知觉。在一位年轻的外科医生哈罗的精心治疗下，盖奇在10周后出院了。此后，他的体力逐渐恢复，又可以工作了。盖奇活下来了，但行为和性格发生了巨大改变。

盖奇的幸存是一个奇迹，他仍然可以说话、走路，严重的脑损伤似乎对他没有什么影响。但不久以后，人们发现盖奇的脾气与从前大不相同了。他本是一个非常有能力、有效率的领班，思维机敏、灵活，对人和气、彬彬有礼。但这次事故以后，他变得粗俗无礼，对事情缺乏耐心，既顽固、任性，又反复无常、优柔寡断。他似乎总是无法计划和安排自己将要做的事情。正如他的朋友们所说："他不再是盖奇了。"

盖奇已无法胜任领班的职位。他后来在一家出租马车行工作，负责赶马车和管理马匹。几年以后，他的健康状况开始恶化，1860年2月癫痫发作，同年5月21日去世。

为什么经历脑损伤的盖奇会有如此的改变呢？大脑与个体的心理活动有什么样的关联呢？通过本章的学习，我们来揭晓谜底。

目标解析

1. 了解心理产生的生理基础。
2. 理解高级神经活动学说。
3. 正确理解科学的心理实质观。

第一节　心理产生的生理基础

心理现象的产生有其物质基础，因此它与个体的生理机制密不可分。了解个体的生理机制，有助于我们更好地理解心理现象的产生和发展。神经系统是心理现象产生的主要物质基础，人的一切心理活动，诸如感觉、知觉、记忆、思维、想象、情绪情感、意志活动，乃至人格等都是通过神经系统的活动来实现的。

一、神经元与神经冲动

（一）神经元

神经细胞又称神经元，是神经系统的基本结构和功能单位，具有感受刺激、传导冲动和整合信息的功能。神经细胞的结构如图 2-1 所示。

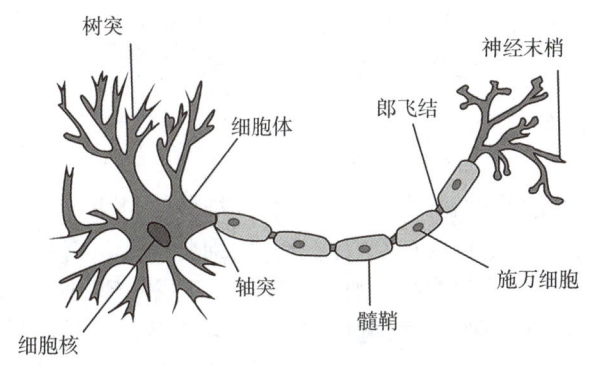

图 2-1　神经细胞的结构

细胞体：神经元的细胞体是细胞营养和信息整合的中心。

树突：树突短、分支多，分支上可见大量的树突棘。树突和树突棘扩大了神经元接受刺激的表面积，一般情况下树突接受刺激，并将信息传向细胞体。

轴突：轴突的形态细长、分支少，每个神经元只有一个轴突，细胞体发出轴突的部位称为轴丘。轴突的功能主要是将神经冲动传至神经末梢，此外还具有运输功能（轴浆运输）。

按照神经元突起的数目不同，而分为假单极神经元、双极神经元和多极神经元三类，如图 2-2 所示。假单极神经元由细胞体发出一个突起，在一定距离又分为两支，其中的一支相当于树突，另一支相当于轴突，脊神经节的神经元是假单极神经元；双极神经元由细胞体发出两个突起，一个是树突，另一个是轴突，耳蜗神经节的神经元为双极神经元；多极神经元由细胞体发出多个树突和一个轴突，脊髓等中枢神经系统内的神经元大多属于多极神经元。

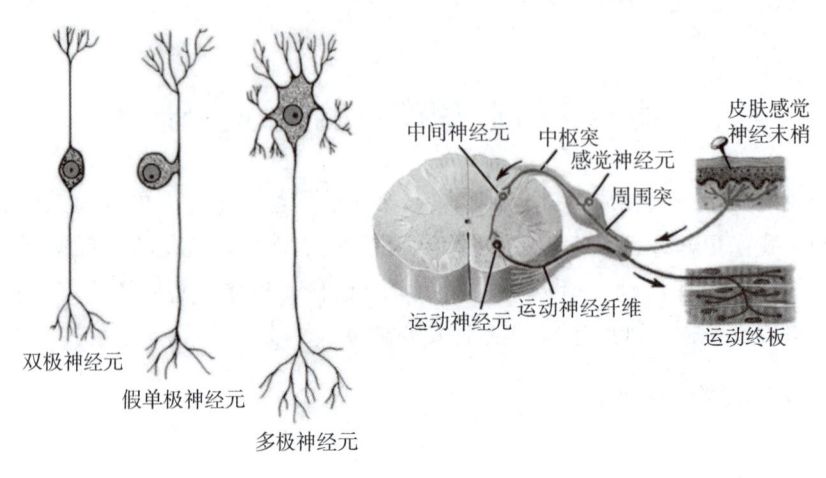

图 2-2　神经细胞分类

（二）神经胶质细胞

神经胶质细胞是神经系统的一个重要组成部分，它虽然不能像神经元那样进行长距离的信息传递，但是可以与邻近的神经元进行化学物质的交换。

神经胶质细胞可以分为以下几类：

1. 星形胶质细胞

星形胶质细胞是神经胶质细胞中最大的一种，细胞体呈星形，核大呈圆形或椭圆形，染色较浅。细胞质内有交织走行的神经胶质丝。由细胞体伸出许多呈放射状走行的突起，部分突起末端膨大形成脚板，附着在毛细血管基膜上，或伸到脑和脊髓的表面形成胶质界膜。星形胶质细胞能够帮助移除死亡细胞产生的废弃物质，同时控制流向大脑的血流量；可以提高脑激活区的血流量，为活动中的脑区提供更多的养料。星形胶质细胞能够释放化学物质，调节相邻神经元的活动。总之，星形胶质细胞不仅能够支持神经元的活动，还对信息加工过程有重要影响。

2. 少突胶质细胞

少突胶质细胞又称少突胶质，分布于灰质及白质内，位于神经元细胞体及神经纤维的周围。它的细胞体较小，呈圆形或椭圆形，突起少，分支亦少，核呈圆形或椭圆形，染色稍深。电镜下可见少突胶质细胞的每一个突起包绕一个轴突形成髓鞘。少突胶质细胞的主要功能是在中枢神经系统中包绕轴突，形成绝缘的髓鞘结构，协助神经电信号的跳跃式高效传递，维持和保护神经元的正常功能。

3. 小胶质细胞

小胶质细胞又称小胶质，分布于灰质及白质中。它的细胞体较小，呈长椭圆形，常以细胞体长轴的两端伸出两个较长突起，反复分支，其表面有小棘。细胞核小，呈椭圆或三角形，染色较深。小胶质细胞具有多突触及可塑性的特点，为中枢神经系统内固有的免疫效应细胞，在中枢神经系统的生理过程中发挥着极其重要的作用。

（三）神经冲动及其发放

静息电位是指细胞膜未受刺激时，存在于细胞膜内外两侧的外正内负的电位差。它是一切生物电产生和变化的基础。

细胞膜受到刺激后，会使细胞膜处于不同的电学状态。人们将细胞安静时膜两侧保持的内负外正的状态称为膜的极化；当膜电位向膜内负值加大的方向变化时，称为膜的超极化；相反，膜电位向膜内负值减小的方向变化，称为膜的去极化。当去极化反应到达一定程度（阈电位）时，在静息电位的基础上会发生一次可扩散的电位变化，称作动作电位。

当一条无髓鞘纤维受到足够强的刺激而产生动作电位时，该处的膜将由静息时的内负外正暂时变成内正外负，但和该段神经相邻的神经段则仍处于静息时的内负外正的极化状态。膜两侧溶液有导电性，在兴奋的神经段和与它相邻的未兴奋段之间，将由于电位差的存在而有电荷移动，这就是局部电流。它的流动方向是：膜外有正电荷从未兴奋段流向兴奋段，胞内有正电荷由兴奋段流向未兴奋段，这个电流方向是使未兴奋段纤维膜去极化。当这个电流足够强，使该段膜去极化达到阈值后，就会产生新的神经冲动——动作电位。这样，动作电位依靠局部电流一段一段地沿着神经纤维向前传导。这种沿神经纤维传导的动作电位被称为神经冲动。

神经冲动具有如下特征：①不衰减性传导。动作电位的幅度不会因传导距离的增加而减小；②"全或无"现象，动作电位一旦产生，幅度不会因刺激的加强而增大；③双向传导，动作电位从受刺激的兴奋部位向两侧未兴奋部位传导；④动作电位不融合，动作电位之间总有一定间隔，不会重合、叠加在一起。

阅读窗

脑神经发展的可塑性

大脑神经元之间的连接是可以随着环境的塑造而不断变化的，这叫作神经可塑性。大脑的可塑性最初产生于你还是胎儿的时候，童年时期和青少年时期是大脑可塑性的两个高峰期，大脑的可塑性在成年期甚至老年期依然存在。大脑可塑性反映了大脑的学习能力，这种能力使得大脑神经元和神经网络可以适应不断变化的外部环境，让我们和环境和谐共处，存活下来并不断进化。

你在出生时就拥有了你一生中能够拥有的几乎所有神经元。神经元在发育过程中会长出很多"小手"，和别的神经元"牵"在一起，这些小手名叫"神经突触"。在你生命的头15个月左右的时间里，大脑神经元之间的神经突触数量就已经达到最大了。在这个过程中，有大量的神经元因为无事可做"郁郁而终"，约有一半的胚胎神经元因为未能和其他神经元建立有效的连接而凋亡。

而那些因为找到了用武之地而幸存下来的神经元，它们的轴突（比较长的神经突触）外面会包裹上胶质细胞，这个过程叫作髓鞘化。神经纤维的髓鞘化就像在电线周围包裹的一层橡胶，这种绝缘层保护信号在大脑中的传输速度和质量。为什么神经元轴突外面要包裹髓鞘呢？这是因为大脑的神经元需要远距离传输信息，神经纤维上的信号需要在长距离的传输中做到高保真。比如，负责调控注意力的神经信号从位于额头附近的前额叶传到位于大脑正中间的内侧颞叶，或者视觉信号从位于后脑勺的枕叶传递到耳朵边的颞叶，都要求神经电信号的传输速度快且准。

在大脑发育过程的初期，神经系统会大幅修剪发育得错综复杂的神经连接，就像修剪新长出的小树枝一样，把用得很少的神经连接修剪掉，只留下重要的、反复使用的神经连接。其效果也和修剪小树枝一样，可以让大脑的能量和物质高效地用到真正需要的地方。对神经纤维"分叉"的大幅修剪过程会一直持续到青春期结束。

距离遥远的神经元是如何彼此连接在一起的呢？这看起来是一个不可思议的现象，科学家直到现在也不知道它是怎么回事。一个被学界普遍接受的理论认为，距离遥远的神经元通过产生同步的放电活动来感知对方的存在，向对方伸出友谊的"小手"——神经突触，最终连接在一起，这叫作赫布学习律。

大脑的神经元细胞体构成了大脑的灰质。大脑灰质的体积在人的整个童年时期会逐渐增加，并在青少年时期达到顶峰，之后逐渐缩小，在成年期趋于稳定。在你6岁的时候，大脑体积已经达到了你一生最大值的95%；女孩平均在11.5岁、男孩平均在14.5岁达到大脑体积的最大值。

从青少年时期到成年期，大脑的体积反而变小了，这似乎很奇怪。实际上，大脑之所以在发育过程中缩小，是因为大脑在不断修剪没用的神经突触和加强有用的突触，这是大脑适应环境的重要过程。修剪过程要持续到多少岁呢？法国科学家研究了从新生儿到91岁老人的大脑切片，发现人类大脑额叶（位于大脑前部额头后方的位置，负责抑制、注意、计划和执行等高级功能）的突触密度直到30岁左右才会趋于稳定。也就是说，我们的大脑可能要到我们30岁时才稳定下来，这时我们才算成熟的成年人。

当你长期练习某一种大脑功能时，负责这个功能的脑区就会得到成长。如果你不停地练习弹钢琴，你的大脑中负责手指活动的脑区就会长出更多的神经纤维，并连接成新的神经网络，负责手指活动的区域在大脑中的"地盘"也会随之变大。总之，我们的大脑终身都可以改变，而且对环境有着积极的适应性，这就是"神经可塑性"。

摘编自：姚乃琳．大脑修复术［M］．北京：中信出版集团，2020．

二、中枢神经系统

中枢神经系统由脑和脊髓组成。脑和脊髓是各种反射弧的中枢部分，是人体神经系统的最主体部分。

（一）脊髓

脊髓呈圆柱形，白质位于周边，灰质居中央，呈蝴蝶形，两侧宽，中间窄。灰质中央有脊中央管，中央管腹侧为灰质前连合，后侧为灰质后连合。脊髓横断面及其外形分别如图2-3、图2-4所示。

1. 灰质

灰质按其形态可分为前角、后角、中间带以及侧角。前角是突向腹侧、粗而短的灰质部分；后角是伸向背侧的细长部分。在前角与后角之间的灰质被神经纤维穿行，形成网状结构。

脊髓灰质内含有形状、大小、功能各不相同的神经元，在灰质内的各型神经元呈局部定位分布。自后角向前角依次分成10个板层（Ⅰ~Ⅹ），可精确定位神经细胞层次，准确判断后根感觉纤维和大脑、脑干的连接位置。

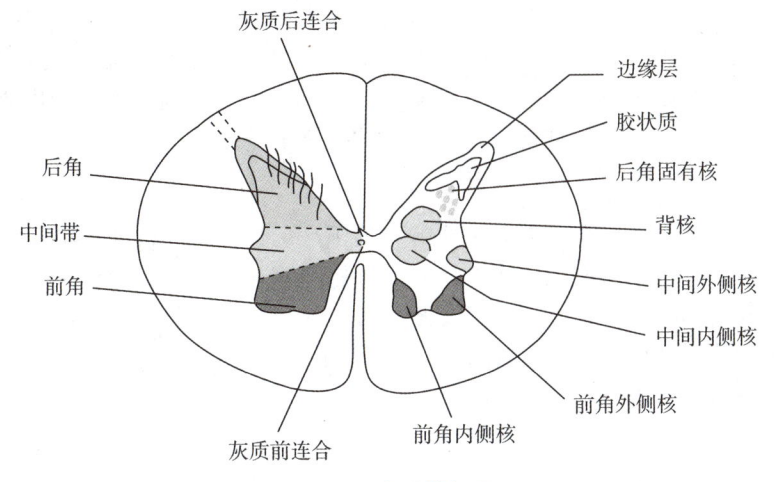

图 2-3　脊髓横断面

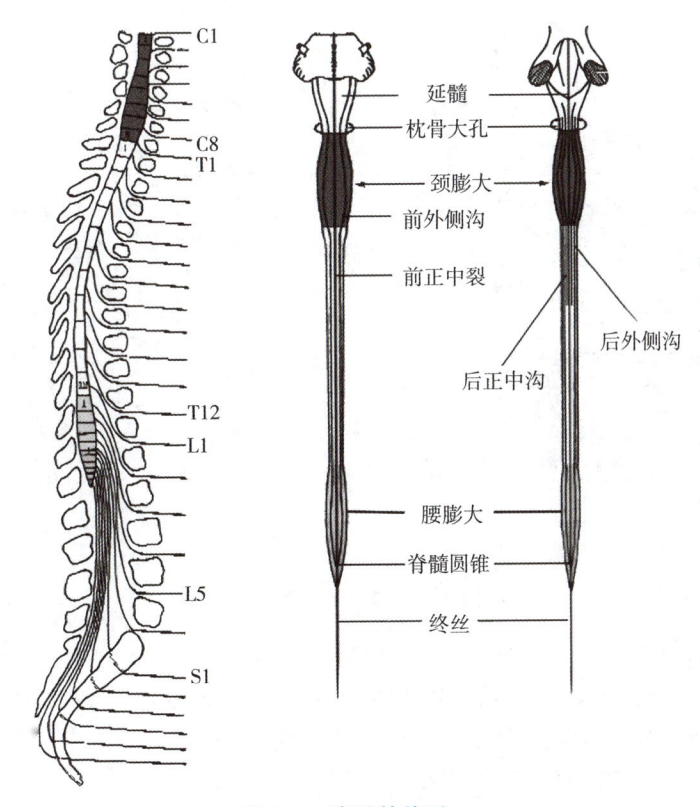

图 2-4　脊髓的外形

2. 白质

白质在灰质的外周，可分前索、侧索和后索三个部分。其中有上行束、下行束、固有束及各种传导束。神经通路主要为纵行神经纤维，多为有髓神经纤维和少量的无髓神经纤维，神经纤维之间有神经胶质细胞。

脊髓具有以下功能：

（1）传导机能：脊髓使身体周围部分与脑的各个部分联系起来，如通过上行纤维束将感觉信息传至脑，同时又通过下行纤维束接受高级中枢的调控。

（2）反射机能：脊髓作为一个低级中枢，有许多反射中枢位于脊髓灰质内。通过固有束和脊神经的前后根等完成一些反射活动，如腱反射、屈肌反射、排尿反射和排便反射等。

在正常情况下，脊髓的反射活动都是在脑的控制下进行的。

（二）脑

人类的脑是由约 140 亿个脑细胞构成的重约 1 400 克的海绵状神经组织。脑是中枢神经系统的主要部分，位于颅腔内，由胚胎时期的神经管前部发展演化而来，由于神经管前部各段发育生长的速度不同，逐渐形成了脑的各个部分。随着脑各部分的分化，神经管的内腔相应发生变化，从而形成了脑室系统。人脑可分为四个部分，即脑干（延髓、脑桥、中脑）、小脑、间脑、大脑。

1. 脑干

脑干的正面与背面如图 2-5 所示。

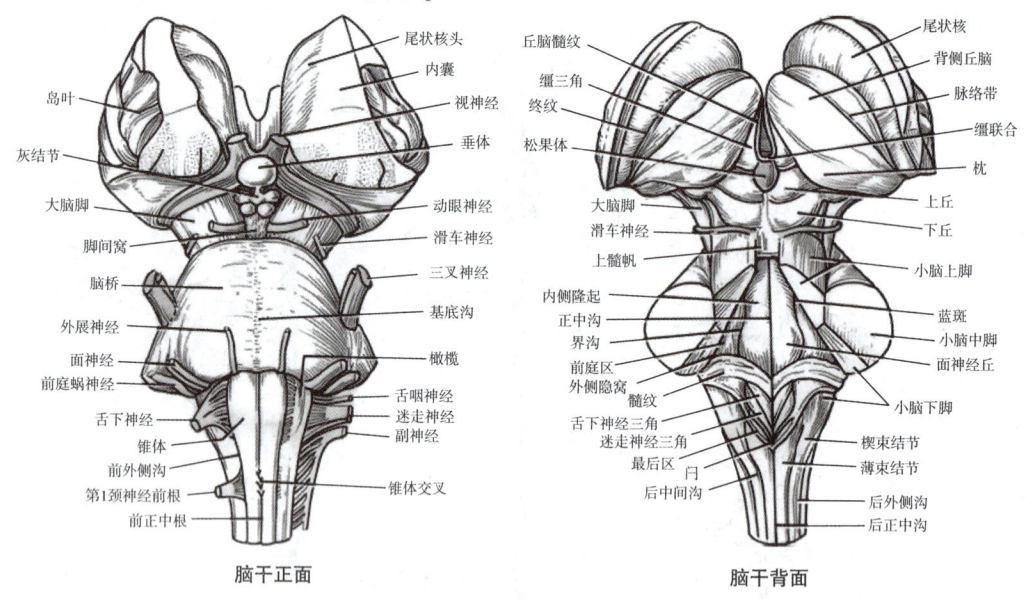

图 2-5 脑干的正面与背面

脑干由后向前依次分为延髓、脑桥、中脑。

（1）延髓为脑干的末端。形似倒置的圆锥体，腹侧下端平枕骨大孔处与脊髓相连，上端借横行的延髓脑桥沟与脑桥为界；背侧面的上部构成菱形窝的下半，下部似脊髓，在后正中沟的两侧各有两个膨大，内侧者为薄束结节，外上者为楔束结节。延髓的主要机能是调节内脏活动，许多维持生命所必要的基本中枢（如呼吸、循环、消化等）都集中在延髓，这些部位一旦受到损伤，常引起迅速死亡，所以延髓有"生命中枢"之称。

（2）脑桥位于延髓的前方，位于延髓和中脑之间，前、后缘有横沟分界。脑桥的腹侧面及脑桥基底，内有大量的横行纤维。其上缘与中脑的大脑脚相接，下缘借延髓脑桥沟与延髓相续。在延髓脑桥沟内自内向外依次有展神经、面神经和前庭蜗神经根出脑。腹侧面正中有一纵行浅沟，称基底沟，容纳基底动脉。腹侧面有大量的横行纤维，向两侧逐渐变窄，移行为小脑中脚或脑桥臂，转向背侧进入小脑。移行处有大的三叉神经根附着，通常把此根视为脑桥腹侧面与小脑中脚的分界线。脑桥基底部为联系大、小脑皮质间的中继站。

（3）中脑位于脑桥、小脑和间脑之间，并与它们相连接。其形体较小，是脑干中最短的部分，长约2cm，横越小脑幕切迹。内有一管，称中脑导水管，后端与第四脑室相通，前方与第三脑室相通。中脑导水管背侧为四叠体（顶盖），腹侧是大脑脚。从中脑的横切面可看出，中脑可分成三个部分：①中央灰质：指环绕大脑导水管的灰质，腹侧有动眼神经核和滑车神经核，两侧有三叉神经中脑核，分别支配眼球、面部肌肉活动；②中脑四叠体：在中央灰质背面，其上丘是视觉反射中枢，下丘是听觉反射中枢；③大脑脚：其中有黑质和红核，与调节身体姿势和随意运动有关。如黑质损伤，手脚的动作协调将会受到破坏，面部表情将显得呆板；如红核损伤，病人将出现舞蹈症等。

在脑干的大部分区域，弥散分布着神经细胞和神经纤维交织而成的网状结构。它是脑进化过程中的最古老成分，对维持有机体生命来说是绝对必要的结构。它参与睡眠与觉醒的调节，与选择性注意机制密切相关，可调节呼吸、心血管反射、肌肉张力等。

2. 小脑

小脑位于大脑的后下方，颅后窝内，延髓和脑桥的背面，可分为中间的蚓部和两侧膨大的小脑半球。小脑表面有许多大致平行的浅沟，沟间为一个叶片。表面的灰质为小脑皮层，深部为白质（也称髓质）。白质内有数对核团，称中央核。小脑的上表面与下表面如图2-6所示。

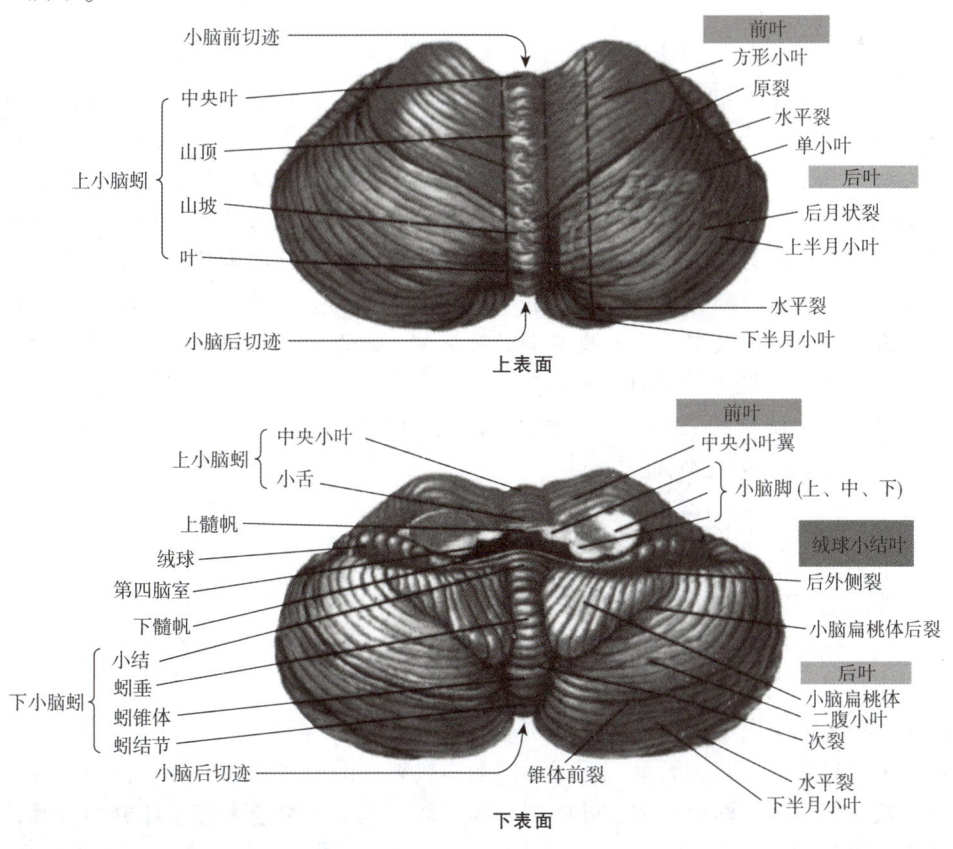

图2-6 小脑的上表面与下表面

小脑是运动的重要调节中枢，有大量的传入和传出联系。大脑皮质发向肌肉的运动信息和执行运动时来自肌肉和关节等的信息，都可传入小脑。小脑经常对这两种传来的神经冲动进行整合，并通过传出纤维调整和纠正各有关肌肉的运动，使随意运动保持协调。此外，小脑在维持身体平衡上也起着重要作用。它接受来自前庭器官的信息，通过传出联系，改变躯体不同部位肌肉的张力，使肌体在重力作用下，做加速或旋转运动时保持姿势平衡。

3. 间脑

间脑位于中脑与大脑半球之间，并被两侧大脑半球所覆盖。其外侧部与大脑半球实质相连，因此它与大脑半球之间的界限不如其他脑部明显。间脑可以分为丘脑、上丘脑、下丘脑、底丘脑、背侧丘脑五个部分，其中上丘脑、下丘脑是主要结构。

丘脑是个中转站。丘脑后部有内侧膝状体和外侧膝状体，分别接受听神经与视神经传入的信息。除嗅觉外，所有来自外界感官的输入信息，都通过这里再传入大脑皮层，从而产生视、听、味、嗅等感觉。

下丘脑位于丘脑前下方，是调节交感神经系统和副交感神经的主要皮下中枢，对维持体内平衡、控制内分泌腺的活动有重要意义。下丘脑前部对体温增高非常敏感，后部对体温降低非常敏感。此外，下丘脑对情绪的产生也有重要作用：用微弱电流刺激下丘脑的某些部位可能产生快感，而刺激另一些部位将产生痛苦和不愉快的感觉。

> **阅读窗**
>
> **小鼠自我刺激"快乐中枢"实验**
>
> 美国心理学家奥尔兹（James Olds）在1954年用"自我刺激"的方法，证明下丘脑和边缘系统中存在一个"快乐中枢"。在老鼠下丘脑背部埋电极，另一端与电源开关的杠杆相连，老鼠只要按压杠杆，电源即接通。老鼠发现按压杠杆获得电流对脑的刺激能引起快乐和满足，所以不断地按压杠杆，频次可达每小时5 000次，直到精疲力竭、昏昏欲睡为止。在下丘脑以外的脑部埋电极，则没有出现上述情形或快乐的效果不明显。由此推断，老鼠的下丘脑中还存在一个"快乐中枢"。有人用电极刺激临床患者下丘脑的有关部位时，患者会面带微笑，表现出高兴的样子。在描述对刺激的感觉时，患者也说有"良好的感觉"。可见，人的下丘脑也存在"快乐中枢"。
>
> 摘编自：情绪研究［EB/OL］.（2018-12-23）［2024-4-12］. http://www.function.sdu.edu.cn/info/1149/1047.htm.

4. 大脑

大脑外侧面如图2-7所示。

大脑是中枢神经系统的重要组成部分。大脑包括左、右两个半球，两半球间有横行的神经纤维相联系。大脑半球表层为灰质（称为"大脑皮质"），深层为髓质。人类大脑皮质是由6层神经细胞层结构组成的皮质层。

大脑半球呈卵形，其表面呈现深浅不同的沟或裂，沟裂间隆起的部分称为脑回。大脑半球有三条大的沟裂，即中央沟、外侧裂和顶枕裂，这些沟裂把大脑半球分为五叶，即额叶、颞叶、顶叶、枕叶和岛叶。

（1）额叶。中央沟起自半球上缘中点稍后，向前下斜行于半球背外侧面，其前面即为额叶。中央沟前方有与其平行的中央前沟，两沟之间为中央前回。自中央沟向前走出上下两条与半球上缘平行的额上沟和额下沟，分出了额上回、额中回和额下回。

（2）顶叶。外侧沟在半球背外面自前向后上方斜行；顶枕沟位于半球内侧面后部，略转至外侧。中央沟与顶枕沟之间、外侧裂以上即为顶叶。中央沟后有一与其平行的中央后沟，之间为中央后回。中央后沟向后走出一条与半球上缘平行的顶间沟，其上部为顶上小叶、下部为顶下小叶。顶下小叶前部围绕大脑外侧裂末端形成环曲回，其后部称角回。

（3）颞叶。颞叶位于外侧沟下方。颞叶表面有两条与外侧沟平行的颞上沟和颞下沟。颞上沟上方为颞上回，下方为颞中回，颞下沟下方为颞下回。此外，颞上回上面有几条短的横回称颞横回。

（4）枕叶。枕叶位于顶枕沟后，在背外侧有些不规则的沟回。

（5）岛叶。岛叶又称脑岛，位于大脑外侧裂深部，被部分额叶、顶叶覆盖，略呈三角形，其上有几条沟，把它分成几个长短不等的回。

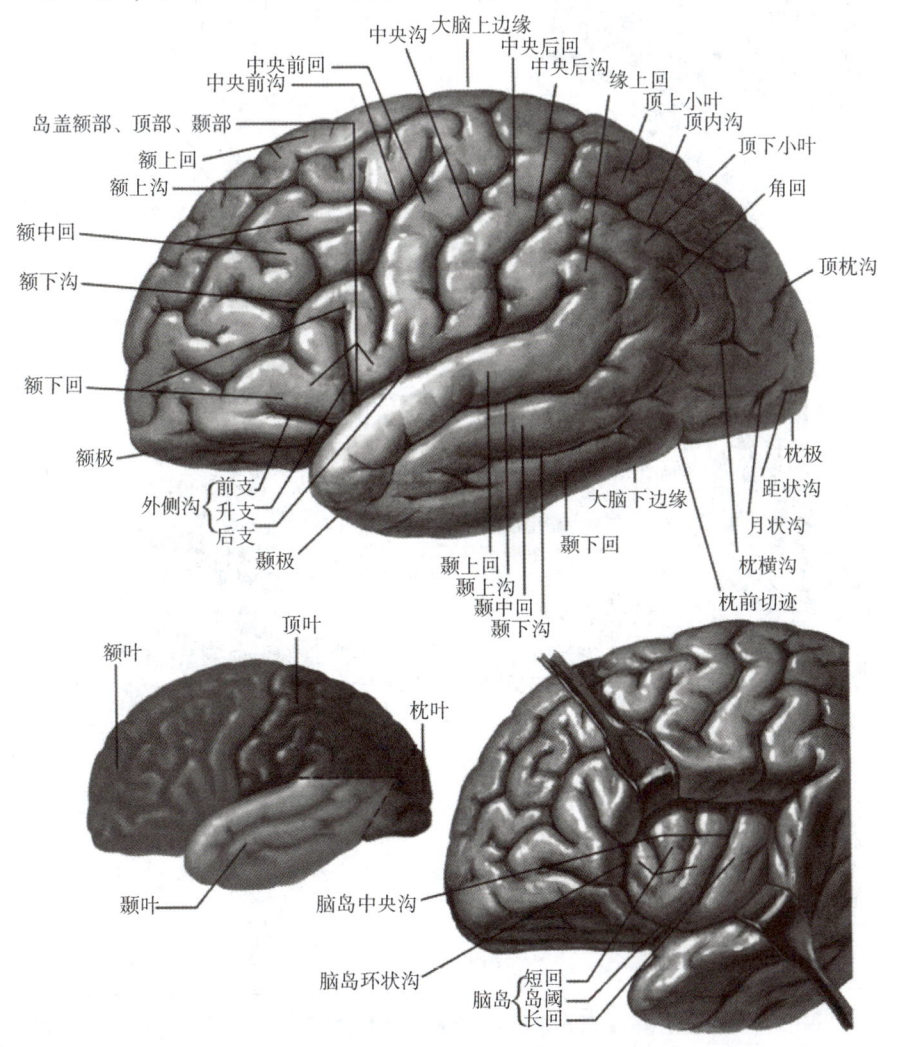

图 2-7 大脑外侧面

三、周围神经系统

周围神经系统由躯体神经系统和自主神经系统两部分组成，其中躯体神经系统又可分为脊神经和脑神经。

（一）脊神经

从脊髓发出的脊神经共有 31 对，包括颈神经 8 对、胸神经 12 对、腰神经 5 对、骶神经 5 对、尾神经 1 对。脊神经由前根和后根的神经纤维混合而成。脊髓前根的纤维属运动性（包括躯体、内脏运动纤维），主要由脊髓灰质前角和侧角发出的运动纤维组成；后根的纤维属感觉性（躯体、内脏感觉纤维），主要由脊神经节内假单极神经元的中枢突组成。脊髓与脊神经如图 2-8 所示。

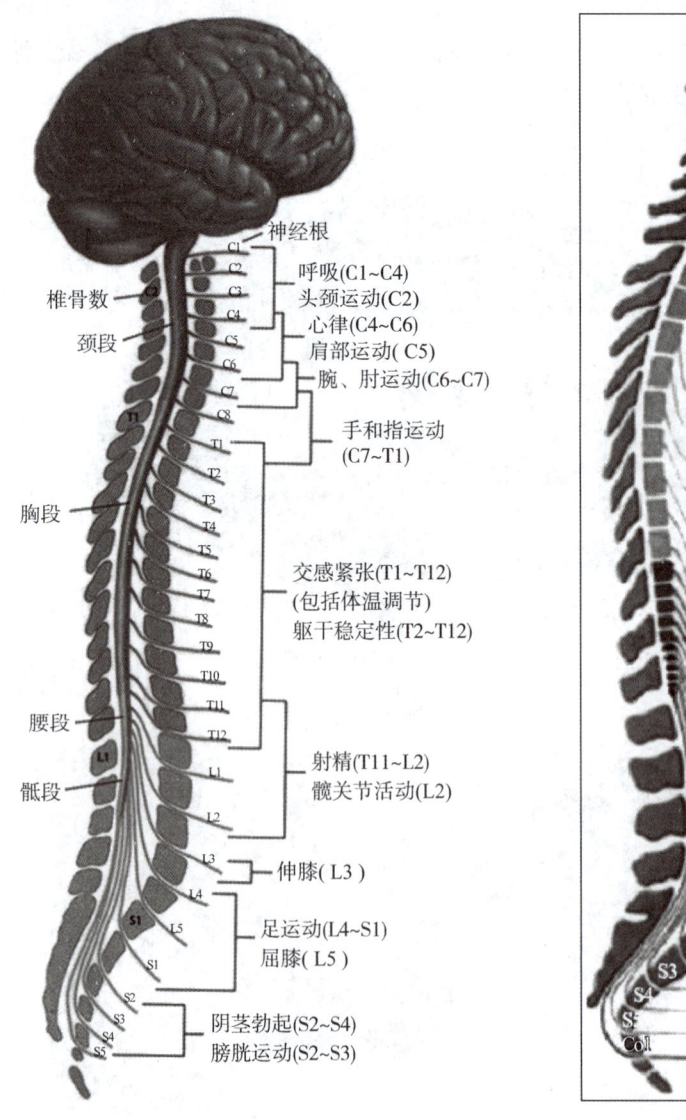

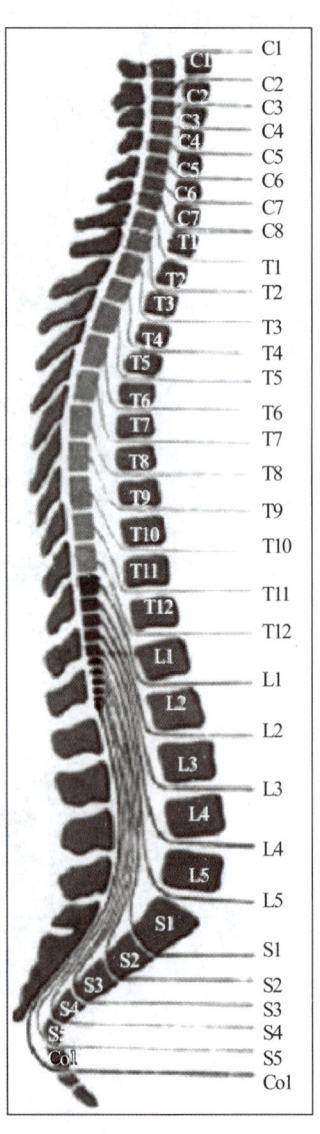

图 2-8　脊髓与脊神经

（二）脑神经

脑神经是从脑发出左右成对的神经，从脑部出发的神经共有 12 对，分别为嗅神经、视神经、动眼神经、滑车神经、三叉神经、展神经、面神经、位听神经、舌咽神经、迷走神经、副神经、舌下神经。它们主要分布于头面部，其中迷走神经还分布到胸腹腔内脏器官。在这 12 对脑神经中，嗅神经、视神经、位听神经是感觉神经；动眼神经、滑车神经、展神经、副神经、舌下神经是运动神经；三叉神经、面神经、舌咽神经、迷走神经是混合神经。12 对脑神经名称、分布及主要功能如表 2-1 所示。

表 2-1　12 对脑神经名称、分布及主要功能

名称	性质	初级中枢 部位	初级中枢 名称	分布区	主要功能
嗅神经	感觉	大脑半球	嗅球	鼻腔嗅黏膜	嗅觉
视神经	感觉	间脑	外侧膝状体	视网膜	视觉
动眼神经	运动	中脑上丘	1. 动眼神经核 2. 副交感神经运动核	眼的上、下、内直肌；下斜肌；提上睑肌；瞳孔括约肌；睫状肌	眼球运动；提上睑；缩小瞳孔和调节晶状体
滑车神经	运动	中脑下丘	滑车神经核	眼上斜肌	眼球转向下外
三叉神经	混合	脑桥中部	1. 三叉神经运动核 2. 三叉神经感觉核 3. 三叉神经脊束核 4. 三叉神经中脑核	第一支：眼裂以上皮肤；角膜；上眼睑 第二支：眼裂与上唇之间的皮肤；颌黏膜；上颌牙齿；齿龈 第三支：口裂以下皮肤；下颌牙齿及齿龈；舌前 2/3 黏膜；咀嚼肌	脸部皮肤，上、下颌黏膜、齿龈、角膜等浅部感觉；咀嚼运动
展神经	运动	脑桥中、下部	展神经核	眼外直肌	眼球转向外侧
面神经	混合	脑桥中、下部	1. 面神经核 2. 上泌涎核 3. 孤束核	面部表情肌 舌前 2/3 黏膜 舌下腺、颌下腺、泪腺	表情肌运动 舌前 2/3 味觉、舌下腺、颌下腺、泪腺的分泌
位听神经	感觉	脑桥、延髓	1. 耳蜗神经核 2. 前庭神经核	内耳	听觉与平衡觉
舌咽神经	混合	延髓	1. 疑核 2. 下泌涎核 3. 孤束核	部分咽肌及黏膜；舌后 1/3 黏膜；颈动脉窦和颈动脉体、腮腺	咽肌运动；咽部感觉，舌后 1/3 味觉；腮腺分泌

续表

名称	性质	初级中枢 部位	初级中枢 名称	分布区	主要功能
迷走神经	混合	延髓	1. 疑核 2. 迷走神经背核 3. 孤束核	咽肌及黏膜；喉肌及黏膜；胸部内脏器官；心脏；腺部横结肠以上的内脏器官；腺体	咽及喉肌的运动和感觉；内脏器官的运动及感觉；心脏活动；腺体分泌
副神经	运动	延髓	1. 疑核 2. 副神经脊髓核（颈髓1~5或1~6）	胸锁乳突肌和斜方肌	头转向对侧，提肩
舌下神经	运动	延髓	舌下神经核	舌肌	舌的运动

第二节　高级神经活动学说

一、反射与反射弧

神经系统在调节机体的活动中，对内、外环境的各种刺激的适宜反应，称为反射。神经系统通过反射来维持机体内环境的稳定以及内环境与外环境的统一。而反射弧是反射的结构基础。

二、反射弧活动的通路

反射弧一般由感受器、传入神经、神经系统的中枢部位、传出神经和效应器五个基本部分组成。

（一）感受器

感受器指各种感觉器官，是一种信号转换装置。它能把内、外界刺激的信息转变为神经的兴奋活动变化——神经冲动。

（二）传入神经

传入神经是指能将感受器的神经冲动从神经末梢传向中枢的神经。

（三）神经系统的中枢部位

神经系统的中枢部位是指具有调节某一特定生理功能的神经元群。其功能是将传入的神经冲动进行分析综合，并发出运动信息。

（四）传出神经

传出神经是指能把神经系统中枢部位的运动信息传到效应器的神经。

（五）效应器

效应器是传出神经纤维末梢及其所支配的肌肉或腺体。这种从中枢神经向周围发出的传出神经纤维，终止于骨骼肌或内脏的平滑肌或腺体，支配肌肉或腺体的活动。

当一定的刺激作用于相应的感受器时，感受器产生兴奋。然后，兴奋以神经冲动的方式经传入神经传向中枢。经过中枢的加工，又沿着传出神经到达效应器，并支配效应器的活动。这样就完成了一次反射活动。

> **阅读窗**
>
> **膝跳反射**
>
> 膝跳反射是人体最简单的反射。它的神经中枢是低级神经中枢，位于脊髓的灰质内。当用手轻快地叩击膝腱（膝盖下韧带）时，膝盖处股四头肌肌腱内机械感受器受到刺激，在传入神经元中引发了动作电位。接着，动作电位传到脊髓，脊髓中传出神经元直接与传入神经元建立突触联系。当这个动作电位由传出神经传到大腿肌肉时，股四头肌收缩，股二头肌舒张，引起膝跳反射。然而，大多数反射要比膝跳反射复杂得多。
>
> 摘编自：李飞. 心理学基础 [M]. 长春：东北师范大学出版社，2020.

三、无条件反射与条件反射

伊万·彼得罗维奇·巴甫洛夫（Ivan Petrovich Pavlov），俄国生理学家、心理学家、医师，高级神经活动学说的创始人，高级神经活动生理学的奠基人，条件反射理论的建构者，也是对心理学发展影响最大的人物之一。

从1903年起，巴甫洛夫连续30多年致力于高级神经活动的研究，如图2-9所示。起初巴甫洛夫致力于研究狗的消化系统。为了计量狗在实验期间分泌唾液的量，他为每一只实验的狗做了一个小手术，将一条唾腺导管通到体外。正常情况下他每次给狗吃肉的时候，狗即流口水，而且看到肉就流口水。由于巴甫洛夫每次给狗吃肉之前总是按蜂鸣器，在观察的过程中他发现，每次按蜂鸣器，即使没有食物也会使它们流下口水。随后巴甫洛夫在观察的基础上展开了一系列实验，提出了经典条件反射学说。

狗的非条件反射示意图　　狗对无关刺激无进食反应示意图

在非条件反射的基础上去　　在非条件反射的基础上建
建立条件反射示意图　　　立了条件反射示意图

图2-9　巴甫洛夫及经典条件反射示意图

条件反射的情境涉及四个事项，两个属于刺激，两个属于机体的反应。第一个刺激是中性刺激：它引起预期的、需要学习的反应，在条件反射形成之前，即条件刺激（CS）——在巴甫洛夫的实验中就是铃响。第二个刺激是无条件刺激（UCS）：它在条件反射形成之前就能引起预期反应（本能）——条件反射形成之前，出现了肉，即UCS，就引起狗的唾液分泌。对于无条件刺激的唾液分泌反应叫作无条件反应（UCR），这是在形成任何程度的条件反射之前就会发生的反应；由于条件反射的结果（被刺激）而开始发生的反应（流口水）叫作条件反应（CR），即没有肉只有铃响的唾液分泌反应。当两个刺激紧接着（在空间和时间上相近）反复出现，就形成条件反射。通常，无条件刺激紧跟着条件刺激出现，条件刺激寄生于无条件刺激。条件刺激和无条件刺激相继出现数次后，条件刺激就逐渐引起唾液分泌，这时，动物就有了条件反射。

中性刺激与无条件刺激在时间上的结合称为强化，强化的次数越多，条件反射就越巩固。条件刺激并不限于听觉刺激，一切来自体内外的有效刺激（包括复合刺激、刺激物之间的关系及时间因素等），只要跟无条件刺激在时间上结合（即强化），都可以成为条件刺激，形成条件反射。一种条件反射巩固后，再用另一个新刺激与条件反射相结合，还可以形成第二级条件反射。同样，还可以形成第三级条件反射。在人身上则可以建立多级的条件反射。

当条件刺激不被无条件刺激所强化时，就会出现条件反射的抑制，主要有消退抑制和分化。条件反射建立以后，如果多次只给条件刺激而不用无条件刺激加以强化，结果是条件反射的反应强度将逐渐减弱，直至完全不出现，被称为条件反射的消退抑制。例如，对以铃声为条件刺激而形成唾液分泌条件反射的狗，只给铃声，不用食物强化，多次以后，铃声引起的唾液分泌量将逐渐减少，甚至完全不能引起分泌，出现条件反射的消退。

分化是指只对条件刺激物加以强化，而对与其近似的刺激物不强化，经过若干次后，只有条件刺激物才能引起条件反射性反应，近似刺激物引起的反应受到抑制。例如：如果将铃声分为高音和低音两种，高音给食物强化，低音只给铃声，不给食物强化，渐渐将形成高音分泌唾液，低音不分泌的现象，出现条件反射的分化。

四、中枢神经活动过程和规律

（一）基本过程

高级神经活动的基本过程就是兴奋过程和抑制过程。兴奋过程是与有机体的某些活动的发动和加强相联系的；抑制过程是与有机体的某些活动的停止或减弱相联系的。尽管它们的作用是完全相反甚至对立的，但它们是相互依存，可以相互转化的。有机体的一切反射活动都是由这两种神经过程的相互关系决定的。

（1）非条件性抑制。非条件性抑制是有机体生来具有的先天性的抑制。它包括外抑制和超限抑制。外抑制是由于外界新异刺激的出现，使正在进行的条件反射产生的抑制；超限抑制是由相对过强的刺激所引起的抑制。

（2）条件抑制。条件抑制又称内抑制，是在后天一定条件下逐渐习得的。巴甫洛夫将这种习得的抑制称作阴性条件反射。条件抑制可分为四种，但主要是消退抑制和分化抑制。消退抑制是由于条件反射没有得到强化而产生的抑制；分化抑制是指在建立条件反射时，只对条件刺激物加以强化，对类似的刺激不予强化，使类似刺激物引起的反应受到抑制。

(二) 基本规律

高级神经活动有兴奋和抑制两个基本过程。这两个过程进行着有规律的活动。巴甫洛夫提出了两个高级神经活动的基本规律。

(1) 兴奋与抑制过程的扩散与集中。在刺激物的作用下，兴奋或抑制在大脑皮层一定区域产生后，并非停滞于原处，而是向邻近部位的神经细胞传播，这是兴奋的抑制或扩散。当扩散达到一定限度，又逐渐向原来发生的部位聚集，这是兴奋或抑制的集中。

刺激物所引起的神经过程的强度决定兴奋或抑制的扩散和集中。当兴奋或抑制的强度过强或过弱时，易于扩散；当兴奋或抑制的强度适中时，易于集中。显然，中等强度的刺激性兴奋容易集中并产生分化抑制，从而导致对刺激物的感觉定位最准确。

(2) 兴奋过程和抑制过程紧密联系，其中一种神经过程进行引起或加强另一种神经过程出现的现象，称为神经过程的相互诱导。相互诱导在时空下具有不同特点，神经过程同时在大脑皮层区域之间发生的相互诱导是同时性诱导；神经过程相继在皮层区域之间发生的相互诱导是继时诱导。相互诱导在效果上又分为负诱导和正诱导。由兴奋过程引起或加强邻近区域的抑制过程称为负诱导；由抑制过程引起或加强邻近区域的兴奋过程称为正诱导。

巴甫洛夫认为正是神经过程活动的这两个规律，才使大脑皮层的机能得以协调。

第三节 科学的心理实质观

一、脑是心理的器官

心理现象是怎样产生的？是身体的哪一部分产生的？古代朴素唯物主义者虽然认为心理现象是身体的一种机能，但是由于科学水平的限制，人们并不清楚心理活动的器官所在。历史上，相当长一段时期，人们认为心脏是产生心理活动的器官，心理是心脏的机能。因为人们在各种不同活动状态下，会感觉到自己心脏活动的差异。如我国古代思想家孟子提出："心之官则思。"意思是说，心脏的机能在于思考。在汉字中，凡和心理活动有关的字都带"心"字旁或"竖心"旁，如思、想、念、怨、情、恨、悦等。由于心脏在胸腔中，于是古人认为智慧就来自胸中，因此产生了"胸有成竹""计上心来""心中有数""满腹经纶"等成语。古希腊哲学家亚里士多德也认为心脏是思想和感觉的器官，而脑只是使来自心脏的血液冷却而已。

随着事实和经验的积累，人们逐渐认识到心理活动不是与心而是与脑联系着的。例如，人们观察到，人在睡眠和酒醉时，心脏活动与清醒时并无多大差别，而精神状态却大不相同。一些精神病人心跳正常，但神志不清。一个心脏功能正常的人，如果脑受了损伤，心理活动就会受到严重破坏，有的耳目完好而变聋变盲，有的记忆丧失，有的言语、思维或随意运动出现了障碍。因此人们认识到心理现象是脑的产物。例如，我国明代医药家李时珍曾提出"脑为元神之府"。但是脑是怎样活动而产生心理现象的，由于脑的结构和机能的复杂性，很长时间以来人们并不清楚。

到了19世纪，随着自然科学的发展，医学和生理解剖学的研究提供了大量的关于脑

的知识。我国清代著名医生王清任于1830年在《医林改错》中提出了"脑髓说",他从解剖学上弄清了脊髓和脑的中枢神经联系的"经络周身,内外贯通"的道理。他说:"两目系如线长于脑,所见之物归于脑""两耳通脑,所听之声归于脑""鼻通于脑,所闻香臭皆归于脑"。这些都表明了大脑与感官的神经联系及大脑对感官的统一指挥作用。他断定:"灵机、记性不在心在脑。"明确指出心理现象是脑的功能。

1861年,法国外科医生布罗卡(Pierre Paul Broca)通过对人脑的解剖研究发现,一位病人失去了说话能力同左侧大脑皮层一个特定区域的神经细胞受到器质性损伤有关,这说明在大脑皮层的这一特定区域有一个语言中枢,被称为"布罗卡区"。后来临床实践又进一步发现大脑皮层颞叶的颞上回受到损伤时,病人能说话、阅读和写字,却听不懂别人讲的话,产生"感觉失语症";当额叶的额中回受到损伤时,病人能听懂话,自己会说话,也能阅读,但不会书写,产生"失写症";当顶叶的角回受到损伤时,病人虽然能听、会说、会写,但看不懂书面语言,产生"失读症"。这些发现证明:脑的一定部位控制、支配着人的言语活动。

1874年,俄国解剖学家贝兹(B. A. Baez)利用显微镜的方法在大脑皮层的中央前回第五层发现了大型锥体细胞,并且证明这种大型锥体细胞是支配躯体运动的神经细胞,称为"贝兹细胞"。这说明人的各种随意运动也是受大脑支配的。

与此同时,许多生理学家、医生、心理学家采用切除法、电刺激法对脑与行为的关系进行的研究以及神经电生理现象的研究,也陆续发现了其他一些神经中枢。如1870年,弗里奇(Gustav Fritsch)和希齐格(Eduard Hitzig)用微电刺激十字沟前回,发现动物不同部位的肌肉动作由不同的中枢控制,后又进一步通过实验研究发现了大脑皮层的"运动中枢"。这些都推动了心理现象脑机制研究的发展。尤其是"反射"概念的提出和"条件反射"学说的建立,使心理的生理机制研究进入一个新阶段。

后来著名生理学家巴甫洛夫在此基础上经过长期的实验研究,创立了高级神经活动学说,即"条件反射"学说,进一步科学地揭示了心理活动的脑机制。这些均无可辩驳地证明了心理现象是脑的机能,脑是心理的器官。

从物种发展史也可看出,心理现象是随着神经系统的产生而产生,随着神经系统的发展而发展的。神经系统是生物有机体在长期同大自然的斗争中,逐渐产生和发展起来的。随着动物进化阶梯的不断上升,神经系统趋于复杂,心理活动也更加灵活丰富。动物心理是与它的神经系统的发展水平相适应的,低等动物的神经系统很简单,只有简单的心理反应。例如,腔肠动物、环节动物等,仅有"感觉"这样的心理现象,只能对刺激物的个别属性做出反应;到了脊椎动物,才开始出现脑,也就有了较复杂的心理活动,产生了知觉,能够把客观事物的多种属性作为一个整体来反应;到了灵长类动物,随着大脑皮层的出现,脑重也明显增加,心理活动发展到高一级水平,具有了思维的萌芽,能够对复杂的生活条件进行初步的分析综合,根据事物的关系做出反应;到了人类,大脑结构更加复杂,尤其是大脑皮层的高度发达,可以进行极其复杂的心理活动。因此,"心理的东西,意识等等是物质(即物理的东西)的最高产物,是叫作人脑的这样一块特别复杂的物质的机能"。

从个体发育过程来看,人的心理是随着脑的发育而逐渐发展的。研究证明:新生儿的大脑虽然在形态结构上与成人接近,但是,皮层神经细胞比较简单,分支少,神经纤维尚未髓鞘化,脑的皮层薄、沟回浅,脑重较轻(约为成人的1/3),所以这时的心理活动比较简单，仅能形成一些简单的条件反射，以维持最基本的生理和心理需要。随着儿童年龄的增长，脑的生长发育很快，神经细胞纤维分支增多增长，神经纤维也形成髓鞘，脑重增加。到3岁脑重可达1 000克左右，7岁达1 280克，12岁达1 400克左右，接近成人与此相应，儿童的心理水平也日趋提高。

以上的科学事实足以说明，心理活动与大脑活动是不可分割的，人类的一切心理活动的产生和发展都依存于大脑这块物质。正如恩格斯所说："我们的意识和思维，不论看起来是多么超感觉的，它总是物质的、肉体的器官即人脑的产物。"

二、心理是脑的机能

（一）心理是对客观现实的主观映象

人脑对客观现实的反映过程，是在头脑中形成映象的过程，事物的映象和事物本身是相像的、一致的，但不是同质的，事物的映象不等于事物本身。前者是以观念形式存在于人脑中的，并经过人脑加工改造过的物象。它是主观的，正像马克思所说："（事物的映象）是移入人脑并在人的头脑中改造过的物质的东西。"而事物本身，是以物质形式存在于现实中的，是客观的。例如，客观现实中有一支钢笔，它作用于我们的感官，反映在头脑中，就产生了钢笔的映象。钢笔和它的映象是不同的，一种是客观存在的物质，看得见、摸得着，而另一种是心理现象，存在于人脑中，是观念的东西，看不见、摸不着。

因此，心理是对客观现实的反映，这种反映既是客观的，又是主观的：按其反映的内容来说是客观的，因为它反映的是外界事物和现象，是由外界事物决定的，同时又是通过脑的神经过程实现，并通过人的行为表现出来的；但是，它又是主观的，因为对客观现实的反映总是由一定的个人或主体进行的，是以主体已有的主观世界为中介，进行加工折射而产生的。个人的知识经验、个性差异和年龄特征以及当时的不同心理状态都会对这种反映有深刻的影响。所以，对同一客观事物的反映在选择性、准确性、全面性和深刻性等方面都会有所不同。这样就造成了人对客观现实反映的主观性，出现所谓的"仁者见仁，智者见智"现象。例如，对某一位老师讲的同一堂课，全班同学往往反映不一，有的学生理解并掌握了教材内容；有的学生一知半解，印象不深，对教材感到难懂。不但不同的人对同一事物的反映存在着差异，即使是同一个人，在不同的时间、不同的条件下，对同一事物的反映也不尽相同。例如，唐代大诗人李白，对同一座君山，当他大醉时写过"淡扫明湖开玉镜，丹青画出是君山"，极赞君山如画；等他酒醒之后，却又写道"铲却君山好，平铺湘水流"，恨不得一铲把君山削平，让湘水奔流，反映截然不同。

日常生活中，对于甘美的食物，人在饭前和饭后的反映也不相同。由此看出，人的主观状态不同，对事物的反映也不同。人的心理是对客观现实的主观反映。正是由于人对当前事物的每一反映都有过去的认识经验、个性特点等主观因素的参与并起作用，才保证了人的认识、人的反映的连续和深入。

（二）人的心理是对客观现实的积极、能动的反映

心理的反映形式，不是像镜子和照相底片那样简单、消极、刻板的反映，而是对客观现实的积极、能动的反映。人的心理不仅反映客观世界，而且，人类总是利用积累起来的经验，根据对客观事物发展规律性的认识，自觉地确定目的，制订活动计划，并运用意志努力，通过实际行动去改造客观事物。人对客观世界能动的反映，一方面表现在能动地把

握客观世界的规律性;另一方面表现在能动地改造客观世界,并在改造客观世界的同时也改变人类本身。正如恩格斯指出的:"动物仅仅利用外部自然界,单纯地以自己的存在在自然界中引起变化,而人则通过他所做出的改变来使自然界为自己的目的服务,来支配自然界。这便是人同其他动物的最终的本质的差别。"

三、人的心理是在社会实践活动中发生发展的

心理是脑的机能,是客观现实的反映。有了正常的大脑,有了客观现实并不一定产生心理现象,这是因为,心理是在人认识和改造世界的社会实践中实现的。

(一)社会实践活动是人的心理产生和发展的唯一途径

人的心理不是自发产生的,只有作为心理源泉的客观现实和作为反映器官的脑二者相互作用,才能产生正常的心理,而这种相互作用是通过人的实践活动实现的。人所有的心理现象都是在各种实践活动中,在人们彼此交往过程中产生和发展起来的。人的心理是对一个人整个生活经历的真实写照。人从出生那天起,就从事着各种各样的活动、游戏、学习,成年后又从事着各种社会实践,人通过各种实践活动去感知周围的事物,并不断改造着客观世界,正是在改造世界的实践活动中,产生了人对事物的认识,使人的认识和知识逐渐丰富起来,并形成了人的兴趣、动机、情感、愿望等,表现出人们克服困难的意志行动。同时,由于社会实践活动的多样性和复杂性,人们也形成了不同的能力和性格。因此,人们在实践活动中,在改造周围世界的同时,也改变着自身,改变着人对客观事物的反映,丰富和发展着人的心理。相反,脱离人类社会生活的人,难以产生人的正常心理。1920年,印度发现两个在狼群里生活的孩子,大的叫卡玛拉,发现时约有8岁;小的叫阿玛拉,只有两岁,很快就死去了。卡玛拉不会讲话,用四肢行走,不穿衣服,不吃人手里拿的肉,只吃扔在地上的生肉,用舌头舔食物吃,她既怕火又怕水,白天缩在墙角,夜间出来活动,发出狼一样的嚎叫,8岁只有相当于6个月婴儿的智力。后来经过细心的照料和教育,两年后才学会站立,四年后学会6个单词,六年后学会走路,七年后学会45个单词,学会了用杯子喝水,到17岁患病死去,其心理相当于4岁儿童心理发展的水平。

卡玛拉是人的后代,具有人脑高度发达的物质,为什么只有动物的本性,而没有人的心理呢?其根本原因就是从小脱离了人类的社会生活,无法进行社会实践活动,如不能学会人类的语言,不能进行人际交往和接受人类的知识经验等。在她的头脑中只有狼群生活的反映,而没有人类社会生活的内容,所以不能产生人的心理。不仅从小脱离社会生活不能形成人的心理,即使成年以后,长期脱离人类社会其心理也会变态。由此可见,人类的社会实践活动对人的心理产生和发展起着决定性的作用,是人的心理产生和发展的基础。

(二)社会实践活动是检验人对客观现实反映的唯一标准

当人们根据对事物的反映进行活动时,就可以证明哪些是正确的、哪些是错误的,从而不断纠正自己的认识和行动,使心理反映更正确、更符合客观实际。这就进一步促进了心理的发展,使心理反映达到深刻化和完善化的程度。

综上所述，人的心理是人脑的机能，是客观现实的反映。这种反映既是客观的，又是主观能动的，并且是在社会实践活动中发生、发展和表现、通过社会实践活动加以检验的。

第二章　要点回顾　　　　　　第二章　习题园地　　　　　　第二章　思维导图

第三章 注 意

案例导学

1. 英国物理学家牛顿的天赋并不高，然而他特别勤奋努力，学习和研究都专心致志，简直到了入迷的地步。他常常一连几个星期都留在实验室里，直到实验完成。有一次，他迷着搞实验，竟把手表当鸡蛋放到锅里去煮。

又有一次，牛顿的朋友来看他，他把饭菜摆到桌上后，又一头钻进了实验室。这个朋友等得不耐烦了，就先吃起来，吃过后没有告辞就走了。牛顿做完实验后出来，一看桌上的盘碟，自言自语地笑着说："我还以为没吃饭呢，原来已经吃过了！"说着又回实验室去了。

2. 陈毅小时候就非常喜欢读书。有一次，他正在看书，妈妈端来一盘饼和一碗芝麻酱，叫他蘸着吃。陈毅的书桌上有一个大墨盒，因为每天都要用，所以墨盒经常是开着的。陈毅一边看书，一边吃饼，不知不觉中，竟把饼蘸到墨盒里，一口一口吃得还挺香的。妈妈走进屋里，看到他满嘴都是墨，吃惊地叫起来："你在吃什么？"这时，陈毅才发现自己蘸的不是芝麻酱，而是墨水。妈妈一边责怪他，一边心疼地拉他去漱口。陈毅笑着说："没关系！吃点墨水好啊！我肚子里的'墨水'还太少了呢！"

3. 著名数学家陈景润曾因为攻克哥德巴赫猜想而闻名于世。有一次，他走路时撞到了树上，以为是撞着别人了，一连说了几声："对不起，对不起！"后来抬头一看，原来是一棵大树，不由得笑了。

当人们专心致志于一件事情时，就往往会出现心无旁骛的现象，这就是注意。

目标解析

1. 理解注意的概念、功能，了解注意的外部表现。
2. 掌握注意的种类，能够运用注意的有关知识分析和解释教学过程中的有关现象。
3. 理解注意的品质及影响因素，指导学生形成良好的注意品质。
4. 理论联系实际，能够运用注意的有关知识设计、开展教学活动。

第一节 注意概述

一、注意的概念

注意是人们非常熟悉的一种心理现象。当一个人在工作或学习的时候,他的心理活动(感知、记忆、思维、想象)总会指向和集中在某一对象上。因此,注意就被定义为是心理活动对一定对象的指向和集中。

(一)注意的特征

个体在任何时候都处于无数刺激的包围之中,但个体并不是对所有的刺激都有反应,通常只会对某些刺激发生反应而对其他刺激不发生反应。

1. 指向性

个体的心理活动对刺激的反应是有选择的,这就是注意的指向性。例如,学生上课的时候,总是把教师的讲解和板书当作感知的对象,而把教室内外的其他声音和周围的事物当作感知的背景。这种把注意的对象从大量的事物中选择出来,并使心理活动指向于它,就是注意的指向性。

2. 集中性

注意的集中性指心理活动停留在选择对象上的强度或紧张度。集中性通常有两种情况:一种是在同一时间内各种有关的心理活动共同集中于一定的刺激。比如,"聚精会神""专心致志"就是指人的看、听、想等各种有关的心理活动都共同地指向并集中于同一刺激。我国古代教育家荀况提出的"君子壹教,弟子壹学,亟成",就体现了这个原理。另一种是就同一种心理活动而言,它不仅指向于一定的对象,而且维持这种指向,使活动不断地深入下去。通常我们说的"注视""倾听"等,就是指人的某种有关的心理活动不仅指向而且持续、深入地集中于一定的刺激。例如,医生在做复杂的外科手术时,他的注意高度集中在病人的病患部位和自己的手术动作上,与手术无关的其他人和物便被排除在他的意识中心之外。心理活动的强度越大、紧张度越高,注意也就越集中。

(二)注意是心理活动的特性

注意不是一种独立的心理过程,因为注意不同于感知、记忆、思维等有自己特定反映内容的心理过程,注意本身并不反映事物及其属性,注意是伴随其他心理活动而存在的。当人在注意着什么的时候,他也就在感知着什么、记忆着什么、思考着什么。我们平常所说的"注意铃声""注意灯光",并不是说注意本身就是独立的过程,而是由于习惯,把"注意听铃声""注意看灯光"中的"听"字和"看"字给省略了。

人在清醒状态下,每时每刻都在注意看某一种事物,当谈到某某"没有注意"的时候,并不是说他对任何事物没有注意。比如,我们说某某学生在课堂上注意力不集中,是指他的注意没有指向和集中于当时所应当从事的活动,而指向于其他无关的事物。

二、注意的功能

注意不但在人的心理活动中占据重要位置,而且注意对有机体的生存具有重要的生物

学意义。注意不仅是动物和人与周围世界保持平衡的基本生存条件，还是人们获取知识、掌握技能、完成各项活动和实际操作的重要心理条件。

1. 选择功能

注意的基本功能是对信息进行选择，选择那些重要的、有意义的、与当前活动任务相一致的各种刺激，避开（抑制、排除）其他不那么重要、无意义的、干扰当前活动的各种刺激。从而将自己的精力集中在主要的对象上，圆满地完成自己的工作。牛顿就是一个非常专注的人，当他发现万有引力定律后，别人问他如何发现引力定律时，他直言不讳地说："因为我在全部时间内都把思想集中在这件事上。"

2. 维持功能

大量信息输入后，必须经过注意才能使刺激信息在意识中得以保持，否则很快就会消失。注意可以使人在一段时间内保持一定的紧张，跟踪注意的对象，使之在意识中得到维持，直到顺利完成行为动作或认识活动，达到目的。如果注意的对象瞬息万变，心理活动就无法开展，也就无法进行正常的生活与学习。

3. 调节和监督功能

注意能对人所从事的活动进行控制，根据活动的需要做到注意的适当分配和适时转移，并对错误的行为进行纠正，从而提高活动的效率。如果没有注意，活动方向就会失去控制不能达到预定目的，因而注意起着调节作用。反之，由于某种需要，人们要从一种活动转变为另一种活动时，注意同样起着重要的调节作用。只有在注意参与之下，才能顺利完成活动的转变，开始新的活动。

三、注意的外部表现

个体在注意状态下，常常伴随着特定的行为表现，有时通过观察就可以了解个体的注意状态。注意的外部表现体现为以下三个方面：

（一）适应性动作会出现

人在注意状态下，感觉器官一般是朝向刺激物。例如，人在注意听一个声音时，把耳朵朝向声音传来的方向，即所谓的"侧耳倾听"；当注意观察一个物体时，把视线集中在该物体上目不转睛地看，即所谓的"举目凝视"；当沉浸于对某一问题的思考时，常常是"眼神发呆，若有所思"，好似看着远方，对周围对象的感知也就变得模糊了。

（二）无关动作会停止

当人的注意处于高度集中状态时，多余的动作会暂时停止，这实质上是大脑皮层发生负诱导的结果。例如，科幻片中演员的精彩表演引起观众的高度注意时，剧场内会一片寂静；当儿童被精彩的故事吸引时，会一动不动地看着讲故事的人；当看到电视剧的紧张时刻时，忘了手里举着的零食，张着嘴，只关注情节的发展而忘记了吃东西，甚至有时会听不到身边人的呼喊；等等。因此，在正常的情况下，一个认真听讲的学生是不会东张西望、交头接耳的。

（三）呼吸会发生变化

人在集中注意时，呼吸是轻微而均匀的，有节奏的，呼与吸的时间比例也会发生变化，一般是吸短呼长；当注意力高度集中时，就会出现呼吸暂时停止的状态，即所谓的"屏息"现象。例如，当我们在参加大型考试时会心跳加速，不停地深呼吸。此外，在观看紧张激烈的体育比赛时，还会出现心跳加速、牙关紧咬、双拳紧握等应激现象。在国际比赛中，坐在教练员座席上的参赛队主教练，双手交叉紧握，嚼着口香糖，并来回地走动，其目的就是缓解由于过分注意而产生的不必要的高度紧张。

必须指出，注意的外部表现，有时同注意的实际状态并不相符。例如，一个人貌似注意一件事，而实际上心理活动却指向和集中于另一件事，这就是所谓的"心不在焉""形聚而神散""身在曹营心在汉"的现象。所以，不能仅凭外部表现去判断人是否注意某一事物。在判断一个人的注意时，还必须进行多方面的观察和了解。教师掌握了注意的外部表现，有助于了解学生在课堂上的注意状态，判断他们是否注意听课。

阅读窗

认识多动症

注意缺陷多动障碍（Attention Deficit Hyperactivity Disorder，ADHD）常称为多动症，是儿童期常见的一类心理障碍，表现为与年龄和发育水平不相称的注意力不集中和注意时间短暂、活动过度和冲动，常伴有学习困难、品行障碍和适应不良。国内外调查发现患病率为3%~7%，男女比为4~9∶1。部分患儿成年后仍有症状，明显影响患者学业、身心健康以及成年后的家庭生活和社交。

多动症通常有以下临床表现：

1. 注意缺陷

注意缺陷主要表现为与年龄不相称的明显注意集中困难和注意持续时间短暂，是本症的核心症状。患者常在听课、做作业或其他活动时注意难以持久，容易因外界刺激而分心。在学习或活动中不能注意到细节，经常因为粗心而发生错误。注意维持困难，经常有意回避或不愿意从事需要较长时间持续集中精力的任务，如课堂作业或家庭作业。做事拖拉，不能按时完成作业或指定的任务。患者平时容易丢三落四，经常遗失玩具、学习用具，忘记日常的活动安排，甚至忘记老师布置的家庭作业。

2. 活动过多

活动过多主要表现为患者经常显得不安宁，手足小动作多，不能安静坐着，在座位上扭来扭去。在教室或其他要求安静的场合擅自离开座位，到处乱跑或攀爬。难以从事安静的活动或游戏，一天忙个不停。

3. 行为冲动

行为冲动主要表现为在信息不充分的情况下快速地做出行为反应，做事不顾及后果，凭一时兴趣行事，为此常与同伴发生打斗或纠纷，造成不良后果。在别人讲话时插嘴或打断别人的谈话，在老师的问题尚未说完时便迫不及待地抢先回答，不能耐心地排队等候。

4. 学习困难

注意障碍和多动会影响患者在课堂上的听课效果、完成作业的速度和质量，致使其学业成绩差，常低于其智力水平所应该达到的学业成绩。

四、注意的生理机制

注意和其他心理活动一样,是由神经系统不同层次、不同脑区的协同活动来完成的。从19世纪中叶以来,生理学家和心理学家进行过多方面的研究,试图揭示注意活动复杂的神经机制。

(一) 注意是有机体对外界刺激的一种定向反射

注意从其发生来说,就是有机体的一种定向反射,也称朝向反射。每当新异刺激出现时,有机体便产生一种相应的运动,并将感觉器官朝向新异刺激发生的方向,以便更好地感知这一刺激。这种反应,被巴甫洛夫称为"定向反射",表现为机体现行活动的突然中止,头面部甚至整个机体转向新异刺激发出的方向,通过眼、耳的感知过程探究新异刺激的性质及其对机体的意义。定向反射是注意最初级的生理基础。

20世纪初,巴甫洛夫的实验室曾经发生过这样一件事:巴甫洛夫的一位助手用狗做实验,使狗形成了对声音的条件反射,他请巴甫洛夫去实验室参观指导。奇怪的是,每当巴甫洛夫在场的时候,实验就不成功,实验动物已经建立起来的条件反射明显地被抑制了。仔细分析后,巴甫洛夫认为,他在场成为一种新异刺激,实验动物对这种新异刺激产生了一种特殊反射,并抑制了已经建立的条件反射。巴甫洛夫把对这种新异刺激的特殊反射称为定向反射,认为定向反射是人和动物共同具有的一种反射。巴甫洛夫认为,这种对新异刺激的定向反射本质是脑内发展了外抑制过程。新异刺激在脑内产生的强兴奋灶对其他脑区发生明显的负诱导,因而抑制了已建立的条件反射活动。随着新异刺激的重复呈现,失去了它的新异性,在脑内逐渐发展了消退抑制过程,抑制了引起定向反射的兴奋灶,于是定向反射不复存在。

定向反射发生时,有机体会产生一系列的身体变化。在狗唾液条件反射实验中,巴甫洛夫发现:对于已经建立起唾液条件反射的狗,给予一个突然意外的新异性声音刺激,则唾液分泌条件反射立即停止,狗将头转向声源方向,两耳竖起,两眼凝视,瞳孔散大,四肢肌肉紧张,心率和呼吸变慢,各种感官的感受性提高,并动员全身以应付个体面临的活动任务。巴甫洛夫认为,这种反射的生物学意义是巨大的,它不仅可以使个体更好地趋向活动目标,同时可以更有效地实现机体保护,使个体更好地适应对生存和发展有威胁的情境。

(二) 中枢神经系统的激活

人在注意状态下,大脑皮层相应区域会产生优势兴奋,从而保证引起优势兴奋中心的刺激物能够明确地得到反映,从而产生注意。

1. 脑干的网状结构

在脑干中央区域,有较分散的神经纤维纵横穿行交织成网,网眼内有神经细胞,这个区域称为网状结构。脑干的网状结构向上延伸到背侧丘脑,向下延伸到脊髓上部的外侧索中。网状结构的神经细胞形状很复杂,大小也不等,轴突较长,侧支也较多,因此,一个神经元可以和周围的许多神经元形成突触,一处受到刺激就可以引起周围细胞的兴奋。

来自身体各部位的感觉信息,一部分沿感觉传导通路直接到达相应的皮层感觉区;另一部分通过感觉传导通路上的侧枝先进入网状结构,然后由网状结构释放一种冲击性脉冲，投射到大脑皮层，使大脑皮层产生兴奋和觉醒。注意必须在机体觉醒状态下才能进行，网状结构的激活作用对于保持有机体的觉醒状态是必不可少的。

2. 边缘系统和大脑皮层

网状结构系统的激活作用使大脑处于普遍激活的水平，从而保证对某些活动产生注意。但是，激活并不等于注意，用网状结构的激活作用不能充分解释注意的选择性。人的注意选择一些信息、忽略另外一些信息，是和脑的更高级部分——边缘系统和大脑皮层的功能相关联的。

边缘系统是由边缘叶、附近皮层和有关的皮层下组织构成的一个统一的功能系统。它既是调节皮层紧张性的结构，又是对新旧刺激物进行选择的重要结构。研究表明，在边缘系统中存在着大量的神经元，它们不对特殊通道的刺激产生反应，而对刺激的每一变化产生反应。因此，当环境中出现新异刺激时，这些细胞就会活动起来，而对已经习惯的刺激不再进行反应，这些神经元也叫"注意神经元"。它们是对信息进行选择的重要器官，是保证有机体实现精确选择的行为方式的重要器官。这些组织的失调将引起整个行为选择的破坏。临床观察表明，这些部位轻度损伤，将使患者出现高度分心的现象；这些部位严重损伤，将造成精神错乱和虚构现象，意识的组织性与选择性也会因此而消失。

产生注意的最高部位是大脑皮层。大脑皮层不仅对皮层下组织起调节、控制的作用，而且是主动调节行动、对信息进行选择的重要器官。对大脑额叶严重损伤的病人进行的临床观察表明，这种病人不能将注意集中在所接受的言语指令上，也不能抑制对任何附加刺激物的反应。这些病人在没有干扰的条件下能做某些事情，但只要环境中出现任何新的刺激或存在任何干扰作用，如有外人走进病房或病房中有人在说话，他们就会停止原来进行的工作，把视线转向外来者或说话人的方向。由于注意高度分散，他们无法完成有目的的行为。

人脑额叶直接参与由言语指示所引起的激活状态。它通过与边缘系统和网状结构的下行联系，不仅能够维持网状结构的紧张度，还能够对外周感受器产生抑制作用。额叶损伤的病人表现出对新异刺激和环境干扰的过分敏感，可能与额叶丧失了对皮层下组织的抑制作用有关。

近些年来，事件相关电位技术、脑磁图技术、正电子发射断层扫描、功能性磁共振成像等不断应用于神经心理学研究。应用这些技术，人们对注意的神经机制及注意对大脑活动的影响进行了大量的实验研究。一般说来，认知活动在大脑皮层都有相应的功能区或功能单元定位，如视觉活动通常定位在大脑枕叶部位，而听觉活动则定位在颞叶区域。研究发现，注意指向一定的认知活动时，可以改变相应的大脑功能区或神经功能单元（通常是由很多神经元组成的神经环路）的激活水平，从而对当前的认知活动产生影响。

基于已有的研究，拉贝奇（D. LaBerge）提出，对某一对象的注意需要三个脑区的协同活动，这三个脑区分别是：①认知对象或认知活动的大脑功能区（功能柱）；②能提高脑的激活水平的丘脑神经元；③大脑前额叶的控制区，这个区域可以选择某些脑区作为注意的对象，提高其激活水平，使激活维持一定的程度和时间。这三个脑区通过三角环路的形式结合起来，是产生注意现象的生理基础。

第二节 注意的种类

美国心理学家詹姆斯曾把注意划分为随意注意和不随意注意两种类型。苏联心理学家多勃雷宁指出，除随意注意和不随意注意外，还有一种随意后注意。

目前，根据注意发生时有无目的，以及注意发生过程中意志努力参与的程度，业界把注意分为无意注意、有意注意和有意后注意三种。

一、无意注意

（一）无意注意的概念

无意注意也称为不随意注意，是指没有预定的目的，也不需要任何意志努力就能实现的注意。例如，在上课时，老师换了非常时尚的发型，学生们自然而然地议论老师的新发型，而忽视了老师讲课的内容；在安静的校园内散步，突然传来尖锐的警报声，大家都不由自主地转过头去注意那个声音。无意注意是人和动物都具有的初级注意。在心理学中，有时把无意注意称为消极注意，有时把无意注意称为情绪注意。把无意注意称为消极注意，是因为无意注意集中时缺乏个人的意志努力和积极性；把无意注意称为情绪注意，是突出了无意注意与情绪、兴趣和需要的关系。虽然无意注意缺乏目的性，但因为不需要意志努力，所以个体在注意过程中不易产生疲劳。

（二）引起无意注意的原因

引起无意注意的原因有两个方面：一是客观刺激物本身的特点。例如，刺激物的强度、新异性、运动变化以及刺激物的背景差异。二是个体自身的主观状态。例如，个体对事物的需求和兴趣，积极的情感态度，个体的情绪状态和精神状态，个体的心境，主观期待等。这两方面的原因是紧密联系的。

1. 客观刺激物本身的特点

（1）刺激物的强度。刺激物的强度是引起无意注意的重要原因。例如，震耳的声响、刺眼的强光、艳丽的色彩、刺鼻的恶臭、浓烈的气味都会使人不由自主地加以注意。我们看电视时经常会发现这样的情况：电视剧播放时突然插播广告，而且广告的声音异常响亮。千万不要以为是广告制作得不好，实际上，广告商正是利用刺激物的强度来吸引观众的无意注意。

（2）刺激物的对比关系。强烈的刺激固然能引起人的注意，但对引起无意注意起主要作用的是刺激物的相对强度，即刺激物和与其同时出现的其他刺激物在强度上的对比关系。一个强烈的刺激如果在其他强烈刺激的背景上出现，可能不会引起人的注意；相反，一个弱的刺激出现在没有其他刺激的背景上，则会引起人的注意。例如，在喧闹的集市上，再大的声音也不会使人们注意；而在寂静的夜晚，轻声细语也能引起人们的注意。除了刺激物在强度上的对比关系外，刺激物在形状、大小、颜色、持续时间等方面的对比关系也是吸引无意注意的重要因素之一。如果刺激物之间在上述方面的对比关系特别明显，就很容易引起人的无意注意。例如，草丛中放着一把红色的雨伞，一位篮球明星站在人群中，羊群中出现的骆驼，都容易引起人的注意。

（3）刺激物的变化和活动。在静止的背景上活动着的、变化着的刺激物与在活动着的背景上相对静止的刺激物，在运动快的背景上相对运动慢的刺激物与在运动慢的背景上相对运动快的刺激物，都更容易引起人们的无意注意。因为它们与背景之间实质上存在着一种鲜明的对比关系，即动与静、快与慢的对比。例如，海上的灯塔一亮一暗，容易引起航海者的注意；霓虹灯广告有规则地一亮一暗，容易吸引行人的注意；商店里玩具架上活动着的玩具，也能够很好地刺激儿童的消费欲望；学生期末考试的排名榜，其中第一、二名和倒数第一、二名更容易引起家长的注意；教师讲课时，音调与节奏不断变化，并辅以适当的肢体动作，就更能吸引学生的注意。

（4）刺激物的新异性。刺激物的新异性可以分为绝对新异性（该刺激物在我们的经验中从未有过）和相对新异性（该刺激物在我们的经验中有些熟悉但又使我们感到新奇）。例如，我们旅游，往往会选择那些日常生活中较少接触到的景观，内陆地区的人会选择去大海边看看，平原地区的人会选择到崇山峻岭游玩。新异刺激物对注意力的吸引和维持，与我们对它的理解程度有关。如果我们对这种新异刺激物毫不理解（绝对新异性），虽然可以引起一时的注意，却难以维持长久的注意。如果我们对新异刺激物有一些理解但又不完全理解（相对新异性），为了求得进一步的理解，就会引起强烈的、长时间的注意。可以认为，引起注意更多的是刺激物的相对新异性。"狗咬人不成新闻，人咬狗成新闻"。因此，教师在讲述教材时，每次都可以增加新内容，变换讲述的方式。同时，讲述的新内容不能脱离学生已有的知识基础，要与学生的已有知识相联系。这样，不仅可以从外部吸引学生的注意，而且可以使学生长时间地维持注意。

2. 个体自身的主观状态

无意注意的发生虽然与客观刺激物的特点有关，但也受个体自身的主观状态的制约。同样一种刺激物，正是由于感知者的主观状态不同，就可能引起其中一些人的注意，而不能引起另一些人的注意。引起无意注意的个体自身的主观状态与以下因素有关。

（1）个体对事物的需要、兴趣和态度。凡是能够满足人们需要的事物，都容易引起人们的注意。建筑师由于职业的需要，当他们在外地旅游时，对各式各样的建筑物都会特别注意。而从事其他职业的人，吸引他们的可能是美丽的自然风光、超市丰富的商品等，而不是建筑式样。

兴趣是人的认识性需要。它对引起人们无意注意的意义重大。兴趣有两种：直接兴趣和间接兴趣。直接兴趣就是对事物本身以及活动过程的兴趣，间接兴趣就是对活动目的或活动结果的兴趣。对引起人的无意注意来说，直接兴趣的作用更大。例如，人们每天看报，由于各人的兴趣爱好不同，各人所注意的信息内容有所侧重。音乐爱好者更容易关注音乐广告；体育爱好者更容易被运动竞赛方面的消息所吸引；歌星演唱会广告备受年轻歌迷的青睐；至于教师则对"教育园地"专栏是情有独钟。人的需要和兴趣直接影响着人们对事物的态度。对某事物抱有漠不关心的态度，则该事物以及与其相关的事物都不容易引起人们的无意注意；相反，能够使一个人产生积极态度的事物，只要它出现，便能引起这个人的无意注意。

（2）个体的情绪状态和健康状况。凡是能激起某种情绪体验的刺激物都容易引起人们

的注意。作为人特有的一种情绪状态——心境，在很大程度上影响着人的无意注意。如果一个人的心境开朗，心情愉快，平时不大容易引起注意的事物，这时也极易引起他的注意；如果一个人心境抑郁，无精打采，忧心忡忡，平时容易引起注意的事物，这时也变成了无效刺激。此外，凡是一个人对某人（或某物）有特殊感情，则与之有关的人和事，都容易引起他的注意。

人的健康状况对无意注意也有重大影响。人在过分疲劳或生病的情况下，常常不能觉察那些在精神饱满时很容易引起注意的事物。人在精力充沛时，最容易对新鲜事物产生注意，并且注意力更能集中和持久。

（3）期待中的事物。期待也是产生和保持无意注意的重要条件。例如，我们听过一次"系列学术讲座"后，由于对下一次讲座怀有急切的期待，因此，有关下一次讲座的通知，就很容易引起我们的注意。章回小说的作者或说书先生在描写到或说到紧要关头时，便有意停住，并照例附上一句结束语"欲知后事如何，且听下回分解"，其目的就是使读者或听众产生对故事情节产生的强烈期待，以便维持他们的注意。

（4）个体已有的知识经验。个人已有的知识经验对引起和保持无意注意，意义也很重大。例如，一位心理咨询师面对一位整日忧心忡忡、郁郁寡欢、神情憔悴的学生，更容易产生无意注意；一个高明的医生，甚至在偶然遇到病人时，也会在无意间判断出疾病的症状和严重程度，而不具有医学常识的人，即使经常见到这种症状也不会引起重视和关注。所以说，一个人已有的知识经验与其对某事物的注意的稳定程度有密切的关系。但凡与已有知识经验相联系，又能增进新知识、积累新经验的事物，便有助于维持人们长时间的注意。例如，同样是关于"强化在行为疗法中的运用价值"的通俗讲座，对于小学生来说，显然不会引起他们的兴趣，更不能保持注意，原因是这一讲座的内容与他已有的知识之间缺乏必要的联系，但是，对于一位新参加工作的心理咨询师来说，这讲座会引起他极大的热情和强烈的兴趣，讲座全程他都能保持稳定的注意力。原因在于，他深刻地认识到，这次讲座不仅能丰富自己已有的心理咨询理论知识，而且能提升自己的专业能力。

二、有意注意

（一）有意注意的概念

有意注意又称为随意注意，是指有预定目的、需要一定意志努力的注意，是人类特有的一种注意。有意注意是一种主动服从于一定的目的和任务的注意，是受人的意识自觉调节和支配的注意。有意注意不仅指向人们乐于注意的事情，而且指向人们应当注意的事情。应当注意的事情未必都是感兴趣的，因此，要使人的意识集中在这种对象之上，就必须有一定意志努力。例如，我们正在津津有味地阅读小说的时候，上课铃响了，这表明我们为了那抽象、枯燥乏味但又十分重要的专业课，不得不将心理活动从精彩的小说所产生的强大吸引中扭转并指向和集中于课堂教学中。在这个过程中，一方面是根据活动的目的，转换活动的对象；另一方面要依靠强大的意志力，排除小说中精彩情节的浮现和干扰。这种注意就是有意注意。有意注意是一种积极主动的注意，它充分体现了人类意识的能动作用。

（二）影响有意注意的因素

1. 对活动目的、任务的理解

有意注意是一种有目的的注意。因此，目的越明确，任务越具体，有意注意就越易于维持。有经验的教师经常要求学生上课前进行预习，事先了解要讲的内容。这样做的最大好处就是清楚地知道哪些是重点、难点，哪些是需要认真注意的，哪些是需要一般了解的，这样一堂课下来，我们才不至于特别疲劳。学生有明确而具体的听课目的，就能有效地从课堂上选择信息。有些青少年并不知道学习是为了什么，不明确学习的最终目的，因而很难对学习保持长时间的有意注意。

有意注意是有预定目的的注意，人们对活动的目的、任务的重要意义理解得越清楚、越深刻，对完成任务的愿望越强烈，那么与完成任务有关的一切事物也就越能引起和保持人的有意注意。

2. 间接兴趣的作用

间接兴趣是指对事物或活动的本身没有兴趣，但对活动的结果感兴趣。激发和培养间接兴趣，对保持有意注意有很大作用。例如，学习英语时背单词、背课文常常使人感到枯燥乏味，但是当人们认识到学外语可以轻松地与外国人交流或者轻松地欣赏美国原声大碟、增加就业机会等好处之后，由于对学外语的这些结果的兴趣，就会对英语产生间接兴趣，在学习过程中就能保持高度的有意注意。

在有意注意中，人的兴趣具有间接的性质。这种兴趣是对活动目的的兴趣、对活动结果的兴趣，尽管活动本身可能并不直接吸引人。间接兴趣，特别是稳定的间接兴趣，是引起和保持有意注意的重要条件，间接兴趣越稳定，就越能对活动的对象保持有意注意。

3. 组织活动的合理性

在进行智力活动的时候，把注意的对象变成实际的对象，对于保持有意注意具有重要作用。例如，一个刚开始学习阅读的儿童，让他用手指着字，边读边看，且大声说出来，通过这种活动更容易把他的注意力保持在所读的文字上。在活动的进程中经常提醒自己，特别是在要求加强注意的紧要关头，自我提醒和自我命令对组织注意起着重要的作用。

在明确活动的目的、任务的前提下，合理地组织活动，有助于集中有意注意。

（1）智力活动与实际操作相结合，有利于引起和保持有意注意，课堂教学中要求学生做笔记，做些小实验，用铅笔尖指着地图上的山脉、河流、铁路和公路等，要比教师自始至终讲解的效果好。把注意的对象作为实际行动的对象，实际行动本身就要求注意参与，这样才能保证活动的顺利进行。

（2）根据任务的需要，提出一定的自我要求，经常提醒自己保持注意。在要求加强注意的紧要关头，向自己提出"必须注意"的要求尤其重要，这样可以起到集中注意的作用。

（3）提出问题有利于加强有意注意。人们为了回答问题，必然注意有关事物。在教学过程中，向学生提问，不仅可以检查学生的成绩、发展智力，而且对保持有意注意也具有重要意义。

4. 意志的坚强程度

当我们确定做某件事（如做作业）时，就会有意地把注意力集中在要做的事情上。这时，我们所注意的那个刺激物，不论是否强烈、是否新异、是否有趣，我们都必须集中注意，因此，有意注意必须付出意志努力。同时，应设法采取措施，排除与完成活动任务无关的干扰。例如，保持环境的安静，降低干扰声音的强度，预先把工作的地方收拾整齐，把一切可能妨碍工作的东西都去掉，把工作需要的一切物品都准备齐全，布置好适当的照明条件，这些都有助于注意的集中和维持。

有意注意不仅在没有干扰的情况下进行，有时在有干扰的情况下也是可能的。干扰可能是外界的刺激物，也可能是机体的某些状态（如疲劳、疾病）。在这种情况下，人们为了集中注意，除了要采取一定的措施排除干扰外，还要用坚强的意志与干扰做斗争。这样既能磨炼意志，又能培养有意注意。

避免干扰有助于集中有意注意，提高工作和学习效率。但是，某些微弱的附加刺激不仅不会干扰人的有意注意，而且会加强有意注意。例如，学习时听听轻音乐，室内的钟表嘀嗒声等有时会加强有意注意。绝对隔音，不仅无关的声音不能从外面传入，而且室内产生的任何声音也会被吸收。人在这样的环境中不但不能有效地工作，而且会逐渐地进入睡眠状态。正如俄国生理学家谢切诺夫说的，绝对的"死气沉沉的"寂静，不仅不能提高反而会降低活动的效果。

三、有意后注意

（一）有意后注意的概念

有意后注意是一种有目的但不需要意志努力的注意。有意后注意是注意的一种特殊形式。开始从事某项生疏的、不感兴趣的工作时，人们往往需要通过一定的意志努力才能把自己的注意保持在这项工作上。经过一段时间后，人们对这项工作熟悉了，并产生了兴趣，就可以不需要意志努力而继续保持注意。例如，我们在学习外语的初期去阅读外文报纸，是有意注意，很容易感到疲倦；但随着学习的深入，外语水平不断提高，我们不用去考虑单词的意思和语法的翻译，就能够毫不费力地阅读外文期刊，这就是一种有意后注意的状态。

（二）有意后注意的特征

从特征上讲，它同时具有无意注意和有意注意的某些特征。它具有目的性，从这一点来看与有意注意相似；它不需要付出意志努力，从这一点来看与无意注意相似。从发生上讲，有意后注意是在有意注意的基础上产生的。正所谓"踏破铁鞋无觅处，得来全不费工夫"，作为老师，平时总是发现与自己的教学相关的案例或内容，这也说明老师在经过成熟备课或者对教学内容掌握深入时，会将平时的所见所闻自觉地和教学目的、任务相联系。

有意后注意是一种更为高级的注意形态，但有意后注意的形成需要付出一定的时间和精力。从产生机制上讲，有意后注意是在有意注意的基础上发展起来的。有意后注意的发展要靠有目的、有组织、有系统的学习或训练，才能收到良好的效果。培养有意后注意关键在于发展对活动本身的直接兴趣。当我们完成各种较复杂的智力活动的时候，我们要设法增进对这种活动的了解，让自己逐渐喜爱它，并且自然而然地沉浸在这种活动中，这样，才能在有意后注意的状态下使活动取得更大的成效。有意后注意既服从于当前的活动目的与任务，又能节省意志的努力，因而对完成长期、持续的任务特别有利。

（三）有意后注意的形成条件

（1）对活动的浓厚兴趣。一个对数学不感兴趣的人，学习数学时需要付出艰苦的意志努力，这时的注意是有意注意。而数学家陈景润对数学达到了痴迷的程度，走路时还在思考数学问题，以至于撞到了树上。他不需要意志努力就能保持自己的注意，这时的注意状态是有意后注意。

（2）活动的自动化。人刚开始骑自行车时，操作不熟练，需要高度集中注意；经过练习熟练地骑车时，骑车已成为自动化的活动，这时的注意状态也是有意后注意。

有意后注意是一种高级类型的注意，具有高度的稳定性，是人类从事创造性活动的必要条件，一切有成就的科学家和艺术家都会高度专注于自己的事业，废寝忘食地为科学或艺术做出创造性的贡献。

四、无意注意和有意注意的关系

无意注意和有意注意虽然是两种性质的注意，但实际生活中是很难截然分开的。在工作和学习中，只有充分利用无意注意和有意注意，才能保证任务的顺利完成。因为无意注意与有意注意在一定条件下可相互转化或交替。也就是说，无意注意可以转化为有意注意，有意注意也可以转化为无意注意。例如，一个最初只凭兴趣学习、弹奏乐器的学生，后来认识到弹奏乐器对促进身心健康发展的重要意义，于是认真钻研，克服指法、乐理和简谱不通等困难，从而有目的地保持对这项活动的注意，使无意注意转化为有意注意。后来，随着学习的进步，对乐器能够轻松熟练地弹奏，并能体验到其中的乐趣，无须意志努力就能把注意维持在这项活动上。这时，有意注意又转化为无意注意，成为一种有意后注意。

第三节　注意的品质

一、注意的范围

（一）含义

注意的范围也称注意广度，是指个体在同一时间内能清楚地观察到对象的数量。注意的范围可以通过测量来确定。最早进行注意广度实验的是汉密尔顿（Hamilton）。他在地上撒一把石弹子让被试即刻辨认，结果发现被试很不容易立刻看到6个以上的弹子，如果把石弹子以2个、3个或5个放成一堆，被试能掌握的堆数和掌握一个个石弹子数一样多。心理学家用速示器在0.1秒的时间内呈现彼此不相联系的数字、图形、字母或汉字，研究表明，成人注意的平均广度是黑色圆点8~9个，外文字母4~6个，几何图形3~4个，汉字3~4个。这是因为瞬间内眼球无法随更多的对象做快速转动，因而把握的对象数量非常有限。注意广度测试如图3-1所示。

图 3-1 注意广度测试

（二）影响注意范围的因素

1. 知觉对象的特点

在知觉任务相同时，由于知觉对象的特点不同，注意的范围会有很大的变化。如果被知觉的对象形态相似、排列整齐集中、颜色相近、大小相同，或者能构成彼此有意义、有联系的整体（例如，有良好组织的知觉对象），瞬间能把握的数量较多；而大小不一、颠三倒四、零落散乱的知觉对象，瞬间能把握的数量会明显减少。对大小相同的字母，比大小不同的字母所能注意的数量要大得多；对组成词的字母的注意范围，比对孤立的字母所注意的范围大得多。即知觉对象越集中，排列得越有规律，越能成为相互联系的整体，注意的范围就越大，反之注意的范围就越小。

2. 个体的知觉经验

知觉经验不同，注意的范围也会有变化，越是熟悉的东西，注意的范围就越大。例如，儿童在初入学识字不多的情况下，阅读时往往是一个字一个字甚至是一笔一画地感知，注意的范围小，花的气力也大。而对于文化知识较多的高年级学生，则是一个词或词组，乃至一个短句地去感知，注意的范围扩大，而花的气力却较小。又如，用速示器呈现一句中文句子，我们的注意范围就比不懂中文的外国人要大得多。

3. 活动任务要求

活动任务的要求不同，注意的范围也不同。一方面，有明确注意任务的活动，注意的范围大；反之，没有明确注意任务的活动，注意的范围小。另一方面，活动任务的复杂程度也影响注意范围，任务要求越简单，范围越大；任务要求越复杂，范围越小。例如，一个人在感知不同颜色的汉字时，与只要求他说出尽可能多的汉字相比，要求他既说出汉字，又说清楚汉字的颜色，甚至要求他辨别汉字的正确与错误。那么他注意到的汉字数量就大不相同了。

二、注意的稳定性

（一）含义

注意的稳定性是指注意保持在某一对象或某一活动上的时间久暂特性，其标志是在某一段时间内注意的高度集中。这是注意在时间上的特征。例如，医生在进行手术时要连续几小时高度紧张地工作，教师在讲课的过程中注意力高度集中，这都是注意稳定性的表现。

要使注意持久地集中在一个对象上是很困难的。许多事实表明，人在注视事物时，即使用意志调控注意力，也很难长时间保持稳定状态。例如，把一只机械表放在离你一定距离的地方，使你刚能隐约听到表的嘀嗒声。这样，即使你十分专心地倾听，也会感到时而能听到嘀嗒声，时而又听不到嘀嗒声，或嘀嗒声时而强时而弱。

人的注意不能长时间地保持不变，而经常是在间歇地加强和减弱。这种短时间内注意周期性地不随意跳跃现象是注意的一种基本规律，叫注意的起伏，又叫注意的动摇。注意的起伏周期一般为2~3秒至12秒。研究表明，1~5秒的注意起伏不会影响对复杂而有趣活动的完成，但经过15~20分钟的注意起伏会导致注意不随意地离开客体。因此，教师讲课每隔10~15分钟转换不同种类的活动，有助于学生兴趣的稳定。据观察，不同年龄的学生维持集中注意的时间是不同的，小学生可维持20~25分钟，中学生可维持30~40分钟。在视觉注意中也有类似的现象，如图3-2所示。

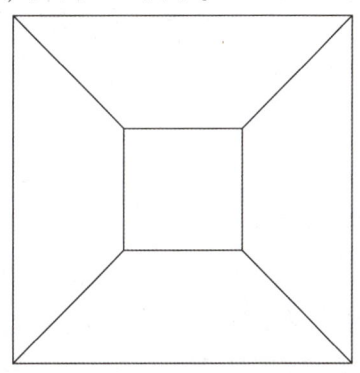

图3-2 视觉中的注意起伏

广义的注意稳定性并不意味着心理活动总是选择性地集中在某一事物的某一方面，而是在活动的总任务不变的前提下，把心理活动有选择地集中于事物的几个方面。例如，学生钻研某一问题时，一会儿思考，一会儿看教科书，一会儿查资料，一会儿又动笔书写。这些都属于在总的任务不变的前提下，把心理活动选择性地集中于事物的几个方面，因而都是属于稳定的注意。

（二）影响注意稳定性的因素

1. 注意对象的特点

如果注意的对象是内容贫乏、单调静止的，注意就难以稳定；如果注意的对象是内容丰富、复杂多变的，注意就容易稳定。例如，我们看一个单调静止的简单图像（如一张照片）时的注意的稳定性，远不如看内容丰富多变的复杂图像（如一部电影）时稳定。

2. 个体状态有关

一个意志坚强、善于控制自己、对所从事的活动持积极的态度并有浓厚的兴趣、对任务目的明确的人，注意就容易稳定、持久。相反，如果一个人对所从事的活动持消极态度、缺乏兴趣，注意就容易分散。

3. 活动的内容和活动的方式有关

在复杂而持续时间长的活动中，必须适当地变化活动的内容和方式，才能维持稳定的注意。例如，初中学生整个上午如果只安排一门功课的教学，长时间单调的刺激会引起他们大脑皮层的抑制，使注意不稳定。如果在这段时间内安排几门功课的教学，把性质不同的文理学科及难易程度不同的内容适当地隔开，那么注意就易于保持稳定。

注意稳定性测试如图3-3所示。

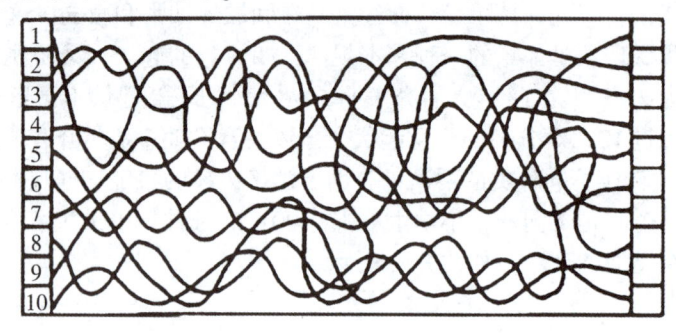

图3-3 注意稳定性测试

三、注意的分配

（一）含义

注意的分配是指在同一时间内把注意指向两种或几种不同的对象或活动上。例如，教师一边讲课、一边板书、一边观察学生听课的情况。汽车驾驶员在驾驶汽车时，除了注意汽车上的操控外，还要把注意分配到交通信号、行人、路线等方面；除了注视马路上的情况，还要配合以手脚的动作来驾驶汽车。

"一心不可二用"说明在同一时间内，注意的分配是很困难的，但也是可能的。我国唐代画家张璪可以双管齐下，一手画青翠葱郁的活松，一手画萎谢凋零的枯松，这说明一心不仅可二用，而且可以多用。注意分配的潜力是很大的。

（二）注意分配的条件

（1）同时进行的两种或几种活动，其中只能有一种活动是生疏的，其余的活动必须是熟练的。例如，听报告的同时要记笔记，只有记笔记的活动已经达到熟练的程度时，我们才能顺利完成这两种活动。同时进行的几种活动的复杂程度、熟悉程度和自动化程度都会影响注意分配的难易程度。同时进行的几种活动愈是复杂、愈不熟悉、愈不习惯，注意分配就愈困难；相反，注意分配就容易一些。同时进行两种生疏的、复杂的智力活动是无法完成的。注意分配的最重要条件是，在同时进行着的几种活动中，必须每一种活动是相当熟悉的，其中一种是自动化了的或部分自动化了的。人对于自动化或部分自动化了的活动，不需要更多的注意，而把注意主要指向于较不熟悉的活动上。

（2）同时进行的几种活动之间形成了动作系统。例如，有的人能做到同时眼睛看谱、手弹钢琴、口腔发声，这时各种活动之间已形成动作系统，即固定的反应系统，从而使注意的分配较好。又如，司机驾驶汽车的复杂动作，通过训练后形成一定的反应系统，就可以不费力气地完成各种驾驶动作，并且把注意分配到其他与驾驶有关的事情上。

注意的分配在实践中很有意义。许多职业都要求人们具有较高的注意分配。如司机、教师、飞行员、交警等。对于新参加工作的教师来说，由于教学内容和教学方法都不熟悉，因而在课堂上常常顾此失彼（眼盯教案，不能抬头观察学生听课情况）；而有经验的教师在讲课的同时，还能较好地照顾全体学生的活动，谁在注意听讲，谁在看课外书，谁在搞小动作，自己讲课的速度是快了还是慢了等，都一清二楚。因此说，教师注意的分配直接关系到课堂教学组织的质量。

四、注意的转移

（一）含义

注意的转移是指人有目的地把注意从一个对象转移到另一个对象上，或从一种活动转移到另一种活动上。例如，学生第一节课上的是外语，第二节课上的是数学，学生必须有目的、及时地把注意从外语课转移到数学课上，这就是注意的转移。

注意的转移可分为两种：一种叫完全的转移，指彻底地从一个对象转移到另一个对象上；另一种叫不完全的转移，指仍根据旧的工作程序进行新的工作，往往易造成失误。我们既要分析转移的速度，又要考虑是否达到了完全转移的水平。

（二）影响注意转移的因素

（1）注意转移的快慢和难易，依赖于原来注意的强度（紧张程度）。如果原来的活动注意紧张程度高，新的事物或新的活动不符合引起注意的条件，转移注意就困难和缓慢。反之，注意的转移就比较容易。例如，看过一篇生动有趣的小说之后，要立刻开始解答难度较大的习题，注意的转移就困难些。

（2）注意转移的快慢和难易，还依赖于新注意的对象的特点。如果对引起注意转移的新事物的意义理解得很深刻，即使原从事的活动吸引力很强，也能顺利地和较快地实现转移。新注意的对象越符合人的需要和兴趣，注意的转移越容易。反之，注意的转移就越困难。

（3）与一个人神经过程的灵活性有关。神经过程灵活的人，注意的转移就来得快些，反之则来得慢些。

（4）与已有的习惯有关。一个在学习或工作中养成长时间不集中注意习惯的人，其注意很难有目的地、及时地从一个对象转移到另一个对象上。

在社会生活中，有些工作对注意的转移要求很高。如司机、飞行员、乐队指挥、战斗指挥员等。每一分钟，甚至每一秒钟都要保持高度的警惕，随时注意情况的变化，转移注意，随机应变。有人研究，一个飞行员在飞机起飞和降落的5~6分钟内，注意转移有200余次，若注意转移不及时，后果就不堪设想。

注意的转移不同于注意的分散（分心）。注意不稳定表现为注意分散。注意分散是指注意不自觉地离开当前应当完成的活动而被无关刺激所吸引。注意分散的原因，主要是无关刺激的干扰，或单调刺激长时间作用。无关刺激对注意的干扰，既可以是外部的无关刺激，也可以是内部的无关刺激。那些与当前活动任务无关的突然的、意外的附加刺激，以及与个体情绪有关联的干扰都能引起注意的分散。

> **阅读窗**
>
> ### 训练孩子注意力的游戏
>
> 游戏是儿童玩具最喜欢的方式。注意力可以通过游戏的方式来训练，在较短的时间内取得较好的成效。方法是或比赛，或陪玩，贵在孩子的坚持，重在大人的参与。在安排训练次数及学习材料的内容时应遵循以下原则：从小到大、从短到长、从少到多、从易到难。以下几个活泼有趣的方法，不妨一试。
>
> 1. 玩扑克
>
> 玩扑克可锻炼注意力集中程度和快速反应能力。取三张不同的牌（去掉花牌），随意排列于桌上，如从左到右依次是梅花2、黑桃3、方块5，选取一张要记住的牌，如梅花2，让她盯住这张牌，然后把三张牌倒扣在桌上，由家长随意更换三张牌的位置，然后，让她指出梅花2在哪儿。如她说猜对了，就胜。两人轮换做游戏。随着能力的提高，家长可以增加难度，如增加牌的数量、牌的位置的变换次数，以及提高变换牌位置的速度。
>
> 2. 顶乒乓球
>
> 注意力不容易集中，往往是由于孩子抗干扰的能力较差。要保持注意力集中本不容易，若旁边再有人故意制造干扰，进行人为干扰，更难以集中注意。然而正因为有干扰，有难度，才能在人为设置的复杂的情境中，训练注意力。顶乒乓球是一项很好的训练方法：让孩子把球放在球拍上，稳住不让它掉下来，绕桌子行走一圈。大人在旁边有意捣乱，可以拍手跺脚，大喊大叫，可以故意用语言刺激："掉了！就要掉了！"但不能碰及孩子的身体。这样，孩子为了不让乒乓球掉下来，必须保持镇定和集中注意力，绕完一圈胜利。可以互换角色玩。

第四节 注意理论

一、注意的选择理论

由于人类信息加工系统的能力是有限的，人不可能对所有进入感官的刺激都进行完善加工，总是选择重要的信息而忽略其他的信息。因此，注意的核心问题就是对信息的选择分析。

1. 过滤器理论

过滤器模型是英国心理学家布罗德本特（D. E. Broadbent, 1958）在双耳同时分听实验的基础上提出的一个注意模型，如图3-4所示。布罗德本特认为，来自外界的信息是大量的，而人的神经系统高级中枢的加工能力是有限的，于是就出现了瓶颈。为了避免系统超载，就需要某种过滤器对之加以调节，选择其中较少的信息，使其进入高级分析阶段，这类信息将受到进一步加工而被识别和存储，其他信息则不能通过。这种过滤器就体现了注意的选择功能。过滤器相当于一个开关，它按照全或无的方式工作，通过过滤器的信息，得到进一步加工，其他信息则被阻断。

过滤器的选择是有条件的，新异的、强烈的刺激，具有生物意义的刺激容易通过过滤器模型而被注意；微弱的缺乏新异性的刺激则容易被过滤掉。人的期待有重要影响，人所期待的，容易通过过滤器而被注意到。

由于此模型的核心思想是到达高级分析水平的通道只有一条，因而，韦尔福德（Welford）将其称为"单通道模型"。

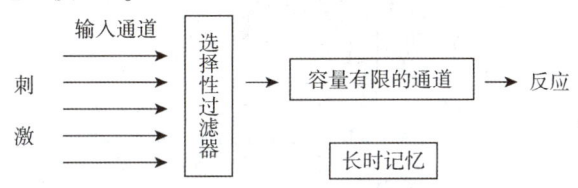

图 3-4 布罗德本特的过滤器模型

2. 衰减模型

美国的心理学家特瑞斯曼（Anne Marie Treisman）认为，高级分析水平的容量有限，必须由过滤器加以调节。不过，这种过滤器不是只允许一个通道（追随耳）的信息通过，而是既允许追随耳的信息通过，也允许非追随耳的信息通过，只是非追随耳的信号受到衰减，但其中一些信息仍可得到高级加工。

特瑞斯曼认为，过滤器并不是按照"全或无"的原则工作的，当信息通过过滤装置时，不被注意或非追随的信息只是在强度上减弱了，而不是完全消失。这样就把过滤器的单通道模型改为双通道模型，注意则是在信息通道之间进行分配。

特瑞斯曼认为，不同的刺激具有不同的刺激阈限，已储存的信息（如字词）在高级分析水平（即意义分析）上有不同的兴奋阈限。追随耳的信息，通过过滤器时强度没有衰减，可顺利地激活有关的字词，从而得到识别；而非追随耳的信息，由于受到衰减而强度减弱，常常不能激活相应的字词，因而难以识别。

但是，对人有重要意义的刺激激活阈限低，特别有意义的项目如自己的名字，因为阈值较低，故可受到激活而被识别。

特瑞斯曼的衰减模型如图 3-5 所示。

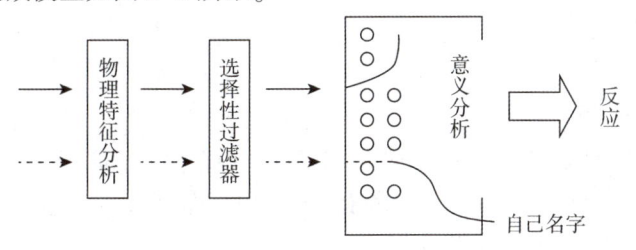

图 3-5 特瑞斯曼的衰减模型

3. 反应选择模型

依据非追随耳的信息也可得到高级分析加工的实验证据，J. R. 多伊奇和 D. 多伊奇（J. R. Deutsch 和 D. Deutsch）提出了反应选择模型，诺曼（Norman）支持这个模型并加以修订。他们认为几个输入通道的信息均可进入高级分析，得到全部的知觉加工，注意选择位于知觉和工作记忆之间，即过滤器不在于选择知觉刺激，而在于选择对刺激的反应。他们设想中枢的分析结构可以识别一切输入，但输出是按重要性来安排的，对重要的刺激才会有反应，对不重要的刺激没有反应。

Deutsch-Norman 的模型主张，注意是对反应的选择，所以又称为反应选择模型，如图3-6 所示。

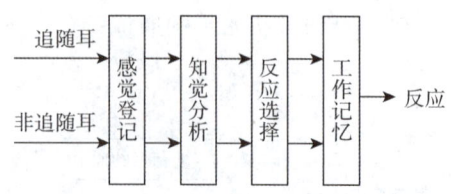

图 3-6 Deutsch-Norman 的反应选择模型

按照注意的过滤器和衰减模型的观点，具有注意选择功能的过滤器或衰减器位于觉察和辨识之间，这意味着不是所有的刺激信息都能进行高级分析而被辨识。因此这两个模型属于早期选择模型（Early Selection Model）。

按照注意的反应选择模型的观点，注意的选择功能位于辨识和反应之间，它意味着所有输入感觉通道的信息均可被辨识，但只有一部分被认为是重要的信息才能会引起反应，故称为晚期选择模型（Late Selection Model）。

4. 后期选择理论

（1）多阶段选择理论。Johnston 等人提出了一个灵活的多阶段选择理论，认为选择过程在不同的加工阶段上都有可能发生。这一理论的两个主要假设是：在进行选择之前的加工阶段越多，所得到的认知加工资源就越多；选择发生的阶段依赖于当前的任务要求，注意选择在感觉阶段、语义阶段与意识阶段中都可以发生。

（2）注意的完全加工说。注意的完全加工说认为，对信息的选择是发生在模式识别之后人们能够不受限制或很少受限制地同时对大量信息进行分析，而人类信息加工受阻则在于个人不具备记住这种分析结果的能力。因此，堵塞是一种记忆堵塞，而不是对信息加工的堵塞。1974 年，谢福林（R. M. Shiffrin）和皮索尼（D. B. Pisoni）等人用实验表明了被试觉察辅音的能力与他们正在收听的信息量无关，支持了完全加工说。

二、认知资源理论

1. 认知资源的有限性

无论是知觉选择模型还是反应选择模型都是以认知系统的加工能力或资源有限为出发点的。布罗德本特最早提出"注意是资源有限的加工系统的工作结果"的想法，他所提出的注意过滤器模型也体现了这种思想。

然而，前面的模型并没有用这种思想来具体说明注意，没有成为注意的机制或解释注意的原则。因而从 20 世纪 70 年代开始，一些认知心理学家开始避开注意过滤器在信息加工系统中所处的位置，而把注意能量有限当作注意机制来解释注意，试图把注意看成一组对刺激进行归类和识别的认知资源或认知能力。这些认知资源是有限的。当刺激越复杂或加工任务越复杂时，占用的认知资源就越多。当认知资源完全被占用时，新的刺激将得不到加工。

2. 注意资源限制理论

卡尼曼（D. Kahneman）在1973年出版的《注意与努力》（Attention and Effort）一书中，把注意看作心理资源，认为人的心理资源总量是有限的，注意的有限性不是过滤器作用的结果，而是受到从事操作的有限心理资源的限制。注意的功能就是资源分配，注意认知资源的利用是由唤醒水平决定的，唤醒水平高，可利用的认知能量就多。唤醒水平是决定可利用的认知能量多少的关键。当可利用的认知能量确定以后，就会根据各个方面的需求来决定如何分配认知资源。这些方面包括个人的长期倾向（如不随意注意过程中将认知能量分配给突然转动的东西等新异刺激）、当前的意愿（如达到的目标以及期望的满足等）、对完成任务所需能量的估计等。

从这个理论可知，只要不超过可得到的认知资源的总量，人就可以同时接收多种刺激信息或进行两种或多种活动。同时进行两件事时感到困难，并非由于这两件事互相干扰，而是因为完成这两项任务所需的认知资源超过了人可得到的认知资源总量。这时，要同时进行第二件事，必然使第一件事的反应退步。

卡尼曼的注意资源限制理论如图3-7所示。

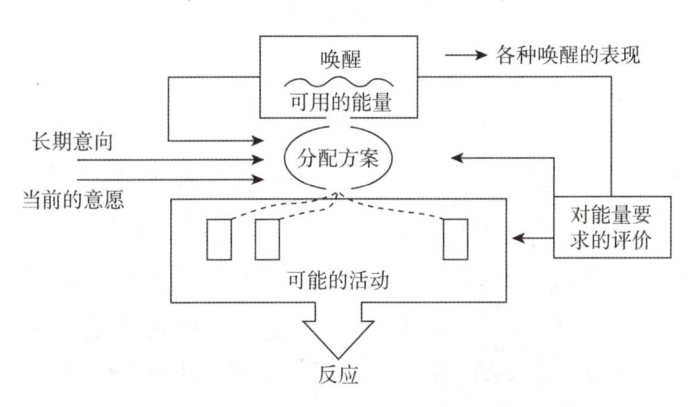

图3-7 卡尼曼的注意资源限制理论

第五节 注意规律与教学

一、青少年注意发展特点

（一）注意随意性增强

注意随意性增强表现为注意逐渐地具有自我组织、自我调节和自我控制的性质。青少年可以根据学习任务的要求，有意识地调节和组织自己的注意，把注意指向和集中在必须注意的学习对象上，排除干扰。然而，无意注意的作用在青少年的学习活动中仍占有一定的地位。

（二）直接兴趣在注意中起着巨大的作用

积极的求知欲、好奇心和渴望知道更多的东西是青少年直接兴趣的表现及其对注意起巨大作用的主要标志。凡是直接感兴趣的事物和活动，他们就能长时间地保持稳定的注意，通常每次可达 40 分钟。研究表明，受强烈的直接兴趣的影响，约有 90% 的青少年明显地表现出对某些学科特别爱学或特别不爱学的偏科现象。

（三）对抽象材料的注意逐渐稳定

青少年由于教学的需要，理科知识的学习逐渐增多，开始接触更多的抽象材料，如定理、公式、概念等。为了完成任务，他们一般能够较长时间地把注意稳定在必须掌握的抽象材料的学习上。不过，他们对那些过分抽象的、高深的，或者缺乏具体经验支持的材料，仍然很难引起学习兴趣和保持长时间的注意稳定状态。

（四）探求新事物的主动性增强

青少年由于求知欲和好奇心比较强，因此，对一切新奇的事物和不了解的东西都会自觉主动地去探求。然而，青少年缺乏自我控制能力，在探求新事物时往往带有强烈的冲动性。所以当他们对某种新奇事物的探究达到入迷的程度时，往往会忘记纪律。如上语文课时，学生们去探究航模飞机的飞行原理并进行制作。在这种情况下，老师要采取积极引导的态度。

二、注意规律在教学中的应用

注意是学生进行学习的必要前提，也是教师顺利进行教学的重要条件。因此，教师在教学过程中要根据注意的规律，组织好学生的注意，以保证收到良好的教学效果。

（一）利用无意注意规律组织教学

无意注意是由刺激物本身的特点和人的主体状态所引起的。刺激物的特点和人的主体状态既可以引起学生学习上注意的分散，也可以借助它顺利地进行教学。为此，教师在教学过程中应当尽量避免那些分散学生注意的因素，紧紧地把握住那些吸引学生对教学内容产生注意的因素。

（1）教师语言准确生动、抑扬顿挫。注意的规律表明，那些能符合人的需要和兴趣的事物，容易引起人的注意。为此，首先要求教师讲课的语言要生动、形象、简洁、准确、富有吸引力，使学生产生兴趣，以引起学生的无意注意。要竭力防止单调呆板的语言、含糊不清的语言和累赘冗长的语句。其次，要求教师讲课的声音要抑扬顿挫并伴以适当的表情。这是因为变化的刺激容易引起人们的注意。此外，还要求教师的语言富有感情。以情动情，引起学生感情上的共鸣，从而引起和保持稳定的集中的注意。

（2）现代化教学手段和板书技巧的使用。教师在教学中，要采用录音、录像、电影等现代化的直观教学工具，以生动形象和新颖的内容，引起学生的无意注意。教学中使用的图表要力求简明清晰、图像准确，色彩鲜明，并且大小适当，以引起学生的注意和形成正确的第一印象。教师的板书应做到条理清楚，纲目分明，重点突出。在板书时，要特别加强对象之间细微差别的比较，要用色彩不同的笔书写，加大对象和背景的差别，以特别突出的刺激来引起学生的注意和增强教学的效果。

（3）教学环节的组织。教师要妥善组织教学环节，善于组织调动和控制学生的注意。例如，教师不宜在上课开始时发测验试卷或宣布考试成绩。因为这样做容易使学生把注意集中在试卷上或引起消极的情绪波动，影响对新课的注意。

（4）课堂纪律的维持。教师要善于组织课堂纪律，因为课堂纪律的好坏，是能否引起和保持学生注意的先决条件。教师既要维持好正常的课堂秩序，也要妥善处理一些分散学生注意的偶发事件。例如，偶然碰到课堂秩序混乱时，如果立刻停止讲课，把视线指向有关的学生，这种突然发生的变化就能引起学生的无意注意，使学生有所意识，而分散了其他学生的注意。在一般情况下，教师不宜把课停下来立即处理，更不要和学生"顶牛"或发脾气，以免把事情闹僵，而应该设法使他们安静下来，等下课后再做处理。

（5）教学内容的要求。教学内容要丰富、新颖，难度适度。心理学的研究表明，注意维持在单调贫乏的内容上的时间是短暂的，而对丰富充实、新颖有趣的内容，能保持相当长久的注意。所以，教学内容力求丰富充实、新颖有趣。其次，要难易适度，不能过深或过浅。内容过深，使学生摸不到根底，即使教师讲得头头是道，也不能引起学生的兴趣和注意。内容过浅，缺乏新奇感，学生则感到"老生常谈"，索然无味，同样也不能引起兴趣和注意。研究表明，最能引起兴趣和注意的是那些既使人感到熟悉，又使人感到有些陌生的内容。

（6）教学方法要生动、灵活、多样化。要采用多样化的教学方法，避免学生长时间地从事同一活动。因为，长时间的单调的刺激，使大脑皮层产生抑制，使人易于疲劳，难以使注意稳定。而教学方法的多样化，则符合"变化刺激"的注意规律，不但能引起和保持学生的注意，而且能大大提高教学的效果。

（7）教室内外环境的要求。教室周围的环境要安静，最好与操场、马路、音乐教室及其他能引起学生注意分散的事物离得远一些。教室内的布置要简朴，不要过多地装饰与张贴，以免引起学生注意的分散。还要保持教室内空气清新，光线充足。

（二）重视利用有意注意的规律

学习是一种紧张、艰苦和持久的活动。教师在教学中要遵循有意注意的规律去组织教学。

（1）帮助学生树立明确的学习目的。注意的规律表明，注意的目的、任务越清楚，越能引起有意注意。为此，教师要帮助学生树立明确的学习目的，让学生认识到学习对于未来的工作和生活的意义，培养间接兴趣，端正学习态度。学生对学习目的认识得越清楚，就越能把注意集中到学习上来，越能在学习中发挥自觉性、主动性，保持注意的稳定。

（2）加强学生意志力的锻炼。在学习活动中经常有各种干扰，如噪声、疲劳等都会给学生保持注意带来困难。这就要求学生用坚强的意志来克服。因此，教师要适当地严格要求学生，有意识地加强学生的意志锻炼，让学生克服困难完成学习任务。

（3）培养学生良好的学习态度和习惯。不良的学习态度和习惯，容易造成注意的分散，影响学习，如一边做作业，一边看电视等。因此，教师在教学中应当严格要求，使其养成良好的学习态度和习惯。

(三) 利用两种注意的转化规律

在我们的工作和学习中,无意注意和有意注意是经常交替转化的,这两种注意的相互交替,能使注意长时间地保持集中。

教学中,学生完全依靠有意注意来学习,大脑皮层长时间处于兴奋状态,容易产生疲劳和注意涣散。如果没有无意注意的参加,学生难以长时间地坚持学习。但学生也不能单凭无意注意来学习,因为任何学科的内容不可能是有趣和吸引人的,而且不是轻而易举就能掌握的,必须有有意注意的参与,才能完成学习任务。因此教学中,教师要善于引导学生的两种注意有节奏地交替轮换。就一堂课来说,上课之初,学生的注意还停留在上一节课或课间活动的有趣对象上,这时就需要组织教学来引起学生对上课的有意注意。在引入新内容时一定要使内容新颖、有趣,引起学生的无意注意,随后讲解教材重点和难点,学生便又进入有意注意;在紧张的有意注意之后,又要通过教学方式的改变来引起学生的无意注意。通过这样的组织,学生才能对学习内容保持长时间的稳定的注意。

(四) 利用有意后注意提高学生学习的效率

有意后注意是由有意注意发展而来的,它既服从于当前的活动目的与任务,又能节省意志的努力,不但对完成长期、持续的任务特别有利,而且能大大提高活动的效率。因此在教学中要注意培养和发展学生有意后注意的能力,其关键在于培养发展他们对活动本身的直接兴趣,使进行的活动达到熟练的程度。

第三章 要点回顾　　　第三章 习题园地　　　第三章 思维导图

第四章 感 觉

案例导学

孕妈张女士最近胎动得特别厉害，就想拿手机拍下来留个纪念。可是每次手机准备好了，小家伙像"看"到一样，和她玩起了"捉迷藏"，一拍，他就不动。妈妈每次都没能成功拍下胎动。那么，胎儿在孕妈肚子里真的能"看"到吗？

早在孕妈怀孕第四周时，胎儿的视觉就开始发育了。孕期第四五个月的时候，视网膜、视神经、水晶体、血管等就发育好了，孕期第34周的早产儿和足月的新生儿具有同等视力，他们对光是有反应的。

在孕妇怀孕5个月的时候，胎儿的听力也已经有了初步发育。汽车的喇叭声，吵闹的声音，父母的谈话声，他们都能听到。胎儿听力相对发育最快。胎儿最喜欢的是听舒缓的音乐。

宝宝出生之后，到了6个月左右的时候，就已经能够认清哪个是妈妈了。除了因为在妈妈肚子里感受过妈妈的心跳之外，还有通过妈妈的气味、声音感受到的。很多家长想要促进宝宝的智力发育，在出生之后，就要训练宝宝的感官。

人类是通过感官认识世界的，认识感觉，了解感觉的特点及规律，可以让我们更好地学习与生活。

目标解析

1. 掌握感觉的定义，了解感觉的特点及意义，理解感觉的分类。
2. 了解感受性、感觉阈限以及感觉的测量。
3. 理解并掌握感觉的基本规律，能运用感觉的基本规律进行教学。

你去逛超市，来到水果摊附近，离挺远就闻到一股臭味，你四下寻找，想看看到底是什么东西这么臭。你顺着味道就看到了一个黄色的圆东西，走过去摸了摸还挺扎手，看到里面是黄色的瓤。经过打听，售货员告诉你这种水果叫榴梿，并且非得让你尝一尝，你不想，可又不好意思拒绝，就咬了一小口，结果发现原来吃起来是很香，越吃越想吃。这些"闻""看""尝"就是我们认识世界的基本方式——感觉。

第一节　感觉概述

一、感觉的定义

人对客观世界的认识过程是从感觉开始的。客观事物具有不同的颜色、声音、味道、气味、温度等各种属性。当客观事物直接作用于感受器时，各种感受器能够区别出适宜的刺激，从而形成个体的感觉。因而，感觉是人脑对直接作用于感觉器官的客观事物的个别属性的反映。

二、感觉的特点

对于感觉，我们需要了解它的基本特点。

第一，感觉反映的是当前直接作用于感觉器官的事物，而不反映过去的、间接的事物，是对此刻作用于机体的刺激的反应。

第二，感觉反映的是事物的个别属性，而不反映事物的整体。有了感觉，我们就可以分辨外界各种事物的属性，分辨颜色、声音、软硬、粗细、重量、温度、味道、气味等，从而进一步了解事物的多种属性。按理论来讲，仅凭个别属性是不能正确反映事物的，但有时我们可以仅凭味觉就知道吃的是一个苹果，这是为什么？这和人已有的知识经验有关，人们会把当前感觉到的印象和头脑中原先保留的印象加以对比，做出初步的判断，有时就可以仅凭事物的个别属性得出正确的结论。如果蒙眼吃一个从未尝过的水果，就难以知道是什么水果。

第三，感觉是脑的机能。平常说的"眼睛看见了""耳朵听见了"只是习惯说法，眼睛、耳朵等感觉器官只起接收信息的作用，所以，感觉器官有时又叫"感觉通道"。但只有在接受刺激的感觉器官健全的情况下，才能产生正常的感觉。

第四，感觉作为一种最简单的心理现象，在动物心理进化过程中和在儿童心理发展的初期，都曾经独立存在过，但是在正常的成年人的心理活动中却很少独立存在。除非在某些特殊情况下，如来不及看清物体或实验条件下只要求反映某一属性的时候，成年人才有单纯的感觉。

三、感觉的意义

感觉是大脑反映客观现实最简单的方式，是最简单的心理过程，却是我们获得知识的最初的源泉，是意识对外部世界的直接反映，也是人脑与外部世界的直接联系。感觉为我们提供了内外环境的众多信息，通过感觉，人们可以了解事物的各种属性，也能知道自己身体内部的状况和变化。人只有通过感觉才能进行其他更为复杂的心理过程，感觉是生存、发展、适应环境的必要条件。能够引起某种感受器反应的刺激，需要该种感受器的"适宜刺激"。人类为了适应环境，必须保持一种信息平衡。信息过载以及信息不足，甚至感觉隔绝都会造成严重的机能障碍。强光和噪声会对人的心理产生危害是众所周知的；而如果剥夺了一个人的感觉，完全不能感受外界刺激，也会损害其心理机能。假如没有感觉，人类不能获得任何知识。如果没有听觉，我们无法体会音乐有多美妙；如果没有视觉，我们无法体会景色有多绚丽。

1954年，加拿大麦克吉尔大学的心理学家贝克斯顿（W. H. Bexton）、赫伦（W. Heron）和斯科特（T. H. Scott）首先进行了"感觉剥夺"实验，如图4-1所示。研究者给被试准备了一个小的隔离室，被试均为自愿参加，如果愿意待在隔离室里，就会每天得到20美元的收入（在当时20美元是相当高的金额）。被试的手臂上被套上纸板筒，腿脚用夹板固定，限制其触觉；戴上半透明的护目镜，使其难以产生视觉；用空气调节器发出的单调声音限制其听觉。隔离室里有固定的器械，被试可以随时通过操作器械来获得食物和饮料。实验者的要求是被试必须安静地躺在小床上，不能随意跑动。在感觉剥夺期间，实验者还会对其中的一部分被试通过话筒提出一些测验或问题，同时向被试呈现一系列令人厌烦的阅读资料。而另一部分被试作为控制组则坐在安静的房间里，听录音中的对话。

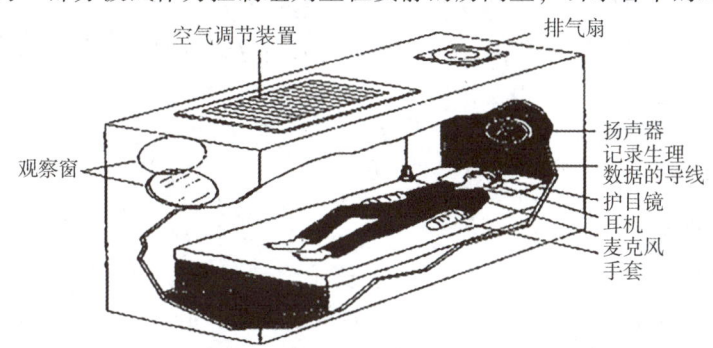

图4-1 感觉剥夺实验演示

实验者对实验的预期是被试起码会在隔离室待上几天，结果有一半的被试不到48小时就放弃了实验。尽管报酬很高，却几乎没有人能在这项感觉剥夺实验中忍受3天以上。在实验期间，隔离室中的被试表现出了明显的紊乱现象，感到无聊和焦躁不安。在实验过后的几天里，被试者注意力涣散，思维受到干扰，不能进行明晰的思考，智力测验的成绩不理想。另外，生理上也发生了明显的变化。通过对脑电波的分析，证明被试的全部活动严重失调，有的被试甚至出现了幻觉（白日做梦）现象。

实验者发现大概有80%的被试报告有幻觉体验。幻觉症状主要表现为以下三种：

（1）被试报告感觉身边有很多线条或圆点在闪现。实验结果发现，被试的幻觉内容远远超过被试的控制程度，虽然被试戴着半透明的镜片看不清东西，但却能够想象而由此产生了幻觉。

（2）被试常常伴有把自己的身体看成两部分的幻觉。甚至有的被试报告感觉自己的身体好像失去了重心，飘浮在半空等。

（3）在实验过程中甚至实验结束后，被试判断距离的能力和审视三维空间的能力都有些紊乱。有的被试在停车场不能正确判断自己的车子和别人车子之间的距离。

此外，实验者继续进行了追踪调查，发现被试在实验结束后，需要3天以上的时间才能恢复到原来的正常状态。

实验表明，人们的生活离不开最基本的感觉活动，人在清醒时，需要不断地通过感知觉与外界保持直接的、经常的联系，不断获得适量的信息，使有机体和环境之间保持平衡，保证有机体能在环境中正确定向。对感觉剥夺现象的研究对航天、航海、潜水等特殊环境下的工作人员有重要的实践意义。

四、感觉的测量

要想对感觉进行研究与测量，要考虑感觉产生的内外部条件，内部条件是主体的感觉能力，外部条件是客观世界的刺激。前者是感受性的问题，后者是感觉阈限的问题。

（一）感受性

感受性是感觉器官对刺激物的感受能力，也就是人对刺激的感觉灵敏程度。我们能听到、看到等都是具有感受性的表现，感受性是感觉系统功能的基本指标，是一种感觉能力。不同人对刺激的感受性不同，同一个人对不同刺激的感受性也不同。比如对不同刺激物，嗅觉的感受性不同。环境条件（例如空气的清洁程度、湿度）以及机体健康状况（例如感冒）都对嗅觉感受性有较大的影响。人的各种感受性都不是一成不变的，随着个体年龄的增长和生活实践的丰富，人的感受性会随之逐渐发展，它们受内外条件的影响，例如适应、对比、感官之间的相互作用、生活需要和训练等都能导致相应的感受性的变化，比如音乐家的听觉比常人敏锐，调味师的味觉、嗅觉比常人敏锐，染布的师傅能辨别颜色的细微差异。

（二）感觉阈限

感觉系统只是对刺激连续体中的一段发生反应，产生感觉，它可以用感觉阈限来衡量，体现感觉强度对刺激强度的依从性。阈限就是界限或范围。感觉阈限是人感到某个刺激的存在或刺激的变化的强度和强度变化所需的量的临界值。以视觉的感受性为例，人的眼睛不能捕获所有的外部刺激，只有当刺激在一定的强度和范围内才能引起眼睛的反应。感受性有绝对感受性和差别感受性之分，这就需要用绝对感觉阈限和差别感觉阈限来衡量。

1. 绝对感受性和绝对感觉阈限

刺激物的强度达到一定强度后便产生感觉，随着刺激物的强度增大到一定程度，感觉系统又停止正常工作。任何在强度上超过某种限度的刺激作用都将引起疼痛，并破坏感觉系统的正常活动。从最小到最大的感觉量的全距确定了感觉系统的感受性的范围，分为感觉的下绝对阈限和上绝对阈限。刚刚能引起感觉的最小刺激量称为下绝对感觉阈限。如果引起感觉的刺激量继续不断地增加，而超过一定限度时，就会引起痛觉，这个能够引起感觉的最大刺激量，称为上绝对感觉阈限。绝对感觉阈限不是一个单一的强度值，而是一个统计学上的概念。按照惯例，心理学家把有50%的次数被觉察到的刺激值定为绝对感觉阈限，与之相应的感觉能力称为绝对感受性，二者成反比关系，即

$$E = 1/I$$

式中：E 为感受性；I 为能引起感觉的最小刺激量。

阅读窗

阈下知觉

在心理学概念中，人的感官只对一定阈值范围内的刺激有反应，只有在这个范围内的刺激，才能引起人们的感觉。这个刺激范围及相应的感觉能力称之为感觉阈限和感受性。因此将低于阈限的刺激所引起的行为反应定义为阈下知觉。19世纪80年代

中期，是否能够通过主观阈限和客观阈限来定义阈下知觉成为争论焦点。一般观点认为，当感知强度超过主观阈限刺激，则能够进入人的意识。而感知强度只要超过客观阈限的刺激，就能进入人的感官系统，能够被人感觉到，如果刺激强度没有超过客观阈限，我们将不能感觉到；那么，如果这个刺激强度超过了客观阈限而没有超过主观阈限，那么它将进入阈下知觉；如果这一刺激强度超过了主观阈限，则进入意识知觉。因此，阈下知觉也可以被这样定义，即一种超越了客观阈限（刺激能够被感官所分辨），却没有超越主观阈限（这一刺激无法传达到意识里被清楚感知出来）的知觉。

20世纪50年代，第一位有记载的将阈下知觉运用到广告的人是维卡里（James M. Vicary），他在新泽西的一个电影院里做了为期一个半月的实验。他在电影播放中，每间隔5秒会以3毫秒的速度交替闪现"请吃爆米花"和"请喝可口可乐"的字样。结果在这期间，电影院及附近可口可乐销量增长了18%，爆米花销量更是达到了57%的惊人增长。由于信息内容呈现时间只有3‰秒，所以电影院的顾客们几乎没有人在这极为短暂的时间内充分感知到这一信息。这一实验在之后引发不少争议，有人说爆米花和可乐的销量上涨可能并不因为阈下广告的影响，也有可能是天气逐渐炎热等客观因素。虽然这一结论没有得到充分证实，还存在着通过阈下技术影响消费者选择存在的问题，却由于阈下广告显著的效果得到更多媒体及广告商的使用。在逛商场或超市时，室内播放让人心情舒缓或愉悦的歌曲，这一现象也能说是商家通过某种阈下刺激来引导顾客消费。狄克逊就坚定地认为阈下知觉存在，他做了一个实验，是利用了偷盗者心虚心理，在商店播放音乐中加入微弱的"Don't steal（别偷）"的背景音，经统计在这期间商店盗窃率下降了37%。

摘编自：杨园园. 阈下知觉艺术设计运用探究［J］，软件导刊，2017（12）：92-93.

2. 差别感受性和差别阈限

差别感受性是德国生理学家韦伯（Ernst Heinrich Weber）在研究感觉的差别阈限时发现的，它表示刚能觉察出两个同类刺激物之间最小差异的能力，能觉察的刺激物的最小差异量称为差别阈限，又称最小可觉差。差别感受性的大小可用差别感觉阈限的大小来度量。差别感觉阈限与差别感受性之间成反比关系，即差别感觉阈限越小，则差别感受性越大，反之亦然。且刺激物引起感觉后，刺激数量的变化并不一定都能引起感觉上的变化。例如，几百人参加的大合唱，如果增减一个人，人们听不出声音的差别，如果增加或减少10个人，差别就明显了。同样，两根长竹竿相差1.5厘米，我们难以觉察它们的差别，而两支铅笔相差1.5厘米，差别就非常明显了。

差别感觉阈限并不是固定不变的，它随着原来刺激强度的变化而变化，但是，差别感觉阈限和原来刺激强度的比例却是一个常数，这就是韦伯定律。用公式表示就是 $K=\Delta I/I$。ΔI 是原来的刺激强度；K 就是一个常数，这个常数叫韦伯常数，或者叫韦伯分数。不同感觉的韦伯分数是不同的。例如，重量感觉的韦伯分数为1/30，听觉为1/10，视觉为1/10。

韦伯分数只有在中等刺激强度的范围内才是正确的，在接近绝对感觉阈限或刺激过分

强烈时，相对差别感觉阈限会有明显的变化。费希纳（G. T. Fechner）确定了接近绝对感觉阈限时韦伯分数所发生的变化，进一步假设一个绝对差别阈限为一个感觉单位，每增加一个差别阈限，心理量增加一个单位，这样从刺激阈限开始就可以测量，为了向上前进一个最小可觉差所必须增加的刺激量，连续测试下去，就可把全部刺激范围分成若干个差别阈限的单位。费希纳在韦伯定律的基础上运用积分进行推导，得出下列公式：

$$S = K\log R + C$$

式中：S 为感觉强度，R 为刺激强度，K 和 C 是常数。

由此可见，刺激强度的变化和它所引起的感觉变化之间的关系是非线性的。感觉的变化要比刺激强度的增长慢。即说，刺激强度按几何级数增加，而感觉强度只按算术级数增加，这就是费希纳定律。后来的研究表明，费希纳定律也只具有近似的意义。

第二节　感觉的种类

人的各种感受器是在漫长的进化过程中发展而成的，各种感受器分别反映事物的不同属性，如视感受器专门反映客体的光刺激，听感受器专门反映客体的声刺激。感觉主要分为外部感觉和内部感觉两大类。

一、外部感觉

外部感觉即受外部刺激，反映外部事物属性的感觉，包括视觉、听觉、嗅觉、味觉、皮肤觉（触觉、温度觉和痛觉）。

（一）视觉

以眼睛为感觉器官（视网膜上的视杆细胞、视锥细胞），辨别外界物体明暗、颜色等特性的感觉叫作视觉。视觉是人类最重要的一种感觉，在人类获得的外界信息中，有 80% 来自视觉。产生视觉的外界刺激是光波。宇宙中存在各种电磁波，而其中只有一小部分电磁波能被人类看见，人类可以看得到 400~760 纳米的波长之间的电磁波，它们被称为可见光。我们感觉到的客观事物都是有颜色的，人类对颜色的视觉具有色调、明度、饱和度三种特性，这些特性是由光波的物理特性决定的。

红、橙、黄、绿等颜色的色调是由光波的波长决定的，即由光源或物体表面所反射的光线中占优势的那一种波长决定的。如果 700 纳米的波长占优势，看上去就是红的；如果 510 纳米的波长占优势，看上去就是绿的。

明度是指颜色的明显程度。光源的照度越大，物体表面的反射率越高，物体看上去就越亮。例如，白墙的反射率大，就觉得亮；黑板的反射率小，就觉得暗。光的强度越大，颜色越亮，最后接近白色；光的强度越小，颜色越暗，最后接近黑色。

饱和度是指某种颜色的纯杂度或鲜明程度。颜色的饱和度（纯洁度）是由不同光波成分所决定的，光波成分越单纯，颜色就越鲜艳，例如大红、碧绿等颜色；混杂上白色、灰色或其他色调的颜色就变成不饱和的颜色，例如绛紫、粉红、黄褐等颜色。

（二）听觉

声波振动鼓膜产生的感觉就是听觉。人类能听到物体振动所发出的 20~20 000 赫兹的声波。听觉可以分辨出声音的音调、音强和音色。

音调是指听起来声音的高低，主要取决于声音的频率。声波振动频率越大，听起来音调越高；反之，音调越低。通常成年男性说话的音调要低于成年女性的音调。

音强指声音的强弱程度，主要由声波的振幅决定。振幅越大，声音的响度也就越大；振幅越小，响度越小。测量响度的单位是分贝。生活中，耳语声的响度是 20 分贝，普通谈话的响度是 60 分贝，繁忙的街道的响度是 80 分贝，当声音强度超过 120 分贝时，声波就不再引起听觉的进一步变化，而只会产生压痛感。长时间处于 85 分贝以上环境中的人会产生听力损失。

音色指声音的特色，由声波的波形决定。例如，即使胡琴和小提琴发出音高、响度相同的声音，听起来还是两种不同的声音，这就是音色的差别。由于声音具有各种不同的特色，我们才可能辨别不同的发声体。例如我们能够辨别什么样的声音是汽车发出的，什么样的声音是火车发出的，能够分辨出熟人的说话声甚至走路声。

（三）嗅觉

某些物质的气体分子作用于鼻腔黏膜时产生的感觉叫作嗅觉。研究嗅觉是很困难的，因为至今我们仍没有完全弄明白气味是怎样转化为神经冲动，让大脑做出反应的。有研究表明：嗅觉刺激可以唤起人们的记忆和情绪。做单词练习时闻着巧克力香味的学生，第二天回忆单词时，再次提供巧克力香味比不提供的情况下回忆的单词要多。

（四）味觉

可溶性物质作用于味蕾产生的感觉叫作味觉。引起味觉的适宜刺激是可溶于水或液体的物质，接受味觉刺激的感受器是位于舌表面、咽后部和腭上的味蕾。如果用干净的手帕将舌头擦干，然后将冰糖或盐块在舌头上摩擦，这时你感觉不到任何味道，甚至可以把奎宁撒在干舌头上，只要唾液不溶解它，就不会感觉到苦味。人类的味觉可以分为四种：咸、甜、苦、酸。平常尝到的各种味道都是四种味道的混合，并保留原来的味道，不是新味道。

舌头不同部位对味道的感受不同：舌尖对甜味最敏感，舌中对咸味最敏感，舌的两侧对酸味最敏感，舌后对苦味最敏感。

（五）皮肤觉

皮肤觉分为触觉、温度觉和痛觉。触觉是我们在接触事物时，机械刺激作用于皮肤表面时产生的感觉。温度觉包括温觉和冷觉：皮肤表面的温度称为生理零度，高于生理零度的温度刺激引起温觉，低于生理零度的温度刺激引起冷觉。痛觉是当有机体遭到损伤或破坏时所出现的一种不愉快的情感体验。痛觉是较特殊的一种感觉，没有自己独立的特殊的分析系统。对任何感受器来说，如果接受的刺激强度过大，以致达到伤害的程度，便会产生痛觉。因而，痛觉对人体是有利的，能够辨别各种刺激对机体的伤害程度，起到保护人体的作用，防止机体受到进一步的伤害。手被火灼伤，人马上就会把手缩回来；皮肤若被针扎了，人就会设法避开针；肚子痛可以提醒人们可能是肠胃出了毛病。

> **阅读窗**
>
> ### 哈洛猿猴实验
>
> 美国威斯康星大学心理学家 H. 哈洛和妻子设计了一个饲养程序，试图用不同的方法在实验室抚育猿猴。但是，他们不久发现，和母亲生活在一起的幼猴经常受到它们母亲患疾的感染，于是，哈洛就把刚出生的幼猴与其母亲分开。他们用粗制的毛巾作为毛毯盖在幼猴身上。之后，他们惊奇地发现，与母亲分离的幼猴对毛巾有着强烈的依恋；当哈洛想揭开毛巾时，幼猴便表现出明显的紊乱，就像它的母亲把它遗弃一样。
>
> 哈洛首先想到的问题是：幼猴需不需要一个人造的模拟母亲？它们会不会紧紧地依偎在人造的母亲身上，正像它们依偎在自己的生母怀里一样？带着这样的想法，哈洛设计了两只代理母猴，一只是由铁丝缠绕而成，食物取之不尽；另一只是由布做的母猴，乳房吸不到奶，但笑容可掬。
>
> 实验发现，小猕猴们爬到布制母亲身上，趴在它胸前，用细瘦的手抚摸它的脸，轻咬它的身体，或在它腹部磨蹭好几个小时。不过布猴无法供应奶水，幼猴如果肚子饿，会跳下布猴，冲向铁丝缠成的哺乳机器，吸取源源不断的乳汁，吃饱了就回到布猴柔软的怀抱。
>
> 在个体生命的头两周，温暖也许是母亲必须给其子女的最重要的心理内容。幼猴实验证明了这一点：如果两个人造母亲具有一样的热度，则幼猴总是选择布制的母亲；如果金属网状圆柱筒发热，而布制母亲冰冷，则幼猴乐意选择金属母亲。在热度一样的情况下，为什么幼猴选择布制母亲而非金属母亲呢？这是因为"接触安慰"。幼猴长时间依偎在布制母亲怀里，紧紧地抓住毛巾，尽可能使自己的身体与布制母亲接触。无论什么时候，只要当幼猴感到惊吓、烦恼和生气时，它就会紧紧拥抱布制母亲，将自己的身体与毛巾贴在一起。相反，赤裸的金属母亲却没有"皮毛"可抓。可见，皮肤觉不仅带来生理上的感觉，也带来心理上的感觉。
>
> 摘编自：心理学实验介绍（六）——哈洛猿猴实验［EB/OL］.［2024-4-28］. http://aierbei.com.cn/html/2012422662.html

二、内部感觉

感觉除反映外界事物的个别属性外，还反映机体内部状况，例如，通过感觉我们可以反映有关自身的位置、运动、姿势以及机体内部器官的活动状态等种种感觉信息。内部感觉包括运动觉、平衡觉、机体觉等。

（一）运动觉

运动觉的感受器是肌肉、筋腱、关节中的神经末梢。凭借运动觉，我们可以行走、劳动，还可以进行各种体育活动，完成各种复杂的运动技能。

（二）平衡觉

平衡觉又称静觉，是对人体做加速或减速的直线运动以及旋转运动所产生的感觉。平衡觉的感受器是位于内耳的前庭器官，平衡觉与视觉、内脏感觉相联系。当前庭器官兴奋时，视野中的物体仿佛在移动，人会出现头晕目眩、呕吐恶心等现象。例如，晕船、晕车就是前庭器官受到刺激引起的，当然，这种状态经过训练是可以得到改进的。

（三）机体觉

机体觉又称内脏感觉，是对内脏感觉及饥饿、口渴等的感觉，机体觉的感受器是内脏器官壁上的神经末梢。当内脏器官工作正常时，各种感觉便融合成人的一般自我感觉，只有当内脏器官受到特别强烈的刺激时，机体觉才能鲜明地被觉察，产生饥渴、饱胀、便意、恶心、疼痛等感觉。

第三节　感觉规律与教学

党的二十大报告指出："教育是国之大计、党之大计。培养什么人、怎样培养人、为谁培养人是教育的根本问题。"青年身心正处于迅速发展，未定待定，趋向和接近于成熟的阶段。在这个阶段中，大学生在树立远大理想，形成世界观、人生观和接受革命、科学的教育方面，具有最大的可塑性。应通过对他们心理发展特点的分析，正确地扶植、引导、校正他们成长过程中的不规范行为，使他们朝着正确的方向发展。

一、青春期感觉发展特点

由于感知觉属于心理活动中较低级的形式，它出现早、发展快，所以许多简单、基本的感知觉在婴幼儿期已达到成人水平，但与思维的概括性和语言的发展有关系的感知觉的发展，是在青春期发生质变的。

（一）视觉的发展

视觉感受性不断提高，区别颜色的精确性明显提高，视觉敏感发展到一生中的最高水平，即达到或超过成人水平。研究表明，初中生视觉感受性比小学一年级学生增高60%以上；高中学生的视觉感受性和听觉感受性都达到了成人水平，有的甚至超过了成人。

（二）听觉的发展

听觉感受性不断提高，区别高音的能力明显增长。人的听觉感受性随着人的年龄而发生有规律的变化。虽然各个人之间存在着个别差异，但年龄特点是非常明显的。很多研究一致指出：儿童时期的听觉感受性是随着年龄的增长而不断增长的。根据研究材料，儿童辨别音调高低的能力，从6到19岁有显著的提高。假如以6岁儿童辨别音调的能力为单位（单位为1），则7岁为1.4，8岁时为1.6，9岁时为2.6，10岁时为3.7，19岁时为5.2。

二、感觉的规律

（一）感觉适应的规律

感觉适应是指由于刺激物对感受器的持续作用，使感受性发生变化的现象。适应可以使感受性提高，也可以使感受性降低。适应现象表现在各种感觉中，但是，在各种感觉中适应的表现和速度是不同的。

1. 视觉

适应可以引起感受性的降低或提高，这种现象在视觉的适应中最为明显，包括明适应和暗适应。比如，在夜晚由明亮的室内走到室外时，开始时我们的眼前一片漆黑，什么也看不清楚，一段时间后，眼睛就能分辨出黑暗中物体的轮廓了，这种现象叫暗适应，这时候视觉感受性提高。相反，由漆黑的室外走进明亮的室内时，开始感到耀眼炫目，什么都看不清楚，只要稍过几秒钟，就能清楚地看到室内物体了，这种现象叫明适应，这时候视觉感受性降低。

> **阅读窗**
>
> **为什么海盗都是"独眼龙"？**
>
> 影视剧中的海盗经常是一个头戴海盗帽、满脸大胡子的形象，印象最深的就是一只眼戴着黑眼罩，手上装着一只看起来有点恐怖的钩子。
>
> 你或许会觉得海盗戴着眼罩，是因为他们的眼睛在战斗中受伤了，或者为了让自己看起来更凶狠，但其实，这个看起来凶狠的黑眼罩藏着很奇妙的玄机。它真正的功能是什么呢？
>
> 我们都知道，眼睛有非常奇妙的构造，它的适应性比较弱，如果一个人在黑暗中待较长时间之后，眼睛瞳孔会放大以获取更多的光线，突然进入光亮的地方，瞳孔来不及收缩，会有比平时更多的光线进入眼睛，从而会先闭眼让眼皮遮挡一下刺眼的光线，让瞳孔有时间调整，最少需要25~30分钟的时间才能完全适应。奇怪的是，从光明的地方来到黑暗的地方时，眼睛只需要短短几秒钟就可以恢复视力。
>
> 海盗为了最大程度上避免战斗爆发时因为双眼无法及时适应甲板下的漆黑环境而造成不必要的伤害，都会在一只眼睛上戴上眼罩。如果战斗从黑暗转换到明亮的地方时，聪明的海盗就会将眼罩换到另一边的眼睛上，被遮盖的眼睛很快就能恢复视力，这样有助于海盗在最短的时间内适应环境，避免受到敌人的袭击。
>
> 摘编自：为什么海盗都是"独眼龙"？[EB/OL].[2024-4-28].http://baijiahao.baidu.com/s?id=159902954610213wfr=spider&for=pc

2. 听觉

在听觉适应问题上一般存在两种观点。一种观点认为，一般的声音作用之后，听觉感受性有短暂的降低，并认为听觉适应具有选择性，即在一定频率的声音的持续作用下，只降低对该频率声音（包括邻近频率的声音）的感受性，而不降低对其他频率声音的感受性。另一种观点认为，即使是一个普通强度的声音的持续作用，也不存在听觉适应现象。但是，如果用较强的声音刺激，如工厂机器的噪声，持续作用于人的双耳，则确实会引起听觉感受性降低的适应现象，甚至会丧失听觉感受性。

3. 嗅觉

"入芝兰之室，久而不闻其香；入鲍鱼之肆，久而不闻其臭"充分体现了嗅觉的适应。嗅觉的适应比较迅速，但有一定的选择性。对有些气味适应较快，如碘酒4分钟就可以完全适应，而大蒜则要40~45分钟才能完全适应。特别强烈的气味（带有痛刺激的气味）

会令人厌恶，难以适应甚至完全不能适应。与听觉适应一样，嗅觉适应也具有选择性，即对某种气味适应后，并不影响其他气味的感受性。

4. 味觉

厨师由于连续地品尝咸味，到后来做出来的菜愈来愈咸，是味觉的适应现象。

5. 肤觉

在一定温度范围内，温度觉适应较快，例如，我们洗脚，刚把脚放入热水里觉得很烫，但不久就不觉得烫；练习冬泳的人，从夏天就要开始锻炼用凉水洗澡，逐渐适应越来越凉的水温，等到冬泳时就不觉得凉了。触压觉适应较快、较明显。例如，戴手表的人平时不觉得手腕上有重物。痛觉适应则极难产生。正是痛觉适应的这一特点，它才成为伤害性刺激的信号而具有保护作用。

感觉适应能力是有机体在长期进化过程中形成的。适应机制有助于我们感知外界的事物，从而调整自己的行为。

（二）感觉相互作用的规律

1. 同一感觉的相互作用

同一感觉的相互作用会产生感觉对比。感觉对比指感受器因接受不同刺激而产生的感受性发生变化的现象。感觉对比包括同时对比和继时对比。例如，一个灰色方块放在黑色背景上比放在白色背景上看起来亮些；吃了山楂之后再吃苹果，觉得苹果甜，吃了糖果后再吃苹果，会觉得苹果是酸的；还有"月明星稀"等现象。

2. 不同感觉的相互作用

对某种刺激的感受性，不仅取决于该感受器所接受的直接刺激，还取决于同时受刺激的其他感受器的机能状态。对某种刺激的感受性因其他感受器官受到刺激而发生变化的现象叫不同感觉的相互作用。在一定条件下，各种感受器的机能状态都有可能相互影响、相互作用。生活中，我们能体验到味觉和嗅觉的相互作用。如果感冒了鼻塞很严重，我们完全尝不出来嘴里到底吃的是什么东西，但明明是嗅觉出现问题，怎么味觉也会受到干扰呢？这是因为味觉和嗅觉的相互作用。不同感觉的相互作用的规律尚未揭示，但一般表现为：对一个感受器的微弱刺激能提高其他感受器的感受性，对一个感受器的强烈刺激会降低其他感受器的感受性。例如，微弱的声音刺激可以提高视觉对颜色的感受性，强噪声会降低视觉的差别感受性。

不同感觉的相互作用还有一种特殊表现——联觉。联觉是一种感觉兼有另一种感觉的现象。例如，切割玻璃的声音会使人产生寒冷的感觉；看见黄色产生甜的感觉，看见绿色产生酸的感觉；红、橙、黄色使人产生暖的感觉，绿、青、蓝色使人产生冷的感觉。美国色彩研究中心曾做过一个实验，研究人员将煮好的咖啡分成三杯，将三个杯子分别贴上红、黄、绿三种颜色的图标，然后让十几个人品尝，结果品尝者一致认为咖啡味道不同，绿色的味酸，红色的味美，黄色的味淡。

3. 不同感觉的补偿

不同感觉的补偿是指某种感觉系统的机能丧失后而由其他感觉系统的机能来弥补的现象。例如，盲人由于不能用眼睛来了解这个世界，因而多依赖于听觉、触觉等来获得信息，于是，盲人的听觉、触觉比一般人要敏锐，就像我们在生活中可以看到的，盲人可以依靠触觉识别人民币、盲文，可以凭着手杖敲击地面的声音来判断路况。

> **阅读窗**
>
> **电影《听风者》**
>
> 电影《听风者》的男主角何兵是个街头小混混，小时候他就失明了，这使他拥有了超凡的听觉，并以此为生计。我党需要优秀的侦听人员，因此派女主角张学宁到上海去找调琴师罗三耳。张学宁到达上海后发现真正的调琴师是拥有特殊技能却失明的何兵，便将何兵"请"到部队。何兵帮助部队找到了敌人的全部电台，张学宁请来了名医为何兵治好了眼睛。可是在一次侦听中，由于何兵重见光明导致的误听使得张学宁牺牲。何兵悲痛万分，在一个雨夜又弄瞎了自己的双眼，他的听力再一次变得灵敏，重新为部队找回了敌人的电台。虽然这仅仅是一个故事，但体现了不同感觉之间的这种补偿的能力，某种感觉机能的衰退或丧失会使其他机能增强，从而使我们适应生活。
>
> 摘编自：听风者［EB/OL］.［2024-4-28］.http://baike.baidu.com/view/3479400.htm

（三）感觉后像的规律

当刺激停止后，感觉并不立刻消失，这种现象叫感觉后像，又称感觉后效。同原有感觉相同的为正后像，与原有感觉相反的则为负后像。在各种感觉中，视觉的后像最为显著，又称视觉后像。比如：我们在看灯泡之后再看白墙，白墙上会出现一个"灯泡"形状的光斑；夜晚拿着燃烧的烟头以一定速度做画圈运动，看上去是一个火圈；电风扇快速转动时我们看到的是一个圆面而非一个个叶片，这都是视觉后像。彩色视觉也有后像，不过正后像很少，一般都是负后像。彩色的负后像在颜色上与原颜色互补，而在明度上则与原颜色相反。例如，注视一个红色菱形几分钟后，再看一白色背景时，在白色的背景上就会看到一蓝绿色菱形，这就是颜色视觉的负后像。视觉后像的发生，是由于神经兴奋所留下的痕迹作用，也称为视觉残像。电视机、日光灯的灯光实际上都是闪动的，因为它闪动的频率很高，一般100次/秒以上，由于正后像作用，我们的眼睛并没有观察到。电影技术也是利用这个原理发明的，在电影胶卷上，当一连串个别动作以16厘米/秒以上的速度移动的时候，人们在银幕上感觉到的是连续的动作。"余音绕梁，三日而不绝"则是听觉后像。

三、利用感觉规律教学

利用感觉的规律和特点，把握学生吸收知识的规律，这样在教育教学中能够实现知识的高效传播。

（一）刺激的强度要适宜

著名生理学家巴甫洛夫经过研究发现，神经细胞对刺激的反应是以有变化的、中等的强度为最佳状态。这就告诉我们在教学过程当中，刺激强度最好是中等的，且有变化。过弱、过强和刻板的都不好。我们对信息的接收很大一部分来自听，因而教师讲课的语言应让全班学生都能有鲜明清晰的感知，既不能声音过小或过大超出绝对感觉阈限，也不能过于刻板，应用抑扬顿挫的语调来进行教学，这样有利于学生的感知。

（二）多种感官协同参与学习

如果单纯运用某种感觉器官，会降低感知的效果。利用多种感官协同活动，就能提高感知效果。在教学中，教师要善于调动学生的多种感觉器官，同时作用于感知对象以提高教学效果。如果学生能使用多种感官去感知同一个知觉对象，那么，从不同感官获得的信息将传递到大脑，从而获得对事物的全面认识。我国古代的许多学者曾提出学习要做到"五到"，即眼到、耳到、口到、手到和心到，就是通过多种感知渠道来巩固知识。有研究表明，在接受知识方面，看到的比听到的给人留下的印象深。只靠听觉，一般能记住15%；只靠视觉，一般能记住25%；既看又听，能记住65%。例如，教师在体积这一知识点的教学中，把同学分成小组，让同学亲自去探索体积的概念。有的组员说："我们组测量了这只鸡蛋的体积。把这只鸡蛋放入盛有水的容器中，容器中的水就会上升一段，上升的这部分水的容积就是这只鸡蛋的体积。"有的组员说："我们组测量了这袋大米的体积，把这袋大米完全倒入这个长方体的容器中，我们只要测量出含有大米的这部分长方体容器的容积，就等于算出了这袋大米的体积。"有的组员说："我们组测量了这块 U 字形金属块的体积。我们利用橡皮泥的可塑性，先把橡皮泥捏成了和这个金属块外形一样的物体，然后将这块橡皮泥改捏成我们曾经学过的某个立体图形，如正方体。那么计算出这个正方体的体积，也就等于知道了这块金属的体积。"通过让多种感官参与自主探究性活动，学生对知识的理解更透彻，印象更深刻，记忆更牢固。

第四章 要点回顾　　　　第四章 习题园地　　　　第四章 思维导图

第五章 知觉

案例导学

孔子东游，见两小儿辩斗，问其故。一儿曰："我以日始出时去人近，而日中时远也。"一儿曰："我以日初出远，而日中时近也。"一儿曰："日初出大如车盖，及日中则如盘盂，此不为远者小而近者大乎？"一儿曰："日初出沧沧凉凉，及其日中如探汤，此不为近者热而远者凉乎？"孔子不能决也。两小儿笑曰："孰为汝多知乎？"

《两小儿辩日》是战国时期思想家列子创作的一篇散文。此文记述了孔子路遇两个孩子在争辩太阳远近的问题，而孔子不能做决断之事。两小儿在对话中都使用了生动形象的比喻，并用了比较的方法，证明自己观点的正确性。第一个小孩用面积大小相比，带有直观性，似乎是有理的。第二个小孩比较了人对太阳在不同时间的冷和热的感受，似乎也是有理的。一个从视觉出发，用"如车盖"和"如盘盂"的比喻，生动形象地描绘了太阳形状的大小；另一个从触觉出发，用"如探汤"的比喻生动形象地描绘了太阳在中午时的灼热。由于中午的照射角大，地球表面获得的热能多，因而气温高；早晨照射角小，因而气温低。至于太阳"早晨大，中午小"，则完全是人视觉上的错觉，由于早晨背景小而暗，因此觉得太阳大一些，而中午则有广阔而明亮的天空做太阳的背景，看起来就觉得它小一点。

我们对于世界的认识都是在感觉的基础上形成知觉，有的时候还会有错觉。学习知觉这一章，可以让我们更好地理解客观世界和人之间的关系。

目标解析

1. 掌握知觉的概念，理解感觉与知觉的关系。
2. 掌握知觉的特性以及分类。
3. 理解并掌握知觉的基本规律，能运用知觉的基本规律进行教学。

现代作家贾平凹的散文《丑石》中有这样一段话："人都骂它是丑石，它真是丑得不能再丑的丑石了。终有一日，村子里来了一个天文学家。他在我家门前路过，突然发现了这块石头，眼光立即就拉直了。他再没有走去，就住了下来；以后又来了好些人，说这是一块陨石，从天上落下来已经有二三百年了，是一件了不起的东西。不久便来了车，小心翼翼地将它运走了。"这段话里包含了什么心理学道理？本章关于知觉的知识会为你揭晓答案。

第一节 知觉概述

一、知觉的定义

知觉是直接作用于感觉器官的客观事物的整体在人脑中的反映，是人对感觉信息的组织和解释的过程。知觉是在感觉的基础上产生的，它是对感觉信息整合后的反映，往往带有主观性。人首先通过感觉来反映作用于感觉器官的客观事物的个别属性和人所处的某种活动状态的信息，在日常生活中，我们很少意识到孤立的感觉，因为我们总是要把对事物的各种感觉信息综合起来，并根据自己的经验来解释事物。也就是说，我们通常是以知觉的形式来反映事物。例如，有一个事物，我们通过视觉器官感到它具有圆圆的形状、红红的颜色，通过嗅觉器官感到它特有的芳香气味，通过手的触摸感到它硬中带软，通过口腔品尝到它的酸甜味道，然后把感觉到这些关于个别属性的信息进行综合，加上经验的参与就形成了苹果这一整体印象，这种信息整合的过程就是知觉。我们的知觉之所以能对客观事物作整体反映，一是因为客观事物本身就是由许多个别属性组成的有机整体，二是由于我们的大脑皮层联合区具有对来自不同感觉通道的信息进行综合加工分析的机能。

二、感觉与知觉的关系

感觉和知觉既有区别，又有联系。

（一）感觉与知觉的区别

知觉是各种感觉的结合，它来自感觉，但已不同于感觉。

（1）感觉和知觉是不同的心理过程，感觉只反映事物的个别属性，知觉却认识了事物的整体，即事物的各种不同属性、各个部分及其相互关系。

（2）感觉是单一感觉器官活动的结果，知觉却是各种感觉协同活动的结果。

（3）感觉不依赖于个人的知识和经验，知觉却受个人知识经验的影响。同一物体，不同的人对它的感觉是类似的，但对它的知觉就会有差别，知识经验越丰富，对物体的知觉越完善、越全面。显微镜下边的血样，只要不是色盲，无论谁看都是红色的；但医生还能看出里边的红细胞、白细胞和血小板，没有医学知识的人就看不出来。

（二）感觉与知觉的联系

知觉虽然已经达到对事物整体的认识，比只能认识事物个别属性的感觉更高级，但知觉来源于感觉，它们都是对直接作用于感觉器官的事物的反映，是人类认识世界的初级形式，二者反映的都是事物的外部现象和外部联系，所以感觉和知觉又有不可分割的联系。在现实生活中当人们形成对某一事物的知觉的时候，各种感觉就已经结合到一起，甚至只要有一种感觉信息出现，就能引起对物体整体形象的反映。例如，看到一个物体的视觉包含了对这一物体的距离、方位，乃至对这一物体其他外部特征的认识，所以，现实生活中很难有单独存在的感觉，单一或狭隘感觉的研究往往只产生于实验室。

总之，知觉的产生以头脑中的感觉信息为前提，并且同感觉同时进行。但知觉不是各种感觉的简单总和。因为在知觉中除了包含感觉之外，还包含记忆、思维和言语活动等。知觉属于高于感觉的感性认识阶段。

第二节 知觉的种类

对知觉可以从不同的角度进行分类。根据知觉对象是否属于人，可以把知觉分为客体知觉和社会知觉。

一、客体知觉

世界上的物质是运动的，运动着的物质又是在空间和时间内进行的。因此，客体知觉可分为以下几类：

（一）空间知觉

空间知觉是指对物体形状、大小、距离、方位等空间特性的知觉，即对物体空间关系的认识。知觉不是天生固有的，是事物的空间特性在人脑中的反映。例如，学习汉字时，需要正确辨别上下、左右，否则难以顺利地掌握汉字的结构；下楼梯时，如果我们不知道有几个台阶、每个台阶有多高，就容易摔倒。

1. 形状知觉

形状知觉是空间知觉的一种，是人们对物体形状特性的认识。形状知觉是人类和动物共同具有的知觉能力，是视觉、触觉、动觉协同活动的结果。对物体形状的识别开始于对原始特征的分析与检测。这些原始特征包括点、线条、角度、朝向和运动等。视觉系统对这些特征的检测是自动的，无须意识的努力。

2. 大小知觉

人关于物体大小的知觉也是靠视觉、触摸觉和动觉形成的，其中视觉占有最重要的地位。在视觉中，视网膜上成像的大小是大小知觉的重要线索。影响视网膜上成像大小的因素主要有三个：①物体本身的实际大小；②物体到眼睛的距离；③眼球水晶体的调节。远处大的物体在视网膜上的成像可能比近处小物体的成像还小。这时仅凭视网膜像的大小是无法知觉物体的大小的，必须借助眼肌动觉信息的帮助。此外，人的大小知觉在很大程度上依赖于知识经验，熟悉的环境或事物对大小知觉可以起参照作用。实验表明，当排除了熟悉的环境的参照作用时，人的大小知觉就会发生困难。

人们不仅能够知觉物体的形态、大小，而且能够知觉物体的深度和距离。形状、大小知觉是二维空间，而深度知觉涉及三维空间的知觉，不仅能够知觉物体的高和宽，而且能够知觉物体的距离、深度和凹凸等。

3. 深度与距离知觉

深度知觉包括立体知觉和距离知觉，它是以视觉为主的多种分析器协同活动的结果。深度知觉比形状知觉和大小知觉更为复杂，它依赖许多深度线索，这些线索包括以下几个：

（1）对象的重叠。如果一个物体部分地遮住了另一个物体，那么前面的物体就被知觉得近些，被遮掩的物体就被知觉得远些。

（2）线条透视。同样大小的物体，在近处占的视角大，看起来较大，而在远处占的视角小，看起来较小。这种线条透视的效果能帮助人知觉对象的距离。

（3）空气透视。日常生活中我们总是透过空气观察物体，由于空气的影响，近处的物体看起来清楚、细节分明，远处的物体看起来比较模糊。根据经验，对象的清晰度可以成为判断远近的线索。

（4）明暗和阴影。明亮的物体离得近些，灰暗或阴影下的物体离得远些，这是物体明度上的规律，亦可成为距离知觉的线索。

（5）运动视差。当人与环境发生相对运动时，近的物体看起来运动较快，这种经验也是距离知觉的线索。

（6）眼睛的调节。为了获得清晰的视觉，睫状肌会调节眼球水晶体的曲度，物体越近，水晶体越凸。这样，睫状肌的紧张程度便成为距离知觉的线索。

（7）双眼视轴的耦合。在观察一个物体时，两只眼睛的视像都要落在中央窝上，这样就自然形成了一个视轴的辐合。如果物体较近，视轴的辐合角度就大；如果物体较远，视轴辐合的角度就小。于是控制两眼视轴辐合的眼肌运动状态就成为距离知觉的线索。

（8）双眼视差。深度知觉主要是靠双眼视差实现的。人的两只眼睛在构造上是一样的，两眼之间有一定距离，如果我们观察的是一个立体的物体，那么在两只眼睛的视网膜上就会形成两个稍有差异的视像，即两眼视差。这种差异传至大脑，就是深度知觉的主要线索。

4. 方位知觉

人依靠视觉、听觉、运动觉等来判断方位，这种能力是后天形成的。依靠视觉进行方位判断必须借助参照物。参照物可以是自己的身体、太阳的位置、地球的磁场、天地等。不同方位辨别由易到难的次序分别是上、下、后、前、左与右。由于人的两只耳朵分别在头部的左右两侧，因此同一声源到达两耳的距离不同，两耳所感知的声音在时间上、强度上存在差别。正因如此，我们也能依靠听觉进行方向定位。

（二）时间知觉

时间知觉是对客观现象延续性和顺序性的感知。人总是通过某种量度时间的媒介来感知时间的，具体表现为对时间的分辨、对时间的确认、对持续时间的估量、对时间的预测。量度时间的媒介有外在标尺和内在标尺两种，它们都可为人们提供关于时间的信息。生活中，我们对时间的知觉既可以借助于自然界的变化，如太阳的东升西落、月的圆缺、四季变化等，也可以借助于生活中的具体事件或自身的生理变化，如数数、打拍子、节假日、上下班等，这些都属于外部标尺。内部标尺是机体内部的一些有节奏的生理过程和心理活动，如心跳、呼吸、消化及记忆表象的衰退等，神经细胞的某种状态也可成为时间信号，人的节律性活动和生理过程基本上以24小时为一个周期。

在不同的心理状态下，人们对时间的估计有很大差别。研究表明，在悲伤的情绪下，人们在时间估计方面会出现高估现象；在欢快的情绪下，在时间估计方面会出现低估现象，也就是我们常说的："欢娱嫌夜短，寂寞恨夜长。"

(三) 运动知觉

运动知觉是人脑对当前运动着的物体在空间和时间上位移过程的反映，通过运动知觉可以辨别物体的运动或静止。例如，过马路时估计来往车辆的距离与速度，运动员在球场上传球，在快速开动的车上看窗外树木等，都属于运动知觉。物体运动速度太慢或太快都不能使人产生运动知觉。

运动的物体使我们产生运动知觉，这很正常，而在一些特殊情况下，不运动的物体也会使我们产生运动的知觉，包括似动知觉和诱动知觉。似动知觉是指在特定条件下静止的物体看起来是运动的，没有连续位移的看成连续运动的现象。我们看电影、电视时，所看到的其中的物体运动并不真实存在，而是许多相似画面的连续呈现。诱动知觉指不动的物体因其周围的运动而使它看起来好像在运动的现象。例如，夜空中移动的云朵后面的月亮本来是不动的，但是看起来像是月亮在移动，而云朵是静止的。

二、社会知觉

社会知觉是个体在生活实践过程中对别人、对群体以及对自己的知觉，也叫社会认知。人们总是处在各种人际关系之中，只有正确地认识他人与自己的关系、他人与他人的关系、他人对自己的反应，才能更好地认识自己，协调好人际关系，促进人际关系的改善和发展。然而，在社会知觉中，常常会产生一些错觉，称为人际知觉偏差。

在人际交往过程中，人们对他人印象的形成，不只是受个体自身特点（如热情、大胆、固执等）的影响，而且受获得有关信息的先后顺序的影响。

（一）首因效应

首因效应也叫第一印象，人们根据最初获得的信息所形成的印象不易改变，甚至会左右对后来获得的新信息的解释。第一印象主要是依靠性别、年龄、体态、姿势、谈吐、面部表情、衣着打扮等，判断一个人的内在素养和个性特征。因此，在交友、招聘、求职等社交活动中，我们可以利用这种效应，展示一种好的形象，为以后的交流打下良好的基础。要做到这一点，首先，要注重仪表，看起来干净整洁。干净整洁容易留下严谨、自爱、有修养的第一印象。美国总统林肯曾因为外表的偏见拒绝了朋友推荐的一位才识过人的阁员。当朋友愤怒地责怪林肯以貌取人，说任何人都无法为自己的天生外貌负责时，林肯说："一个人过了40岁，就应该为自己的外貌负责。"虽然林肯以貌取人的做法值得商榷，我们却不能忽视第一印象的巨大作用，无论外在和内在，我们都应该格外注重。其次，要注意言谈举止，让自己显得落落大方，倘若还能做到言辞幽默、侃侃而谈、举止优雅，可谓是"锦上添花"。并且这一印象会长时间地左右对方未来对你的判断。首因效应在人们的交往中起着非常微妙的作用，只要能准确地把握它，定能给别人留下美好的印象。

当然，这在社交活动中只是一种暂时的行为，更深层次的交往还需要你的硬件完备。这就需要你加强在谈吐、举止、修养、礼节等各方面的素质，不然会导致另外一种效应的负面影响，那就是近因效应。

（二）近因效应

近因效应是指最近获得的信息给人留下的深刻影响。实验证明，人们对较近的或最近的信息印象最深，这个印象在对方的脑海中会存留很长时间。多年不见的朋友，在自己的脑海中的印象最深的，其实就是临别时的情景；一个朋友总是让你生气，可是谈起生气的原因，大概只能说上最近的两三条，这也是一种近因效应的表现。近因效应在与熟人的交往中起很大的作用。在熟人的行为上表现出来的某种新异性，会影响和改变对这个人的原有看法；反之，如果在交往中，给人留下的第一印象不太好，可通过后继的交往活动表现自己良好的一面，可以改善第一印象，从而赢得良好的人际关系。同时，我们在与他人交往时，既要看他的过去，更要看他的现在。

（三）晕轮效应

晕轮效应也被称为光环效应。晕轮是指在人际相互作用过程中形成的一种夸大了的社会印象。表现在当一个人对另一个人的主要品质、特征形成清晰、鲜明的良好或不良印象后，就会掩盖他对这个人的其余一切不良或好的品质、特征的看法。这种"一俊遮百丑"或者"一坏百坏"的看法，显然是以偏概全的主观倾向。"情人眼里出西施"，情人在相恋的时候，很难找到对方的缺点，认为他的一切都是好的，做的事都是对的，就连别人认为是缺点的地方，在自己看来也无所谓，这就是晕轮效应的表现。

（四）刻板印象

刻板印象是对某一类人（民族、地区、性别、年龄）或事物产生的固定、概括而笼统的印象，是我们在认识他人时经常出现的一种相当普遍的现象。

> **阅读窗**
>
> 社会心理学家包达列夫做过这样的实验，将同一个人的照片分别给两组被试看，照片的特征是眼睛深凹、下巴外翘。给甲组介绍情况时说"此人是个罪犯"，给乙组介绍情况时说"此人是位著名学者"，然后请两组被试分别对此人的照片特征进行评价。评价的结果，甲组被试认为，此人眼睛深凹表明他凶狠、狡猾，下巴外翘反映着其顽固不化的性格；乙组被试认为，此人眼睛深凹，表明他具有深邃的思想，下巴外翘反映他具有探索真理的顽强精神。为什么两组被试对同一照片的面部特征所做出的评价竟有如此大的差异？原因很简单，是人们对各类人有一定的定型认知。把他当罪犯来看时，自然就把其眼睛、下巴的特征归类为凶狠、狡猾和顽固不化，而把他当学者来看时，便把相同的特征归为思想深邃和意志坚忍。刻板效应实际就是一种心理定式。
>
> 摘编自：吉林建筑大学经济与管理学院微信公众号. 知识小讲堂/第五十六期：刻板效应[EB/OL].[2024-4-28].https://mp.weixin.qq.com/s?__biz=MzI5NzU2MzI4Nw==&mid=2247515447&idx=2&sn=a77e1bcce6f11079d9a4da9bfb5ea138&chksm=ecb1d8cfdbc651d9dc77db4c79d7e92f3c542b44ea5111f5c584badfc9c6a8aaed69f95a39ec&scene=27

刻板印象的形成，主要是由于我们在人际交往过程中，没有时间和精力去和某个群体中的每一成员都进行深入的交往，而只能与其中的一部分成员交往，我们只能"由部分推知全部"，刻板的消极作用导致我们忽视了个别差异，导致对人的错误认识。刻板印象也有积极的作用。受环境的影响，居住在同一个地区、从事同一种职业、属于同一个种族的人总会有一些共同的特征，因此，对于具有许多共同之处的某类人在一定范围内进行的知觉，不经搜索信息、仔细分析，径直按照已形成的固定看法得出结论，这就简化了认识过程，节省了时间和精力。

在社会知觉中，这些偏差的出现，既有主观因素，也有客观原因，只要认真对待，是可以克服的。在人际交往中，双方都可以利用它们发生的原理进行相互间的了解，改善人际关系。

三、错觉及其种类

（一）错觉的定义

"眼见为实"就对吗？眼见不一定为实！因为人在感知客观事物时，在一定条件下会产生各种各样的错觉。错觉是一种特殊的知觉，是指在特定条件下对事物必然会产生的某种固有倾向的歪曲知觉。错觉现象相当普遍，在各种知觉中都可发生。

（二）错觉的种类

1. 单一感觉所引起的错觉

（1）图形错觉。这主要是指视觉方面的错觉。这类错觉很多，常见的几何图形的视错觉如图5-1所示。其中的缪勒-莱尔错觉，两条直线是等长的，由于附加在两端的箭头方向向外或向内的不同，线段好像不一样长了，箭头向外的线段似乎短些；艾宾浩斯错觉，中间是同样大小的圆，但由于周围的圆的大小的对比关系，使得小圆中间的圆看起来更大；菲克错觉，垂直线与水平线长度相等，但垂直线看起来好像长一些；等等。

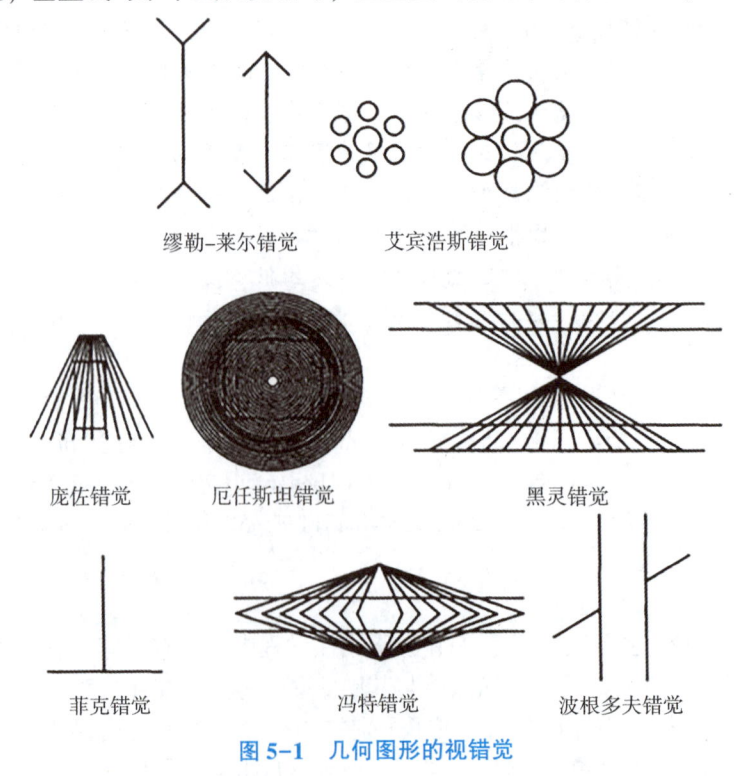

缪勒-莱尔错觉　　艾宾浩斯错觉

庞佐错觉　　厄任斯坦错觉　　黑灵错觉

菲克错觉　　冯特错觉　　波根多夫错觉

图5-1　几何图形的视错觉

（2）大小错觉。现实的物体能在一定条件下产生大小错觉。例如，初升或将落的太阳，看起来好像总比它们在我们头顶上时要大些。这种错觉主要是由于太阳同周围环境的对比不同而产生的。初升或将落的太阳同房屋、树林比就显得大些，头顶上的太阳同辽阔的天空相比，就显得小些。同样，在码头上看远洋货轮，同码头上的物体相比，就觉得它是庞然大物，如果乘上去航行在辽阔的海洋上，它显得很小了。

（3）方位错觉。例如，在海上飞行时，海天一色，找不到地标，海上飞行经验不够丰富的飞行员因分不清上下方位，往往会产生"倒飞错觉"，而造成飞入海中的事故。

（4）运动错觉。例如，我们在桥上俯视桥下的流水，久而久之，就好像身体和桥一起在摇动。

（5）时间错觉。在相同的一段时间内，由于态度、兴趣、情绪的不同而觉得时间有时过得特别快，有时又过得特别慢。例如，做自己感兴趣的事，一小时一会儿就过去了；若做枯燥的工作，一小时就觉得很长了。

（6）嗅错觉。把一种气味闻成另一种气味，如把杉木气味闻成油漆味等。

2. 不同感觉所引起的错觉

上面列举的都是发生在同一感觉通道间的错觉，还有发生在不同感觉通道间的错觉。

（1）形重错觉。这是由不同感官之间的相互作用而产生的错觉。如一千克铁和一千克棉花的物理重量相同，但人们用手比较时会觉得一千克铁比一千克棉花重得多。这是视觉之"形"影响到肌肉感之"重"的缘故，因为体积不同而重量相等的物体，会被认为体积大者为轻、体积小者为重。

（2）视听错觉。例如，看着台上做报告的人会觉得声音是从前边传过来的，闭上眼睛却发现声音是从旁边的扩音器中传来的等。

（三）产生错觉的原因

1. 客观原因

错觉都是在知觉上的客观环境有了某种变化的情况下发生的。例如，许多图形错觉，有的是对象的结构发生了某种变化，有的是对象的背景发生了变化。知觉情景发生了变化，而人们仍以原先的感觉模式来对待，从而产生错觉。

2. 主观原因

错觉的产生可能与过去的经验、情境相关。如时间错觉中的"光阴似箭""度日如年"。错觉也可能是各种感觉相互作用的结果。如形重错觉很可能是大脑接收视觉信息多于动觉信息而引起的。

错觉对人的认识和实践虽有一些不利影响，但在实践活动中，我们可以利用错觉规律，使其成为造型艺术、绘画、建筑设计、服装设计和军事伪装的重要手段。例如，胖人穿竖条衣服或深色衣服会显瘦；脸长的额前要留各式刘海显脸小；小房间里装大镜子显得空间宽敞。识别错觉最有效的办法是实践检验。

第三节　知觉的特性

人的知觉过程是个有组织、有规律的心理活动过程。这些有组织、有规律的系列活动过程，保证了人们对客观事物的认识。知觉具有选择性、整体性、恒常性和理解性等特性。

一、知觉的选择性

知觉的选择性是指人根据当前的需要，对外来刺激物有选择地作为知觉对象进行组织加工的过程。客观事物是多种多样的，我们看见一个物体存在，在一般情形下，我们不能将该物体孤立地作为引起知觉的刺激，而必须同时看到物体周围所存在的其他刺激。这样，物体以及周围的其他刺激就成为对象与背景的关系。对象是指具体刺激物，背景是指与具体刺激物相关联的其他刺激物。在一般情境之下，对象与背景是主副的关系：对象是主题，背景是衬托。但知觉的对象和背景之间的关系是相对的，这表明知觉的对象和背景可以互相转换。人在知觉事物时，首先要从复杂的刺激环境中将一些有关内容抽出来组织成知觉对象，而其他事物则成为知觉的背景；当注意从一个对象转向另一个对象的时候，原来的知觉对象就成为背景，原来的背景就成为知觉对象。图 5-2 是木雕艺术家艾契尔（M. C. Escher）在 1938 年创作的《黎明与黄昏》。假如读者先从图面的左侧看起，你会觉得那是一群黑鸟离巢的黎明景象；假如先从图面的右侧看起，就会觉得那是一群白鸟归林的黄昏；假如从图面中间看起，你就会获得既是黑鸟又是白鸟，也可能获得忽而黑鸟忽而白鸟的知觉经验。

图 5-2　《黎明与黄昏》

知觉对象的选择受以下因素的影响：

（1）强度大的、对比明显的刺激物，容易成为知觉的对象。如白天的时候，我们并不能听见屋里钟表的声音，而当夜晚的时候，尤其是我们失眠的时候，钟表的声音就非常清晰；万绿丛中一点红，衬托的就是红花，而万红丛中一点绿，衬托的就是绿叶了。反之，刺激物和背景对比不明显则不容易被感知，如冰天雪地中的白熊、穿着迷彩服藏在草地中的士兵、一群和尚中的光头。

（2）在相对静止的背景上运动着的物体，容易成为知觉的对象。当对象是相对活动的而背景是相对不动的，或对象是相对不动的而背景是相对活动的，对象也容易被感知，如夜空中满天的星星我们不在意，而突然有颗流星划过，我们一下就能注意到，大合唱时不张嘴的人也容易被觉察。

（3）知觉者的愿望、需要、目的任务、兴趣爱好、知识经验等都是把对象从背景上分离出来的重要条件。如在嘈杂的环境中听见有人喊自己的名字，在书店迅速发现所需要的书籍等。

二、知觉的整体性

知觉的对象是由不同的部分、不同的属性组成的，当它们对人发生作用的时候，是分别作用或者先后作用于人的感觉器官的。但人并不是孤立地反映这些部分、属性，而是把它们结合成有机的整体，这就是知觉的整体性。知觉并非感觉信息的机械相加，而是源于感觉又高于感觉的一种认识活动。例如，一株绿树上开有红花，绿叶是一部分刺激，红花也是一部分刺激，我们将红花绿叶合起来，在心理上所得的美感知觉，超过了红与绿两种物理属性之和。

当人感知一个熟悉的对象时，只要感觉了它的个别属性或主要特征，就可以根据经验知道它的其他属性或特征，从而整体知觉它。比如听一首歌，如果是自己会唱的，才放一个片段就会知道是哪首歌，并知道后面的旋律是什么。对歌曲的熟悉程度决定了个人能知觉出那首歌所需片段的长短。但这片段不能够无限地小，总有一个合理限度。也就是说要有充分的判断依据。如果感觉的对象是不熟悉的，知觉会更多地依赖于感觉，并以感知对象的特点为转移，而把它知觉为具有一定结构的整体。

知觉的整体性纯粹是一种心理现象。有时即使引起知觉的刺激是零散的，但所得的知觉经验仍然是整体的。图 5-3 就可用来作为此种心理现象的说明。从客观的物理现象看，这个图形不是完整的，是由一些不规则的线和面所堆积而成的。可是，谁都会看出，图形能明确显示其整体意义：是由两个三角形重叠，而后又覆盖在三个圆圈上所形成。居于图中间第一层的三角形虽然在实际上都没有边缘、没有轮廓，可是，在知觉经验上却都是边缘最清楚、轮廓最明确的图形。像此种刺激本身无轮廓，而在知觉经验上却显示"无中生有"的轮廓，称为主观轮廓。从主观轮廓的心理现象看，人类的知觉是极为奇妙的。这种现象早为艺术家应用在绘画与美工设计上，使不完整的知觉刺激形成完整的美感。

图 5-3 主观轮廓图

知觉的整体性是知觉的积极性和主动性的一个重要方面，而且也依赖于刺激物的结构，即刺激物的空间分布与时间分布，因而影响知觉整体性的因素有客观的也有主观的，主要有以下几个方面：

（1）知觉对象如具有接近（时间或空间上接近的刺激物容易被知觉为一个整体）、相似（彼此相似的刺激物容易被知觉为一个整体）、闭合、连续等因素特点，我们容易知觉为一个整体。从客观因素来看，组成事物整体的各部分和属性，对整体知觉的作用并不都是一样的，其关键性的部分对知觉的整体性起决定性作用。将强的组成部分单独应用，它所引起的效果，也会同整个复合刺激物所起的作用一样。

（2）知觉对象各组成部分的强度关系影响知觉的整体性。例如，人的面部特征是我们感知人体外貌中强的刺激部分。只要认得人的面部特征，不管他的发型、服饰等如何变化，只要面部没有变化，就不会认错人。

（3）知觉对象各部分之间的结构关系也影响知觉的整体性。同样一些部分，处于不同的结构关系中就会成为不同的知觉整体。例如，把相同的音符置于不同的排列顺序、不同的节拍和旋律之中就构成不同的曲调；如果曲调的各成分关系不变，只是个别刺激成分发生变化，或用不同的乐器演奏或不同人来演唱，就不会改变我们对其歌曲整体性的知觉。

（4）从主观因素来看，人对客观事物的知觉有过去经验的参与，大脑在对来自感官的信息进行加工时，就会利用已有经验对缺失部分加以补充整合，把事物知觉为一个整体。其中最主要的是知识与经验。例如，有经验的心理学家可以从一个人的眼神、动作、言语中知道他心里想的是什么。

三、知觉的恒常性

在不同的角度、不同的距离、不同明暗度的情境之下，观察某一熟知物体时，虽然该物体的物理特征（大小、形状、亮度、颜色等）因受环境影响而有所改变，但我们对物体特征所获得的知觉经验，却倾向于保持其原样不变。像这种外在刺激因环境影响使其特征改变，但在知觉经验上却维持不变的心理倾向，即为知觉的恒常性。

视觉的恒常性表现得特别明显。例如，一个人站在离我们不同的距离上，他在我们视网膜上的空间大小是不同的，但是我们总是把他知觉为一个同样大小的人。一个圆盘，无论如何倾斜旋转，看到的可能是椭圆甚至线段，我们都会当它是圆盘。在强光下煤块反射的光量远远大于暗处粉笔所反射的光量，但这不妨碍我们感觉煤块的颜色比粉笔深。知觉的恒常性还普遍存在于其他各类知觉中，例如同一支乐曲，尽管演奏的人不同，使用的乐器也不一样，我们总是把它知觉成同一支乐曲。

阅读窗

恒常性，天生的还是后天习得的？

如果一个盲人重获光明，他能看到什么？事实上，对世界的第一眼，会令其大失所望，因为一个新近复明的人必须学会去分辨物体，看时钟，识数认字，以及学会判断大小和距离，学会看见是一件非常难的事儿。

> 格雷戈里医生曾记录过一位 52 岁的白内障病人的经历：S. B. 先生从一出生就失明，经历一次手术后他重获光明，他努力学会运用他的视觉。开始，他只能判断熟悉情境中的距离。一天，医生发现他正要从医院病房的窗户上爬出去，以便更近地观看街上行驶的车辆。他的这种好奇心很容易理解，但是医生必须阻止他，因为病房在四楼。为什么 S. B. 先生会从病房的窗户往外爬？他难道不能判断距离，还是 S. B. 先生不能从他所看见的汽车大小判断距离？因为人只有熟悉物体的外形后才能利用其大小来判断距离，如果我们把自己的左手放在眼睛前方几厘米处，把右手放在一臂远处，右手的视觉像大约只有左手的一半大。但由于我们曾无数次地从不同距离观察过自己的手，我们知道自己的右手并没有突然缩小，这就是知觉的恒常性。
>
> 摘编自：COON D, MITTERER J O. 心理学导论：思想与行为的认识之路 [M]. 11 版. 郑刚, 译. 北京：中国轻工业出版社, 2014.

另外，我们都有经验，如果只按生理判断，远处的雷声或火车笛声，其音强未必高于近处的敲门声，可我们总觉得雷声或火车笛声较大，这就是声音的恒常性。又如身体的部位随时改变，有时将头倾斜，有时弯腰，有时伏卧，甚至有时倒立。身体部位改变时，与身体部位相对的外在环境中上下左右的关系也随时改变，但我们都有经验，身体部位的改变一般不会影响我们对方位的判断。此种现象就称为方向恒常性，这与内耳中的前庭与半规管的功能有关。

知觉的恒常性依赖于我们的经验。客观事物具有相对稳定的结构和特征，经过我们的感知，其关键特征会储存在我们的大脑中，当它们再次出现时，虽然外界条件发生了变化，但无数次的经验矫正了来自每个感受器的不完全的甚至歪曲的信息，大脑会将当前事物与大脑中已有的事物形象进行匹配，从而确认为感知过的事物。

四、知觉的理解性

人在知觉时，依据过去的知识经验力求对知觉对象做出某种解释，使其具有一定意义的特性，这就是知觉的理解性。人的知觉是一个积极主动的过程，知觉的理解性正是这种积极主动的表现，知觉的理解性使人的知觉更为深刻、精确和迅速。

知觉的理解性会受到情绪、意向、价值观和定式等的影响。知觉的理解性依赖于过去的知识经验和言语提示。有关知识经验越丰富，对知觉对象的理解就越深刻、越全面，知觉也就越来越迅速、越完整、越正确。言语提示能在环境相当复杂、外部标志不很明显的情况下，对人的知觉起指导作用，唤起人的回忆，从而运用过去的经验来进行知觉。例如，一块像少女的石头，也许开始时会看不出来，但如果有人提醒，就会越看越像。很多旅游的风景也是如此。言语提示越准确、越具体，对知觉对象的理解越深刻、越广泛。

第四节　知觉规律与教学

一、青春期知觉发展特点

（一）目的性明确，自觉性提高，时间性稳定

小学生感知无意性和兴趣性较明显，如看一幅画往往被整个画面所吸引；或被一些鲜明的颜色、神态吸引，忘了观察的目的。初中生能自觉按教学要求去观察客观事物，并能较长时间地进行稳定的观察。高中生不受情绪和兴趣的制约，能注意事物的细节，能比较全面、细致地进行观察，并通过观察比较事物的本质属性，如做实验（包括物理、化学、生物、电子、电工等）时，都明显地表现出这些特点。

（二）精确性、概括性不断发展

小学生感知的一个明显缺点，是笼统而不精确，不善于区别事物的细致差别。中学生观察细节的感受性逐步发展，对比事物的正确率逐步增加，理解事物由抽象到具体。他们在这方面之所以能不断发展，是由于思维参加知觉活动，能够观察到对象的主要本质，能全面深刻地认识事物。

（三）开始出现逻辑性知觉

学生感知活动中的逻辑性知觉，主要表现在：能把学习到的一般原理、原则，与观察到的个别事物联系起来，把所看到的图形和有关几何定理联系起来。

（四）空间知觉有了新的发展

中学生在学习物理、几何、绘画等学科时，除了直观了解，还能在抽象水平上理解各种图形的形状、大小及其相互间的复杂关系。它说明中学生的空间知觉有了新发展。

二、利用知觉规律教学

（一）利用知觉特性提高知觉效率

当知觉的对象与背景在颜色、形态、声音等方面有较大差别时，知觉的对象容易被感知。例如，讲课时，对于重要的知识，教师可以反复讲解几次，可以提高音量；板书时，重要的部分可以用大一些的字，可以在那些字下面加点或画线，可以用彩色粉笔。教师在制作、使用直观教具时，也要考虑到直观教具的大小、颜色等是否能被全班学生清楚地感知，要注意把知觉对象从背景上突出出来等。又如两位教师在讲授长度与体积的测量时，一位教师用红色溶液倒入量筒来测定溶液的体积，学生就很容易观察并很快读出容积的大小，而另一位老师使用普通水倒入量筒里，对象和背景之间的差异不大，学生读出体积的速度就变慢了，准确率也降低了。

在时间上彼此接近、在空间上彼此接近或相似的刺激物容易被知觉为一个整体，因此，教师在使用挂图时，可以将其中不需要学生看的部分遮住，在绘制挂图时，不要在需要学生感知的对象周围画上与之类似的线条或图形，可在不同的对象之间留空或用色彩区分；板书时，章与章、节与节等不同内容之间要留空；讲课时，语言流畅，针对不同内容，采用不同的语速，对不同的内容加以分析、综合，使学生了解其中的逻辑关系。

在教学过程中，教师讲解一个事物的时候，应该将每一部分与整体的关系阐述清楚，让学生有一个整体的印象，让学生了解每一小部分并不是独立存在的，而是相互关联的，部分与整体也存在不可分割的关系，这样在之后就可以根据每一小部分提出问题，让学生反映出它的整体特点。

（二）提高社会知觉的能力，完成教书育人的任务

正确对待第一印象，不能因为第一印象的好与坏，就判定一个人是什么样的人；消除刻板印象，拒绝给学生"贴标签"；正确运用近因效应，比如小强平时学习不好，作文更是差，而这次老师布置的一篇写小动物的作文，小强却描绘得惟妙惟肖，经老师调查是因为小强家有只小狗，他特别喜欢这只小狗，这篇作文恰恰就是来源于生活，老师让小强在班级里朗读这篇作文，并及时加以表扬，使小强增强自信心，愿意写作文。作为教师要公正地对待学生，防止发生晕轮效应，不能因为学生学习成绩好，就认为他是一个智力很高、聪明、热情、灵活、有创造性的学生；也不能因为学生在某一方面表现不好，如成绩不好或顽皮捣蛋，就认为他什么都不行，一无是处。

第五章　要点回顾　　　第五章　习题园地　　　第五章　思维导图

第六章 记 忆

案例导学

古今中外许多名人都具有非凡的记忆力，真可谓"博闻强识、过目不忘"。比如，古罗马著名演说家西塞罗在市场里卖完一天货后，可以在黄昏时按顺序回忆所有来买过东西的人的长相、所买物品及价钱。拿破仑以能记住部队里每个军官的名字而闻名天下；霍特尔将军凭着记忆能够复述出英法大战中的几乎每个事件；托斯卡尼尼指挥整个交响乐章可以不用看乐谱。

我国现代文学巨匠茅盾能将一百二十回的古典名著《红楼梦》背得滚瓜烂熟。1926年的一天下午，开明书店老板章锡琛请茅盾（沈雁冰）、郑振铎、夏丏尊及周予同等人吃饭。酒至半酣，章锡琛说："吃清酒乏味，请雁冰兄助兴。"沈雁冰酒兴正浓，便说："好啊，以何助兴？"章锡琛说："听说你会背《红楼梦》，来一段怎么样？"沈雁冰表示同意。于是郑振铎拿过书来点回目，沈雁冰随点随背，一口气竟背了半个多小时，一字不差。同席者无不为他的惊人记忆力所折服。学界泰斗钱锺书"具有照相式的记忆力"，书读一遍即能成诵。他曾大量阅读北京大学图书馆、社科院文学所和国家图书馆的藏书，"吞吐量"大得惊人。国内外许多知名教授、学者对钱锺书先生都非常尊敬，他们经常把自己的新作赠送给钱先生，有的出版社也经常把新出版的经典著作寄给他。钱先生收到书后，会很快看一遍，然后就将书送人并告诉别人哪本书值得读，哪本书不用读，哪本书有趣，等等。1979年5月，钱先生参加中国社科院代表团访问美国，走了不少地方，做了多次讲学和答疑，事前没有准备，但不管问到什么问题，哪怕是几十年前看过的中国旧书，他都如数家珍，大段大段地译成英文背诵出来，并加以讲解。

认识记忆，了解记忆发生的过程，掌握记忆的方法，锤炼记忆品质，你的记忆力也会有所提升。

目标解析

1. 掌握记忆的概念，理解记忆的种类，明确记忆的作用。
2. 理解记忆一般过程及规律，能有效利用记忆规律，科学合理复习，提高学习效果。
3. 正确认识和对待遗忘现象，理解遗忘规律及其影响因素，并有效应对。
4. 学会分析自己的记忆品质，掌握培养良好记忆力的方法，能够有针对性地提高记忆力。

第一节　记忆概述

一、记忆的概念

（一）定义

在现实生活中，人们会遇到各种各样的事物，会思考各种各样的问题，会体验到不同的情绪情感，也会参加一些社会活动，获得实践经验，所有这些都会以特定的方式在头脑中留下痕迹，并在一定条件下以经验的形式重现出来，这一心理过程就是记忆。概括地说，记忆是人脑对经历过的事物的反映，这种反映往往是指人脑对过去经验的保持和再现。

随着认知心理学的兴起与发展，越来越多的心理学工作者试图从信息加工的视角去认识、揭示人的记忆实质，从信息加工的角度来说，记忆就是人脑对所输入的信息进行编码、储存和提取的认知加工过程，如图6-1所示。

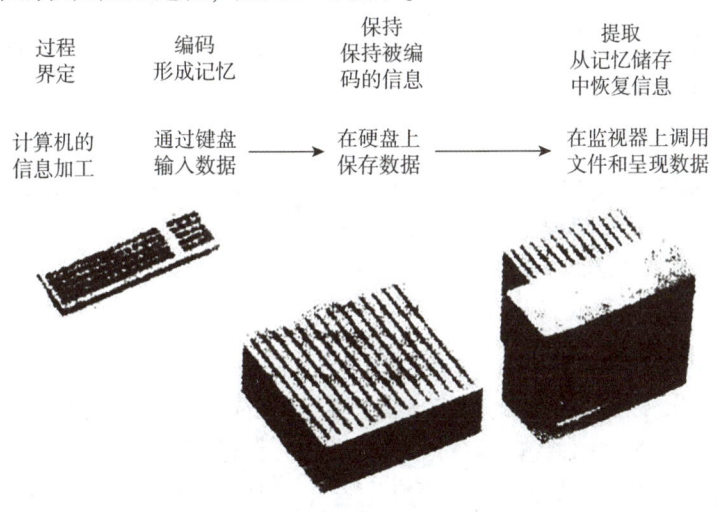

图6-1　信息加工视角的记忆

记忆同感知一样，也是人脑对客观现实的反映，但记忆是比感知更复杂的心理现象。感知过程是反映当前直接作用于感官的对象，它是对事物的感性认识。记忆反映的是过去的经验，它兼有感性认识和理性认识的特点。

（二）记忆的作用

记忆是人的一切心理活动的基础，记忆使心理活动的各个方面成为相互联系的整体。人们的一切活动，从简单的感知、观察到复杂的思维、想象，从学习、劳动到发明创造，所有这些活动只有在记忆的基础上才能进行。记忆是人的心理活动得以连续的根本保证，是心理发展的前提。没有记忆，就没有经验的积累，也就没有心理的发展。谢切诺夫曾说："失去记忆的人仿佛是永远处在新生儿的状态之中。"

记忆联结着人的心理活动的过去和现在，是人们学习、工作和生活的必要条件。我们能够与他人顺利交流，记住别人对你说的话、问的问题，记住朋友们的电话号码，能顺利地读完一篇文章并写下读后感等诸如此类的活动，都是建立在记忆基础上的。记忆是学习知识、技能的必要条件。如果在学习中忽视记忆的作用，如同一个醉汉赶马车只顾往前走，不管货物捆得牢不牢，到头来，只能剩下一辆空车。只有记忆，才能加深对事物的认识，丰富和发展人的情感，增强意志，开拓智力，巩固动作技能、技巧，不断增长自己的才干。所以，记忆对于人们的作用及重要性是不言而喻的。

二、记忆的种类

按照不同的标准和角度可以对记忆有不同的分类，主要有以下几种：

（一）按记忆内容划分

1. 形象记忆

形象记忆就是以过去经历的事物的形象为内容的记忆。它可以帮助我们记住事物的具体形象，包括事物的大小、形状、颜色、声音以及物体的活动变化等，如人物的音容笑貌、音乐的旋律、各种气味等。它们是以表象的形式在头脑中存储的。形象记忆又可以根据主导分析器的不同分为视觉形象记忆、听觉形象记忆、味觉形象记忆等。从事不同职业的人所擅长的形象记忆也是不同的，如画家擅长视觉形象记忆，音乐家擅长听觉形象记忆，美食家擅长味觉形象记忆。

2. 语词逻辑记忆

语词逻辑记忆又称语义记忆，是指以概念、公式、理论、推理等为内容的记忆。它是人类所特有的，具有高度的理解性、逻辑性的记忆。例如，对数理化中的定义、公式、定理等的记忆，对哲学、逻辑学等社会科学中的理论、概念、推理等的记忆，都属于这种记忆。

3. 情绪情感记忆

情绪情感记忆是以过去体验的情绪、情感为内容的记忆。例如，看过的电影、小说，你与作品中的人物发生情感共鸣，你对作品中人物的喜怒哀乐的记忆；与亲人久别后相逢的快乐激动的心情；"一朝被蛇咬，十年怕井绳"，说明被蛇咬的恐惧情感会长时间保持在头脑中。

4. 动作记忆

动作记忆又称运动记忆、操作记忆，是对过去做过的运动或操作动作的记忆。这种记忆是技能、技巧、技术和习惯动作形成的基础。体操、跳水、舞蹈运动员等的动作的形成，实验操作技能的学习等，都离不开动作记忆。动作记忆是运动动作的形象、动作的程序和对肌肉、骨骼、关节活动的精细控制等一系列活动的记忆。在人们的生活、学习、劳动中，各种技能的形成和发展都靠动作记忆。

5. 情境记忆

情境记忆也称为情节记忆、情景记忆，是指对个人亲身经历的、发生在一定时间和地点的事件（情景）的记忆。情境记忆涉及个人生活中的特定事件，它所接收和保持的信息总是与某个特定的时间和地点有关，并以个人的经历为参照。例如，你能记得自己接到大

学录取通知书的情景，记得自己第一次约会的情境，记得上周一的早餐吃了些什么，这些都属于情境记忆。

（二）按记忆的方式划分

1. 理解记忆

理解记忆是指通过揭示知识的内在联系，将新知识与已有知识联系起来，以把握材料的意义并将该知识加以永久保持的记忆。这种记忆是建立在一定智力水平上的记忆，其基本条件是要求记忆者对记忆材料的整体理解和思维加工。比如，一些科学概念、范畴、定理、公式、规律、历史事件和文艺作品等有意义的材料，用这种记忆比较有效。

2. 机械记忆

机械记忆是指只根据材料的外部联系或表现形式，采用简单重复的方式进行的记忆。机械记忆的特点是基本上不去理解材料的意义及它们之间的相互关系，只是按照材料呈现的空间顺序逐字逐句地进行记忆。

（三）按记忆材料组织的性质划分

1. 陈述性记忆

陈述性记忆是指对有关事实和事件的记忆，具有明显的可以言传的特征，也就是说在需要的时候我们可以将记得的事实表述出来，它的提取往往需要意识的参与。我们学习的各种课本知识和日常的生活常识，都属于这类记忆。

2. 程序性记忆

程序性记忆是指如何做事情的记忆，是对具有先后顺序的活动的记忆。它是个体经由观察学习与实际操作练习而习得的记忆，包括对知觉技能、认知技能和运动技能的记忆。一项运动技能的形成，先前的动作要领的学习是陈述性记忆，动作技能形成以后形成了某项动作后的操作动作则是程序性记忆。骑车、写字、弹琴等，都是程序性记忆。

（四）按记忆中的意识参与度划分

1. 内隐记忆

内隐记忆是指在无意识情况下，个体过去的经验会自动对当前作业产生影响的记忆，又称为自动无意识记忆。内隐记忆强调的是信息提取过程中的无意识性。

一般来说，个体在记忆某项任务时，会不知不觉地反映出其先前曾经识记的内容，或者说正是由于先前的学习，使其在完成当前作业时更加容易。

2. 外显记忆

外显记忆是指个体有意识地或主动地收集某些经验来完成当前作业（任务）的记忆。外显记忆是有意识地提取信息的记忆，强调的是信息提取过程的意识性，而且外显记忆可以用语言进行比较准确的描述。例如，我们解析数学题目或几何题目的时候就要使用外显记忆。

三、记忆系统

为了解释记忆存储在持久性上的差别，心理学家提出了许多模型，当前比较公认的是

记忆的三重储存模型（Three-store Model）。该模型认为，记忆活动是由感觉记忆、短时记忆、长时记忆三个相互联系的记忆系统组成的。这三个记忆系统在信息的贮存时间、信息的编码方式、记忆的容量等方面都有各自不同的特点；同时，三个系统的信息加工水平是不同的，感觉记忆的信息加工水平最低，长时记忆的信息加工水平最高。信息的长期保持是在一定的条件下，将信息由感觉记忆转入短时记忆，再由短时记忆转入长时记忆。这种信息加工过程可以用图6-2表示。

信息输入 → 感觉记忆 →注意→ 短时记忆 →复述/检索→ 长时记忆

图6-2 记忆系统的信息加工过程

（一）感觉记忆

感觉记忆又叫感觉登记、瞬时记忆，是使感觉信息得到短暂停留的第一个记忆系统。在这个阶段，外界信息进入感觉通道，并以感觉映象的形式短暂停留。如受到特别注意将进入第二阶段。它好比是整个记忆系统的"接待室"，从感受器官输入的所有信息都要在这里登记并接受处理。在感觉记忆中，信息保持的时间有 0.25~2 秒；信息的编码是以信息所具有的物理特性来进行的，具有鲜明的形象性。不同内容的感觉记忆，其容量有一定的差异，例如，视觉信息的记忆容量大于听觉信息的记忆容量，一般认为感觉记忆的容量比短时记忆大。感觉记忆中保存的信息如果没有受到注意，就会很快地丧失；如果受到注意，就会进入短时记忆系统进行保存。

1. 感觉记忆的容量

在很短的时间内（1/20 秒），人们的眼睛能注视到多少信息，一直受到心理学家的重视。传统的研究发现，不论呈现的字母数量有多少，人们一般只能报告出 4~5 个字母。也就是说，人们的一次注视只能获取有限的信息，约 5 个。这个限度被称为知觉广度或记忆广度。长期以来，人们都是这么认为的，直到1960年，心理学家斯佩林（G. Sperling）注意到，在进行上述实验时，尽管被试只能报告 4~5 个字母，但有人却明确指出，自己在刺激闪现的一刹那，的确看到了更多的字母。如果被试的说法是正确的，那么，记忆广度就不是 4~5 个，4~5 个只是他们能够记得和报告出来的信息数量极限。

2. 感觉记忆的特点

（1）感觉记忆中的信息保存的时间非常短，如果没受到注意或加工会很快消失。图像记忆保持的时间为 0.25~1 秒，声像记忆虽超过 1 秒，但也不长于 4 秒。

（2）感觉记忆的信息是鲜明、形象的，是未经加工的。信息依据刺激的物理特性编码，如形状、颜色、大小、轻重等。

（3）信息容量较大，感觉记忆的信息如果受到注意或加工就会进入短时记忆。

（二）短时记忆

在注意的条件下，将有关信息只短暂地呈现一次（呈现的时间一般为 1 秒），对这种当前信息的记忆叫作短时记忆。短时记忆对信息的保持约为一分钟，是信息从感觉记忆到长时记忆的一个中间环节。短时记忆储存的是正在使用的信息，它在心理活动中起着十分重要的作用。首先它扮演着意识的角色，使我们知道当前正在做什么。其次，它使我们能够将许多来自感觉的信息加以整合构成完整的图像。例如，我们阅读的不是许多点和线，而是完整的字词和句子。最后，它在我们思考和解决问题时起着暂时寄存器的作用。所以短时记忆也称为工作记忆（Working Memory）。

1. 短时记忆的编码

短时记忆所加工的信息有两个来源，其一是感觉记忆中的信息因受到注意而进入短时记忆，其二是为了解决当前的问题而从长时记忆中提取出来，暂时存放在短时记忆中。短时记忆中的信息编码既有听觉编码，也有视觉编码，主要以听觉编码的形式储存。

（1）听觉编码。康拉德（R. Conrad）的实验结果表明，即使刺激是以无声的视觉形式呈现，短时记忆的信息代码仍然具有听觉的、语音的性质。人们看到的视觉形象必须转换成声音代码，才能在记忆中更好地保存下来。在日常生活中，打字员常把一些字错打成与之发音相近的字，就是这个缘故。

（2）视觉编码。短时记忆中还存在视觉形式的编码。保斯纳（C. Posner）利用字母作为材料进行了系统实验。在实验中，两个字母有两种关系，一种是同形（同音）关系，即两个字母的音和形都一样，如 AA、aa；一种是同音（不同形）关系，即两个字母的读音相同，但形不一样，如 Aa、aA。结果发现，当两个字母同时呈现时，同形关系的字母反应得更快；当两个字母先后间隔一定时间呈现时，同形关系和同音关系的字母反应得一样快，且反应时没有差异。研究者认为，由于同形关系比同音关系具有形的优势，只有依靠视觉编码进行的作业中才会出现这一优势。

这一实验结果表明，在短时记忆的最初阶段存在着视觉形式的编码，之后才逐渐向听觉形式过渡。20 世纪 80 年代，国内学者莫雷曾以汉字为材料进行实验，研究表明汉字的短时记忆以形状编码为主。

2. 短时记忆的容量

短时记忆的突出特点是其容量有限。米勒（George A. Miller）在 1956 年发表了《神奇的数字 7±2：我们信息加工能力的限制》一文，明确提出了短时记忆的容量是 7±2，单位是组块（Chunk）或块。组块是短时记忆信息加工的单位，可以是数字、字母、音节，也可以是一个单词、短语或句子，甚至更大的单位，每一个单位的内部均由非常熟悉的内容组成。可见，短时记忆的容量实际上取决于组块的大小。不同性质材料的短时记忆容量如表 6-1 所示。

蔡斯（William Chase）和西蒙（Herbert Simon）于 1973 年对象棋大师、一级棋手和业余棋手对棋局的记忆能力进行了研究。结果发现，对于随便放置的棋子，大师、一级棋手和业余棋手的正确回忆率没有差别；而对于一个真实的棋局，大师的记忆准确率是 64%，一级棋手是 34%，业余棋手只有 18%。之所以产生这种差别，是因为在真实的棋局中，高水平的大师可以利用丰富的经验发现和建立棋子之间的联系，形成组块；而在随机摆放的棋局中，大师的经验就很难发挥作用了。由此可见，个体的知识经验对组块有很大影响。

表 6-1　不同性质材料的短时记忆容量

不同类别材料	短时记忆容量
数字	7.70
颜色	7.10
字母	6.35
字词	5.50
几何图形	5.30
随机图形	3.80
无意义音节	3.40

3. 短时记忆与感觉记忆的区别

（1）感觉记忆的内容往往不为人所意识到，而短时记忆的内容是能够意识到的。

（2）感觉记忆中的信息不可避免地会逐渐消失，短时记忆的内容则可经过复述、组块等加工而保持下来，组块还可扩大短时记忆的容量。

（三）长时记忆

长时记忆是指信息在大脑中储存时间超过一分钟的记忆。长时记忆保存的时间很长，可以是一分钟，也可以是几个小时、几天、几年，甚至是终身的。长时记忆的信息来源大部分是对短时记忆信息的加工，也有印象深刻而一次获得的。长时记忆的信息一般是经过一定加工的，它的容量没有限制，它就像一座图书馆，储存着我们经历的所有经验和知识，为我们的各种心理活动提供必要的基础。长时记忆主要采用语义的形式进行编码，有时也以各种视觉形象的形式进行编码。前者如一个概念、定理的记忆，后者如一些生活情景的记忆。长时记忆是研究最多的记忆系统，在早期的记忆研究中，长时记忆曾被当作唯一的记忆系统。

1. 长时记忆的编码

（1）语义编码。在短时记忆中主要涉及的是听觉编码，而在长时记忆中则主要是语义编码，即在长时记忆中人们更多的是对一般意义或一般观念进行编码，而不是去记事物的某些细节，长时记忆中语义编码占主导地位。这可由以下经典的实验研究说明。首先让被试听一段录音，然后给他们听一些句子，要求回答这些句子是否就是录音中的原话。在听完录音后马上进行测试的情况下（主要是短时记忆），被试做得非常好。但是，在听完录音27秒以后再进行测试，这时一般要从长时记忆中提取信息，被试对两个表达同一意思的句子，就难以确定哪一个是录音中播放过的。也就是说，人们准确记住的是句子所表达的一般意义，而不是在这些句子中使用的具体字词或句子的表达形式。

另一个自由回忆实验也可以说明长时记忆主要使用的是语义编码。48个单词，是24对语义联系紧密的词，如桌子—椅子，老师—学生，粉笔—黑板，呈现时单词是杂乱无章的。呈现后被试回忆时，还是将它们放在了一起。由此可见，被试在刺激呈现时就已经根据刺激之间的语义联系将它们组织在一起了。

（2）视觉编码。尽管在长时记忆中主要涉及的是语义编码，但人们也将视觉编码的信息编入长时记忆。在日常生活中，我们通常是同时使用两种或多种方式对刺激材料进行编码的。例如，人们对某一事件的记忆，既有关于事情是如何发生、如何进行的事实过程的记忆，也有关于该事件的具体图像的记忆。研究发现，约5%的儿童有照片式记忆（Photographic Memory，也称遗觉象），而成年人几乎没有这种记忆。至于为什么储存详细图像的能力随年龄增长而消失，至今是个谜。

2. 长时记忆信息的储存和提取

（1）信息储存。信息在头脑中呈现的方式叫表征，表征既是对客观事物的加工过程，又是被加工的对象。信息在长时记忆中是以什么方式储存呢？佩维奥（Allan Paivio，1975）认为，既然存在信息的双重编码，也一定存在双重存储系统，即表象系统和语义系统。表象系统以表象代码来储存具体的客体和事件，语义系统以语义代码来储存言语信息，两个系统既彼此独立又互相联系。

科林斯（A. M. Collins）和奎利恩（J. R. Quillian）提出了一个语义记忆储存的网络结构模型。在这个模型中，语义记忆的基本单元是概念，每个概念具有一定的特征。他们把上下级及同级水平的概念按层次组织成一个网络，网络中的节点代表概念，每个节点上的小线段表示该概念的有关特征或属性，从节点向上的连线表示与上一级概念的联系及归属。

（2）信息提取。长时记忆信息的提取有两种形式，即再认与回忆。提取的过程一般是由线索（包括内部和外部线索）产生、搜寻、决定和做出反应四个过程组成。

再认是指人们对感知过、思考过或体验过的事物，当它再度呈现时，仍能认识的心理活动。再认的效果随再认的时间间隔而变化。一般来说，从学习到再认的时间间隔越长，效果越差。再认有时会出现错误，对熟悉的事物不能再认或认错对象，引起错误的原因有很多，如接收信息不准确、对于相似的对象不能分化、情绪紧张、脑损伤等。

回忆是人们过去经历过的事物以形象或概念的形式在人们头脑中重新出现的过程。回忆通常以联想为基础，如看到朋友的名字，就会想到过往的经历等。在回忆过程中，经常发生提取信息的困难，这可能是由于干扰所引起的。

3. 影响信息提取的因素

（1）对信息的组织。对信息的组织越合理，越有利于提取。包尔等人（Bower）做了一个实验，要求被试记忆4张词表。一些被试的词表是按一定结构组织起来的，如矿物包括金属和石头，金属包括稀有金属、普通金属和合金等。一些被试的词表是随机排列的。结果表明，对有组织的词表回忆的正确率达65%，对随机排列的词表回忆的正确率只有19%。

（2）时间间隔。提取的效果受识记时间间隔的影响，一般地说，间隔时间越长，效果越差。

（3）思维活动的积极性。积极的思维活动有助于提高信息提取的效果。

（4）情绪、兴趣。积极的情绪状态，有利于信息的提取；消极的、紧张的情绪状态会不利于信息的提取。在一项研究里，让被试阅读一篇包含有各种令人高兴和令人悲伤事件的故事，然后在不同条件下让他们回忆。结果显示，当人感到高兴时，回忆出来的更多的是故事中的快乐情景，而在悲哀时回忆出来的更多的是故事中的悲伤情景。又如，在考场上，有些考生经常会因为情绪紧张，忘记了平常熟悉的知识。再如，话到了嘴边却又回忆不起来，这种现象叫"舌尖现象"（Tip of Tongue）。克服这种现象的办法就是当时停止回

忆，转移注意力，经过一段时间后再回忆。对感兴趣的信息的提取效果，要好于不感兴趣的信息。

（5）干扰。在提取信息时发生的困难，常常是由干扰引起的。干扰既有外部环境方面的，也有内部记忆信息相似方面的。

（6）人格差异。不同人格的人善于提取不同类型的信息。赫尔曼·威特金把认知风格分为场独立和场依存，场独立的人更善于提取抽象的知识，场依存的人则更善于提取与人有关的知识；场独立的人不易受周围环境的影响，场依存的人易受周围环境的影响。

第二节　记忆过程

记忆是一种复杂的心理活动，它包括识记、保持、回忆和再认等基本环节，每一环节又有其不同的特点和规律。记忆是通过识记、保持、再认或回忆等基本环节在人脑中积累和保存个体经验的心理过程。识记是记忆过程的第一个基本环节，是指个体获得知识和经验的过程，它具有选择性的特点，保持是指已获得的知识经验在人脑中的巩固过程，它是记忆过程的第二个基本环节，回忆和再认是在不同的条件下恢复过去经验的过程。过去经历过的事物不在面前，能把它们在人脑中重新呈现出来的过程称为回忆；过去经历过的事物再次出现在面前，能把它们加以确认的过程称为再认。既不能再认又不能回忆的现象称为遗忘，遗忘是保持的对立面。回忆和再认是记忆过程的第三个基本环节。记忆过程中的三个基本环节是相互依存、密切联系的。没有识记就谈不上对经验的保持，没有识记和保持，就不可能对经验过的事物进行回忆或再认。因此，识记和保持是再认或回忆的前提，再认和回忆则是识记和保持的结果，并能进一步巩固和加强识记和保持的内容。

一、识记

（一）概念

识记是个体获得事物的映象并成为经验的过程，是人脑通过对事物的特征进行区分、识别并留下一定印象的过程。识记是记忆的起始环节，是获得事物映象和经验的首要过程。识记效果直接影响以后的保持、再认和回忆。因此，了解识记规律，有助于提升记忆效果。

（二）识记的种类

1. 无意识记与有意识记

根据识记的目的性、自觉性及意志努力的程度，可把识记分为无意识记和有意识记。

（1）无意识记。无意识记也叫不随意识记，是没有明确的目的，也不需要意志努力，自然而然发生的识记。在日常生活中，有时虽然没有给自己提出明确的识记目的和任务，也没有付出特殊的意志努力和采取专门的措施来识记某些事物，但这些事物都自然而然地保留在大脑中，成为一个人知识经验的组成部分，这就是无意识记。所谓"潜移默化"

"耳濡目染"等都是无意识记的结果。无意识记在人的实际活动中具有积极的意义和作用，人的相当一部分知识经验是通过无意识记获得的。无意识记具有极大的选择性。一般情况下，进入无意识记的内容具有两个特点：一是作用于人的感觉器官的刺激具有重要的意义；二是符合人的需要、兴趣以及能产生较强烈情绪体验。具备这些条件的信息才能进入无意识记，所以，无意识记具有极大的偶然性、片面性，单凭无意识记不能获得系统的知识经验。

（2）有意识记。有意识记也叫随意识记，是事先有预定目的，必要时还需要一定意志努力的识记。识记的目的性决定了识记过程是对识记内容进行积极主动编码的过程。在教学中教师给学生提出识记某些定理、公式、历史事件或外语单词的任务，这时学生不仅有了明确的识记目的，而且会采用一定的方法和措施，经过一定的努力进行识记，这种识记就是有意识记。人们掌握系统的科学知识，主要靠有意识记，所以，有意识记在学习和工作中占有重要的地位。人的知识经验都是通过有意识记和无意识记获得的。就识记效果而言，有意识记优于无意识记。

2. 机械识记和意义识记

根据理解的程度，可把识记分为机械识记和意义识记。

（1）机械识记。机械识记是在识记材料本身无内在联系或对识记材料没有理解的情况下，按照材料的顺序，通过机械重复的方式进行的识记。机械识记的基本条件是多次重复或复习。如对无意义的音节、人名、地名、历史年代、数字、不理解的词语等的识记。这种识记具有被动性，但能够防止对记忆材料的歪曲。对学生而言，这种识记是必要的，因为有些学习内容，如历史名称、专有名词等只有以机械重复的方式才能记住。也有些内容，由于学生知识经验的局限性，暂时不能完全理解，也必须进行机械识记。机械识记在学生学习中有着重大的意义。

（2）意义识记。意义识记也称理解识记，是在对识记内容理解的基础上，依据事物的内在联系所进行的识记。意义识记的基本条件是理解。理解是对材料的一种加工，根据人已有的知识经验，通过分析、比较、综合、概括，来反映识记材料的内涵以及各部分之间的关系，并将其纳入已有的知识体系之中。理解了的识记材料，记得快、记得牢，也容易提取。实验研究证明，意义识记优于机械识记。所以在教学过程中，教师应该引导学生理解教学内容，尽量进行意义识记。但最好布置一些机械识记的内容作为必要补充，使意义识记与机械识记结合起来。

（三）影响识记效果的因素

1. 识记的目的和任务

有无明确的识记目的和任务对识记效果有重要的影响。因为有了明确的识记任务，人们就会把全部的识记活动集中在所要识记的对象上，而且会采取各种各样的方式和方法去实现它，所以识记的目的越明确，识记的效果越好。实验证明，长久的记忆任务比短暂的记忆任务巩固性要好得多。依据这一规律，教师在教学实践中，不仅应当使学生知道要记什么，记到什么程度，保持多长时间，而且应当使他们知道长久记忆学习材料的必要性，或者实行定期检查制度，使学生主动设定长期记忆的任务。

2. 识记材料的数量和性质

材料的数量对识记效果有明显的影响。一般来说，识记需要的时间常常随着材料数量的增加而增加。要达到一定目标的识记水平，材料愈多，所用的平均时间和次数也就愈多。材料的性质对识记效果也有很大的影响。一般来说，识记直观形象材料优于抽象材料，视觉优于听觉。根据这一规律，教师在教学中应注意适当地安排学生识记材料的数量，在一定时间内要求识记材料的数量不宜过多。如果数量过多，会降低识记效果，也影响学生的积极性。

3. 识记的方式和方法

首先，无论是无意识记还是有意识记，如果识记材料是直接操作或活动对象，识记的效果就大为提高。有人做过编写识记提纲和不编写识记提纲的对比实验。识记同一段文章，9 天后检查，不编写识记提纲组遗忘 43.2%，编写提纲组只遗忘 24.8%。因此，教师应设法把要求学生识记的材料组织成学生活动的对象，并要求学生积极参加活动。其次，多种感官协同参加识记活动能提高识记效果。每种分析器都有专门的神经通道。识记中有多种分析器协同活动，把眼、耳、口、手、脑等的活动结合起来，可以使同一内容在大脑皮层建立多个通道联系，从而大大提高识记效果。例如，在学习地理时，如果学生仅看现成的地图，往往难以记住山脉、河流、城市等的名称。如果让学生在独立绘制地图的活动中来记，那就容易多了。最后，识记方法直接影响识记效果。不论是在全面性和深刻性上，还是在精确性和长久性上，以理解为基础的意义识记比机械识记的效果好。因为只有理解了的材料才能在头脑中长期保持，才能在以后运用时很快地被提取出来。这是因为理解了的东西与过去巩固了的知识经验建立了内在的联系。相反，不理解的东西即使暂时记住了，很快也会遗忘。根据这些规律，教师在教学活动中应根据学生的年龄、个性差异以及学习科目和记忆材料的不同，指导学生运用正确的识记方法，增强识记效果。

二、保持和遗忘

（一）保持及其变化规律

保持是识记过的知识经验在头脑中的积累、储存和巩固的动态过程，是记忆过程的中心环节。从信息加工的角度来讲就是信息的编码、储存过程。识记的内容被储存后，并非一成不变，其变化有质变和量变两种形式。

1. 保持内容在质的方面的变化

记忆内容质的变化主要指由于主体已有的知识经验以及对材料的认识、加工能力的影响而发生的改变，表现为：①内容更加简洁、概括，不重要的细节被省略。例如，让一位同学复述所看过的一部电影的故事情节，一般只能讲个大概。②内容变得更加完整、具体、合理和有意义。例如，实验发现，被试在复述听过的故事时增加了识记时没有的细节，使故事内容更绘声绘色，更接近具体事物。③内容变得更为夸张和突出。例如，巴特莱特（Frederic Charles Bartlett）曾用图画复绘方法测验保持情形，结果发现，经过 10 位被试者的轮流复绘，枭鸟竟变成了猫的形状，这种记忆保持过程中的图形变化如图 6-3 所示。

图 6-3　记忆保持过程中的图形变化

2. 保持内容在量的方面的变化

记忆内容的量变包括记忆回涨和遗忘两个方面。记忆回涨也称记忆恢复,指识记某种材料经过一段时间后测得的保持量大于识记后立即测得的保持量的现象。这种现象儿童比成人明显,无意义材料比有意义材料明显,完全不熟悉的材料比不够熟悉的材料明显。记忆恢复现象发生的原因比较复杂,一般认为主要有三个原因。①学习者理解水平低。识记时不能立即把新知识纳入已有的知识体系中,要通过知识经验的逐渐积累使新旧知识间建立内在联系。②材料的相互干扰。识记后的即时测验由于受前后材料的相互干扰,各部分之间不易建立有机联系,形不成对材料的整体认识。过一段时间后,干扰消失以及材料间联系增多,整体性加强,识记的材料变成了一个有机的整体。③识记时的累积抑制。连续学习产生了神经疲劳,出现了累积抑制,经过一段时间的恢复后,疲劳解除、抑制消失,引起回忆量的回升。保持内容量变的另一种情况就是遗忘。

(二) 遗忘及其规律

1. 遗忘的含义

遗忘是识记过的材料不能再认和回忆,或者发生错误的再认和回忆。遗忘是与保持相反的过程,是记忆内容的消退、消失。遗忘是一种自然的正常合理的心理现象,因为感知过的事物没有必要全部记忆,任何识记的材料都有时效性。同时,遗忘也是人心理健康和正常生活所必需的。

2. 遗忘的分类

根据不同的标准可把遗忘分为不同的种类。

(1) 根据遗忘时间的长短,可把遗忘分为暂时性遗忘和永久性遗忘。暂时性遗忘指遗忘的发生是暂时的,在适当的条件下还能重新回忆起来。如提笔忘字,一时想不起熟人的名字等。永久性遗忘指不经过重新学习,识记的内容就不能恢复的遗忘现象。

(2) 根据遗忘的内容,可把遗忘分为部分遗忘和整体遗忘。部分遗忘是指对识记材料部分内容的遗忘,如对材料细节的遗忘。整体遗忘是指对识记材料整个内容的全部遗忘。

3. 遗忘的原因

遗忘既有生理方面的原因,如因疾病、疲劳等因素造成的遗忘;也有心理方面的原因。关于遗忘的原因,心理学界有以下五种比较流行的理论学说。

（1）痕迹消退说。这种理论认为，遗忘是由于记忆的痕迹得不到有效强化而记忆逐渐减弱的结果，遗忘是在记忆痕迹消退到不能再激活的程度下发生的。这种理论一般用以解释永久性遗忘。例如，在感觉记忆或短时记忆中，未经注意或复述加工的信息会因为被动消退而导致遗忘产生。

（2）干扰说。这种理论认为，遗忘是由于在学习和回忆时受到其他刺激的干扰导致的，一旦控制或排除干扰，遗忘现象就能得到有效缓解，记忆便可以恢复到一定的水平。暂时性遗忘大多是由材料或情绪的干扰所致。前摄抑制和倒摄抑制都是支持干扰说的有力例证。

前摄抑制是指先前学习材料对识记和回忆后来学习的材料的干扰作用。例如，学生学习了汉语拼音，当他们学习英语时，经常用汉语拼音的发音来代替英文字母的发音，这就是前摄抑制。前摄抑制的实验程序如表6-2所示。

表6-2 前摄抑制的实验程序

实验组	控制组
学习A材料	休息
学习B材料	学习B材料
回忆B材料	回忆B材料

倒摄抑制是指后来学习的材料对保持和回忆先前学习材料的干扰作用。例如，学生回忆以前所学的数学公式时，最近学习的新公式总是不断地出现，从而影响了对前者的回忆，这就是倒摄抑制的表现。倒摄抑制的实验程序如表6-3所示。

表6-3 倒摄抑制的实验程序

实验组	控制组
学习A材料	学习A材料
学习B材料	休息
回忆A材料	回忆A材料

大量研究不仅证明了这两种抑制的存在，而且对造成这两种抑制的原因进行了探讨，认为原因主要有三个方面：①材料的相似性。先后学习的两种材料在意义上、组成上或排列的顺序上有某些相似或相同的成分，会产生较大的抑制效果。②学习的巩固程度。先后两种学习材料的巩固程度也是影响抑制的重要因素。如果其他条件相同，插入材料所产生的抑制作用，将随着原材料学习的巩固程度的提高而减小。③先后两种学习的时间安排。实验证明，先后两种学习之间的时间间隔越大，倒摄抑制的作用越小。

（3）压抑说，也叫动机性遗忘说、动机抑制理论。这种理论认为，遗忘主要是由情绪或动机的压抑作用引起的，如果这种压抑作用被消解，记忆便可恢复。弗洛伊德在给患者进行精神分析治疗的时候就发现，人们更倾向于将那些使自己体验到痛苦或造成强烈心理冲突的创伤性事件压抑到潜意识中，导致自己"忘记"了、回忆不起来某些事情。情绪的过度紧张也会造成抑制性遗忘，比如，考试时过度紧张会导致一些内容无法顺利回忆，而走出考场后，又能顺利想起来。

（4）同化说。这种理论认为，遗忘是知识的组织和认知结构简化的过程。当人们学到了更高级的概念与规律之后，高级的观念可以代替低级的观念，使低级观念遗忘，从而简化认识并减轻记忆。在真正的有意义学习中，前后相继的学习不是相互干扰而是相互促进的，因为有意义学习总是以原有的学习为基础，后面的学习则是对前面学习的加深和补充。

（5）线索依赖性遗忘。这种理论认为，储存在长时记忆中的信息是永远不会丢失的，之所以对一些事情想不起来是因为在提取有关信息时线索丢失或缺乏有效的提取线索。托尔文（Endel Tulving）等人通过实验证实了，个体在对一个项目进行回忆时，提供的线索与记忆该项目所处的上下文或情境越相似，其回忆水平越高。

4. 遗忘的规律

艾宾浩斯最早对遗忘现象进行了研究。他用无意义音节作为实验材料，自己作为被试。在识记材料后，每隔一段时间重新学习，以重学时所节省的时间和次数为指标，测量遗忘的进程。他将实验结果绘制成一条曲线，这就是心理学上著名的艾宾浩斯遗忘曲线，如图6-4所示。

遗忘是有规律的，主要表现在以下几方面：

（1）先快后慢的遗忘进程。该曲线反映了遗忘变量和时间变量的关系，揭示了遗忘的规律：遗忘的进程是不均衡的，在识记后的最初阶段遗忘速度很快，以后逐渐缓慢，即遗忘的进程是先快后慢。

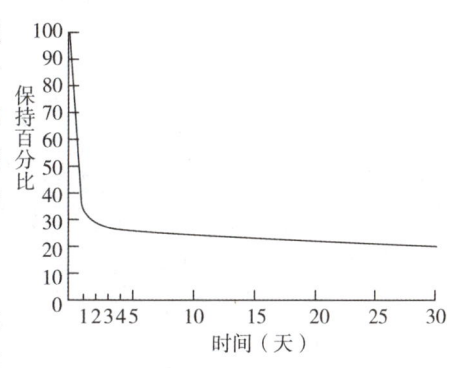

图6-4 艾宾浩斯遗忘曲线

（2）识记材料的特点对遗忘有显著影响。熟练的技能遗忘得最慢，形象材料比抽象材料容易长久地保持；有意义材料比无意义材料遗忘得慢些；理解了的内容遗忘慢，不理解的内容遗忘快；识记材料很多时遗忘快，较少时遗忘慢。对于系列材料，首尾容易记住，中间部分容易遗忘。这是因为开头部分只受倒摄抑制的影响，结尾部分也只受前摄抑制的影响，所以首尾容易记住。中间部分同时受前摄抑制和倒摄抑制的影响，所以保持的效果最差。

（3）学习程度对遗忘的影响。学习程度越高，遗忘得越慢。对材料记得越牢固，遗忘得自然就慢。研究证明，过度学习能提高保持的效果，减少遗忘。所谓过度学习是指在学习进行到刚刚能回忆起来的基础上进一步学习。一般来说，过度学习所用时间以150%为效果最佳，这样既不浪费学习时间，也能取得好的保持效果。

（4）遗忘受识记材料的序列位置的影响，表现为：识记材料的首尾部分易记住，而中间部分易遗忘。我们如何在实际的学习和生活中应用这个规律呢？至少有两点：第一，学习的时候，应该不断地变换学习的开始位置；第二，学习的过程中留下一点时间间隔，可以加强记忆的效果。

（5）遗忘受识记主体因素的影响。识记者对识记材料的需要、兴趣、动机、情绪等对遗忘的快慢也有一定的影响。研究表明，在人们的生活中不占主要地位的，不引起人们兴趣的，不符合人们需要的事情，首先被遗忘；而人们感兴趣的、需要的、具有情绪作用的事物，则遗忘得较慢。另外，经过人们努力，积极加以组织的材料遗忘得较少，而单纯地重述材料，识记的效果较差，遗忘得也较多。

5. 科学复习，减少遗忘

常言道"一日不读口生，一日不练手生"，又言"拳不离手，曲不离口"，这些都说明了复习对巩固记忆的重要性。复习是巩固知识、防止遗忘的有效手段,而且可以理解以前所没有理解的内容,同时为新知识的学习奠定基础。但复习并不是对已学习内容的简单重复,而应根据记忆规律,采取如下有效措施。

(1) 及时复习与经常复习相结合。根据遗忘先快后慢的规律,及时复习能够阻止识记后立即会出现的快速遗忘,原因是及时复习能及时强化暂时神经联系。如果复习不及时,识记的材料遗忘后再去恢复,就要花费更多的时间和精力,"趁热打铁",可以收到事半功倍之效。及时复习后并不能万事大吉,还应有计划地经常复习,这样才能使暂时神经联系易于恢复,更好地巩固知识。

(2) 合理分配复习时间,集中复习与分散复习相结合。研究表明,在时间和条件大致相同的情况下,分散复习的效果优于集中复习。当然,合理分配复习时间要视复习材料的特点而定。数量少、难度小的材料应当集中复习;数量多、难度大的材料可以分散复习;属于思考式的材料,宜集中复习。

(3) 反复阅读与尝试回忆相结合。在对复习材料没有完全熟记之前不宜采用一遍又一遍地单纯诵读,而是要积极地试图回忆,即读几遍后合起书来回忆其中的内容或尝试背诵,遇到回忆不起来的部分再阅读,这就是反复阅读与尝试回忆相结合的方法。实验证明,这种方法比一遍一遍地阅读,不仅省时省力,而且效果更好。因为这是一种积极主动的复习方法,能够及时发现哪些记住了,哪些没有记住,使复习更有目的性,还可以使人看到效果,增强信心。

(4) 复习的方式要多样化。单调的复习方法,会使学生产生疲劳和消极的情绪。多样化的复习方式可以使学生感到新颖,激发学生从事智力活动的积极性,从而提高复习的效果。在复习时也要尽可能利用多种分析器参加活动。如复习英文单词时,要仔细看字母组合,留心听发音,认真读单词,反复书写练习,专心记词义等,通过多种感官协同活动,能够大大改善复习的效果。

(5) 复习次数要适宜。研究表明,对学习内容的保持或遗忘程度与复习的次数密切相关。通常来讲,复习的次数越多,识记和保持的效果越好。但如果进行过多的复习,其付出与收效的比例就会降低,因此,有学者提出了过度学习的概念。过度学习是指学习在达到刚好能够掌握的程度后继续进行的学习。比如,诵读一首古诗 5 遍就刚刚能够背下来,之后再进行的诵读就可以看作过度学习。研究表明,学习的熟练程度达到150%时,学习效果最好。也就是说,对于学习材料,过度学习50%时,效果最佳。

(6) 科学用脑,劳逸结合。学习时间长了,就会引起大脑神经疲劳,从而降低记忆的效率。这时如果让大脑积极休息一下,就会迅速提高大脑活动的机能,从而防止遗忘。研究证明,学生如果在课间有十分钟的积极休息,便可以使脑力活动的效率提高30%。另外,适当睡眠也是科学用脑、提高学习效率的必要措施。

三、再认和回忆

(一) 再认

再认是指过去经历过的事物再次出现时能够识别出来的过程。再认是一种比较简单的心理活动，不同的人对不同材料的再认速度和正确程度有一定的差异，这与影响再认的因素有关。一般认为影响再认的因素有以下三类：一是对事物识记和保持的程度。识记得越清楚，保持得就越牢固，再认也就越容易。识记模糊，当然保持也不稳定，再认时必然会发生困难。二是当前出现的事物和经历过的事物之间的相似程度。如果当前出现的事物和过去的印象完全相同，便可以立即再认出来；如果当前的事物和过去的印象不完全相同，就不易把它再认出来。三是当前呈现事物的环境与过去被识记时环境的相似程度。通常来说，当前出现的事物与过去感知它时的环境差别越小，越容易再认，否则，就会给再认带来一定的困难。时过境迁，对往事难以识别就是这个道理。线索是再认的支点，当再认出现困难时，人们往往需要寻找再认的线索，通过线索达到对事物的再认。例如，对久别重逢的朋友，一般要以身体的某些特征作为再认的线索。

（二）回忆

回忆也叫再现，是指在一定诱因的作用下，过去经历的事物在头脑中独立地再现出来的过程。例如，学生根据考题回忆起过去学过的内容。

根据回忆时是否需要中介物，回忆可分为直接回忆和间接回忆。直接回忆指不需要中介物直接回忆起过去感知过的某一事物，如学生对十分熟悉的公式、单词、课文，通常都可以直接回忆起来。间接回忆指需要中介物，才能想起过去感知过的某一事物。

根据有无明确目的和是否需要意志努力，可把回忆分为有意回忆和无意回忆。有意回忆指有明确的目的并需要一定意志努力的回忆。如学生在课堂上对教师提问的回答。无意回忆指事先没有预定目的也不需要意志努力的回忆。如"睹物思人""触景生情"。有意回忆有时不需要太大的意志努力就可以实现，有时则需要较大的努力，进行复杂的思索，才能在头脑中呈现过去感知过的事物，这种回忆叫追忆。要顺利地进行追忆，一要保持平静的情绪状态，二要根据中介线索进行正确的联想。由一个事物想起另一个事物的心理活动叫联想，联想是事物普遍联系规律在头脑中的反映。追忆时常用的联想有：①接近联想，指由一个对象联想到在时间、空间上与之接近的另一个对象，如由河想到桥，由笔想到墨，由春想到夏等；②类似联想，指由事物之间的相似性而进行的联想，如由李白想到杜甫，由严冬想到冷酷等。文学中常用的比喻就是类似联想；③对比联想，指由一个对象联想到与之对立或相反的另一个对象，如从上想到下、从好想到坏、从错误想到正确等；④因果联想，指由事物之间内在的因果关系展开的联想，如由下雪想到寒冷，由勤奋想到成就，由生病想到吃药等。

（三）再认与回忆的关系

再认和回忆都是过去经验的恢复，它们之间没有本质的区别，但在保持的巩固程度方面还是有差别的。一般情况下，能回忆的一定能再认，能再认的不一定能回忆。因此，再认容易，回忆困难。因而，老师在考查学生学习情况时，除了选择题，还要借助填空、简答等题型。

阅读窗

如何做到科学用脑，提高学习效率

（1）注意方法，劳逸结合。多种感官参与，协同用脑。通向大脑的通道主要有六个：看、听、尝、触、嗅、做。学习是通过我们的眼所看、耳所听、口舌所尝、鼻子所嗅、身体所触、动手所做而获取信息。所以在复习中要五到，即眼到、耳到、手到、口到、心到。如在英语复习中，不能只是单一地听或看，一定要边看、边读（出声）且与手写同步，这样多种感官刺激，记忆效果好。学习、休息、运动要有机结合，不要造成大脑的过度疲劳。适当的休息、运动会补充脑氧量，促使大脑更快恢复正常，以更清醒、更兴奋的状态投入学习，使学习效率更高。学习中的"休息""运动"就像俗语说的"磨刀不误砍柴工"。尤其要注意，学生们每天一定要有午休，哪怕是20分钟，这对消除大脑疲劳，对后续用脑极有好处。

（2）保持良好的情绪，愉快用脑。紧张、焦虑、苦闷和悲伤都能使脑细胞的能量过度消耗，使大脑处于衰弱状态。学习时积极性高、兴趣浓、情绪愉快，在内分泌系统的激素作用下，使得血管扩张，血糖含量增加，脑神经细胞兴奋性提高，大脑的工作效率提高。所以在学习时，要调节好自己的情绪，当遇到不顺心的事时，不要放在心上，可以听听音乐，想高兴的事情，以最佳的状态投入学习。

（3）增加营养，健全大脑。像任何其他复杂机械一样，你的大脑需要能量。就能量而言，大脑需要大量的葡萄糖。这就是为什么新鲜水果和蔬菜是必不可少的食物，它们含有丰富的葡萄糖。平时应多吃蔬菜、水果，以及鱼、果仁（花生、核桃仁、杏仁）等。脑所需要的营养成分主要有脂肪、蛋白质、糖类、维生素B族、维生素C、维生素E和钙，其中脂肪占第一位。除注意饮食外，还要定期运动，以使血液充氧。大脑有了充足的能量和氧，才能更好地发挥其潜力，才能为科学用脑提供物质保障。

（4）了解大脑的记忆黄金时段。第一黄金时段为早上6—7点。此时为第一次最佳记忆时期，学习一些难记但是又必须记住的东西比较适宜。第二黄金时段为上午8—10点。此时记忆能力和处理能力较强，是攻克难题的好时机。第三黄金时段为晚上6—8点。此时适合回顾、复习当天学过的东西，也是整理笔记的最佳时机。第四黄金时段为晚上9点。此时为记忆力的最佳时期。

（5）掌握自己的高效率时间。生理心理学家经过调查研究，就人的生理活动周期性变化的特点和规律，可分为几种类型。①"猫头鹰"型。"奇思常伴夜色来"，也就是习惯于夜深人静时读书或工作。许多人认为这段时间干扰少，能有效地集中注意力。作家等脑力劳动者大多如此。②"百灵鸟"型。一日之计在于晨。这种类型的人早起早睡，利用早晨以及上午这段黄金时间，从事复杂的脑力劳动。苏联著名教育家苏霍姆林斯基一生中的30多本教育论著和300多篇学术论文，几乎都是利用早晨写成的。③"麻雀"型。这种类型人的学习与工作的最佳时间分散。人脑中有一个生物钟，控制着人体各项活动的时间，使人的生活过程呈现出一定的周期性。在摸准自己最佳用脑时间以后，有规律地安排工作、学习和休息时间，会取得更好的成效。

摘自：任金杰，陆雪莲. 高师心理学教程［M］. 北京：教育科学出版社，2013.

第三节 青少年记忆发展规律与教学

一、青少年记忆发展特点

（一）记忆量的发展

青少年记忆量的发展主要表现在记忆广度和记忆保持时间两个方面。

（1）记忆广度是指个体在单位时间内所记住材料的最大数量。青少年的记忆广度随年龄的增长而不断扩大。研究表明，学前儿童和小学儿童同时识记15个单词，学前儿童平均只能识记3~5个，而小学儿童平均能识记6~8个。小学高年级儿童所能记忆的材料的数量增加较快。

（2）记忆保持时间是指从识记材料开始到能对材料进行回忆之间的间隔时间。洪德厚对青少年记忆发展的研究结果表明，青少年记忆保持时间随着年龄的增加而延长，记忆保持时间在8岁、10岁、12岁等几个节点都有较大幅度的增长。青少年记忆保持时间的长短还受很多因素的影响，例如，青少年是否对材料感兴趣，对记忆对象的感知是否清晰，记忆对象能否引起青少年的情绪体验，以及对识记材料是否理解等。一般而言，凡是青少年感兴趣、能引起强烈情绪体验的事物，以及易于理解的事物记忆保持时间较长，因而中小学教师在教学中应注意这些因素。

（二）记忆质的发展

青少年的记忆能力正在发生着本质的变化，主要表现为以下几个方面：

1. 无意识记和有意识记的发展

无意识记是指没有明确目的，且不需要付出意志努力的识记；有意识记指有预定目的，并付出意志努力的识记。

青少年的无意识记和有意识记的效果会随年龄的增长而递增，有意识记的增长速度更为明显。一般来说，小学生入学时，无意识记占主导地位。随着年级的增长，有意识记效果赶上无意识记效果，最后有意识记的效果超过无意识记的效果，有意识记逐渐占主导地位。初中阶段学生的有意识记在记忆中开始占主导地位，学生的学习目的逐渐明确，学生开始根据学习内容，自己提出记忆的任务，并且是适当长远的记忆任务。

2. 意义识记在逐步发展

从记忆方法上说，青少年的意义识记正在逐步发展乃至占主导地位，意义识记逐渐在学习中成为主要的识记形式。一般来说，学前儿童和低年级小学生主要采取机械识记的方法，中高年级小学生多采用意义识记的方法，有意识记逐渐在学习中占主导地位。小学低年级的学生由于知识经验比较贫乏，抽象逻辑思维欠缺，对学习材料不易理解，也不会进行信息加工，因而在学习时较多地运用机械识记。到了中高年级，由于他们知识经验日益丰富，抽象逻辑思维不断发展，在学习活动中运用意义识记的比例逐渐增大。中学阶段，学科内容日益抽象，要求学生在理解的基础上进行记忆，再加上他们的知识经验日益丰富，语言、思维进一步发展，意义记忆逐渐成为主要的记忆形式。

3. 形象记忆基础上的抽象记忆迅速发展

在形象记忆的基础上，对词的抽象记忆也在迅速发展，词的抽象识记能力进一步发展。小学低年级学生，由于第一信号系统活动占优势，在头脑中和第一信号系统相联系的事物的具体形象容易记住。到了中高年级，学生掌握的语汇量不断增加，第二信号系统的活动逐渐占优势，所学课本的内容大多是些抽象的词、数字或符号，所以他们的抽象记忆渐渐地占主导地位。抽象记忆获得了更大的发展。在初中阶段，学生需要学习记忆大量的概念、定理，进行逻辑判断和证明，在这样一个学习过程中，个体抽象记忆的发展水平逐渐超过形象记忆。到了高中阶段，个体的抽象记忆已占绝对优势。但具体形象记忆仍然具有重要作用，它为理解抽象材料提供必要的感性支持，是抽象记忆发展的基础。

4. 记忆策略的发展

记忆策略存在明显的年龄差异。学前儿童记忆策略的发展处于萌芽阶段。在萌芽阶段，个体尚未掌握记忆策略，即使自发地获得了少量的记忆策略，也难以在记忆活动中进行迁移。小学儿童记忆策略的发展处于形成阶段。在形成阶段，个体自发地获得了许多记忆策略，但他们还不能有效地运用这些策略提高记忆效率。中学生记忆策略的发展处于成熟阶段。在成熟阶段，个体可以在无人指导的情况下，主动地运用记忆策略，而且能根据记忆的任务来调整记忆策略。

记忆策略还存在着一定的个体差异。在没有指导的条件下，相同年龄的个体之间，记忆策略的发展也存在很大的差异。首先，个体掌握记忆策略的水平存在差异。有研究表明，即使到了大学阶段，也有许多人没有掌握分类回忆的记忆策略。其次，个体所选择的记忆策略也存在差异。例如，在复述策略的选择上，具有内部学习动机的个体，倾向于根据材料的内部结构来复述；而具有外部学习动机的个体，则倾向于运用机械重复的策略进行复述。

二、良好的记忆品质及培养

（一）记忆品质

1. 记忆的敏捷性

记忆的敏捷性是指一个人在识记事物时的速度方面的特征。能够在较短的时间内记住较多的东西，就是记忆敏捷性良好的表现。记忆的这一品质，与人的暂时神经联系形成的速度有关：暂时联系形成得快，记忆就敏捷；暂时联系形成得慢，记忆就迟钝。在敏捷性方面，有的人可以过目不忘，有的人则久难成诵。但各人的特点不同。有的人记得快，忘得也快；而有的人记得慢，忘得也慢。记忆的敏捷性不是衡量一个人记忆好坏的唯一标准。在评价记忆的敏捷性时，应与其他品质结合起来才有意义。

2. 记忆的持久性

记忆的持久性是指记忆内容在记忆系统中保持时间长短方面的特征。能够把知识经验长时间地保留在头脑中，甚至终身不忘，这就是记忆持久性良好的表现。记忆的这一品质，与人的暂时神经联系的牢固性有关：暂时神经联系形成得越牢固，则记忆得越长久；暂时神经联系形成得越不牢固，则记忆得越短暂。在持久性方面，有的人能把识记的东西长久地保持在头脑中，而有的人则会很快地把识记的东西遗忘。一般来讲，记忆的敏捷性与记忆的持久性之间有正相关，记得快的人，保持的时间较长。但也不尽然，有的人记得

快，但保持的时间短。

3. 记忆的准确性

记忆的准确性是指对记忆内容的识记、保持和提取是否精确的特征。它是指记忆提取的内容与事物的本来面目一致的程度。记忆的这一品质，与人的暂时神经联系的正确性有关：暂时神经联系越正确，记忆的准确性就越好；暂时神经联系越不正确，记忆准确性就越差。准确性是记忆的重要品质，如果离开了准确性，敏捷性、持久性就失去了意义。

4. 记忆的准备性

记忆的准备性是指对保持内容在提取应用时所反映出来的特征。记忆的目的在于在实际需要时，能迅速、灵活地提取信息，回忆所需的内容并加以应用。记忆的这一品质，与大脑皮层神经过程灵活性有关：由兴奋转入抑制或由抑制转入兴奋都比较容易、比较灵活，记忆的准备性的水平就高；反之，记忆的准备性的水平就很低。在准备性方面，有的人能得心应手，随时提取知识加以应用；有人则不然。记忆的这一品质，是上述三种品质的综合体现；而上述三种品质，只有与记忆的准备性结合起来，才有价值。

（二）记忆品质的影响因素

记忆品质是衡量个体记忆力优劣的重要指标，它也受诸多因素的影响和制约。比如，个体先天遗传特点对记忆品质有影响，识记时个体大脑皮层的兴奋水平会影响记忆的敏捷性，识记信息材料时的方法、加工材料的深度会影响记忆的敏捷性、持久性和精确性，个体所识记材料的条理性、系统性和理解程度会影响记忆的准备性。

（三）记忆品质的培养

（1）培养学生记忆的敏捷性要尽量做到：①唤起学生的注意力，使之保持高度集中；②使用恰当的方法，使学生明确所要记忆的内容；③把相关知识恰当地串联，使需记内容与学生的认知结构有机结合，融会贯通；④准确明晰地表述知识特征和规律，使学生深刻理解所学内容。

（2）增强学生记忆的持久性要在教学中做到：①指导学生对所学内容进行合理分类，提高学生的概括认知能力，建立良好的认知结构，加深对所学知识的总体印象；②指导学生掌握练习方法，了解遗忘规律，把基本的、重要的知识反复练习巩固，加深记忆痕迹。

（3）提高学生记忆的正确性要注意做到：①提高学生兴趣，使之主动、专心致志地识记学习内容，指导学生经常把新旧知识、相似或相反知识加以比较，使记忆信息不断分化、明晰，获得确切含义；②讲授知识的同时传授适当的记忆方法；③指导学生养成检查自己记忆效果的习惯，提问学过的知识，使学生得到自己记忆状况的反馈信息。

（4）改善学生记忆的准备性要注意做到：①指导学生把所学知识归纳整理、系统化，形成良好的认知结构，使头脑中储存的知识井然有序，便于逻辑回忆；②教学中要突出强调分析问题的正确思路及方法，培养学生的思维品质，使其掌握记忆关联事物的方法，以便及时迅速和完整地由头脑信息库中检索出所需提取的知识信息。

三、记忆规律在教学中的应用

在教学过程中，教师可根据记忆的规律和青少年学生的记忆特点组织教学，注意培养学生良好的记忆品质，提高他们的记忆能力。

（一）运用记忆规律提高课堂教学的记忆效果

（1）提出识记的具体目的和任务。

（2）充分利用无意识记的规律。

（3）重视知识的归纳和系统化。

（4）排除前摄抑制和倒摄抑制的干扰。

（5）构建线索和利用联想规律。

（6）重视复述训练。

（7）采用精细加工策略。

（二）运用记忆规律组织好学生的复习

（1）指导学生及时复习，趁热打铁。

（2）指导学生正确分配复习时间，分散复习与集中复习相结合。

（3）进行多样化的复习指导。

（4）运用多种感官参与复习，复习任务量要适当。

（5）运用适当的过度学习策略。

（6）把反复阅读和尝试回忆结合起来。

（三）学生记忆力的发展与培养

良好的记忆力，是保证学生正常学习、生活的必备条件之一。因此，教会学生正确的记忆方法，培养他们的记忆能力，是学校教育中的一项重要任务。

1. 唤起记忆的愿望

有人曾做过这样试验，几十名中学生被试每人拿到一张纸，上面有 18 个英文字母，让他们数一数里面有几个"A"，所有的人都答对了。把纸撤去后，再问剩下的几个字母是什么，竟没有一个人答全。这并不是他们记忆力差，而是对这几个字母没有记忆的愿望。愿望（意图）是记忆的动力。为此，教师在各科教学中应及时给学生提出识记的目的、任务和具体要求，在此基础上，中学阶段应该培养学生主动、自觉地提出记忆的任务，特别是长远的记忆目标和意图，而不应临时抱佛脚，应付眼前考试。这有利于调动他们记忆的主动性、积极性。此外，还需培养学生学习的兴趣和强烈的求知欲，充分利用他们的无意识记。

2. 增强记忆的信心

记忆活动是一项艰苦的脑力劳动，每一种知识的记忆都是一个需要付出艰辛劳动的过程，这就要求中学生必须意志坚强。因此，教师首先要打破学生在记忆上不符合事实的自卑感，帮助他们在精神上得到解放，让他们相信自己的记忆力与一般人是一样的，谁的大脑都有这种能力，别人能记住的，我也一定能记住。其次，想方设法使每个学生获得识记成功的体验，同时又要非常敏锐地发现每个学生识记成功之处，并予以肯定，分享他们识记成功的喜悦。这样他们就会逐渐由"害怕"记忆到"喜欢"记忆，由怀疑自己的记忆力到相信自己的记忆力。

3. 教授记忆的方法

帮助学生掌握与运用记忆的方法，是培养记忆能力的一个重要方面。中学生已经不满足于通过反复练习和死记硬背的方法来获得知识，他们已有运用科学记忆方法的要求和心理准备。为了把知识迅速、准确、牢固地储存在脑中，不少中学生独立积极地在探索记忆的方法。为此，教师要加以正确引导，让学生掌握符合记忆规律的科学记忆方法，并选择一种或几种在学习过程中加以运用。学生常用的记忆方法从识记的角度可以归纳为四大类。

一是以获得鲜明、具体的事物形象为目的的记忆方法。如直观形象记忆法、感官协同活动记忆法、图解记忆法、发掘特征记忆法等。

二是以获得对抽象概念、理论、定理、法则等的理解为目的的记忆方法。如人工意义记忆法、口诀记忆法、推理记忆法、网络系统记忆法等。

三是以获得强烈的情绪体验为目的的记忆方法。如强烈印象记忆法、争论记忆法、情境结合记忆法等。

四是以巩固动作为目的的记忆方法。如运动表象呈现记忆法、实际操作记忆法等。

另外，从保持的角度可教授及时复习法、多样化复习法、分布复习法、情境结合记忆法等。

4. 培养自我检查的习惯

再认和回忆既是检查记忆的指标，又是加强复习、巩固记忆的一种有效途径。自我测验、自我复述、自我回忆、自问自答、独立作业等都是自我检验的有效方式。自我测验和自我复述的效果较好，应向学生推荐。此外，还要帮助学生了解自己在记忆过程中的优缺点，使学生自觉地、有目的地克服缺点，发扬优点。这些自我检查能力和习惯的培养，将有利于提高学生的记忆力。

5. 讲究记忆卫生

学生记忆力的培养，除上述措施外，讲究记忆卫生也是重要一环。记忆卫生是个内涵丰富的概念，主要包括：保持稳定而愉快的情绪；劳逸结合，参加文体活动；遵循作息制度，保证适当的睡眠；利用最佳的记忆时间；科学使用大脑，以及有适当的营养、清新的空气等。

总之，在教育教学的各个环节都要重视对学生记忆能力的培养，只有这样，他们才可望获得良好的记忆品质，即记忆的敏捷性、持久性、准确性和准备性。

阅读窗

记忆个体的心理调节策略

1. 要增强自信心

在识记材料时，首先要有自己一定能记住它的信心。对自己的记忆力都缺乏信心，会导致真正的失忆和健忘。因为这种信心缺乏与否的意念会对自己产生暗示作用，引起大脑皮层相应的兴奋或抑制，从而影响个体内在潜能的发挥。

2. 要调动积极性

这涉及个性动力系统的调节，但主要集中于动机的激发上。有明确的记忆目的、确定具体的记忆目标、长久的记忆任务等，都是调动个体记忆积极性的具体而有效的措施。

3. 要调节情绪状态

情绪不仅对认知活动具有动力功能，还有调节功能。如前所述，过分紧张或低沉的情绪会抑制人的记忆活动，只有在愉快、有兴趣而较平静的情绪背景下，带有对当前记忆适度的紧迫感和焦虑感，才更有利于提高记忆的效率。并且每人应该根据自己的特点，调节其最佳点。

4. 要集中注意力

注意是心灵的门户，其对心理活动的选择、保持和调控作用，同样表现于记忆过程之中。特别是注意的集中程度，对识记的效果有直接的影响。因此，在记忆时，要集中注意力。

5. 要保证充分睡眠

睡眠的充分与否不仅取决于时间，也取决于质量，尤其是看睡眠中含快速眼动波的多少（睡眠是由快速眼动波和慢速眼动波两种状态反复交替组成的，其中快波睡眠也即有梦睡眠，与恢复大脑机能关系密切，青少年的快波睡眠占20%~25%）。充分的睡眠对识记时的注意和保持的巩固有积极作用，是提高记忆不可忽视的方面。

摘编自：增强记忆力！心理学记忆方面总结和三个常见记忆法解析（下）[EB/OL].(2019-4-22)[2024-4-28].https://www.bilibili.com/read/cv2505835/.

第六章　要点回顾　　　　第六章　习题园地　　　　第六章　思维导图

第七章 表象与想象

案例导学

在美国，曾发生过这样一件事：1968年，内华达州一位叫伊迪丝的3岁小女孩告诉妈妈，她认识礼品盒上OPEN的第一个字母"O"。这位妈妈听后非常吃惊，问她是怎么认识的。伊迪丝说是"薇拉小姐教的"。

令人想不到的是，这位母亲一纸诉状把薇拉小姐所在的幼儿园告上了法庭，她的理由令人吃惊，竟说幼儿园剥夺了伊迪丝的想象力，因为她的女儿在认识"O"之前能把"O"说成苹果、太阳、足球及鸟蛋之类的圆形东西，然而自从幼儿园教她识读了"O"后，伊迪丝便失去了这种能力。诉状递上去之后，幼儿园的老师们都认为这位母亲大概是疯了，一些家长也认为此举有点莫名其妙。

3个月后，此案在内华达州州立法院开庭，最后的结果却出人意料，幼儿园败诉，因为陪审团的23名成员都被这位母亲在辩护时讲的一个故事感动了。

这位母亲说："我曾在一个公园里见过两只天鹅，一只被剪去了左边的翅膀，一只完好无损。被剪去翅膀的一只被放养在较大的一片水塘里，完好的一只被放养在一片较小的水塘里。当时我非常不解，那里的管理人员说，这样能防止它们逃跑。他们的解释是，剪去一边翅膀的天鹅无法保持身体的平衡，飞起后就会掉下来，因此可以放在大水塘里；而在小水塘里的天鹅，虽然没有被剪去翅膀，但起飞时因没有必需的滑翔路程，也会老实地待在水塘里。当时我非常震惊，震惊于他们的聪明和智慧。可是我也感到非常悲哀，今天，我为我女儿的事来打这场官司，是因为我感到伊迪丝变成了幼儿园的一只天鹅，他们剪掉了伊迪丝的一只翅膀，一只幻想的翅膀，他们早早地把她投进了那片小水塘，那片只有26个字母的小水塘。"

这段辩护词后来成了内华达州修改《公民教育保护法》的依据，其中规定幼儿在学校必须拥有的两项权利：①玩的权利；②问为什么的权利，也就是拥有想象力的权利。

目标解析

1. 了解表象的概念、特点及其分类，尤其是注意区分记忆表象与想象表象。
2. 理解想象的概念和功能，重点掌握想象的分类。
3. 通过本章的学习，了解作为中小学教师应该怎样培养学生的想象力。

爱因斯坦说："想象力比知识更重要，因为知识是有限的，而想象力概括着世界上的一切，推动着进步，并且是知识进化的源泉。"21世纪，最宝贵的是人才，而人才的核心是创新，创新离不开丰富的想象力。

第一节 表象

一、表象概述

（一）表象的含义

表象又叫意象，是指当事物不在面前时，人们在头脑中出现的关于事物的形象，即曾感知过的客观事物的形象在人脑中的反映。例如，当我们看到或听到"苹果"这个词，在我们头脑中就很容易出现苹果的模样，这就是一种表象。现代认知心理学认为，表象是人们在头脑中以形象的形式对物体进行操作和加工，是物体不在面前时关于物体的心理复现。表象由人脑中刺激痕迹的再现所引起，以知觉提供的材料为基础，它不是知觉的翻版或重复，而是信息加工后的知觉痕迹。表象是知识表征的一种形式，不仅可以储存，还能被加工和编码。

由于表象的出现无须客观刺激的直接作用，所以它不受时空的限制，对想象、思维等高级心理活动具有十分重要的意义。

> **阅读窗**
>
> **表象和知觉的联系与区别**
>
> 表象和知觉一样，也是一种对客观事物的感性反映形式；它所反映的也是事物的完整形象，而不是事物的个别属性。表象和知觉的不同之处有以下几点：
>
> 第一，它和对象不发生直接的联系。如果说感觉和知觉是意识和外部世界的直接联系，没有对象作用于感觉器官就不可能产生感觉和知觉的话，那么，表象就不是这样，在没有对象直接作用于感觉器官时，却可以产生出表象来。
>
> 第二，表象和知觉所反映的虽然都是客观事物的完整形象，但是它们所反映出来的感性形象还是有些不同的。首先，表象所反映出来的映象比较暗淡模糊，不如知觉所反映出来的映象那样鲜明生动。其次，表象所反映出来的映象比较片段不全，不如知觉所反映出来的映象那样全面完整。再次，表象所反映出来的映象比较流动多变，不如知觉所反映出来的映象那样持久稳定。
>
> 第三，表象比知觉更概括、更抽象，是反映的初步的普遍形式。由于表象是多次知觉的结果，因此它比知觉有更大的概括性。表象所反映的不是对象所有的一切属性和特征，而是最重要、最典型、对人的活动最有意义的那些属性和特征。但是，表象中的概括因素和知觉中的概括因素，在程度上还是有些不同的，因为经过知觉概括出来的映象仍然是事物的具体想象，而经过表象概括出来的映象，既可以是事物的具体形象，也可以是某种普遍的、一般的东西。

表象和知觉之间也存在着十分密切的联系。一方面知觉是表象的基础，另一方面表象又是对知觉的初步概括和加工。表象不是在人与客观世界的直接联系中产生的，而是在过去知觉的基础上产生的，但表象又不是过去知觉的简单再现，而是比知觉有了更多的概括成分。表象除了有直觉性的特点之外，还有概括性的特点。在表象中，直观的东西和概括的东西是彼此渗透在一起的。从表象的直觉性来看，它与知觉相似；从表象的概括性来看，它又与思维相似。但是，表象既不是知觉，也不是思维，而是介乎知觉和思维之间的中间环节，是从知觉到思维的过渡形式。

摘编自：乐燕平. 感觉、知觉、表象、思维之间的区别和联系 [J]. 教学与研究，1962（4）：11-13.

（二）表象的特征

1. 直观性

表象是以生动具体的形象在头脑中出现的。人脑中产生某种事物的表象，就好像直接看到或者听到这种事物的某些特征一样。

表象是在知觉的基础上产生的，因此，表象和知觉中的形象具有相似性，但是表象和知觉的形象又有所不同。知觉的形象鲜明生动，表象的形象却比较暗淡模糊；知觉的形象持久稳定，表象的形象不稳定、易变动；知觉的形象完整，表象的形象不完整，时而出现这一部分，时而出现另一部分，甚至有些部分脱落。例如，到过北京游览的人回来说起天坛的形象是很清楚的，但总不如在天坛时那样鲜明、完整和稳定。

2. 概括性

表象反映同一事物或同一类事物在不同条件下所表现出来的一般特点，并不是某一次感知的个别特点。因此，表象比知觉具有更大的概括性，它是在多次知觉的基础上，经过信息加工产生的概括形象。例如，"大象"的表象，可能只是长鼻子、大耳朵、深灰色的毛皮、庞大的身躯等主要的外部特征。这些特征代表了"大象"一般的、概括的形象，而不包含大象的某些个别特征。可见，表象是关于某个事物或某类事物的概括形象。

任何表象都具有概括性，但是，表象的概括性与思维时用语词来概括反映客观事物是不同的。表象是形象的概括，表象所概括的事物的属性既有本质属性又有非本质属性，而概念所概括的只是事物的本质属性，已舍弃其非本质属性。

3. 可操作性

由于表象是知觉的类似物，因此人们可以在头脑中对表象进行操作，这种操作就像人们通过外部动作控制和操作客观事物一样。

表象的可操作性可以用"心理旋转"实验来证明。心理旋转的研究始于20世纪70年代初，由谢波娜（R. N. Shepard）及其同事共同进行，而 R 字符旋转实验是库珀（L. A. Cooper）和谢波娜（1973）以字符为刺激材料对心理旋转进行的进一步研究。在该实验中，自变量是旋转角度不同的字母 R，刺激物如图 7-1 所示，因变量是要求被试判断字母是正写的还是反写的所用的反应时间。结果发现，当呈现字母垂直时（0°或360°），反应时间最短，随着旋转角度的增加，反应时间也随着增加，当字母旋转180°时，反应时间最长，如图 7-2 所示。这说明，被试在完成任务时，对表象进行了心理操作，即他们倾向于把倾斜的字母在头脑中旋转到直立的位置，然后进行判断。它还说明，人们在完成某种作业时确实可以借助表象进行形象思维，形象思维的支柱就是人们已经形成的各种各样的表象。

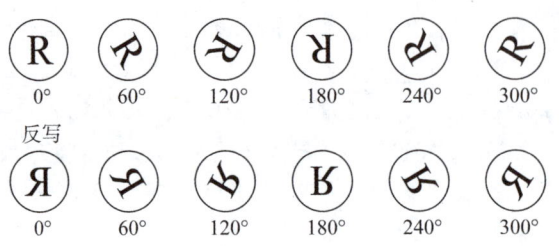

图 7-1 心理旋转实验的字母图形
资料来源：Cooper & Shepard, 1973.

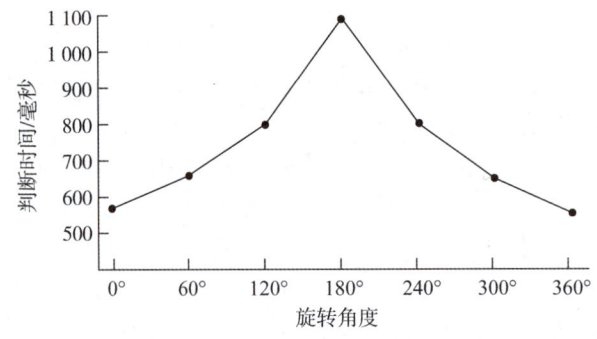

图 7-2 字母旋转角度与被试判断的反应时间
资料来源：Cooper & Shepard, 1973.

二、表象的种类

根据表象产生的主要感觉通道，可以将表象划分为视觉表象、听觉表象、动觉表象、嗅觉表象等；根据表象的对象范围和概括程度，可以将表象划分为个别表象和一般表象；根据表象的创造性程度，可以将表象划分为记忆表象和想象表象，其中，遗觉象是一种特殊形式的记忆表象。

（一）视觉表象、听觉表象、动觉表象、嗅觉表象、味觉表象、触觉表象

视觉表象是人们在视觉活动的基础上，在头脑中形成关于事物的形状、颜色、亮度和空间方位等图像。在人的表象总量中，大多数外界形象信息是通过视觉输入大脑的，并被大脑组合加工，达到较高的表象层次。

听觉表象是人们在听觉活动的基础上，在头脑中产生各种声音的形象，以言语听觉表象和音乐听觉表象最为突出。言语听觉表象有语音、语调、声调和重音等方面的形象，它对人们分辨语音和语调等有重大作用。

运动表象是肌肉动作的动觉表象与动作视觉表象的结合。当这些运动形象产生时，可以引起人们相应部位肌肉和骨骼的微弱运动，即所谓的念动。它可以帮助学生准确掌握各种运动、产生劳动技能和技巧，也是培养运动员和舞蹈演员进行某种表演和运动创作的重

要基础。其他感觉如味觉、嗅觉和触觉等，也都有相应的各种表象。

(二) 个别表象和一般表象

个别表象是对某一具体事物（如苹果、雷峰塔）的表象；一般表象是对某一类事物（如水果、宝塔）的表象。个别表象和一般表象有着密切的联系，前者是后者的基础和核心，后者是前者的高度概括。

(三) 记忆表象和想象表象

记忆表象是过去感知过的事物形象的简单重现，比如想起朋友的音容笑貌。想象表象是旧表象经过加工改造，重新组合创造出的新形象，这些形象可能从未经历过，或者世界上还不存在，因而具有新颖性，比如千手观音、九头鸟。记忆表象和想象表象交织在一起，很难绝对地分开。想象只有从记忆表象中提取素材才能进行加工和创造，而记忆表象在某种程度上与想象表象相结合，并被其所补充。正如亚里士多德所说："记忆和想象属于心灵的同一部分，一切可以想象的东西在本质上就是记忆的东西。"没有记忆表象，无论是思维、想象都是难以进行的。观察表明，表象贫乏会影响儿童的想象和思维的发展。

遗觉象是指在刺激停止作用后，人脑中继续保持的异常清晰的、鲜明的表象，它是一种特殊形式的记忆表象，以鲜明、生动性为特征，似乎是处于知觉和幻觉之间的状态。这种特殊的表象形式是德国心理学家延施（E. R. Jaensch）在1920年首先发现的。遗觉象多见于儿童。据研究，儿童中有40%~70%的人有遗觉象，并且在11~12岁时最明显，很少能继续保持到成年期。有些儿童的遗觉象能保持半分钟，他们背诵课文就像看着课文背诵一样准确无误，就像用照相机照下来一样。通常，较为常见的遗觉象是视觉遗觉象，但一些研究也发现了听觉遗觉象、嗅觉遗觉象、触觉遗觉象等。

三、表象的作用

表象是从感知到思维的过渡阶段，是认识过程中的重要环节。从表象的直观性来看，表象和知觉相似，从表象的概括性来看，表象又和思维相似，但它既不是知觉也不是思维，而是介于二者的中间环节。表象打破了人的认识受当前事物直接作用的局限，使认识更趋概括化。在人的记忆中，语言信息量与形象的信息量的比例是1:1 000，可见表象的重要性。

表象的重要性可以体现在以下几个方面：

1. 表象在知觉中的作用

我们可以将表象视为已经储存的知觉象的再现，它对知觉有干涉和促进的作用。当知觉的客体与表象相似时，表象可以为知觉做准备，成为知觉自上而下加工的一个重要方面。例如，当我们要知觉的字母的大小与事先表象出的该字母的大小一致时，识别所需要的时间要少于大小不一致的字母。表象所携带的方位信息也可在一定条件下有利于知觉加工。

2. 表象为概念的形成提供感性基础

表象为概念的形成提供了必要的感性基础。通过表象，人们可以对事物进行概括性的认识，摆脱了感知觉的局限性，从而为概念的形成奠定了感性的基础。这在儿童获得概念的过程中尤为重要，例如，通过列举多种动物来帮助儿童掌握"动物"的概念。

3. 表象对学习记忆的作用

表象作为一种信息表征，有助于提高学习和记忆的效果。1968 年，心理学家对联想学习的实验表明，表象对一些字词的识记具有重要作用。他们先让一些大学生按 7 个等级来评定一些字词（名词）引起表象的能力。7 级为最易引起表象，1 级为最难引起表象。结果表明，一些名词容易引起表象，如教堂、大象、乐队、街道、酒精和鱼等名词的等级均在 6 级以上，即具有较高的表象值；另一些名词则较难引起表象，如上下文、能力、失误和格言等名词的等级均在 3 级以下，即具有较低的表象值。心理学家然后应用有不同的表象值，但在意义性和使用频率方面有相同等级的名词进行成对联想学习的实验。在一个词对里，刺激词和反应词可分别有高的或低的表象值。这样刺激词和反应词的配对就有高-高、高-低、低-高、低-低四种。实验结果表明，当刺激词和反应词均有高表象值时（即高-高），正确回忆的结果最好；当刺激词和反应词均有低表象值时（即低-低），正确回忆的数量最少；而当词对中只有一个词有高表象值时，刺激词有高表象值的回忆效果优于反应词有高表象值的。这些结果提示，表象在一些字词识记中起着中介作用，能够对学习和记忆产生积极的影响。

4. 表象对问题解决和思维的作用

表象既具有直观性，又具有概括性，这使得它在思维过程中起到了重要的作用。心理学家把借助于表象而实现的思维活动称为形象思维，以区别于逻辑思维。心理旋转实验也令人信服地表明，人在完成某种作业或解决某些问题时，主要依赖于视觉表象过程。此外，表象还能促进问题的解决。无论是小学低年级学生在解决数学运算问题，还是中学生在解决几何问题，甚至是成人在利用概念进行抽象思维时，都需要具体形象的帮助与支持。表象的参与使得问题解决过程更加直观和易于理解。

5. 在想象中的作用

表象的可操作性使其成为想象的素材。想象是在头脑中已有的各种表象的基础上，通过联想、分析和综合等认知活动进行改造、加工和重新组合，从而形成新的前所未有的形象的心理过程。

第二节　想象

一、想象概述

（一）想象的含义

想象是人脑中对已有表象进行加工改造而创造新形象的过程。想象是一种高级的认知活动，通过想象过程创造的新形象就是想象表象。想象表象具有形象性和新颖性的特点。杜威（John Dewey）在《民主主义与教育》一书中提到，"任何活动都必须运用想象力，才不致流于机械的性质"。这很好地诠释了想象力在日常生活与实践活动中的重要作用。

想象是在感知的基础上，通过改造旧表象创造出新形象的心理过程。例如，一个从未见过雪的人，可以根据他人口头的描述，想象千里雪飘的北国风光。想象不仅可以创造人们未曾知觉过的事物形象，还可以创造现实中不存在的或不可能有的形象，如龙与凤、巨人与小矮人、九尾狐和千手观音等。尽管这一类形象离奇古怪，有时甚至荒诞无稽，但倘若分析解剖开来，就会发现所用的材料无一不是取自现实生活。如"龙"的形象据说来自九种动物，"头似牛，角似鹿，眼似虾，耳似象，须似人，腹似蛇，鳞似鱼，爪似凤，嘴似驴"。而巨人与小矮人是对人的身高的夸大。想象的形象在现实生活中都能找到原型，它同其他心理活动一样，都有其现实的依据。所以说想象是一种"有中生无"，而不是"无中生有"。

> **阅读窗**
>
> 神奇的想象力
>
> 19世纪，物理学家通过实验证实，在一个原子里，既存在带正电的粒子，也存在带负电的粒子。但是，对于这两种粒子在原子内究竟以一种什么样的状态存在着，科学家们无从得知。这既不能依靠逻辑思维推理出来，在当时的条件下，也不能通过实验来证明。到了19世纪末20世纪初，许多物理学家开始借助想象来预测原子的结构模型。最终，大家公认英国物理学家汤姆生提出的"葡萄干面包模型"和英国物理学家卢瑟福提出的"太阳系模型"较为合理。汤姆生是这样想象的：带负电的粒子，像葡萄干一样，散乱地镶嵌在由带正电的粒子组成的像面包一样的球状实体里。而卢瑟福是这样想象的：带负电的粒子像太阳系的行星那样，围绕着占原子质量绝大部分的带正电的原子核旋转。后来证实，卢瑟福的想象是正确的，就是说，他准确地想象出了原子内部的结构状态。
>
> 由此我们可以得知，想象力有一个神奇的作用，即能够与逻辑思维互为补充，共同探索真理。类似的科学上的例子不胜枚举，例如，居里夫人发明放射性元素镭，沃森和克里发现人类DNA双螺旋结构等，无不借助了想象。
>
> 摘编自：想象思维法［EB/OL］.（2017-12-6）［2024-4-28］.https://www.jianshu.com/p/0095abece6dc.

（二）想象的功能

1. 预见功能

人们在面对问题还未解决、需要尚未得到满足时，常常在头脑中出现问题得到解决和需要得到满足的情景，这种情景是对现实的一种超前反映，是对未来的一种预见。人类活动同动物本能活动的根本区别就在于活动的目的性、预见性和计划性，也就是人能实现对客观现实的超前反映。马克思在《资本论》中写道："蜘蛛的活动与织工的活动相似，蜜蜂建筑蜂房的本领使人间许多建筑师感到惭愧。但是，最蹩脚的建筑师从一开始就比最灵巧的蜜蜂高明的地方，是他在用蜂蜡建筑蜂房以前，已经在自己的头脑中把它建成了。劳动过程结束时得到的结果，在这个过程开始时就已经在劳动者的表象中存在着，即已经观念地存在着。"

预见功能指的是想象能预见或预期活动的结果，指导人们活动进行的方向，强调想象的未来指向性。比如，科幻小说之父凡尔纳的小说《海底两万里》中很多的描述如今已变

成了事实，如潜水服、潜艇、月球卫星、空间飞行器等，这就体现了想象的预见功能。此外，"未雨绸缪""居安思危"等，都说明了想象的预见功能。

想象与思维都能预见未来，但是二者的形式不同。想象的预见是以具体形象的形式出现的，而思维的超前反映是以概念的形式出现的。这就是说，当人们面对问题需求时，头脑中可能存在两种超前系统。一种是形象系统，另一种是概念系统。这两种系统是密切配合、协同活动的。在人的活动中，由于问题情景具有不同程度的确定性，两种系统所起的作用是不一样的。一般认为，若问题的原始材料是已知的，解决问题的方向是基本明确的，解决问题的进程将主要服从于思维规律。如果问题的情景具有很大的不确定性，由于情景提供的信息不充分，解决问题的进程将主要依赖于想象。想象可以"跳过"某些思维阶段，构成事物的形象，在此基础上寻找解决问题的途径。例如，早在飞机发明之前，人们就想象能像鸟一样在天空自由地飞翔。

2. 补充功能

补充功能指的是想象可以补充人的时空局限和不足。在现实生活中，由于客观条件的限制，有许多事物是人们不能直接感知的，在这种情况下，我们可以借助想象，弥补人类认识活动的时空局限和不足，超越个体狭隘的经验范围，扩大人的视野。例如，宇宙间的星球，原始人类生活的情景，古典小说中人物的形象，这些空间遥远或时间久远的事物，人们是无法直接感知的。但是通过想象可以补充这种知识经验的不足。借助想象，人们可以驰骋于无限的现实世界和神奇的幻想世界之中，可以追溯上至几千年的过去，也可以展望几万年以后的未来。常言道，想象可以使人"思接千载，视通万里"，就是说想象可以打破时空的界限，使人的心理更为丰富充实。

3. 代替功能

想象还有代替作用。在现实生活中，人们不是所有的需要或活动都能够获得满足或实现，这时候就可以借助想象的方式得到满足或实现。这种功能强调的只是当下不能满足需要，一旦条件具备，很容易实现，如成语"画饼充饥"，由于当下没有饼，只能画一张饼来充饥，但一旦条件满足，比如有钱买来了饼，实际需要就能得到满足。儿童游戏是常见的替代想象的例子，例如，幼儿骑在小板凳上假装是骑着小马，嘴里还会喊着"驾驾"，玩得不亦乐乎。

4. 调节功能

一方面，想象有助于调节人的情感和意志活动。想象的形象会引起人的情感体验，从而调节人的情绪。这一点在人们阅读文学作品时体会最深，我们借助想象与故事里的人物一起欢笑、流泪、一起紧张、悲愤；借助想象还可以从书中的英雄人物身上获得精神的陶冶，发展具有积极倾向性的情感；同时，想象也是构成人的意志行动的内部推动力的不可缺少的因素之一。苏联学者鲁宾斯坦认为，每一种思想、每一种情感，哪怕是在某种程度上的改变世界的意志行动，都有一些想象的成分。事实也是如此，如果没有想象的作用，人就不可能预见活动的结果，不可能确定清楚的目标，不可能预设具体的计划，因而就不可能进行意志活动。

另一方面，想象对机体的生理活动过程也有调节作用，它能引起人体外周部分的机能变化。人们对生物反馈的研究证明了想象对人的机体有调节控制作用。例如，有学者对一位具有鲜明想象与表象的人进行了研究，结果发现，只要这个人说他想象出什么事物，就可以观察到他的机体发生奇异的变化。例如，他说"看见右手放在炉边，左手在握冰"，这时就可以观察到他的右手温度升高2摄氏度，左手温度降低1.5摄氏度；当他说"看见自己跟在电车后奔跑"时，就可看到他的心跳加快，在"看见自己安静地躺在床上"时，心跳就减慢。

二、想象产生的方式

想象是一个对已有形象（表象）分析、综合的过程。想象的分析过程，是从旧形象中区分出必要的元素或创造的素材；想象的综合过程是将分析出来的元素或素材，按照新的构思重新组合，创造出新的形象。想象的分析、综合活动有以下几种形式：

1. 黏合

黏合是把两种或两种以上客观事物的属性、元素、特征或部分结合在一起而形成新形象的过程，如龙与凤、孙悟空与猪八戒、美人鱼等的形象。黏合方式是想象过程中最简单的一种方式，多用于艺术创作和科技发明。

2. 夸张与强调

夸张与强调是改变客观事物的正常特征，使事物的某一部分或一种特性增大、缩小、数量增多、色彩加浓等在头脑中形成新形象的过程，例如，人们创造的千手观音、九头鸟的形象。还有，我们常看到的一些人物的漫画就是绘画者对人物特点进行夸张或强调的结果。这种方式是创作的一种重要手法。

3. 拟人化

拟人化是把人类的形象和特征加在外界客观对象上，使之人格化的过程。例如，《封神演义》《西游记》《聊斋》等古典名著中的许多形象，都采用了拟人化的创作手法，雷公、风婆、花仙、狐狸精、白蛇与青蛇等均是拟人化的产物。拟人化也是文学和其他艺术创作的一种重要手段。

4. 典型化

典型化就是根据一类事物的共同的、典型的特征创造新形象的过程。这是一种在文学艺术创作中普遍采用的方式。例如，鲁迅笔下的阿Q、祥林嫂的形象，就是鲁迅综合某些人物的特点之后创造出来的。

三、想象的种类

想象活动按其是否带有目的性和自觉性，可分为有意想象和无意想象。

（一）有意想象

有意想象是有目的、自觉进行的想象活动，也叫随意想象。例如，学生作文训练中的看图作文，建筑设计师的设计构思等，都属于有意想象。在有意想象中，根据想象内容的独立性、新颖性和创造性的不同，可又再分为再造想象、创造想象和幻想。

1. 再造想象

再造想象指根据现有的语言描述或者根据图样、图解、符号记录等在头脑中形成新形象的过程。例如，我们虽然没有去过草原，但是当读到"天苍苍，野茫茫，风吹草低见牛羊"这句话时就能够在脑海中呈现一幅壮阔无比、生机勃勃的草原全景图。建筑工人根据建筑蓝图想象出建筑物，也是一种再造想象。根据他人的描述进行的再造想象具有一定程度的创造性，但其创造性的水平比较低。

再造想象的形成要以充分的记忆表象为基础，表象越丰富，再造想象的内容也就越丰富。此外，由于再造想象是在词语指导下进行的形象思维过程，因此它离不开词语思维的组织作用。鉴于此，为了培养和发展再造想象的能力，首先要扩大人们头脑中记忆表象的数量，充分储备有关的表象。同时，还要掌握好语言和各种标记的意义，只有这样，才能从语言描述和符号标记中激发想象。

2. 创造想象

创造想象是在创造活动中，根据一定的目的、任务，在人脑中独立地创造出新形象的过程，它是一种独立创造的过程，不依据现成的描述就能创造出事物的新形象，比再造想象更复杂、更困难。创造性活动的结果将产生一种独创的有价值的产物，如文学艺术的创作、科学发明、技术革新等。需要注意的是，从想象表象的形成到实际产物的制成之间可能会间隔一定的时间，在这段时间里想象表象将继续得到补充、修改和完善。例如，鲁迅创作的阿Q形象便是在心里孕育了多年才动笔完成的。

创造想象具有独创性（或称独特性或新颖性）、变通性和流畅性三个典型的特点，其中独创性是最大的特点。独创性指人能对客观事物产生超乎寻常的独特见解；变通性是指人的思考不受定式作用的影响而能触类旁通，变化多端，举一反三，能提出不同凡俗的新观念；流畅性是指人在短暂时间里，迅速地表达出较多的观念。

3. 幻想

幻想是创造想象的特殊形式，是一种与个人愿望相联系并指向未来的想象。例如，我们小时候的理想是成为科学家或发明家等，各种神话、童话中的形象也都属于幻想。幻想和一般的创造性想象有两点区别：第一，幻想体现的是个人的愿望，幻想所产生的是人所希望、所向往的事物形象；而一般的创造性想象则不然，它所产生的形象可以是人们所向往的，也可以不是。第二，幻想和创造活动没有直接的联系，它不提供实际的产物。这并不是说幻想绝对不能和创造活动发生联系，有些幻想往往成为创造想象的准备阶段。例如，人们幻想着能像鸟儿一样在空中翱翔，在这种信念的支持下人们发明了飞机。

幻想可分为理想和空想两类。理想是人们依据事物发展的客观规律对未来进行的想象，由于理想遵循了事物的发展规律，因而具有实现的可能。而空想不以客观规律为依据，甚至违背事物发展的客观进程，因而不可能实现。空想是一种非常有害的幻想，往往使人沉迷、盲目乐观，不但不能引导人们前进，反而能使人脱离现实生活，走向倒退和失败。

（二）无意想象

无意想象指没有预定目的，在一定刺激的影响下，不由自主地产生的想象，也叫不随意想象。例如，当我们抬头看天上的白云时，就不由自主地想象为各种动植物的形象。

无意想象的极端形式是梦。做梦是人脑的正常活动。人脑处于睡眠状态，但某些部位仍在兴奋活动，对内外刺激仍会做出一定的反应，于是人就会做梦。例如，冬天把脚伸出了被子外面，就会做涉水过河、凉水刺骨的梦。有时候很难找出做梦的直接动因，只能理解为大脑皮层原有痕迹的复活。

四、想象的品质

（一）想象的主动性

想象的主动性是就想象的目的性、意识性的程度而言的。它使人的想象有方向、有中心。在前面的想象的分类中我们已经知道，根据形成有无目的性，可以把想象分为无意想象和有意想象。无意想象占优势的人，通常不容易按照预定目的和计划来展开自己的想象，而是无目的、无意识地像一匹脱缰的野马任其驰骋，莫知所之，莫知所止；有意想象占优势的人，能够有目的、有计划地唤起自己的想象并沿着一定的方向前进，能当行则行，当止则止。主动性主要体现在有意想象之中。一般说来，想象的主动性强的人，都善于再造性想象和创造性想象，会在创造性活动中有所成就。

（二）想象的丰富性

想象的丰富性是就想象内容的丰富程度而言的。它一方面取决于头脑中已有表象的多样性，因为想象是在已有表象的基础上形成的，旧的表象越多样、越具体，越容易产生联想，想象的形象也就越丰富；另一方面取决于对当前事物的理解程度。例如，有绘画知识的人与不懂绘画的人，想象的丰富性是不同的。绘画的知识越多，对画的理解越深刻，想象的形象就越丰富。人的想象的丰富性存在差异，有的人想象丰富多彩，内容充实，有的人想象贫乏单调，内容不充实。一般来说，作家、艺术家、发明家等都有很丰富的想象。

（三）想象的生动性

想象的生动性是就想象表现的活泼、鲜明的程度而言的。想象的生动性是以表象的生动性为转移的。一般说来，表象越富有直观性，则由之形成的想象也就越富有生动性。如果一个人的视觉表象、听觉表象、味觉表象、嗅觉表象、触觉表象等，就像直接看到、听到、尝到、嗅到、触到时那样鲜明、完整和稳定，则由这些表象所构成的想象自然也就生动、鲜明。他们头脑中的形象如同他们所见所闻，有如身临其境之感。而想象死板呆滞、色彩暗淡的人，他们在头脑中构成某一形象时，既不能"看到""听到"什么，也不能"尝到""嗅到""触到"什么。

（四）想象的现实性

想象的现实性是就想象与现实相符的程度而言的。任何想象总是超越现实，但又不能绝对摆脱现实。想象的现实性使人的想象可望可及，超前而又科学、可靠。再造想象、创造想象、积极的幻想（理想）都是如此。消极的幻想（空想）与现实完全脱节，可望而不可即。一个富于积极幻想的人，他的想象虽然走在现实的前面，但却是符合事物发展规律的，是经过一定努力可以实现的。这样的空想对人类的发展具有积极的作用。

而一个空想的人则不然，他的想象远远跑在现实的前面，并且不符合现实发展规律，根本无法实现。这样的幻想只能给事业带来巨大的危害，把人引向歧途，使人碌碌无为度过一生。

（五）想象的新颖性

想象的新颖性是就想象所构成的形象的新异程度而言的。想象的新颖性是通过表象的改造实现的。想象所构成的形象越是出乎意料、越是异乎寻常，则它越富于新颖性。有的

人想象新颖、独特，能够把已有表象有机结合起来，能打破常规、别出心裁地进行创造。有的人的想象则缺乏新颖性，只能把已有的表象简单地、机械地拼接起来，这种人很难进行创造活动。一般来说，从事创造活动的人，其想象都需要有高度的新颖性。

（六）想象的深刻性

想象的深刻性是就想象所构成的形象揭示事物主要特征的程度而言的。想象的形象是否深刻，一方面取决于是否能从典型的高度出发，对已有的表象进行深刻的改造；另一方面还必须具备有关的高水平的技能，如创造性活动中的科研技术、写作技巧等。这两方面有机结合，方可创造出高水平的产品。想象的深刻性的差异更多地表现在创造想象中。具有想象深刻性品质的人，能通过生动的形象把事物的主要特征揭露出来，使形象具有典型性。例如，鲁迅笔下的祥林嫂、阿Q、狂人等形象，都是他想象深刻性的表现。

> **阅读窗**
>
> **梦的产生**
>
> 按照巴甫洛夫的解释，人在睡眠时，大脑皮层产生一种弥漫性抑制，由于抑制发展不平衡，皮层的某些部位出现活跃状态，暂时神经联系以意想不到的方式重新组合而产生各种形象，就出现了梦。
>
> 睡眠和梦是宇宙奥秘之一，自古以来吸引着人们的注意。近年来对睡眠和梦的机制的研究进展较快，但由于它们的复杂性，许多问题有待进一步深入研究。
>
> 近年来脑电和眼动的研究发现，人的睡眠不是单一的过程，具有两种不同的时相：慢波睡眠和快波睡眠。
>
> 慢波睡眠中脑电波呈现同步化慢波。夜间睡眠多数时间处在这种睡眠状态。成年人慢波睡眠可分成四个阶段：第一阶段为打盹浅睡；第二阶段为中度睡眠；第三阶段为中度至深度睡眠；第四阶段为深度睡眠。儿童睡眠的分期比较困难。
>
> 快波睡眠中脑电波呈现去同步化快波。人的一生中，快波睡眠的时间在整个睡眠时间中所占的比例随年龄增加而减少。新生儿的快波睡眠占整个睡眠时间的50%，2岁以内的婴儿的快波睡眠占睡眠时间的30%~40%，青少年和成年人的快波睡眠占睡眠时间的20%~25%，而老年人的快波睡眠占睡眠时间不到5%。慢波睡眠时眼球没有或只有少量缓慢的运动，故又称非快速眼动睡眠；快波睡眠时眼球有快速运动（50~60次/分），故又称快速眼动睡眠。
>
> 成年人的睡眠中，慢波睡眠和快波睡眠相互交替，先进入慢波睡眠状态，持续约90分钟，然后进入快波睡眠，持续20~30分钟，接着又进入慢波睡眠。两种睡眠状态都可以直接进入觉醒状态，但从觉醒状态进入快波睡眠必须先进入慢波睡眠。一夜整个睡眠期间这种反复交替3~5次，越接近睡眠后期，快波睡眠的持续时间越长。
>
> 研究表明，做梦主要是在快波睡眠期间，当然，也有少数是在慢波睡眠期间。但两种睡眠状态所做的梦，在内容上是不同的。慢波睡眠期间所做的梦，概念性较强，内容常涉及最近生活中所发生的事；快波睡眠期间所做的梦，知觉性（特别是视知觉）较强，内容生动、古怪。由于快波睡眠状态大部分发生在下半夜，因此整个睡眠时所做的梦，一般是从较多概念化的上半夜向较多知觉化的下半夜过渡。

> 做梦是脑的正常功能的表现，它不仅无损于身体健康，而且对维持脑的正常功能是必要的。研究表明，如果人为地连续几天剥夺人的快波睡眠，人就会出现紧张、焦虑、注意力涣散、易激怒，甚至出现幻觉等反常现象。还有人认为，从半睡眠状态到做梦这个阶段，对于恢复脑细胞的功能，积累、整理、储存来自外界和机体的信息是极为重要的。做梦可以防止人脑因晚上不用而丧失其效能。
>
> 摘编自：梦的产生［EB/OL］.［2024-4-28］.https://baijiahao.baidu.com/s?id=8276632wfr

第三节　表象、想象与教学

一、表象在教学中的应用及训练

（一）表象在教学中的应用

教育者在进行教育实践时，应充分利用表象的优势，提高教育质量。

1. 借助于心理表象，培养直觉思维

以往的学校教学只注重发展学生的分析思维能力，强调通过一步步的推理进而得出结论，却忽视了直觉思维的培养，这妨碍了学生直觉理解的健全发展。其实，相对于分析性思维，人们在实际的问题解决和发现学习中，使用的更多的是直觉思维。所以，课程设计应从低年级起便开始注重培养和发展学生的直觉天赋。

由于视觉化的映像表征是直觉思维的重要特点，而且其过程是非语言的，故丰富学习者的想象力及心理表象能力可以使事物的诸因素以映像的形式同时直观地呈现于大脑之中，这就有助于活跃直觉思维。而且心理表象与其表征对象具有相似的结构特征，能现实地表征客观对象的三维空间特征及各维度上的连续细节特征。

另外，心理表象在无特殊需求之下对客体情境是一种概括而非精确的模拟表征，这就在解决问题中，尤其在物理与几何问题解决中可以节约工作记忆空间，节省认知资源，利于激活问题的主要的知觉特征。几何问题的解决要依靠图形表象将右脑的直觉转化为左脑的语言逻辑证明，这种图解式的思维是直观的，能帮助摆脱逻辑思维的束缚，内隐地把握那些非语言的变幻莫测的东西，使问题得以解决。

故教学活动中应注重设计心理表象，应使学生习惯于将已了解和掌握到的知识结构化，然后形成心理表象，此时心理表象往往是联系头脑现有各部分知识网络所呈现出的模糊的图形或形象，由于具有信息并行处理等特性，因而可以使得直觉思维能跨越空白和残缺，对一大堆相关表象同时进行并行加工处理，从而迅速、敏捷地进行整体性的全方位的思维，很少因细节上的不足而中断，在识别隐蔽和变形事物上有很大优越性。

另外，由于形象思维发展期是儿童思维发展的一个重要阶段，对处于该思维发展阶段的儿童，尤其要充分重视其视觉表象能力、空间思维能力的培养与发展。因为有研究表明此阶段是儿童各种表象能力、空间思维能力、形象思维发展的关键期。

2. 表象的多通道性及多媒体教学的应用

对有表象参与的不同通道（视、听、触觉等，主要是视觉和听觉）的记忆所进行的系统研究已表明，在一定程度上存在视听成分的联合效应，即双通道表象指令条件下的回忆成绩较之单通道表象指令条件下的好。皮连生等在教学媒体设计中曾提到："单用听觉，三小时左右能保持所获知识的60%，三天后则下降为15%；单用视觉，三小时左右能保持70%，三天后则为40%；如果视听并用，则三小时左右还能保持90%，三天后为75%。"可见将视听结合所形成的媒体具有直观、鲜明的图像与生动的语音、语调有机配合的特点，易于学生形成具体、形象、生动的心理表象，便于信息的编码、存贮与提取，能够提高学习效率。

3. 重视教学环境刺激的丰富化

教学环境中刺激的丰富化可以充分调动学生的心理表象加工，不仅可以为日后信息提取提供更多线索，而且有助于学生平日积累丰富的表象材料，为创造性的想象表象提供必备的表象素材。以英语学习为例，当今英语在我国的迅速普及已使大街小巷随处可见各种商业性及非商业性的英文标牌，各种简单英文交流也已渗入日常生活中。这就为学生英语学习提供了各种多通道的表象材料，易化了其英语学习。因为这种外界相关信息重复接触次数的增加（即使是无意识的）会产生一种"纯粹接触效应"，即某一外在刺激仅仅因为呈现次数越频繁（使个体能够接触到该刺激的机会越多，但并不一定要刻意引起注意或有意地强化），就可以使个体对该刺激的印象越深刻。个体对刺激的知觉流畅性也同时得到提高，便于心理表象的形成与加工，而且这种知觉流畅性也是创造性思维的三要素之一。

4. 加强直观教学，引导学生形成表象，积极引发学生的形象思维

课堂教学多以抽象知识为主，需要加强直观教学使学生在感知基础上对所学知识形成正确、鲜明的表象，以引发其主要利用头脑中事物的具体形象和表象进行的形象思维。主要途径有二：一是利用实物模型或多媒体等现代教育技术将抽象知识生动形象地展现在学生面前，使学生通过直接的感知，形成鲜明的表象；二是通过教师形象、生动的直观叙述，引发学生联想，唤醒学生头脑中已有的表象素材，并力求在此基础上形成创造性的想象表象。

5. 对相关教材、教学内容的特殊加工

通过对教材、教学内容中重点、难点的突出与强调，可以调节学习者学习时的注意分配以及学习和回忆时心理表象加工的侧重点。整理教学内容，绘制图表、提纲等不仅给人一种清晰的视觉感受，便于形成视觉表象，而且从记忆加工水平来说是属于一种深层次的精细加工，有助于记忆内容的巩固。此外，还可以借鉴一些广为应用的记忆术，借助于心理表象（尤其是视觉表象），利用表象联想的原理，以动态、夸张等离奇的手段将识记者头脑中已有的经验（表象）同所需学习的新知识联系起来，以增强记忆的强度和灵活性。

另外，虽然当前大量脑高级功能的研究已对大脑左右半球"逻辑半球"和"形象半球"的区分这种曾经风行一时的"大脑两半球分工说"提出了质疑，但是在对图形表象的整体性加工中右脑的确体现出了相当程度的半球优势，因而当前教育教学领域所热衷或推崇的众多开发右脑、训练形象思维的教与学的方法在某种程度上也还是具有一定的借鉴意义的。

（二）表象训练

表象训练顾名思义就是以表象为内容的训练，它是一种认知训练方法，旨在提高个体的注意力和观察力，帮助个体更好地捕捉和理解事物的细节和关系。该方法通过多次观察和分析具体的表象（如图像、文字、音频等），让个体逐渐培养出细致入微的观察和分析能力。心理学研究表明，运用表象训练能更好地挖掘个体的潜能，发展智力。例如，我国心理学工作者曾利用表象训练提高幼儿园儿童的加减法计算能力。开始时，儿童只能按实物计算；后来，研究者将实物遮挡起来，要儿童想着那里的实物计算（即用表象计算）。经过这种训练，儿童能较快地掌握口算和心算。

表象训练法的内容可以包括以下几个方面：

1. 视觉训练

通过观察图像、照片、艺术作品等视觉表象，训练个体对细节的敏感度和观察力。可以通过要求个体描述、分析图像中的各种元素、关系和细节来进行训练。

2. 听觉训练

通过听取音频、音乐等听觉表象，训练个体对声音的敏感度和分析能力。可以要求个体听取并描述音频中的不同乐器、音符、节奏等元素。

3. 文字训练

通过阅读文字材料，训练个体对文字信息的敏感度和理解能力。可以要求个体解读文章中的隐含信息、逻辑关系、修辞手法等。

4. 综合训练

将多种表象形式结合起来，训练个体对不同表象之间的联系和共同点的发现能力。可以要求个体将不同的表象进行比较、分类、整合等操作。

通过表象训练法的实施，个体可以逐渐培养出对事物细节的敏感度和观察力，提高信息的收集、分析和处理能力，有助于提高思维的深度和广度。这种训练方法常用于教育、认知心理学和创造性思维训练中。

二、想象力的培养

2023年，习近平总书记在中共中央政治局第三次集体学习时强调，要"激发青少年好奇心、想象力、探求欲，培育具备科学家潜质、愿意献身科学研究事业的青少年群体"。因此，培养学生丰富的想象力是教育的重要任务之一，也是发展学生智力的一项重要内容。没有想象就没有创造，文学家、艺术家、自然科学家等，都要通过想象进而完成创造，而且在完成一项创造活动的过程中会促进创造想象力的提高。任何一种想象力都是服务于实践而又发展于实践的，离开了实践，想象力便失去了发展的目标和发展的条件。陶行知先生在他的名作《创造宣言》中说："处处是创造之地，天天是创造之时，人人是创造之人。"教学是一种典型的创造活动，而且是一种最高级的创造活动。它创造了人，创造了未来，所以更加需要创造想象的参与。因此，教师与学生都应该做到以下几点：

（1）积极参与实践，丰富学生的表象储备。表象是想象得以进行的基础。表象贫乏，想象也会枯竭。俗话说得好："巧妇难为无米之炊。"世界上没有先天的"巧妇"与"拙妇"之分，"巧妇"是经过长期的实践形成的；"巧妇"的手再巧，心再灵，倘若没有基

本的原料，也只有束手无策。想象的基本原料——表象，直接来源于现实生活，来源于实践。因此，我们要积极地参加实践，在实践中丰富自己的表象，并在大脑中对表象进行整理、归类、加工、储存，形成自己的表象体系，唯有如此，我们进行想象时才能左右逢源，纵横驰骋，得心应手。

（2）发展学生的言语和思维能力。想象是思维的一个特殊组成部分，想象的发展离不开思维的发展。在实践中获得的丰富表象，需要通过思维的作用来加工改造，尤其要注重形象思维的发展，形象思维的过程便是贮存、提取表象的过程。在发展人们的思维力的同时，便发展了想象力，二者唇齿相依。

（3）走出观念的误区，学会幻想，善于幻想。培养学生大胆幻想和善于幻想的能力也具有重要意义。对学生的幻想不应讽刺讥笑，应该珍视、鼓励、引导，帮助他们把幻想转变成理想，把幻想同创造想象结合起来。

（4）发展想象与培养良好的个性相结合。一个人的个性心理特点，对想象的发展，尤其是创造想象的发展，具有明显的影响。有成就的人大都有坚定的信念和积极的进取心，思路开阔，想象丰富，敢于坚持真理和捍卫真理。哥白尼为了坚持自己的"日心说"而奋斗一生，献出了自己的生命而决不改变自己的信念。

（5）培养学生丰富的情绪和深刻的情感。情绪情感对人的认知活动与个性的形成有着重要的作用。为了培养学生良好的情感，教师应该注意针对学生的情绪、情感发展的特点，提高学生的认识水平，要开展多种活动，让学生在活动中产生、体验积极的情绪。在进行情绪情感教育时，要注意直观性、形象性、感染性，减少说教的成分。

（6）利用生动活泼的教学形式和丰富多彩的课外活动来唤起和培养学生的想象力。

第七章　要点回顾　　　　第七章　习题园地　　　　第七章　思维导图

第八章 思维

案例导学

案例1： 有三个传教士和三个野人要过河，河边只有一条一次能载两个人的船。在河的任何一边或者船上，如果野人的人数大于传教士的人数，那么传教士就会被吃掉。如何才能使传教士和野人都安全过河？

案例2： 有三只母狼各自带着自己的一只狼崽要过河，河边只有一条一次只能载两只狼的船。三只母狼都会划船，三只狼崽中只有一只会划船，如果狼崽不能与自己的妈妈在一起，它就会被其他母狼吃掉。如何才能让所有的狼安全过河？

这两个案例中的过河方法是否一样？

当我们遇到此类问题时，单纯地依靠感知觉和记忆等心理活动很难顺利找到解决问题的方法。那么，在解决此类问题的时候，是哪种心理活动在发挥主要作用呢？在我们没有看到真实的"过河"问题情境时，我们又是如何去把握理解问题的呢？学完本章的内容，你将会找到答案。

目标解析

1. 理解并掌握思维的概念、种类、过程。
2. 理解问题解决的策略与影响因素。
3. 理解创造性思维的概念、特征，掌握创造性思维的培养路径。
4. 学会分析自己的思维品质，并有针对性地进行锻炼。

第一节 思维概述

一、思维的概念

思维是个多义词，在汉语中"思维""思考""思索"是近义词。根据《辞源》，思维就是思索、思考的意思。

（一）思维的定义

思维是人脑借助于语言，以已有知识为中介，对客观现实的对象和现象概括的、间接的反映，是揭露事物本质和规律的认识过程的高级阶段。简单地说，思维是人脑对客观事物本质规律和内在联系的间接的和概括的反映。

上述思维的定义表明，思维与感知同属于认识过程，但思维具有与感知不同的特点。感知反映的是客观事物的外部特征和外在联系，属于感性阶段。思维则不同，它对客观事物反映的方式是间接的、概括的；反映的过程往往借助于语言，并以旧有知识为媒介；反映的结果可能揭露事物的本质和规律；反映的水平属于高层次的理性认识，是认识过程的高级阶段。比如，化学上两个集气瓶都装满气体，一瓶空气，一瓶氧气，如果要判断哪一瓶是空气，哪一瓶是氧气，我们只需用带火星的小木条检验，复燃的为氧气。再如玻璃窗上结冰珠，你明白那是水蒸气遇冷液化的结果。可见，思维是通过"去粗取精、去伪存真、由此及彼、由表及里"的加工，对已有经验进行重新组合和加工，从而间接、概括地反映事物的本质、规律，它是人类认识的高级阶段。

（二）思维的特点

1. 间接性

所谓思维的间接性，是指思维通过其他媒介作用认识客观事物，以及借助于已有的知识和经验、已知的条件推测未知的事物。思维的间接性表现在三个方面：一是间接认识当前不能直接感知的事物。例如，我们可以借助 pH 试纸，鉴别溶液是酸性还是碱性的；医生利用心电图、血液、CT 影像等检查资料确认病患情况。二是以历史资料和历史文物为中介间接地回顾历史。例如，可通过有关秦朝的资料和秦始皇陵兵马俑等文物为中介，回顾秦始皇时期社会的政治、军事、经济和文化艺术发展的状况；可以借助四千万年前珠穆朗玛峰地区地层中的海洋生物化石，推断出现在的"世界屋脊"曾是一片汪洋大海。三是利用科学方法、媒介预测未来。例如，根据大气活动趋势与规律，进行准确的天气预报等。

2. 概括性

人为什么能对不在当前的事物做出间接的反映呢？这是因为思维具有另一个特点，即思维的概括性。所谓思维的概括性，指的是思维反映的东西，不是个别事物或事物的个别属性，而是反映一类事物的共同属性或本质属性，反映事物之间的规律性联系。这种事物的共同属性或规律是通过概括来实现的，通过直接的感知是无法认识的。

概括可以分为两个层次。一是反映某一类事物的共同的本质特征。例如，电灯、汽灯、车灯、交通灯、喷灯等各种灯都具有照明的共同本质特征，由此我们概括出"灯"的概念；铜、铁、锌等有传热导电的属性，它们都是金属，所以，我们得出金属能传热导电的属性。二是在大量感性材料的基础上，从部分事物的相互联系中发现普遍的、必然的或规律性的联系，并加以概括总结。"础润而雨，月润而风"就属于这一种概括。

思维的间接性是以思维的概括性为基础的。没有概括性，就没有间接性。当我们懂得了生态平衡的理论之后，就能知道破坏森林、破坏植物的不良后果；当我们学会了直角三角形的定理之后，就能利用它来测量树的高度；等等。总之，思维的概括性反映着人们对客观事物的内在关系与规律性的认识。一切科学的概念、定义、定理、法则都是经过思维的概括而实现的，是理论概括的结果，是人类理性认识的成果。

3. 思维是对经验的改组

思维是一种探索和发现新事物的心理过程。它常常指向事物的新特征和新关系，这就需要人们对头脑中已有的知识经验不断进行更新和改组。例如，人们过去认为世界上最小的物质是原子，后来发现原子还可以分为质子、中子等。

思维活动常常是由一定的问题情景引起的，并试图解决这些问题。例如，人们在设计新的计算机程序时，不是简单地把头脑中有关的原理和经验统统呈现出来，而是根据设计的要求、课题的性质、材料的特点等重新组织已有的知识，提出可行的方案，然后进行检验，逐步形成新的可行方案。所以思维不是简单地再现经验，而是对已有的知识经验进行改组、重建的过程。

（三）思维与感知觉的关系

思维同感知觉一样，都是人脑对客观现实的反映，但又有根本的区别，表现在以下几点：

（1）感知觉只是对当前事物的直接反映，只是对信息的接收和识别，而思维是对客观事物的间接的、概括的反映，对信息进行了加工。

（2）感知觉反映的是客观事物的外部特征和外在联系，思维反映的是客观事物的本质特征和内在规律性联系。

（3）感知觉属于感性认识，它是借助于形象系统对直接作用于感官的事物进行反映，反映范围很小，是认识过程的初级阶段，而思维属于理性认识，它是借助于概念系统对客观事物进行反映，它可以反映任何事物，反映范围很大，是认识过程的高级阶段。例如，我们见到刮风、下雨，这是对自然现象的感知觉，是对直接作用于我们感官的客观事物外部特征的感性认识；而为什么会刮风、为什么会下雨，我们研究的结果是因为"空气对流"而形成风，因为"水蒸气遇冷液化"而形成雨，这就是我们对客观事物本质特征和内在规律性联系的间接的和概括的反映，这是思维，是理性认识的结果。又如，拿我们对三角形的认识来说，感知觉只能反映各种具体的三角形的形状和大小，而思维则能舍弃三角形的具体形状和大小等非本质特征，把任何三角形都具有三条边和三个角这一共同的、本质的特征概括出来。前者是对事物现象的反映，后者是对事物本质的反映。

思维虽是超出感知范围的理性认识阶段，是更高级、更复杂的心理活动过程，但它是以感性材料为基础，与感知、记忆等认识过程密不可分的。感性认识是思维活动的源泉和依据。思维无论多么抽象，它的加工材料还是对个别事物的多次感知，从对个别事物多次感知中，概括出本质和规律。同时，感性认识的材料如不经思维加工，就只能停留在对事物的表面的、现象的认识上，而不能认识客观事物的本质和规律。

二、思维的分类

根据不同的标准，可以对思维进行不同的分类。

（一）根据个体思维发展的阶段和水平划分

根据个体思维发展的阶段和水平，可以把思维分为动作思维、形象思维和抽象思维。

1. 动作思维

动作思维是伴随实际动作的思维活动。它要解决的是操作性的问题，其思维是在操作

和摆弄物体的过程中进行的，随着动作的停止而结束，具有极其鲜明的情境性。

2. 形象思维

形象思维是运用已有表象进行的思维活动，其特点是运用直观形象去解决问题。它要解决的问题是把思想形象化，或建立一个新的形象体系。解决问题的主要方式是想象活动。儿童思维以形象思维为主。

3. 抽象思维

抽象思维又称逻辑思维，指通过分析、综合、比较、抽象和具体化，掌握概念并运用概念进行判断和推理的思维。数学定理、公理的证明，科学设想的提出，等等，都是抽象思维的结果。其特点是运用概念判断和推理去解决问题。它是人类所特有的高级思维，如分析"$8+9=17$"。

（二）根据思维的创造性程度划分

根据思维的创造性程度，可以将思维分为再造思维和创造思维。

1. 再造思维

再造思维又称再生性思维、习惯性思维，指运用学过的理论、原理、原则、知识，直接解决问题的思维。它要解决的问题是日常生活中经常出现的类似的问题，其独立性、新颖性、创新性不强。例如，学生运用学过的定理做练习题，模仿造句等。

2. 创造思维

创造思维指运用新颖的、独创的方法来创造性地解决问题，产生新思想、新假设、新原理的思维。它要解决的问题是人们从来没有解决过的新问题，或采取的方法是人们从未用过的，其最大特点是独创性。创造思维既包括发明家的科学发明，也包括艺术家的艺术创造，还包括学生的创造学习。很多脑筋急转弯问题的答案就运用了创造思维。

（三）根据思维的方向性和多向性划分

根据思维的方向性和多向性，可以把思维分为发散思维和聚合思维。

1. 发散思维

发散思维是沿着多方面去探寻方法和途径的思维，又叫求异思维或辐射思维，其特点是求异与创新。例如，学生做数学练习题，进行一题多解的尝试。

2. 聚合思维

聚合思维指从各种定论中筛选出一种或找到问题的一种答案的思维。例如，学生从许多基本的理论观点中寻找一个解决问题的论点，理论工作者从许多现成的资料中梳理出一种结论，等等。

（四）根据思维过程是否被清晰地意识到或有明确的步骤划分

根据思维过程是否被清晰地意识到或有明确的步骤，可以将思维分为直觉思维和分析思维。

1. 直觉思维

直觉思维指思维步骤和思维过程不明确、不清晰，对某些现象或问题直接、迅速地做出某种猜想、假设或判断的思维。它具有整体性、直观性、简约性、突发性、模糊性的特点。例如，医生根据病人的口述材料，迅速做出疾病的诊断；公安刑警根据犯罪现场，立即对案件做出判断等。

2. 分析思维

分析思维指明确意识到思维的步骤和思维的过程，并按一定的程序进行的思维。例如，医生对疑难病症的会诊，军事指挥员根据侦察兵的情报材料做出决策的过程，等等。

（五）根据思维的内容划分

根据思维的内容，思维可分为经验思维和理论思维。

1. 经验思维

经验思维指以自己的经验为内容进行的思维。例如，儿童凭自己的经验认为，火能烧伤手指和衣服，开水能烫伤人；成人见到春天刮东南风，夏天刮北风就预感到要下雨；等等。

2. 理论思维

理论思维指以理性知识为内容进行的思维。例如，学生运用学过的定理分律等去解决问题等。

对思维从各种角度进行分类，有助于对思维进行系统的全方位的研究，有利于培养人们良好的思维品质，使人们根据需要把握思维的种类与特点，提高思维的效率。

三、思维的基本过程

思维的过程包括分析与综合、比较与分类、抽象与概括、具体化与系统化等。

（一）分析与综合

分析与综合是思维过程的基本环节。一切思维活动，从简单到复杂，从概念形成到创造性思维，都离不开头脑的分析与综合。

分析是在头脑中把事物的整体分解成各个部分、方面或个别特征的思维过程。例如，把植物分解为根、茎、叶、花、果实、种子，把动物分解为头、尾、足、躯体，把几何图形分解成点、线、面、角、体，分析一个句子由哪些语言成分构成等。

综合是在头脑里把事物的各个部分、各个方面、各种特征结合起来进行考虑的思维过程。例如，把单词组成句子；把文学作品的各个情节联成完整的场面；把一个学生的思想品德、智力水平、学业成绩、健康状况等方面联系起来，加以评价，得出结论等。

分析与综合在人的认识过程中有不同作用。通过分析，人可以进一步认识事物的基本结构、属性和特征；可以认识事物的表面特性和本质特性，使认识深化；可以认识问题的情境、条件、任务，便于解决思维问题。通过综合，人可以完整、全面地认识事物，认识事物间的联系和规律，整体把握问题的情境、条件与任务的关系，提高解题的技巧。

分析与综合是同一思维过程中彼此相反而又紧密联系的过程，是相互依赖、互为条件的。分析是以事物综合体为前提的，没有事物综合体，就无从分析。综合是以对事物的分析为基础的，分析越细致，综合越全面；分析越准确，综合越完善。例如，学生读一篇课文，既要分析，也要综合。经过分析，理解词义和段落大意；经过综合，掌握文章的中心思想，获得对文章的整体认识。对事物只有分析而没有综合，只能形成片面的、支离破碎的认识；只有综合没有分析，只能形成表面的认识。分析与综合是辩证统一的，只有把分析与综合有机地结合在一起，才能发现事物的联系和关系，才能更好地认识事物。

分析与综合可以在不同的层面上进行。人可以在直接摆弄物体的情况下进行分析与综合，例如，小学生用散装的零件自己组装成舰模或航模；也可以在直观形象的层面上进行分析与综合，例如指挥员在军事图上分析敌情，服装师设计服装，建筑师设计建筑物等；还可以在思想层面对抽象的事物进行分析与综合，例如，公安人员分析案情，学生解题等，这是分析与综合的最高水平。

（二）比较与分类

比较是在头脑中把各种事物或现象加以对比，确定它们之间的异同点的思维过程。人们认识事物，把握事物的属性、特征和相互关系，都是通过比较来进行的。只有经过比较，区分事物间的异同点，才能更好地识别事物。例如，教师要讲清"思维"这个概念，必须将它与相近的"思想"这个概念相比较，找出它们的共同点和差异点。它们的共同点是，二者都是理性认识；它们的差异点在于，思想是理性认识的内容，思维是理性认识的形式。通过比较，对思维这一概念的认识就更加准确了。

比较与分析、综合是紧密联系的。比较总是对事物的各部分、各种属性或特性的鉴别与区分，因此没有分析就谈不上比较，分析是比较的前提。然而，比较的目的是确定事物间的异同，因此比较也离不开综合。要比较事物，既要对事物进行分析，又要对事物进行综合，离开分析与综合，比较难以进行。

比较既可以是同中求异，也可以是异中求同。例如，在教学中，教师为了帮助学生清楚地了解某个对象，就将这个对象与和它十分相似的各种对象进行比较，找出它们的不同点；又把这个对象与和它差异很大的对象进行比较，找出它们的相同点。这样，学生就较容易明确这个对象的本质特征。

分类是在头脑中根据事物或现象的共同点和差异点，把它们区分为不同种类的思维过程。分类是在比较的基础上，将有共同点的事物划为一类别，再根据更小的差异将它们划分为同一类别中不同的属性，以揭示事物的一定从属关系和等级系统。例如，学生掌握数的概念时，把数分为实数和虚数，又把实数分为有理数和无理数，有理数又可分为整数、小数和分数等。

学生由于年龄的差异，思维发展水平不同，分类的水平也不同。小学生往往不根据事物的本质特征，而根据事物的外部特征和事物的功能进行分类；少年期学生容易把本质特征与非本质特征并列来进行分类；青年期的学生则会按事物的本质特征进行分类。

（三）抽象与概括

抽象是在头脑中把同类事物或现象的共同的、本质的特征抽取出来，并舍弃个别的、非本质特征的思维过程。例如，我们对人的认识，人可以分为男性、女性、大人、小孩，工人、农民、军人、学生、教师、商人、高个人、矮个人、白种人、黄种人、黑种人；人能吃饭、能睡觉、能喝水、能活动、能知觉、能记忆、能说话、能思维、能制造工具，会使用工具等。通过分析、比较，抽出人类具有的共同的、本质的属性，即能说话、能思维、能制造工具等，舍弃能吃饭、能睡觉、能喝水、能活动等其他动物也有的非本质属性，这就是抽象。

概括是在头脑中把抽象出来的事物的共同的、本质的特征综合起来并推广到同类事物中去，使之普遍化的思维过程。例如，我们把"人"的本质属性——能说话、能思维、能制造工具综合起来，推广到古今中外一切人身上，指出"凡是能说话、能思维、能制造和使用工具的动物都是人",这就是概括。

抽象与概括的关系十分密切。如果不能抽出一类事物的本质属性,就无法对这类事物进行概括。而如果没有概括性的思维,就抽不出一类事物的本质属性。抽象与概括是相互依存、相辅相成的。抽象是高级的分析,概括是高级的综合。抽象、概括都是建立在比较基础上的。任何概念、原理和理论都是抽象与概括的结果。

学生的概括可以分为两种水平:

(1) 初级形式的感性概括。这种概括形式是根据事物的外部特征,对不同事物进行比较,然后对它们的特征加以概括。如,小学生根据鸟会飞这一外部特征得出"会飞的动物就是鸟类",从而错误地认为鸭、鹅不会飞,所以不是鸟类。这种概括是属于知觉和表象水平的概括。

(2) 高级形式的科学概括。这是根据事物的本质特征进行的概括。如,学生通过学习有关动物学的知识,能准确地概括出鱼的本质特征,即"用鳃呼吸的脊椎动物是鱼类"。这种水平的概括属于思维水平的概括。

(四) 具体化与系统化

具体化是指在头脑里把抽象、概括出来的一般概念、原理与理论同具体事物联系起来的思维过程,也就是用一般原理去解决实际问题,用理论指导实际活动的过程。具体化是把理论与实践结合起来,把一般与个别结合起来,把抽象与具体结合起来,从而使人更好地理解知识、检验知识,使认识不断深化。

系统化是指在头脑里把学到的知识分门别类地按一定程序组成层次分明的整体系统的过程。例如,生物学家按界、门、纲、目、科、属、种的顺序,把世界上所有的生物分了类,并揭示了各类生物间的关系和联系,这就是人脑中对生物系统化的过程。又如,学生掌握数的概念,在掌握整数、分数、小数知识之后,可以概括归纳为有理数;当数的概念扩大,学习了无理数之后,又可把有理数和无理数概括为实数;掌握了虚数之后,又可把实数和虚数概括为数,从而掌握了系统的数的知识。

系统化是在分析、综合、比较和分类的基础上实现的。系统化的知识便于在大脑皮层上形成广泛的神经联系,使知识易于记忆。也只有掌握了系统的知识结构,才能真正理解知识,才能在不同条件下灵活运用知识。

四、思维的品质

思维的品质就是思维能力的个别差异在个体的思维活动中的表现,因此思维的品质是衡量思维能力强弱的标志。

1. 思维的广阔性与深刻性

思维的广阔性指思路开阔,善于全面地思考和分析问题,能把握事物各个方面的联系和关系,从多方面研究找出问题的本质。思维的深刻性是指在思维过程中,善于透过繁杂的现象深入事物的内部,抓住事物的本质与核心,揭露事物的发展规律。

具有思维广阔性品质的人,能从多个角度、多个层面,从事物的多方面联系中去寻求解决问题的方案。而具有思维深刻性品质的人,能从别人看来很简单甚至是不屑一顾的现象中揭露重要的规律,并能预测事物发展的趋势与后果。

广阔性与深刻性是紧密相连的两种品质。如果思维只具有广阔性而没有深刻性,就会

陷入肤浅；而只有深刻性没有广阔性，思维又会变得狭隘。

2. 思维的独立性与批判性

独立性是指善于独立思考，独立地发现、分析和解决问题。批判性是指在思考问题时善于从实际出发，以客观标准进行是非判断。

思维具有独立性的人，不盲从，不受暗示，不依赖现成的答案。思维具有批判性的人，在一种思想最初进入其头脑时，在没有进行检查验证并确认正确之前，不轻信、不盲从，而是依据客观标准进行检验和推敲。

独立性与批判性也是不可分离的。独立性是批判性的前提，批判性是独立性的表现。

3. 思维的目的性与灵活性

思维的目的性是指思维活动自始至终都有明确的目的，时刻记住思维所要解决的问题和所要取得的结果。思维具有目的性的人能控制思路的方向，防止盲目性。思维的灵活性是指在思维活动中，能根据思维对象和有关条件的不断变化，灵活机动地寻求解决问题的方案。思维的灵活性还表现在能根据变化了的情况，及时修改原来的计划。

思维的目的性与灵活性也是不可分割的，目的性是灵活性的前提，脱离目的的灵活是没有意义的。目的性也离不开灵活性，否则就会墨守成规、保守顽固。

4. 思维的逻辑性与敏捷性

思维的逻辑性是指在思维过程中，思路前后连贯，条理分明，符合逻辑。思维具有逻辑性的人思考问题时能够做到有理有据、层次清晰，思维没有条理性，就会陷入混乱，不能解决问题。

敏捷性是指在思维过程中能迅速地发现和解决问题。思维的敏捷性表现为对情况迅速反应，而这种反应是经过深思熟虑的，有事实依据，能够付诸实施。

思维的逻辑性与敏捷性也是紧密相连的，敏捷性必须以条理性为基础，没有逻辑的敏捷会陷入马虎和草率；而条理性也必须与敏捷性相联系，才会迅速解决问题。

> **阅读窗**
>
> **青春期学生思维品质的特点**
>
> 由于语言和智力的发展，个体经验的增长，中学生思维的广阔性和深刻性有很大的发展。在初中阶段，初一学生对概念的理解，仍然依赖直观经验，但到了初二以后，学生可以掌握较为复杂的概念系统，能够将事物的本质属性与非本质属性区分开来。在文学作品的学习中，学生能够充分领会到寓言、格言等的隐义和转义，能分析作品中人物的内心状态。但初中生常常容易被具体的事实材料吸引，加上知识面的限制，自觉调节自己思维活动的能力不足，初中生思维的广阔性和深刻性还有待进一步发展。
>
> 在高中阶段，学生不再容易迷恋事物的表面现象，能自觉地、全面地从本质上看问题。他们力求对各种经验材料进行理论性和规律性的说明，用理论把各种材料贯穿起来，并以此进一步扩展知识领域。高中生思维的开阔性和深刻性还表现在，能初步以辩证的观点看待问题，开始看到一般和特殊、归纳和演绎、理论和实践的对立统一关系。因此，高中生已具有学习哲学理论的可能性。

中学时期思维的独立性和批判性有了很大的发展，主要表现为他们不像小学生那样对教师和家长的要求百依百顺，他们逐步用批判的眼光看待一切事物；他们不满足于成人和书本上的结论，敢于大胆地发表个人意见，喜欢怀疑、争论和提出一些新奇的想法。应该注意的是，初中生和高中生的独立性、批判性是有差别的。初中生的独立性和批判性还不成熟，容易产生片面性与表面性。例如，初中生有时进行毫无根据的争论，孤立偏激地看问题，好走极端，容易肯定一切和否定一切。在正常的教育条件下，高中生的独立性和批判性要成熟得多。他们喜欢探究各种现象产生的原因，在提出争论的观点时，往往要求具有一定说服力的逻辑论证。高中生不仅开始思考学习材料本身的正确性，而且开始思考思想方法的正确性。尽管如此，高中生仍带有一定的片面性和主观性，容易产生公式主义和死抠教条的问题。

摘编自：中学生思维的特点［EB/OL］.（2022-12-26）［2024-4-28］.http://www.xuexila.com/danao/chouxiangsiwei/c4970.html.

第二节　问题与问题解决

一、问题的概念

在汉语的解释中，问题有许多含义，主要有四种：其一表示要求回答或解释的题目，如"进士免贴经，只试墨义二十道，皆以经中正文大义为问题"；其二为需要研究讨论并加以解决的矛盾、疑难，如"写什么是一个问题，怎么写又是一个问题"；其三意指关键、重要之点，如"重要的问题在善于学习"；其四为事故或意外，如"形势稳定可进到局一级，出了问题可上推下卸，躲在二道门内转发一下原则号令"。

心理学中对于问题的界定和理解则不太一样，尤其是从认知心理学的观点出发，通常把问题界定为"问题就是给定的信息和目标之间有某些障碍需要克服的情境"。"问题"示例如图8-1所示。

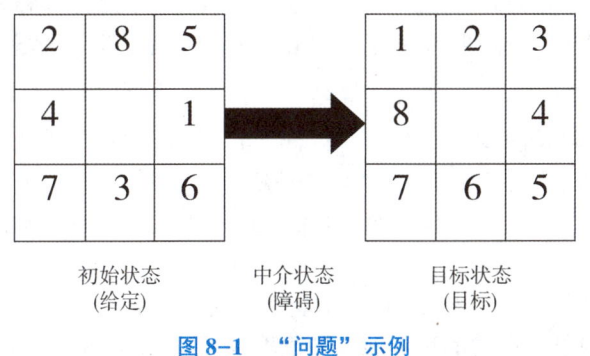

2	8	5
4		1
7	3	6

→

1	2	3
8		4
7	6	5

初始状态　　中介状态　　目标状态
（给定）　　（障碍）　　（目标）

图8-1　"问题"示例

二、问题的种类

1. 根据问题能否引起个体的思维来划分

根据问题能否引起个体的思维，问题可分为思考性问题和非思考性问题。

（1）思考性问题：指单纯通过回忆已有知识经验不能解决的，必须通过思维才能解决的问题。

（2）非思考性问题：指通过回忆已有知识经验就能解决的，无须通过思维就能解决的问题。

2. 根据问题的界定是否清晰来划分

根据问题的界定是否清晰，问题可分为界定清晰的问题和界定含糊的问题。

（1）界定清晰的问题：指初始状态和目标状态以及由初始状态如何到达目标状态的一系列过程都很清楚的问题，如数学上的几何证明题。

（2）界定含糊的问题：指对问题的初始状态或目标状态，或者对两者都没有明确说明的问题，这些问题具有很大的不确定性。

三、问题解决

（一）概念

问题解决（Problem Solving）是由一定的情境引起的，按照一定的目标，应用各种认知活动、技能等，经过一系列的思维操作，使问题得以解决的过程。例如，证明几何题就是一个典型的问题解决的过程。几何题中的已知条件和求证结果构成了问题解决的情境，而要证明结果，必须应用已知的条件进行一系列的认知操作。

问题解决具有三个特征：①目标指向性，即解决问题具有明确的目的性；②操作系列性，即解决问题必须包含一系列心理操作，才能称之为问题解决，自动化或单一的操作不能构成问题解决；③认知性操作，即不具备认知性操作的活动，不被看作是问题解决，如洗碗、骑自行车等。

（二）问题解决的过程

问题解决过程是一个发现问题、分析问题，最后导向问题目标与结果的过程。因此，问题解决一般包括提出问题、明确问题、提出假设、检验假设四个基本步骤。

1. 提出问题

问题就是矛盾，发现问题就是发现矛盾的存在，并产生解决矛盾的需要和动机，这是把社会的需要转化为个人思维活动的过程。发现问题是问题解决的开端，也是问题解决的动力。只有发现问题，才能激励和推动人们投入问题解决的思维活动之中。提出问题是问题解决的开端。

能否发现具有重大社会价值的问题，取决于多种因素，主要有以下几种：

（1）取决于人的思维活动的积极性。勤于思考、善于钻研的人，才能从细微平凡的事件中发现关键性问题。思想懒惰、因循守旧者难以发现问题。例如，牛顿发现地心引力，瓦特改良蒸汽机，巴甫洛夫发现狗的"心理性唾液分泌"等都是勤于观察、思考的结果。

（2）取决于人的认真负责的态度。人的活动积极性越高，社会责任感越强，态度越认真负责，越容易发现问题。例如，一个工作认真负责的教师，很容易发现学生中出现的学习、心理等问题；而一个没有认真负责态度的人，对周围的一切问题将会熟视无睹。

（3）取决于人的兴趣爱好和求知欲望。兴趣广泛、求知欲望强烈的人，一般不满足于对事物的公认的、表面的解释，而是力求探究事物的内部原因，能够见人所未见，想人所未想，发现事物的本质和规律。

（4）取决于人的知识经验的丰富程度。一般来说，知识渊博、经验丰富的人，能够提出深刻而有价值的问题；而知识贫乏的人，不容易提出问题，也不容易抓住要害提出深刻的有价值的问题。

2. 明确问题

所谓明确问题就是分析问题，抓住问题的核心与关键，找出主要矛盾的过程。能否明确问题有两个条件。

（1）是否全面系统地掌握感性材料。问题总是在具体事实上表现出来的，只有当具体事实的感性材料十分丰富且符合实际时，才能通过分析、综合、比较等，使矛盾充分暴露并找出主要矛盾，这是明确问题的关键。

（2）已有的知识经验。知识经验越丰富，越容易分析问题并抓住主要矛盾，越容易对问题进行归类，使思考具有指向性，便于有选择地应用原有知识经验来解决当前的问题。

3. 提出假设

提出假设就是在明确问题的基础上，对问题解决的具体方案提出假定和设想。问题解决的方案常常是先以假设的方式出现，经过验证逐步完善的。假设是人们推测、假定和设想问题的结论与问题解决的原则、途径、方法。

假设的提出是从分析问题开始的，在分析问题的基础上，根据问题的性质、问题解决的一般规律及个人的知识经验，在头脑中进行推测、预想和推论，然后有指向、有选择地提出解决问题的建议和方案（即假设）。方案是否符合实际，是否有利于问题的解决，还有待验证。假设的提出为问题解决搭起了从已知到未知的桥梁。

假设的提出依赖于许多条件，已有的知识经验、智力水平、创造想象力、直观的感性形象、尝试性的实际操作、言语表达和创造性构想等对其有重要影响。

4. 检验假设

检验假设是对假设进行验证的过程，它是问题解决的最后步骤。检验假设的方法有两种。一种是直接检验，即通过实验和实践活动来检验。这是检验的最根本、最有效的手段。例如，机器坏了，我们查找到原因，提出解决方案，进行实际维修，看一看这种维修方案能否解决问题。另一种是间接检验，即在头脑中根据已掌握的科学原理、原则，利用思维对假设进行论证。对于那些不能立即通过实践直接检验的复杂的假设常采用间接检验。例如，我们研制的卫星、导弹、运载火箭等不可能一遍又一遍地进行直接检验，而是反复地进行间接的理论论证，认为万无一失了再进行直接检验。医生设计的治疗方案、军事指挥员提出的各种作战方案等，都是先在头脑中进行反复的推敲、论证，最后付诸实践。

实践是检验真理的唯一标准，任何假设的正确与否最终都要接受实践的检验假设，其结果可以有两种情况：一是假设与检验的结果符合，这样的假设是正确的；二是假设与检验的结果不符，这样的假设就是错误的，这种情况下就要重新提出假设。正确的新假设的提出有赖于对以前失败的原因进行充分的了解和分析。检验假设直到结果正确为止。

四、问题解决的策略

问题解决策略是指个体在解决问题的过程中，搜索问题空间、选择认知操作方式时所运用的策略。采用什么样的策略解决问题，是影响问题解决效率的重要因素。好的策略有利于问题的解决，例如，9+3+2+7+8+1=？人们可以按顺序进行加法运算，但用这种方法解决问题的效率较低，且易出现错误。如果采用凑 10 的办法，能迅速准确地解决问题。常用的问题解决策略有以下几种：

（一）算法策略

算法策略就是在问题空间中随机搜索所有可能的解决问题的方法，直至选择一种有效的方法解决问题。简而言之，算法策略就是把解决问题的方法进行尝试，最终找到解决问题的答案。例如，一只密码箱有 3 个转钮，每一转钮有 0~9 十位数字，现要采用算法策略找出密码打开箱子，就要逐个尝试 3 个数字的随机组合，直到找到密码为止。采用算法策略的优点是它能够保证问题的解决，但是采用这种策略在解决某些问题时需要大量的尝试，因此费时费力，而且当问题复杂、问题空间很大时，人们很难依靠这种策略来解决问题。另外，有些问题也许没有现成的算法或尚未发现其算法，对这种问题，算法策略将是无效的。

（二）启发法

启发法是人根据一定的经验，在问题空间内进行较少的搜索，以解决问题的一种方法。启发法不能完全保证问题解决的成功，但用这种方法解决问题较省时省力。下面是几种常用的启发法。

1. 手段–目的分析

所谓手段–目的分析就是将需要达到的问题的目标状态分成若干子目标，通过实现一系列子目标最终达到总目标。它的基本步骤是：①比较初始状态和目标状态，提出第一个子目标。②找出完成第一个子目标的方法或操作。③实现子目标。④提出新的子目标，如此循环往复，直至问题解决。以河内塔（Hanoi Towers）问题为例，如图 8-2 所示，在一块板上有 3 根柱子，在柱 1 上有自上而下大小渐增的三个圆盘 A、B、C。要求被试将圆盘移到柱 3 上，且仍保持原来放置的大小顺序。移动的条件是每次只能移动一个圆盘，大盘不能放在小盘上，在移动时可利用柱 2。解决这一问题，目前最重要的差异是 C 盘不在柱 3 上，要消除这差异，选择的操作是把 C 盘移到柱 3 上，但根据条件，当 C 盘上没有其他圆盘时才可移动，现在 C 上有 B 和 A，因此建立的第二个子目标是先移动 B，由于移动 B 的条件不成熟，因此另一个子目标是先移动 A，现在，移动 A 的条件成熟，因此把 A 移到柱 3，B 移到柱 2，再将 A 移到柱 2 的 B 的上面，此时即可将 C 移到柱 3 上。这时当前状态与目标状态的差别是 B 不在柱 3 上，要消除这一差别，需建立的另一个子目标，先将 A 移到柱 1，完成这一操作后，再将 B 移到柱 3 上，最后把 A 移到柱 3 上。至此达到了问题所要求的目标状态。

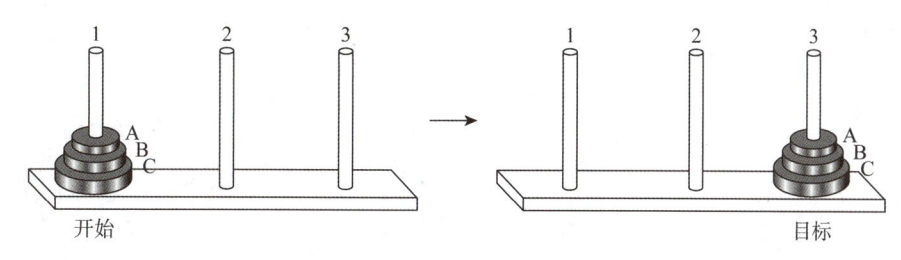

图8-2 河内塔问题

手段-目的分析是一种不断减少当前状态与目标状态之间的差异而逐步前进的策略。但有时，人们为了达到目的，不得不暂时扩大目标状态与初始状态的差异，以便最终达到目标。

在日常生活中，手段-目的分析是人们比较常用的一种解题策略，它在解决复杂的问题时有重要的应用价值。

2. 逆向搜索

逆向搜索就是从问题的目标状态开始搜索直至找到通往初始状态的通路或方法。例如，人们要去城市的某个地方，往往是在地图上先找到目的地，然后查找一条从目的地退回到出发点的路线。

逆向搜索更适合解决那些从初始状态到目标状态只有少数通路的问题，一些几何类型问题较适合采用这一策略。

3. 爬山法

爬山法是类似于手段-目的分析法的一种解题策略，它是采用一定的方法逐步降低初始状态和目标状态的距离，以解决问题的一种方法。这就好像登山者，为了登上山峰，需要从山脚一步一步登上山峰一样。

爬山法与手段-目的分析法的不同在于后者有这样的情况，即有时人们为了达到目的，不得不暂时扩大目标状态与初始状态的差异，以便最终达到目标。

五、影响问题解决的因素

问题解决受多种因素的影响，有些因素对问题解决的思维活动起促进作用，有些因素则会干扰或阻碍思维活动对问题的解决。下面我们一起来了解几种影响问题解决的典型因素。

（一）问题情境

问题情境是指呈现问题的客观情境（刺激模式）。问题情境对问题解决的影响通常有三种情况。

（1）情境中物体和事物的空间排列不同，会影响问题的解决。一般说来，解决某一问题所必需的物体比较靠近，都在人的视野之中，问题就容易解决；反之则困难。

（2）问题情境中的刺激模式与个人的知识结构越接近，问题就越容易解决。例如，已知一个圆的半径是2厘米，求圆的外切正方形的面积，用A、B两种方式呈现图形，如图8-3所示，图8-3（A）中不容易看出圆的半径与正方形的关系，问题解决就要困难，而图8-3（B）中，人们很容易看出圆的半径与正方形的关系，问题较易解决。

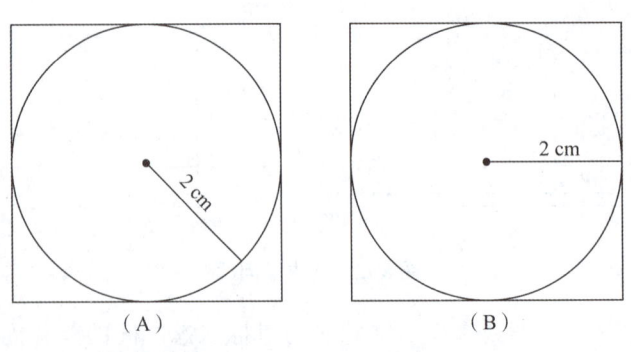

图 8-3　圆的外切正方形呈现方式

（3）问题情境中所包含的物件或事实太少或太多都不利于问题的解决。太少可能遗漏事实，太多则会产生干扰。例如，图 8-4 的镶嵌图形，由于"心理眩惑"作用，右侧的箭形部分不易被看出。

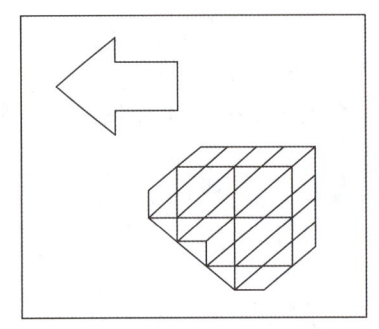

图 8-4　镶嵌图形（你能看见右侧图上与左上图相同的箭头吗?）

（二）迁移

迁移是指已有的知识经验对解决新课题的影响。例如，学会了骑摩托车再学开汽车就要容易些，学会了骑自行车反而影响学骑三轮车。这些现象都是迁移的表现。迁移有正迁移和负迁移之分。正迁移是指已获得的知识经验对解决新问题有促进作用。例如，毛笔字写得好的学生，钢笔字往往也会写得不错。负迁移是指已获得的知识经验对解决新问题有阻碍或干扰的影响。例如，学过汉语拼音的学生在初学英文时往往有一些困难。一般来说，知识经验越丰富，概括水平越高，新旧情境间共同因素越多，越易于将知识经验迁移到解决新问题的情境中去，促使问题解决，产生正迁移；相反，知识经验片面、概括水平低或使用不当，会妨碍问题的解决或把问题解决的思路引向歧途，导致负迁移产生。

（三）原型启发

原型启发是指在其他事物或现象中获得的信息对解决当前问题的启发。其中具有启发作用的事物或现象叫作原型。作为原型的事物或现象多种多样，存在于自然界、人类社会和日常生活之中。例如，人类受到飞鸟和鱼的启发发明了飞机和轮船，由蒲公英轻飘飘随风飞行的启发制成降落伞，模拟蝙蝠定向作用而设计出了雷达，模拟狗鼻而设计"电子鼻"。科学家们从动物的形态、动作和某些机体结构中获得启发，解决了大量的生产、生活和军事上的问题，并形成仿生科学。

(四) 思维定式

思维定式是指由先前的活动所形成的并影响后继活动趋势的一种心理准备状态。它在思维活动中表现为一种易于以习用的方式解决问题的倾向。定式在问题解决中有积极作用，也有消极影响。当问题情境不变时，定式对问题的解决有积极的作用，有利于问题的解决；当问题情境发生了变化，定式对问题的解决有消极影响，不利于问题的解决。心理学家卢钦斯（A. S. Luchins）的水杯量水实验可以很好地说明思维定式。该实验要求被试用3个不等容量的杯子去解决"取一定容量的水"的问题。共有8个问题，每题时限为30秒，如表8-1所示。

表8-1 卢钦斯水杯量水实验

题目	容器的容量			要量出的容量
	A	B	C	D
1	21	127	3	100
2	14	163	25	99
3	18	43	10	5
4	9	42	6	21
5	20	59	4	31
6	23	49	3	20
7	15	39	3	18
8	28	76	3	25

该实验将被试分为实验组和控制组两组。实验组从第1题连续做到第8题，控制组只做6、7、8三题。结果，实验组被试用B-A-2C的方法解决了1~5题，接着又有81%的被试用B-A-2C的方法解决了6、7两道题，在用这种方法解第8题时遇到了困难；而控制组被试由于不受先前活动的影响，他们采用A-C和A+C的简便方法很顺利地解决了6、7、8题。实验说明，实验组大多数学生在解6、7、8题时之所以没能采用简便的方法，是由于受到在解1~5题时形成的思维定式的影响。思维定式阻碍了对新问题的解决。

破除定式消极影响的办法是要具体情况具体分析，一旦发现自己以习惯的方式解决问题时发生困难，不要固守不变，应换一种思路，寻求新方法。

(五) 功能固着

功能固着是指个体在解决问题时往往只看到某种事物的通常功能，而看不到它在其他方面可能有的功能。这是人们长期以来形成的对某些事物的功能或用途的固定看法。例如，对于电吹风，一般人只认为它是吹头发用的，其实它还有多种功能，可以作为烘干器；砖的主要功能是一种建筑材料，然而我们还可以用它来当武器使用等。功能固着影响人的思维，不利于新假设的提出和问题的解决。有这样一个实验，让被试把3支点燃的蜡烛，沿着与木板墙平行的方向，固定在木板墙上。发给被试的材料是3支蜡烛、3个纸盒、几根火柴、几个图钉。把发给第一组的所有材料分别装进3个纸盒里，而发给第二组的所有材料放在3个纸盒之外。结果是：第二组有86%的被试按时解决了问题，第一组只有41%的被试按时解决了问题。为什么第一组被试的成绩不如第二组被试呢？原因在于第一组被试一开始就把纸盒的功能固定化看成装东西的容器，而没有看到纸盒还有当烛台用的功能，所以没能顺利解决问题。第二组被试一开始就没有把纸盒看成仅仅是装东西的容器，在解决实际问题中想到了当烛台用，所以顺利地解决了问题。

（六）动机与情绪状态

动机是促使问题解决的动力因素，对问题解决的思维活动有重要影响。动机的性质和动机的强度会影响问题解决的进程。就动机的性质来说，一个人的动机越积极，越有社会价值，它对人的活动的推动力就越大，人们就会为问题解决积极、主动地进行探索，这样，活动效率也就会越高。就动机的强度来说，它对问题解决的思维活动的影响比较复杂。一般情况下，当人具有某种问题解决的强烈动机时，人的思维才活跃，才能以积极的态度去寻求问题解决的途径、方法；相反，动机强度太弱，对问题解决漠不关心，自然不能调动个体问题解决的积极性，就不会主动、积极地寻求问题解决的途径、方法，不利于充分活跃个体的思维活动和人的能力的发挥，这时易产生畏难、退缩行为。但动机强度与问题解决的思维活动效率之间并不总是呈正相关的。心理学家的研究表明，动机水平与问题解决效率的关系，可以描绘成一条"倒转的 U 形曲线"，如图 8-5 所示。

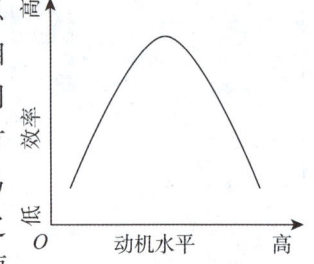

图 8-5　动机水平与问题解决效率的关系

一般来说，中等水平的动机强度最有利于问题的解决。过高或过低的动机强度都不利于问题解决。但不同难度水平的任务，其所对应的最佳动机强度也不一致，正如耶克斯-多德森定律（Yerks-Dodson Law）显示的那样，动机强度的最佳水平根据任务性质的不同而不同。任务较简单时，动机强度较高可达到最佳水平；任务较复杂困难时，动机强度较低可达到最佳水平。耶克斯-多德森定律如图 8-6 所示。

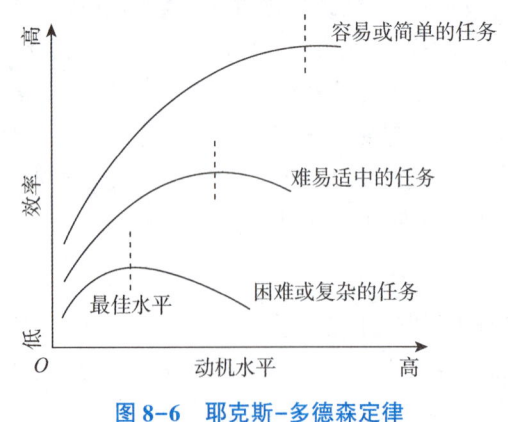

图 8-6　耶克斯-多德森定律

个体在问题解决活动中的情绪状态对活动的效果有直接的影响。一般说，高度紧张和焦虑的情绪状态会抑制思维活动，阻碍问题的解决；而愉快、兴奋的情绪状态会使思维活跃，思路开阔，有利于问题的解决。但情绪过于兴奋和激动，也会抑制人的思维活动，使人的思路狭窄，妨碍问题的解决。

(七）个性特征

从事问题解决活动的是人，是有个性特征的人，人的个性特征对问题解决有直接的影响。一个有远大理想、富于自信、有创新意识、勤奋、乐观、勇敢、顽强、坚忍、果断、勇于进取和探索的人，能克服困难去解决许多疑难问题；而一个鼠目寸光、畏缩、懒惰、畏难、拘谨、自负、自卑、遇事动摇不定的人，往往会半途而废。研究表明，绝大多数有重大贡献的科学家、发明家和艺术家，都有强烈的事业心和积极的进取心。他们善于独立思考，勤于钻研，富于自信，勇于创新，有胆有识，有坚持力等。此外，人的能力、气质类型也影响问题的解决。

总而言之，问题解决的思维活动会受到很多因素的影响，这些影响因素不是孤立地起作用，而是相互联系、相互影响，综合地影响着问题解决的效率。

第三节　创造性思维及其培养

党的二十大报告指出："必须坚持科技是第一生产力、人才是第一资源、创新是第一动力，深入实施科教兴国战略、人才强国战略、创新驱动发展战略，开辟发展新领域新赛道，不断塑造发展新动能新优势。"创造性思维是创新的基础，具有创造性思维才能更好地创新。

一、创造性思维

（一）概念

创造性思维是指以新颖的、独创的方式解决问题的思维。创造性思维不仅能揭露客观事物的本质及其内部联系，而且能在此基础上产生新颖、独特、具有重大社会价值的思维成果。它是人类创造力的核心成分，是人类思维的高级形式，是人类思维能力的最高体现，是人类意识发展水平的标志。

（二）特征

创造性思维既具有一般思维活动的某些特点，又具有不同于一般思维的独特特征，表现在如下几个方面：

1. 思维结果的首创性、独立性和新颖性

创造性思维是在一般思维的基础上发展起来的，以提供具有重大社会价值、前所未有的思维成果为标志。在这种思维过程中，没有现成的可供借鉴的问题解决方案，必须打破惯常解决问题的思维模式，将已有知识经验进行改组或重建，独辟蹊径，创造出不同寻常的思维成果。例如，我国改革开放的总设计师——邓小平同志所提出"一国两制"的伟大构想，就是创造性思维的典型代表。首创性、独立性和新颖性是创造性思维的本质特征。当然，对于以掌握继承前人的间接经验为主的学生来讲，如果所解决问题对其来说是新颖的，在解决问题活动中不因循旧例、有所发现、有所创新，尽管不一定提供前所未有的、具有巨大社会价值的创造产物，也属于创造性思维。

2. 思维过程的非逻辑性

在解决问题过程中，遵循思维的逻辑规则，对事实材料进行分析，通过一步一步地推理，找到解决问题的途径和方法，这是一般思维。创造活动需要一般思维，但更需要创造性思维，才能有效地探索未知的实践领域，提出前所未有的思维成果。科学技术发展水平、主体经验以及物质条件的限制，使未知事物带有较大的模糊性和不确定性，给创造性思维的顺利进行带来很多困难。在这种情况下，仅利用一般思维很可能束手无策，这时需要打破思维的逻辑规则，发挥创造想象的补充和预见功能，通过自由、灵活地联想，把抽象模糊的概念具体化、明朗化，提出预测性假说或模型，确定创造性解决问题的合理方向。这就是说，创造性思维带有极大的非逻辑性和跳跃性。创造性思维的非逻辑性主要表现形式是直觉和灵感。

3. 思维形式的综合性

在创造性思维的过程中，不是靠某种单一的思维形式，而是多种思维形式有机结合、高度统一的结果。其中，既有与事物具体情境相联系的形象思维，又有与抽象概念相联系的抽象思维；既有作为新观点、新设想产生基础和准备阶段所进行的分析思维，又有新观念产生瞬间所表现出的直觉、灵感和顿悟等非逻辑性思维形式（它们和逻辑思维前后为序、相互补充）；既有为力求创新而进行的发散、多向思维或求异思维，又有为攻克难关而进行的收敛、集中思维或求同思维。各种思维形式之间分别构成一组对立面，其中都存在着既互相区别、否定、对立，又互相补充、依存、统一的矛盾关系。在这一对对的矛盾关系中，各种形式的思维有机结合，相互促进，相互补充，使人的创造性思维活动富有活力、逐步深入。

4. 强烈的目标指向性

在整个创造性思维活动中，所要解决的创造性问题会像磁石一般地吸引着创造者，使其着迷，使其忘掉周围的一切，全身心地投入创造活动中。对于一个着了迷的创造者，创造就是其生活的最终目标，其他的一切都会被放到注意的范围之外。正如普希金在谈其创作体会时说过的，"我忘掉了世界"；俄罗斯作家陀思妥耶夫斯基也说过"当我写什么东西的时候，吃饭、睡觉以及与别人谈话时，我都想着它"；牛顿在专心研究问题的时候，把怀表当作鸡蛋放到锅里去煮；等等。这些都是他们对问题的兴趣和强烈的目标定向作用的结果。

阅读窗

党的二十大报告点赞多个创新领域

党的二十大报告指出："基础研究和原始创新不断加强，一些关键核心技术实现突破，战略性新兴产业发展壮大，载人航天、探月探火、深海深地探测、超级计算机、卫星导航、量子信息、核电技术、新能源技术、大飞机制造、生物医药等取得重大成果，进入创新型国家行列。"

探索月球火星：刷新人类对月球和火星认知

2020年12月17日凌晨，带着月球"土特产"，嫦娥五号返回器着陆在预定区域。

中国探月工程"绕、落、回"三步走规划如期完成。

经过近 300 天的飞行、4 亿公里的奔赴，2021 年 5 月 15 日，"天问一号"成功着陆火星。火星上，留下了中国印记，世界也看到了中国航天人的智慧。

载人航天：我们有了自己的空间站

2021 年 4 月，中国空间站天和核心舱发射成功，它标志着我国空间站建造进入全面实施阶段。2022 年 7 月 24 日，中国空间站首个科学实验舱问天实验舱发射任务圆满成功。2021 年年底，当梦天实验舱发射入轨，并与在轨运行的天和核心舱、问天实验舱组合体交会对接后，中国空间站初步建成。

深海深地探测：去吧，向更深处进发

2018 年 6 月 2 日，我国自主研发的万米钻机"地壳一号"以完钻井深 7 018 米的成绩创下了亚洲国家大陆科学钻井的新纪录。

2020 年 11 月 10 日，"奋斗者"号成功坐底马里亚纳海沟，创下中国载人深潜 10 909 米新纪录。从此，人类探索万米深渊拥有了一个强大的新平台。

超级计算机：更快也更强

2015 年 12 月 31 日，"神威·太湖之光"超级计算机研制完成。2016 年，它斩获了多项国际级大奖，让世界领略到"中国速度"。随着"神威·太湖之光"超级计算机和"申威 26010"处理器等标志性成果的出现，打破了长期以来国产超级计算机平台无"芯"可用的局面。

卫星导航：北斗来到你我身边

2020 年 6 月 23 日，北斗三号全球卫星导航系统星座部署全面完成。这一由我国自主建设、独立运行的全球卫星导航系统，开始为全球用户提供全天候、全天时、高精度的定位、导航和授时服务。

量子信息：从理论变成现实

2020 年 6 月 15 日，我国科学家利用"墨子号"在国际上首次实现了千公里级基于纠缠的量子密钥分发，为量子通信走向现实应用奠定了重要基础。2020 年 12 月，我国成功构建 76 个光子的量子计算原型机"九章"。"九章"在实验上严格地证明了量子计算的加速能力，把梦想变成了现实。

2021 年 5 月，我国首个可操纵的超导量子计算机体系"祖冲之号"问世。

核电技术：自主创新，跨越发展

2021 年 12 月 20 日，山东荣成，华能石岛湾高温气冷堆核电站示范工程 1 号反应堆完成发电机初始负荷运行试验评价，成功并网并发出第一度电。这标志着全球首座具有第四代先进核能系统特征的球床模块式高温气冷堆实现了从"实验室"到"工程应用"的飞跃。

大飞机制造：C919 最近很忙

提到大飞机，就必须提到 C919。C919 大型客机是我国按照国际民航规章自行研制、具有自主知识产权的大型喷气式民用飞机，座级 158~168 座，航程 4 075~5 555 公里，完全按照国际适航标准设计生产，安全性有充分保障。

摘编自：重报都市传媒（微信公众号：cbdscm）

二、创造性思维的过程

解决创造性问题比解决一般性问题有更为复杂的心理活动过程，因此在它的运行中又有独特的思维活动程序和规律。英国心理学家华拉斯（G. Wallas）通过对创造过程的分析，提出了创造性思维的四阶段理论，把与创造活动相联系的创造性思维过程分为准备阶段、酝酿阶段、豁朗阶段和验证阶段。

1. 准备阶段

这是在创造活动之前，围绕要解决的问题，收集以往资料，积累知识素材及他人解决类似问题的研究资料的过程。这个阶段的准备工作做得越充分，收集的资料越丰富，越有利于开阔思路，从而受到启发，发现和推测出问题的关键，迅速理清思路、明确方向、解决问题。因此，在这一阶段，应努力创造条件，广泛收集资料，有目的、有计划地为所规划的项目进行充分的准备。为了使创造性思维顺利展开，不能将准备工作只局限于狭窄的专门领域，而应当有相当广博的知识和技术准备，然后才能像诗人杜甫所说的"读书破万卷，下笔如有神"。

2. 酝酿阶段

这是在积累一定知识经验的基础上，在头脑中对问题和资料进行深入的分析、探索和思考，力图找到解决问题的途径和方法的过程。这一阶段从表面上看没有明显的思维活动，创造者的观念仿佛处于"冬眠"状态，但事实上思考仍在断断续续地进行着。这个时候创造者可能对该问题已不再去思考，转而从事或思考其他一些无关的问题，但在不自觉的潜意识中问题仍然存在，当受到一定刺激的作用，又会转入意识领域。例如，日间苦思不解的问题，解决方案在夜间睡眠时忽然在梦中出现。可见，创造性思维的酝酿阶段多属潜意识过程，这种潜意识的思维活动极可能孕育着解决问题的新观念、新思想，一旦酝酿成熟就会脱颖而出，使问题得到解决。

3. 豁朗阶段

这是经过充分的酝酿之后，在头脑中突然跃现出新思想、新观念和新形象，使问题有可能得到顺利解决的过程。在这一阶段中，百思不得其解的问题，意想不到地闪电般地迎刃而解，头脑似乎从"踏破铁鞋无觅处"的困境中摆脱出来，有一种"得来全不费工夫"的感觉，并显示出极大的创造性。这是对问题经过全力以赴的刻苦钻研之后所涌现出来的科学敏感性发挥作用的结果，这种现象称为"灵感"或"顿悟"。许多科学家的创造发明过程中，都曾有过这种类似的现象。

4. 验证阶段

这是在豁朗阶段获得了解决问题的构想或假设之后，在理论和实践上进行反复检验，多次补充和修正，使其趋于完善的过程。这个阶段，或从逻辑角度在理论上求其周密、正确；或付诸行动，经观察实验而求得正确的结果。在验证阶段，创造者需要经过无数次存优汰劣，才能使创造结果达到完美的地步。

三、创造性思维的培养

创造性思维是人类创造活动有效进行的重要因素。培养青少年的创造性思维，是目前素质教育的主要任务。创造性思维是在一般思维的基础上发展起来的，它是后天培养和训练的结果。教育过程中可通过以下几个方面来进行。

(1) 保护好奇心，激发求知欲。好奇心是人对新异事物产生诧异并进行探究的一种心理倾向。求知欲是好奇心的升华，是人渴望获得知识的一种心理状态。好奇心和求知欲是推动人主动积极地去观察世界、进行创造性思维的内部动力。具有强烈好奇心和求知欲的人，对事物有执着的追求和迷恋，会在创造活动中获得精神鼓舞和情感满足。它是科学家、发明家有所成就的重要心理因素。在教育过程中，教育者应通过启发式教学和创设问题情境，使学生面临疑难，产生求知需要和探索欲望，积极思维，主动提问和质疑；要有意识地强化他们对一切事物的兴趣，保护其好奇心和求知欲。

(2) 利用迁移的积极影响，克服某些定式的消极作用。为迁移而教，已成为教育界流行的口号。迁移实际上是解决问题的一种能力，它在学生掌握知识、解决问题的过程中具有重要的意义。为此，教师在教学中应注意培养和发展学生的迁移能力。

首先，教师应在教学中注意发展学生的概括能力，要以概括水平高的基本概念、定理、公式、法则等传授为主，有人把概括化的知识比作一个井然有序的档案库，在解决问题时，人们容易从这样的信息库中检索信息，因此对解决问题起正迁移的作用。经验也告诉我们，概括能力越强，迁移范围越广，越容易做到举一反三，触类旁通。

其次，教师要利用比较的方法，通过个别例证的分析找出一般的、概括的知识与具体问题情境之间的关系，找到新旧知识间的共同因素。因为新旧知识间共同要素越多，迁移的作用越大，就越能促使问题解决。这样的比较，使学生在学习和解决具体问题的过程中，学会找出知识经验与个别具体问题之间的关系，并解决实际问题。这样，可以促进学生思维水平的不断提高。

再次，教师要对学生加强基础知识的学习与基本技能的训练。一个人所掌握的基础知识与基本技能越多越牢固，就越容易产生迁移。当然，基础知识的掌握必须建立在深刻理解的基础上，只有对知识有深刻理解，迁移才能顺利实现。

最后，在利用迁移的积极影响的同时，还要注意克服定式在迁移中的消极影响。因此，在教学中，特别是学生学习新知识和解决新课题时，教师一方面要给予一定的言语暗示，另一方面要注意培养学生具体问题具体分析的习惯，来克服定式在迁移中的消极影响。

(3) 进行创造性思维方法的指导。让学生掌握创造性思维的方法和策略，是发展学生创造能力的重要途径。科学有效的方法推动着科技的发展，也为我们解决问题开辟道路。在教学活动中，教育者要教会学生有效地进行分析、综合、比较、抽象、概括、系统化和具体化，从而产生对事物本质属性的认识。还要在解决问题过程中，指导学生掌握一些创造性活动的方法。如运用类比推理、原型启发方法，探索新事物；利用逆向求索，打破思维定式的束缚；把发散思维与集中思维，直觉思维与分析思维有机结合起来；发挥发现法教学的作用；等等。使学生的创造活动由盲目到意识明确，由被动到主动发展。

(4) 改变传统的教育评价观，鼓励创造性学习。传统的教育评价观，往往强调学生循规蹈矩，死记书本知识，考试得高分，顺利地升入高一级学校。结果造成教师讲什么，学生听什么；考试考什么，学生就背什么。学生只能在固定的圈子里解答问题，使整个教学和学生的思维趋于僵化。要培养学生的创造性思维，教育者应安排学习情境，鼓励学生在学习活动中自己去领会或发现事物间的联系，而不是注入式地给学生灌输死知识。要鼓励

学生的创造性行为，启发、协助、鼓励学生主动、独立地发现问题、分析问题和解决问题，而不要预先树立是与非、对与错的绝对权威。

（5）营造良好的创造环境，正确对待创造型学生。创造才能的形成，除了个人的主观努力外，还有赖于良好环境的熏陶。一个有利于创造的环境，不仅有利于求知欲的形成，还会刺激新思想的诞生，使创造成果层出不穷。有经验的优秀教师善于发现和对待创造型学生，在班级里营造浓厚的创造气氛。有些创造型学生可能比较顽皮、爱争辩，常有越轨行为，经常提出各种怪问题。教师应该剖璞见玉，善于引导，保护他们创造意识的萌芽，不要动辄厌恶指责。要创造民主、平等和自由探讨的气氛，最大限度地发挥学生的积极性、主动性，放手让学生独立工作，允许和鼓励每个学生大胆、毫无顾忌地发表各种设想，而不急于过早评判。

（6）开展创造性活动，培养创造性个性。创造性思维的发展不仅和智力因素有关，而且和一系列非智力因素和个性特征有密切的联系。实验研究发现，一个有创造力的人富有责任感、热情、有毅力、勤奋、富于想象、依赖性小；喜欢自学，勇于克服困难，好冒险，有强烈的好奇心；能自我观察，有较强的独立性，兴趣广泛，好沉思，不盲从等。创造性个性是在创造性活动中逐渐形成和发展起来的。有计划、有组织地开展一些诸如科技小组、兴趣小组、文艺小组等实践活动，有助于创造性个性的形成。引导学生进行创造性活动，需注意如下几个方面：①向学生说明他们的好奇心、探索行为的社会价值和意义，鼓励和保持他们的自尊心、好奇心；②允许学生按照自己的兴趣进行活动；③鼓励学生的首创性、独创性，解除他们对错误的恐惧心理；④鼓励学生面对现实，接受变化；⑤帮助和引导学生对每个问题都力图寻求多种答案，探索多种找到答案的途径；⑥鼓励学生与有创造性个性的人接触；⑦鼓励学生大胆幻想、猜测和假设；⑧避免用固定的眼光看待有创造潜力的学生；⑨鼓励和支持学生专心致志、善始善终地活动，培养其韧性和恒心；⑩创造并保持民主、轻松的气氛，培养学生开拓进取、勇于拼搏的精神。

（7）加强学生的言语训练。言语是指人们使用语言的活动，即借助语言传递信息的过程和借助语言进行思考的过程。思维能力发展总是和言语发展分不开的。学生思维能力发展是在言语发展过程中逐步发展起来的。学生正确地掌握大量词汇和系统的语法规则，并能清晰、准确、灵活地使用口头与书面语言表达思想感情，可使思维活动明确、系统、符合逻辑。因此，在教学中，在进行知识教学的同时，积极引导学生掌握词汇、丰富概念，训练言语表达的规范性，给学生提供充分的口头言语和书面语言表达与练习的机会。例如，要求学生回答问题、复述课文、坚持写日记，加强作文训练等来提高学生的言语表达能力，从而培养学生的创造思维能力。

第八章　要点回顾　　　　第八章　习题园地　　　　第八章　思维导图

第九章 情绪情感

案例导学

这是一场举世瞩目的赛事。

台球世界冠军已走到卫冕的最后一步了，这是决胜局的最后一个球，他只要把最后那个8号黑球打进球门，凯歌就会奏响。就在这时，不知从什么地方飞来了一只苍蝇。苍蝇第一次落在握杆的手臂上，有些痒，冠军停下来，苍蝇飞走了。冠军俯下腰去，准备击球。苍蝇又飞来了，这回竟飞落在了冠军紧锁着的眉头上。冠军不情愿地只好停下来，烦躁地去打那只苍蝇。苍蝇又轻捷地逃脱了。冠军做了一番深呼吸后再次准备击球。天啊！他发现那只苍蝇又回来了，像个幽灵似的落在了8号黑球上。冠军怒不可遏，拿起球杆对着苍蝇捅去。苍蝇受到惊吓飞走了，可球杆触动了黑球。按照比赛规则，该轮到对手击球了。对手抓住机会拿下了比赛……

卫冕失败，冠军恨死了那只苍蝇。他后来患了不治之症，再也没有机会走上赛场。临终时他对那只苍蝇还耿耿于怀，一只苍蝇和一个冠军的命运胶着在一起，也许是偶然的，但倘若冠军当时克制怒火并静待那只苍蝇离开的话，故事的结局也许应该重写了。

小小的一只苍蝇，让冠军产生了难以控制的情绪，丢掉了到手的胜利，更成为其始终念念不忘的灰色记忆。认识情绪，理解情绪的产生及影响，学会情绪的调节方法，做情绪的主人，有助于我们成就更美好的未来。

目标解析

1. 理解、掌握情绪情感的概念、种类。
2. 理解情绪表现的两极性，认识情绪情感的功能。
3. 理解良好情绪的标准，正确认识学生的情绪特点。
4. 掌握良好情绪的培养方法，能够合理运用情绪调节方法。

第一节 情绪情感概述

一、情绪情感的概念

通过前面的学习，我们已经知道认识活动在我们的生活和成长中发挥着重要作用。但有时人们会发现，伴随认识活动的还有其他一些心理现象。比如，看一场感人的电影时，会感动得落泪；回想往事的时候，有时会哑然失笑；遇到违背社会公德的人和事时，会义愤填膺；经过艰苦的思索，攻克一道难题时，会满心欢喜。这种伴随着认识活动产生的喜、怒、哀、乐等心理现象属于人的情绪情感过程。

情绪情感是人对客观事物是否符合自己的需要而产生的主观态度的体验。"人非草木，孰能无情？"人生在世，有生、老、病、死，有荣、辱、得、失，所以就有与之相应的喜、怒、哀、惧，喜怒哀惧是人类情感的不同表现形式。

情绪情感是由客观事物引起的，离开了具体的客观事物，人不可能自发地产生情绪情感。世界上没有无缘无故的爱和恨。引起情绪情感的客观事物是多种多样的，有外部的也有内部的，如春光明媚、空气清新，使人感到振奋、舒畅，这是由自然现象引起的情绪情感；美好的事物令人爱慕，丑恶的现象使人憎恶，这是社会现象引起的情绪情感；我们为事业的成功而高兴，为工作中的失误而懊悔，这是由人的行为本身所引起的情绪情感；疾病缠身，久治不愈，会使人心情不畅、情绪抑郁，这是由机体内部因素所引起的情绪情感。

情绪情感的性质是以客观事物能否满足人的需要为中介的。情绪情感是由客观事物引起的，但却不是由客观事物本身决定的。决定人情绪情感性质的是客观事物与人的需要之间的关系。凡能满足人的需要，符合人的愿望的客观事物，就能使人产生满意、愉快、喜爱等积极的内心体验；凡不能满足人的需要或违背人的愿望的客观事物，就会使人产生忧伤、不满、厌恶等消极的内心体验；与我们的需要没有什么关系的事物，也就不会引起什么体验。

情绪情感同认识活动一样，是人脑对客观现实的反映，只不过反映的内容和方式有所不同。认识活动反映的是客观事物本身，包括事物的过去、现在和将来，以及它们的外部特征和内在联系。情绪情感反映的是一种主客体的关系，是作为主体的人的需要和客观事物之间的关系。例如，长期遭受旱灾的地区降了一场大雨，这场雨显然符合人们的主观需要，人们会对之采取肯定的态度，产生满意、愉快等内心体验；相反，已经遭受洪涝灾害的地区仍然降雨不止，会造成更大的损失，降雨显然违背了人们的主观需要，人们对之持否定的态度，产生不满、愤怒甚至憎恶等内心体验。

二、情绪情感的构成

（一）主观体验

主观体验是指个体对不同情绪情感状态的自我感受。不同情绪有不同的主观体验，这就构成了情绪情感的心理内容。

（二）外部表现

情绪的外部表现也称表情，是指情绪在有机体身上的外显行为。有了这些表情，人们才可以在交往中对他人的情绪有较为准确的认识和把握。

1. 面部表情

面部表情是指由面部肌肉和五官的变化来表现情绪，以面部的肌肉活动为主。有关描写情绪的中文成语中，诸如眉飞色舞、眉目传情、愁眉苦脸、横眉竖眼、喜形于色等，都是指面部表情，如图 9-1 所示。

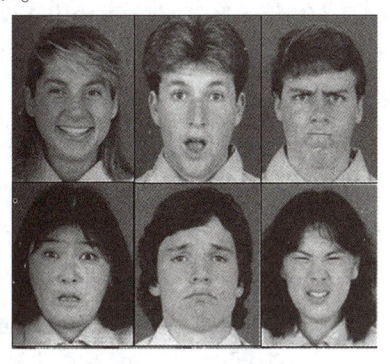

图 9-1　面部表情

心理学家研究发现，不同情绪的表达，分别由面孔的不同部位来决定，悲哀情绪显现在眼睛，快乐与厌恶表现在嘴部，惊愕的表情由前额显示，而愤怒的情绪表现在面孔全部部位。

真笑时，面颊上升，眼周围肌肉堆起，大脑左半球电活动增加；假笑时仅嘴唇肌肉活动，大脑左半球电活动没有明显变化。在人类的面部表情中，微笑是最具有欺骗性的。

人类的面部表情从几岁开始？根据发展心理学家观察，婴儿出生不久即可由其面部表达各种不同情绪。出生后四个月的婴儿，即可经由面部的肌肉活动表现快乐、厌恶、愤怒、痛苦、惊奇等不同情绪，恐惧的情绪发展较晚，约在六个月时会出现。

2. 姿态表情

姿态表情是指人在不同的情绪情感状态下，表现出来的身体和四肢的不同的动作或姿势，如图 9-2 所示。

图 9-2　姿态表情

鼓掌表示兴奋，顿足表示生气，搓手表示焦虑，垂头表示丧气，摊手表示无奈，捶胸表示痛苦；高兴时"捧腹大笑"，恐惧时"紧缩双肩"，紧张时"坐立不安"等，都是姿态表情。

人们对自己的姿态表情，经常并不自知，而是会在不知不觉中流露出来，因而有人认为更能表现出人的真情实感。研究发现，说假话的被试会不自觉地与对方保持较远的距离，而且显得身体向后靠，肢体活动较少，面部笑容反而增多。

3. 言语表情

言语表情是指情感发生时个体在语言的声调、节奏和速度等方面的特征。如高兴时语调高昂、语速加快；痛苦时语调低沉、语速慢；悲哀时音调低，言语缓慢，语音高低差别很小；愤怒时声音高、尖且伴有颤音。

我们在判断一个人的说话情绪和意图时，固然要听他究竟说些什么，但是在许多情况下更要听他怎样说，亦即从他说话声音的高低、强弱、起伏、节奏、音域、转折、速度、腔调和口误中领会其"言外之意"。

（三）生理唤醒

情绪都伴随着生理变化，如心跳、血压、呼吸、皮肤、瞳孔等，这些变化主要由内分泌系统的变化所决定，较少受当事人主观控制，因而也常被用来作为情绪情感的客观指标。测谎仪就是根据这个原理设计的。

随着情绪情感的发生，有机体会产生一系列的生理变化，这主要表现在呼吸系统、循环系统、消化系统和腺体活动的变化上。这些变化可作为情绪状态变化的客观指标。在不同的情绪状态下，呼吸的频率会发生明显的变化。人平静时平均每分钟呼吸 20 次，高兴时每分钟呼吸 17 次，悲伤时每分钟呼吸 9 次，愤怒时每分钟呼吸 40 次，恐惧时每分钟呼吸高达 64 次。心血管系统在不同情绪状态下也会发生一系列变化。人在愉快和满意时，心跳正常，血管舒张；惊恐时，心跳加速加强，血输出量增加，收缩压升高。人在羞愧时面红耳赤，气愤时脸色铁青，这是由面部血管的舒张和收缩造成的。

阅读窗

一些有意思的微表情

1. 来自"眼睛"的秘密

在言谈中，注视对方，表示让对方注意自己所谈的内容；

初次见面时，先移开视线者，表示希望处于优势地位；

被对方注视便立刻移开视线者，大都有自卑感或缺陷；

看异性一眼后，随即故意移开视线者，表示有强烈的兴趣；

斜眼看对方者，表示对对方非常有兴趣，但又不想让对方识破。

2. 暴露谎言的"手部动作"

科学研究表明，在十分钟的谈话中，平均每个人会说三个谎。而人类的面部表情是千变万化的，可能无法从中判别对方是否在撒谎。所幸的是，人类的手部动作非常丰富，通过观察一些手部动作，我们能得知对方是否讲了实话。人类在撒谎时，通常会做出哪些手部动作呢？

如果在谈话过程中，对方在避免眼神接触的同时，出现用手摸脸、咬手指、隐藏双手、抓耳挠腮、用手掸袖口、擦眼镜、拉抽屉等动作，那有80%以上的可能是在说谎。

3. 通过说话风格来"识人"

语言是人们沟通的桥梁，是人与人之间信息交流的工具。我们的生活离不开语言，但同样的一件事，让不同的人去说会收到不同的效果。甚至同一句话从不同人的嘴里说出来，给人的感觉也不尽相同。

沉默寡言的人，通常具有很强的戒心；

大嘴巴的人，通常没有心机、幼稚、简单；

自言自语的人，通常严重缺乏自信；

说话啰唆的人，通常内心自卑，需要别人认可；

喋喋不休的人，通常自恋而又内心孤独；

喜欢搬弄是非的人，通常虚伪、嫉妒心强；

开场白太长的人，通常内心压抑、胆小怕事。

摘编自：弘丰．微表情心理学［M］．北京：北京燕山出版社，2018．

三、情绪情感的关系

虽然情绪情感经常作为同一概念出现和使用，但实际上情绪情感是两个既有区别又有密切联系的概念。

（一）区别

首先，从稳定性程度看，情绪具有较大的情境性、激动性和暂时性，它往往随着情境的改变和需要的满足而减弱或消失。情感则具有较大的稳定性、深刻性和持久性，是人对事物稳定态度的反映。其次，从表现特征看，情绪具有冲动性，且常伴随着有机体的生理变化和明显的外部表现。如高兴时手舞足蹈、愤怒时咬牙切齿。情绪一旦产生往往难以控制，而情感比较内隐、含蓄，常以内心体验的形式存在，始终处于意识支配的范围内。最后，从需要和发生的角度看，情绪一般与机体生理需要相联系，情绪发生较早，为人类和动物所共有。而情感往往与社会需要相联系，无论从种系还是个体发展来看，情感体验都发生得较晚，是人类所特有的，是个体发展到社会化进程的一定阶段才产生的，如婴幼儿的情感体验就鲜明而丰富。

（二）联系

情绪情感的区别是相对的。从本质上说，它们都是人脑对客观事物与人的需要之间关系的反映，是人的主观心理体验，在具体人身上它们又互相依存，密切联系。一方面，情绪是情感的外在表现。稳定的情感是在情绪的基础上形成的，而且是通过情绪的形式表现出来的。情感离不开情绪，离开了情绪，情感既无从形成，也无法表现。另一方面，情感是情绪的本质内容。在情绪发生过程中常常包含着情感，情感的深度决定着情绪表现的强度，情感的性质决定着情绪表现的形式。因此，情绪情感是不可分割的，所以，有些心理学家对情绪情感不加区分，统称为感情。

四、情绪情感的两极性

情绪情感的两极性是指情绪情感在动力、激动性、强度、紧张度上存在着对立状态。

从性质上看,情绪情感有肯定和否定之分。一般地说,人们的需要得到满足时产生肯定的情绪情感,如高兴、满意、爱慕、欢喜等;人们的需要不能得到满足时则产生否定的情绪情感,如烦恼、不满意、憎恨、忧愁等。肯定的情绪情感是积极的、增力的,可提高人们的活动能力;否定的情绪情感是消极的、减力的,会降低人们的活动能力。

从强度上看,各类情绪情感的强弱是不一样的,即存在着从弱到强的两极状态。例如,从微弱的不安到激动,从愉快到狂喜,从微愠到狂怒,从好感到酷爱等。在强弱之间又有各种不同的程度。如,从好感到酷爱的发展过程是:好感→喜欢→爱慕→热爱→酷爱。从微愠到狂怒的发展过程是:微愠→愤怒→大怒→暴怒→狂怒。情绪情感的强度取决于引起情绪情感的事件对人的意义的大小,也和个人的既定目的和动机能否实现有关。

在紧张度上,情绪有紧张和轻松之别。紧张和轻松往往发生在人的活动最关键的时刻。例如,战士拆除定时炸弹、工人抢救落水儿童时,人们都处于高度的情绪紧张状态;一旦炸弹被排除,儿童被救起,战士和工人安然无恙,人们的紧张情绪便逐渐消失,随之而来的是轻松的、"如释重负"的情绪体验。

情绪情感还有激动与平静的两极。激动是由生活中的重要事件引起的,它是一种强烈的为时短暂的情绪状态,如激怒、狂喜、极度恐惧等。和激动相对立的是平静的情绪,这是一种平稳安静的情绪状态,人们在正常生活的多数情况下,情绪是平静的。平静的情绪是人们正常生活、学习和工作的基本条件。

应当指出的是,情绪的两极对立并不是绝对的互相排斥。有时人对同一事物可能兼有互相对立的情感,如,鲁迅对阿Q的"哀其不幸,怒其不争",就是这种复杂的情感表现。此外,对立的两极情感也可在一定的条件下互相转化,如"乐极生悲""破涕为笑"等。

五、情绪情感的功能

(一)保健功能

情绪对健康的影响作用是众所周知的。积极的情绪有助于身心健康,消极的情绪会引起人的各种疾病。我国古代医书《黄帝内经》中就有"怒伤肝,喜伤心,思伤脾,忧伤肺,恐伤肾"的记载。有许多心因性疾病与人的情绪失调有关,如溃疡、偏头痛、高血压、哮喘、月经失调等。有些人患癌症也与长期心情压抑有关。一项长达30年的关于情绪与健康关系的追踪研究发现,年轻时性情压抑、焦虑和愤怒的人患结核病、心脏病和癌症的比例是性情沉稳的人的4倍。所以,积极而正常的情绪体验是保持心理平衡与身体健康的条件。曾有人说过"一个小丑进城胜过一打医生",就非常形象地说明了情绪对人身体健康的影响。正常的情绪反应,有助于人适应环境。积极的情绪暂且不谈,就以消极情绪恐惧来说,当人产生恐惧时,在生理上也显然会发生变化。这种变化就是要使身体产生较多的能量,来应付当前的问题。如呼吸加速,是要增强体内的氧化作用;心跳加快、血压升高,是增加血液循环,增强输送作用。这时人就会产生较大的力量,去抵抗敌人或逃避危险。人对社会的适应是通过调节情绪来进行的,情绪调控的好坏会直接影响到身心健康。常听人们叹息"人生苦短",在一般人的情绪生活中,常是苦多于乐。在喜怒哀乐爱惧恨中,正面情绪占 3/7,反面情绪占 4/7。

(二) 信号功能

情感和情绪是人的思想意识的自然流露。情绪的各种表现,都有一定的信号意义。在彼此言语不通的情况下,凭着表情,彼此也可以相互了解,达到交流的目的。总之,情绪是人们社会交往中的一种心理表现形式。情绪的外部表现是表情,表情具有信号传递作用,属于一种非言语性交际。人们可以凭借一定的表情来传递情感信息、表达思想愿望。在日常生活中,55%的信息是靠非言语表情传递的,38%的信息是靠言语表情传递的,只有7%的信息才是靠言语传递的。表情是比言语产生更早,在婴儿不会说话之前,他主要是靠表情来与他人交流的。表情比语言更具生动性、表现力、神秘性和敏感性。特别是在言语信息含糊不清时,表情往往具有补充作用,人们可以通过表情准确而微妙地表达自己的思想感情,也可以通过表情去辨认对方的态度和内心世界。

(三) 感染功能

人的情绪和情感具有感染性。情绪、情感可以影响和感化他人并引起"共鸣"。比如,人们在观看文艺节目或文学作品时,情绪情感常随故事情节的发展而变化,从而产生悲欢离合等各种复杂的情绪情感体验,会与"角色"的情绪情感"同频共振"。据曾扮演歌剧《白毛女》中"黄世仁"一角的陈强老先生回忆,在一次演出中,当看到黄世仁抓着喜儿的手在卖身契上按手印时,一名看戏的战士再也忍不住了,他站起来喝道:"黄世仁,我杀了你!"说完就要举枪朝他射击,幸亏战士旁边的排长眼疾手快,把枪口一抬,才避免了悲剧的发生。艺术的教育价值,正是通过情绪情感的感染功能来实现的,在教育和教学中,教师要注意运用自己的思想、情感进行教学,感染学生、教育学生。

(四) 动力功能

情绪会影响个体活动的积极性。一项对 11~15 岁青少年的实验研究以量化手段揭示了正情绪和负情绪对实际活动所产生的增加和减力作用。该实验让青少年进行 400 米赛跑,采用鼓励组和挫折组相对照的办法,结果鼓励组情绪高涨,成绩提高,挫折组情绪低落,成绩低下。看来,情绪能够以一种与生理性动机或社会性动机相同的方式激发和引导行为。有时我们会努力去做某件事,只因为这件事能够给我们带来愉快与喜悦。从动力性特征看,情绪分为积极增力的情绪和消极减力的情绪。快乐、热爱、自信等积极增力的情绪会提高人们的活动能力,而恐惧、痛苦、自卑等消极减力的情绪会降低人们活动的积极性。有些情绪同时兼具增力与减力两种动力性质,如悲痛可以使人消沉,也可以使人化悲痛为力量。

(五) 组织功能

情绪情感这种特殊的心理活动,对其他心理过程而言是一种监测系统,是心理活动的组织者。积极的情绪情感具有调节和组织作用,消极的情绪和情绪则有干扰、破坏作用。

(1) 促成知觉选择。知觉具有选择性,情绪的偏好是影响知觉选择性的因素之一。比如,婴儿喜欢红、黄色,他们选择玩具时重点选红、黄色的物品,而对其他颜色的玩具很少注意。

(2) 监视信息的移动。对信息的监视实际上是注意的过程,但情绪情感对维持稳定的注意起着重要作用。人们对有兴趣、好奇的信息监视准确，而往往忽视自己厌恶、不感兴趣的信息。

(3) 影响工作记忆。情绪情感对记忆的影响有两个方面，一是喜好影响记忆的效率，人们容易记住喜欢的事物，对不喜欢的记忆起来十分吃力；二是使记忆的内容根据情绪进行归类，在同样情绪状态下记住的材料更容易回忆出来。

(4) 影响思维活动。情绪情感对人的思维活动的影响也是十分明显的。过于亲近和喜欢的容易偏听、偏信，过度兴奋的情绪状态也会影响思维的进程和方向。"感时花溅泪，恨别鸟惊心"是情绪影响思维的写照。

第二节　情绪情感的分类

一、基本情绪

情绪是复杂多样的，古今中外的哲人、学者对如何划分情绪情感的种类提出了许多观点。

我国古代思想家荀子将情绪情感分为好、恶、喜、怒、哀、乐六大类，倡导"六情说"。法国哲学家笛卡儿（René Descartes）认为，人有惊奇、爱悦、憎恶、欲望、欢乐和悲哀六种原始情绪，其他情绪都是它们的组合或分支。美国心理学家普拉切克（Robert Plutchik）提出了八种基本情绪：悲痛、恐惧、惊奇、接受、狂喜、狂怒、警惕、憎恨。

情绪的分类虽然很多，但一般认为有四种基本情绪，即快乐、愤怒、恐惧和悲哀，它们是最基本、最原始的情绪，与基本需要相关联。

（一）快乐

快乐是达到所盼望的目的后紧张解除时个体产生的心理上的愉快和舒适。快乐的强度与达到目的的容易程度和或然性有关，一个目标越难达到，达到后快乐的体验就越强烈。例如，一道难解的几何题经过很大努力解出后，人们会感到非常快乐，而解答容易的题目往往体验不到这种快乐。另外，当人们的愿望在意想不到的时机和场合得到满足，也会给人带来更大的快乐体验。

（二）愤怒

愤怒是愿望得不到满足，实现愿望的行为一再受到阻挠引起的紧张积累而产生的情绪体验。愿望受阻就是遭受挫折，当个体明白挫折产生的原因时，通常是对引起挫折的人或物表现出愤怒的情绪。个体如果看不出是什么原因阻碍他达到目的，一般只会感到沮丧而不是愤怒。对象明确的愤怒常诱发攻击性行为。

（三）恐惧

恐惧是个体企图摆脱、逃避某种情境时产生的情绪体验。这种体验是由缺乏处理可怕情境的能力所引起的。比如，在遇到地震等强烈自然灾害时，人们无力应付，往往就会惊恐万分。儿童由于经验和能力缺乏，往往有更多的恐惧体验，如怕黑、怕小动物。随着年龄增长，人们逐渐学会了更多的处理问题的方法，一些原来引起恐惧的事物不再使人害怕。但是，当熟悉的环境发生意想不到的变化时，如失火、大面积停电，又会引发恐惧。恐惧具有很强的感染力。一个人的恐惧往往引起他人的恐惧与不安。

（四）悲哀

悲哀是个体失去某种他所重视和追求的事物时产生的情绪体验。失败、分离会引起悲哀。悲哀的强度取决于失去的事物对主体心理价值的大小，心理价值越大，引起的悲哀越强烈。亲人的去世使人产生极度悲哀，这与失去一般朋友的悲哀有所不同。悲哀从强度上分为遗憾、失望、悲伤和哀痛。

人类这些最基本的情绪与动物的情绪表现有本质的不同。因为即使是人的生理性需要也打上了社会的烙印，满足吃、喝、住、穿的需要也会考虑适当的方式和现有的社会条件。

二、情绪状态的种类

情绪状态是指在一定的生活事件影响下，一段时间内各种情绪体验的一般特征表现。根据情绪状态的强度和持续时间可分为心境、激情和应激。

（一）心境

心境是一种比较微弱、平静和持久具有渲染性的情绪状态。心境具有弥散性和长期性。心境的弥散性是指当人具有了某种心境时，这种心境表现出的态度体验会朝向周围的一切事物。一个在单位受到表彰的人，觉得心情愉快，回到家里同家人会谈笑风生，遇到邻居笑脸相迎，走在路上也会觉得天高气爽；而当他心情郁闷时，在单位、在家里都会情绪低落，无精打采，甚至会"对花落泪，对月伤情"。古语中说人们对同一种事物，"忧者见之而忧，喜者见之而喜"，也是心境弥散性的表现。心境的长期性是指心境产生后要在相当长的时间内主导人的情绪表现。虽然基本情绪具有情境性，但心境中的喜悦、悲伤、生气、害怕却要维持一段较长的时间，有时甚至成为人一生的主导心境。例如，有的人一生历尽坎坷，却总是豁达、开朗，以乐观的心境去面对生活；有的人总觉得命运对自己不公平，或觉得别人都对自己不友好，结果总是保持抑郁愁闷的心境。

心境产生的原因很多，生活中的顺境和逆境，工作、学习上的成功和失败，人际关系的亲与疏，个人健康的好与坏，自然气候的变化等，都可能引起某种心境。但心境并不完全取决于外部因素，还同人的世界观和人生观有联系。

心境对人们的生活、工作和健康都有很大的影响。心境可以说是一种生活的常态，人们每天总是在一定的心境中学习、工作和交往，积极良好的心境可以提高学习和工作的效率，帮助人们克服困难，保持身心健康；消极不良的心境则会使人意志消沉，悲观绝望，无法正常工作和交往，甚至导致一些身心疾病。所以，保持积极健康、乐观向上的心境对每个人都有重要意义。

（二）激情

激情是一种爆发强烈而持续时间短的情绪状态。激情具有爆发性和冲动性，同时伴随明显的生理变化和行为表现。当激情到来的时候，大量心理能量在短时间内积聚而出，如疾风骤雨，使得当事人失去了对自己行为的控制力。《儒林外史》中的范进听到自己金榜

题名，狂喜之下，竟然意识混乱，手舞足蹈，疯疯癫癫。有些人在暴怒之下，双目圆睁，咬牙切齿，甚至拳脚相加。但这些激情在宣泄之后，人又会很快平息下来，甚至出现精力衰竭的状态。

激情常由生活事件所引起，那些对个体有特殊意义的事件会导致激情，如考上大学，找到满意的工作等。出乎意料的突发事件会引起激情，如多年失去音信的亲人突然回归，常会欣喜若狂。另外，违背个体意愿的事件也会引起激情，如春秋战国时期的伍子胥过昭关，因担心被抓回楚国，父仇不能报，一夜之间竟然愁白了头。可见，不同的生活事件会引起不同的激情。

激情对人的影响有积极和消极两个方面。一方面，激情可以激发内在的心理能量，成为行为的巨大动力，提高工作效率并有所创造。如战士在战场上冲锋陷阵，一往无前；画家在创作中，尽情挥洒，浑然忘我；运动员在报效祖国的激情感染下，敢于拼搏，勇夺金牌。另一方面，激情也有很大的破坏性和危害性。激情中的人有时任性而为，不计后果，对人对己都造成损失。一些青少年犯罪，就是在激情的控制下，一时冲动，酿成大错。激情有时还会引起强烈的生理变化，使人言语混乱，动作失调，甚至休克。所以，在生活中应该适当地控制激情的消极影响，多发挥其积极作用。

（三）应激

应激是出乎意料的紧张和危急情况引起的情绪状态，是人对意外的环境刺激的适应性反应。人在应激状态下常伴随明显的生理变化，这是因为个体在意外刺激作用下必须调动体内全部的能量以应对紧急事件和重大变故。这个生理反应的具体过程为：紧张刺激作用于大脑，使下丘脑兴奋，肾上腺髓质释放大量肾上腺素和去甲状腺素，从而大大增加通向体内某些器官和肌肉处的血流量，提高机体应付紧张刺激的能力。加拿大心理学家塞里（Seley）把整个应激反应过程分为动员、阻抗和衰竭三个阶段：首先是有机体通过自身生理机能的变化和调整做好防御性的准备；其次是借助呼吸心率变化和血糖增加等调动内在潜能，应对环境变化；最后当刺激不能及时消除时，持续的阻抗使得内在机能受损，防御能力下降，从而导致疾病。

应激的生理反应大致相同，但外部表现可能有很大差异。积极的应激反应表现为沉着冷静、急中生智、全力以赴地去排除危险，克服困难；消极的应激反应表现为惊慌失措、一筹莫展，或者发动错误的行为，加剧事态的严重性。这两种截然不同的行为表现，既同个人的能力和素质有关，也同平时的训练和经验积累有关。如果接受过防火演习和救生训练，遇到类似的突发事故，就能正确及时地逃生和救人。

三、情感的种类

人的情感是复杂多样的，但主要是社会性情感。社会性情感是人对社会生活现象是否符合人的需要而产生的情感体验，其实质乃是人对社会生活现象与人的社会性需要之间的关系的反映。社会性需要是人类所独有的。在社会性需要基础上产生的社会性情感，也是人类特有的情感，所以，这种情感又叫人的高级情感，在人的情感生活中起主导作用。这种情感按其性质和内容大体上可分为道德感、理智感和美感。

（一）道德感

道德感是人根据道德规范来评价社会现象时所体验到的情感。例如，人们对同志不幸的同情，对自己过失行为的羞愧，对家庭的爱，等等，都属于道德感。

通俗地说，道德就是做人的规矩。道德不仅是调整人们关系的行为规范，同时又是评价人们行为善恶的标准。人们用善与恶、正义与非正义、公正与偏私、诚实与虚伪等道德观念来评价社会现象时所产生的道德感是复杂多样的。道德感可以分为以下三类：

（1）政治道德感，包括对祖国、人民、集体、阶级、社会制度、政党、社会团体等的情感，如爱国主义情感、国际主义情感、集体事业的义务感和责任感等。

（2）对他人行为及其人际关系道德感，例如对真挚的同志情谊的赞赏，对虐待妇女、儿童的残暴行径的义愤，等等。

（3）个人行为的道德感，是指个人对于自己作为某种社会角色进行活动时所产生的情感体验。例如，个人作为同事、领导、下级、朋友、夫妻、子女、父母等社会角色在活动中所怀有的情感等。

道德感总是和道德评价密切结合在一起的。但是，道德感并非一个理论问题，它不仅要求人们从道理上懂得什么是好，什么是坏，什么是道德，什么是不道德，更重要的是在行动中自觉遵守所掌握的道德规范。只有人自觉遵守已掌握的道德规范来评价社会现象时所体验到的情感，才是这个人真实的道德感。

在不同的历史时代、不同的社会制度、不同的阶级中，道德标准是不同的。所以，道德感总是受社会生活条件、阶级的制约。

（二）理智感

理智感是人在获取知识的活动时所产生的情感。它是与人的求知欲、认识兴趣、解决问题等需要的满足与否相联系的。人在认识过程中，当有新的发现时会产生愉快或喜悦的情感，在突然遇到与某种规律相矛盾的事实时会产生疑惑或惊讶的情感，在不能做出判断、犹豫不决时会产生疑虑的情感，在有了判断而又感到论据不充分时会产生不安的情感。上述这些情感都属于理智感。

理智感是在认识过程中产生和发展起来的。它又反过来推动着人的认识的进一步深入，成为认识世界和改造世界的一种动力。当一个人的科学活动与深刻的理智感相联系时，往往会在科学上做出应有的成就。热爱真理，摒弃偏见和迷信，乃是科学研究取得成功的重要条件之一。因此，努力培养年轻一代的理智感具有重要的意义。

（三）美感

美感是人在欣赏自然景物和文学艺术时所体验到的崇高、优美的情感。大自然的景物、文学艺术作品等能使人产生美感。当我们赞美社会关系中人的行为的时候，例如我们赞美社会上的先进人物那种识大体、顾大局、吃苦在先、享受在后、先人后己的行为时，这实际上是美感和道德感的有机结合。

美感的成分非常复杂。但从主观体验来看，它具有两个明显的特点。①美感是一种愉悦的体验。大自然的美景使人心旷神怡，高尚的行为使人在震惊中享受美的愉悦，喜剧艺术使人在笑声中享受美的欢乐，悲剧艺术使人在悲哀、痛苦，以至流泪的同时享受着美的愉悦。②美感是一种倾向性的体验。车尔尼雪夫斯基说："美的事物在人心中所唤起的感觉，是类似我们当着亲爱的人面前时洋溢于我们心中的欢喜。"美感的这种愉悦，表现为人对美好事物的肯定，促使人一而再，再而三地去欣赏它，对它感到迷恋，而对丑的事物产生强烈的反感。

美感与道德感一样，是受社会生活条件制约的。在不同的社会历史发展阶段，不同的社会制度、不同的风俗习惯和不同的阶级中，人们的审美标准是不同的，因而对各种事物的美的感受也不同。

第三节 情绪理论

情绪体验同时伴随生理和心理的活动变化，情绪的理论企图对情绪的生理、心理过程以及它们的关系做出系统的解释。不同的心理学流派和心理学家对情绪产生的认识角度、研究方法都不尽相同，所以产生了对情绪的不同认识和理解，形成了许多情绪理论。

一、詹姆斯-兰格情绪理论

美国心理学家詹姆斯（William James）和丹麦生理学家兰格（Carl Lange）分别于1884年和1885年提出了内容相同的一种情绪理论，他们强调情绪的产生是内脏活动和肌肉活动的产物，即自主神经系统活动的产物。后人称他们的理论为情绪的外周理论，即詹姆斯-兰格情绪理论，其示意如图9-3所示。

詹姆斯认为情绪是一种躯体表达，是伴有明显的生理反应的心理过程。他认为："在对我们周围的现实知觉之后，躯体便发生一系列的变化，我们对这些躯体变化的感受就是情绪。""情绪只是一种身体状态的感觉，它的原因纯粹是身体的。"和常识中认为"先产生某种情绪，之后才有机体的变化和行为的产生"不同，詹姆斯认为"先有机体的生理变化，而后才有情绪"。例如，不是因为悲伤才哭泣，恐惧才发抖，而是因为哭泣才悲伤，发抖才恐惧。詹姆斯认为对外界刺激的知觉首先引起躯体与内脏反应，随着我们知道或体验到这种反应，就导致了我们的情绪。

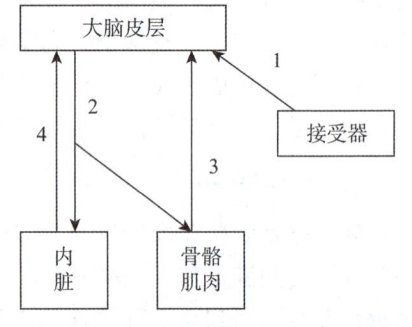

图9-3 詹姆斯-兰格情绪理论示意

兰格认为情绪受到两个相反的系统，即欲望的/愉快的和厌恶的/不愉快的系统的驱动。他说："血管运动的混乱、血管宽度的改变以及各个器官中血液量的改变，乃是激情真正的最初原因。"兰格以饮酒和药物为例来说明情绪变化的原因。酒和某些药物都是引起情绪变化的因素，它们之所以能够引起情绪变化，是因为饮酒和用药都能引起血管的活动，而血管的活动是受自主神经系统控制的。自主神经系统支配作用加强，血管舒张，结果就产生了愉快的情绪；自主神经系统活动减弱，血管收缩或器官痉挛，结果就产生了恐惧的情绪。因此，情绪取决于血管受神经支配的状态、血管容积的改变以及对它的意识。情绪是内脏活动的结果。他说："假如把恐惧的人身体症状除掉，让他的脉搏平稳，眼光坚定，动作迅速而稳定，语气强而有力，思维清晰，那么他的恐惧还剩下什么呢？"所以情绪就是对机体状态变化的意识。

兰格与詹姆斯在情绪产生的具体描述上虽有不同，但他们的基本观点是相同的，即情绪刺激引起身体的生理反应，而生理反应进一步导致情绪体验的产生。

詹姆斯-兰格情绪理论看到了情绪与机体变化的直接关系，强调了自主神经系统在情绪产生中的作用，这有其合理性。但是，他们片面强调自主神经系统的作用，忽视了中枢神经系统的调节、控制作用，因而引起了很多的争议。

二、坎农-巴德情绪理论

坎农-巴德情绪理论是由美国生理学家坎农（W. B. Cannon）和巴德（P. Bard）在批评詹姆斯-兰格的理论基础上提出的一种情绪理论，主张丘脑在情绪形成中起重要作用，其示意如图9-4所示。坎农对詹姆斯的情绪理论提出五个方面的批评。

（1）能为大脑提供反馈并由此产生情绪体验的身体变化，可以在不扰乱有机体情绪的情况下被完全消除。他设法使猫的体内不发生任何变化，但这些猫在吠叫的狗面前仍表现出正常的愤怒行为。

（2）如果不考虑情绪表现的话，各种情绪状态下的身体变化几乎是相同的。例如，在恐惧和愤怒时人们都会心率加快、血糖水平上升、眼睛的瞳孔放大、

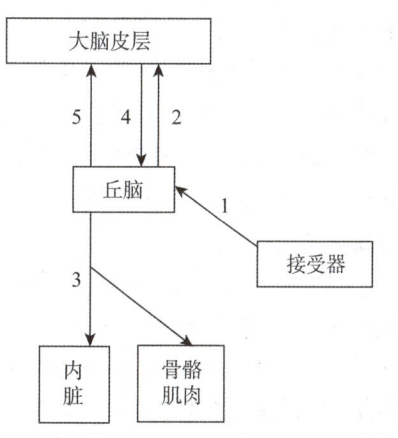

图9-4 坎农-巴德情绪理论示意

头发直立。因此，这些变化的反馈不能决定有机体的情绪状态。他进一步指出，这些相同的身体变化在温度变化（接触极冷或极热）时仍会发生。

（3）为情绪体验向大脑提供反馈的内部器官并不是很敏感的结构。来自这些内脏（胃、肠、心脏等）的感觉神经纤维（传入）的数量通常只是从大脑到达这些结构的运动神经纤维（传出）数量的1/10。坎农指出，我们通常没有意识到内部器官的运动和变化。而在未麻醉的情况下，切除、撕破、压碎，甚至燃烧消化系统的各个组成部分，人们也不会感到不适。这表明，这些器官在提供反馈中并不具有重要作用。

（4）内部器官的变化非常缓慢，因而不能提供情绪体验。他观察到，情绪体验有时是直接的，但是激发内部器官并将其变化反馈到大脑则可能需要几秒钟。因此，坎农认为情绪状态发生于内脏的反馈之前。

（5）唤起某种情绪状态的人为诱导并不能引发情绪"感受"。因此，注射肾上腺素（在情绪活动中肾上腺分泌的一种激素）通常并不能使被注射者产生情绪反应，即使肾上腺素改变了与情绪相关的身体机能。大约70%注射了肾上腺素的被试报告的感受是"好像"他们应产生情绪，但并没有体验到这一情绪。

基于对詹姆斯-兰格情绪理论的上述批评，坎农认为"控制情绪的是中枢神经而不是周围神经系统"。

坎农又根据以下事实提出了情绪丘脑说。①切去脑皮层（丘脑保留）的动物表现过分的愤怒反应，丘脑切除，其反应则消失。②丘脑单侧的伤害，会增加来自身体该侧面的情

绪成分。③对于人类，影响丘脑一边的肿瘤会影响单侧的情绪表现。④轻度的麻醉引起脑皮层对下级中枢控制的短暂伤害或疾病引起的永久伤害，会让人发出自由而时常的流泪与笑的表情。

坎农认为，丘脑是情绪活动的中枢。在正常情况下，丘脑是由大脑皮质抑制的，但强烈的刺激可超越皮层的抑制而直接激活丘脑，产生情绪反应。对某种刺激习得的情绪反应是通过皮质实现的，刺激先传到大脑皮质，根据记忆被认识，然后解除了对丘脑的情绪机制的抑制，使之发动情绪反应。

坎农的理论强调脑的整合作用。情绪有主观体验和身体反应两方面，这两方面是在大脑中整合起来的。情绪状态包含着大量的能量消耗，这是交感神经系统的活动所耗费的。他着重指出，某些情绪是有机体对突然的具有危险性的情境的紧急反应。这种反应产生了自主神经系的交感部分的最强烈的活动。在他看来，交感神经支配的内脏活动是由于情绪性质的刺激使大脑皮质兴奋了，大脑皮质的兴奋解放了丘脑控制的机制。丘脑的活动产生了两方面的作用，一方面反馈到大脑皮质产生情绪的主观体验，另一方面激活交感神经系统产生内脏的反应，由于两方面神经冲动的交互作用产生情绪，然后才产生机体变化。情绪是先于外显表现的。

这一理论说明引起情绪的刺激首先是被大脑皮质"知觉"的，然后由大脑皮质解放丘脑的活动（原来是被抑制的）。丘脑的活动回报给大脑皮质才有了情绪体验。与此同时，丘脑下行的兴奋激活了内脏的活动。这种情绪的体验和内脏的活动似乎是平行的，而不是因果的关系。引起情绪的原因是大脑皮质对刺激性质的反应，其中暗示有"认知"的问题，当然也有对某些有害刺激的本能反应。

总的来说，坎农-巴德情绪理论唤起了人们对丘脑的重要性的注意。他们还提出了一系列有说服力的论点反对詹姆斯理论，虽然这些论点后来受到了严肃的质疑，但至少引起了人们对情绪的神经生理方面的注意，并因此而成为这方面理论研究工作的先驱。

三、阿诺德"评定-兴奋"学说

美国心理学家阿诺德（M. R. Arnold）在20世纪50年代提出了情绪的"评定-兴奋"学说，其示意如图9-5所示。这种理论认为，刺激或情景并不直接决定情绪的性质，从刺激出现到情绪的产生，要经过对刺激的估量和评价，情绪产生的基本过程是刺激/情景—评估—情绪。比如，人在森林里看到熊会产生恐惧，而在动物园里看到关在笼子里的熊却不会产生恐惧。同一刺激/情景，由于对它的评估不同，就会产生不同的情绪反应。评估的结果可能认为对个体"有利""有害"或"无关"。如果是"有利"，就会引起肯定的情绪体验，并企图接近刺激物；如果是"有害"，就会引起否定的情绪体验，并企图躲避刺激物；如果是"无关"，人们就予以忽视。

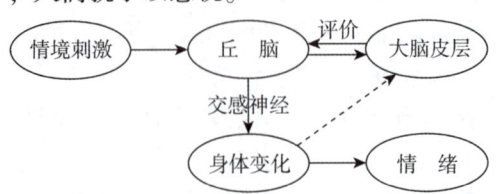

图9-5 阿诺德的"评定-兴奋"学说示意

阿诺德认为，情绪的产生是大脑皮层和皮下组织协同活动的结果，大脑皮层的兴奋是情绪行为的最重要的条件。她提出情绪产生的理论模式是：作为引起情绪的外界刺激作用于感受器，产生神经冲动，通过内导神经上送至丘脑，在更换神经元后，再送到大脑皮层，在大脑皮层上刺激情景得到评估，形成一种特殊的态度（如恐惧及逃避、愤怒及攻击等）。这种态度通过外导神经将皮层的冲动传至丘脑的交感神经，将兴奋发送到血管和内脏，所产生的变化使其获得感觉。这种从外周来的反馈信息，在大脑皮层中被估价，使纯粹的认识经验转化为被感受到的情绪。这就是"评定-兴奋"学说。

阿诺德首次把情绪的产生和高级认知过程联系在一起，将认知评价看作刺激事件与情绪反应之间必不可少的中介物，情绪的产生与高级认知活动密切相关，倡导了一条全新的理论路线，为情绪心理学的研究开辟了一条崭新的道路，具有划时代的意义。

四、拉扎勒斯"认知-评价"学说

拉扎勒斯（Richard Stanley Lazarus）是美国应激理论的代表。他认为情绪是人与环境相互作用的产物。在情绪活动中，人不仅接受环境中的刺激事件的影响，同时要调节自己对刺激的反应。也就是说，情绪活动必须有认知活动的指导，只有这样，人才能了解环境中刺激事件的意义，选择适当的、有价值的动作组合，即动作反应。

按照拉扎勒斯的观点，情绪是个体对环境事件知觉到有害或有益的反应。因此，在情绪活动中，人们需要不断地评价刺激事件与自身的关系。具体来讲，有三个层次的评价：初评价、次评价和再评价。

初评价是指人确认刺激事件与自己是否有利害关系，以及这种关系的程度。只要人处在清醒的状态下，这种评价随时随地都会发生，这是人的生存适应的一个重要方面。拉扎勒斯列出了15种情绪及其核心相关主题，如表9-1所示。

次评价是指人对自己的反应行为的调节和控制，包括能否控制刺激事件，以及控制的程度等。当人们要对刺激事件做出行为反应时，必须根据主观条件和客观社会规范来考虑行为的后果，从而选择有效的措施和方法。例如，当人们受到侵犯或伤害时，是采取攻击行为还是防御行为，这取决于人们对刺激事件的判断。在这种评价过程中，经验起着重要的作用。

表9-1 情绪及其核心相关主题

情绪	核心相关主题
发怒	对我及我的所有物的贬低或攻击
焦虑	面对不确定的存在条件
害怕	一种直接的真实的巨大的危险
内疚	道德上的违反
害羞	过错归结到自己
悲伤	体验到不可挽回的丧失
羡慕	想别人所有的东西
嫉妒	憎恨他人得到别人的爱，希望他失去进步
厌恶	从事或接近令人讨厌的物体、人或思想

续表

情绪	核心相关主题
高兴	向着一个真正的目标
骄傲	由于自己的成就得到别人承认或认同而自我意识增强
放松	沮丧的情形得到改善
希望	怕坏的结果，想要更好的结果
爱	经常渴望的感情，而不要回报
同情	被他人的遭遇所感动，而愿帮助他

再评价是指人对自己的情绪和行为反应的有效性和适宜性的评价，实际上是一种反馈性行为。如果再评价结果表明行为是无效的或不适宜的，人们就会调整自己对刺激事件的次评价，甚至初评价，并相应地调整自己的情绪和行为反应。

五、沙赫特-辛格的三因素情绪理论

20世纪60年代初，美国心理学家沙赫特（S. Schachter）和辛格（J. Singer）提出，对于特定的情绪来说，有三个因素是必不可少的：第一，个体必须体验到高度的生理唤醒，如心率加快、手出汗、胃收缩、呼吸急促等；第二，个体必须对生理状态的变化进行认知性的唤醒；第三，相应的环境因素。

为了检验情绪的三因素理论，他们进行了实验研究。把自愿当被试的若干大学生分为三组，给他们注射同一种药物，并告诉被试注射的是一种维生素，目的是研究这种维生素对视觉可能发生的作用。但实际上注射的是肾上腺素，一种对情绪具有广泛影响的激素。因此三组被试都处于一种典型的生理激活状态。然后，主试向三组被试说明注射后可能产生的反应，并做了不同的解释：告诉第一组被试，注射后将会出现心悸、手颤抖、脸发烧等现象（这是注射肾上腺素的反应）；告诉第二组被试，注射后身上会发抖、手脚有些发麻，没有别的反应；对第三组被试不进行任何说明。接着把注射药物以后的三组被试各分一半，让其分别进入预先设计好的两种实验环境里休息：一种令人发笑的愉快环境（让人做滑稽表演），另一种是令人发怒的情境（强迫被试回答琐碎问题，并横加指责）。

根据主试的观察和被试的自我报告结果，第二组和第三组被试，在愉快的环境中显示愉快情绪，在愤怒情境中显示出愤怒情绪；而第一组被试则没有愉快或愤怒的表现和体验。如果情绪体验是由内部刺激引起的生理激活状态决定的，那么三组被试注射的都是肾上腺素，引起的生理状态应该相同，情绪表现和体验也应该相同；如果情绪是由环境因素决定的，那么不论哪组被试，进入愉快环境中就应该表现出愉快情绪，进入愤怒环境中就应该表现出愤怒情绪。

实验证明，人对生理反应的认知和了解决定了最后的情绪体验。这个结论并不否定生理变化和环境因素对情绪产生的作用。事实上，情绪状态是由认知过程（期望）、生理状态和环境因素在大脑皮层中整合的结果。环境中的刺激因素，通过感受器向大脑皮层输入外界信息；生理因素通过内部器官、骨骼肌的活动，向大脑输入生理状态变化的信息；认知过程是对过去经验的回忆和对当前情境的评估。生理唤醒是情绪激活的必要条件，但真正的情绪体验是由对唤醒状态赋予的"标记"决定的。这种"标记"的赋予是一种认识

过程，个体利用过去经验和当前环境中的信息对自身唤醒状态做出合理的解释，正是这种解释决定着产生怎样的情绪。所以，无论生理唤醒还是环境因素都不能单独地决定情绪，情绪发生的关键是认知因素。

沙赫特的实验和理论引起了相当大的反响，但也受到了批评，因为缺乏对实验的先在效度分析，实验设计复杂，后人难以重复得出相同的结果。但是，沙赫特的研究毕竟为情绪的认知理论提供了最早的实验依据，对认知理论的发展起到了一定的推动作用。

第四节　情绪情感与教学

情绪情感对个体的发展具有重要的影响，良好健康的情绪能够有效促进个体的发展和适应。理解良好情绪的标准，把握青少年学生情绪发展的特点，准确识别青少年学生常见的情绪问题，指导学生合理运用情绪调节方法已经成为新时期教师的"必修课"。

一、良好情绪的标准

良好的情绪是个体心理健康的重要的表现和衡量标准，通常是指个体能够体验更多的积极、乐观的情绪状态，在情绪体验的强度、持久性和平衡性等方面的特征。

（1）有良好情绪的学生应能正确反映特定环境的影响，善于准确表达自己的感受。情绪是个体对客观事物是否满足自身需要而产生的态度体验，是个体需要与外界事物关系的反映，通常反映外界环境或刺激对个体的影响。个体产生了某些情绪反应，一定要有准确的感知和合理的表达。作为教师不但应该鼓励学生表达积极的情绪，同时应该允许学生表达消极的情绪，因为压抑消极的情绪对身心健康是有害的。

（2）有良好情绪的学生能对引起情绪的刺激做出适当强度的反应。情绪反应的强度要与刺激的强度相匹配，个体对于某些事情表现出的情绪过度强烈或过分抑制，都是不恰当的。作为教师应该引导学生关注且懂得评估情绪反应的强度。

（3）有良好情绪的学生应具备情绪反应的转移能力。如果引起积极情绪的刺激环境消失了，但是学生还长时间地陶醉在愉快兴奋的情绪中，这是不适当的。同样，陷入消极情绪而不能自拔的学生，也会影响自己的学习或活动效率。当觉察到自己拥有不良情绪时，学生要保持正确、客观的理性认识，及时采用多种方式宣泄自己的不良情绪。

（4）良好的情绪应符合学生的年龄特点。如果一个学生表现出来的情绪特点与他所处的年龄阶段应有的情绪特点不相符，则需引起教师的注意，并采取相应的教育措施。

> **阅读窗**
>
> *情绪健康的标准*
>
> 心理学家瑞尼斯（T. A. Ringness）等人提出情绪健康的六项指标。
> （1）发展出某些技巧以应付挫折情境。
> （2）能重新解释与接纳自己与情绪的关系，不会一直自我防卫，能避免挫折并安排替代的目标。

(3) 知觉某些情境会引起挫折，可以避开并找寻替代目标，以获得情绪满足。

(4) 能找出方法，缓解生活中的不愉快。

(5) 能认清各种防卫机制的功能，包括幻想、退化、反抗、投射、合理化、补偿，避免成为错误的习惯，以致防卫过度，造成情绪困扰。

(6) 能寻求专家的帮助。

心理学家索尔（J. Saul）也指出情绪健康的八个特点。

(1) 独立，不依赖父母。

(2) 增强责任感及工作能力，减少与外界接触的渴望。

(3) 去除自卑情结、个人主义及竞争心理。

(4) 适度的社会化与教化，能与人合作，并符合个人良心。

(5) 成熟的性态度，能组织幸福家庭。

(6) 培养适应，避免敌意与攻击。

(7) 对现实有正确的了解。

(8) 具有弹性以及适应力。

摘编自：大学生心理健康第四章 情绪管理［EB/OL］.［2024-4-28］. https://www.docin.com/p-2036971289.html.

二、青少年情绪发展特点

青少年处于人生发展的关键期，处在心理从未成熟向成熟发展的过渡期，伴随着身体的迅猛发展，其心理发展也比较急剧，在情绪情感方面表现为情绪起伏波动大，情感体验日趋丰富、深刻和复杂，容易陷入情绪困扰，表现出比较明显的矛盾性特点。

（一）爆发性与冲动性

虽然青少年学生的情绪情感与儿童时期相比，显得更稳定，受外界情境的影响更少，但他们也有很强的爆发性和冲动性，一旦激起某种性质的情绪情感就如火山般猛烈爆发出来，常常表现为"一时兴起""年轻气盛"。一方面，这与青春期的大脑神经活动特点有很大关系。这时个体神经活动兴奋过程往往比抑制过程占优势，刺激在神经传导过程中易造成泛化和扩散现象。研究表明个体的肾上腺发育在11岁之后会进入加速期，能够持续到20岁左右，肾上腺素的分泌增加会提高个体情绪的兴奋性和冲动性。另一方面，青少年学生的社会需要逐渐增多、自我意识持续增强，当他们遇到与认知结构中的期待不相符的事件或刺激时，容易产生强烈的情绪反应和冲动行为。

（二）不稳定性与两极性

青少年学生的情绪体验强度高，而且波动剧烈，两极性明显。情绪很容易从一个极端剧烈地转向另一个极端，他们对事物的看法较为片面，很容易产生偏激反应。例如，他们可能从对事物的强烈认同、肯定，忽然转向拒绝、否定；对他人强烈的爱，因某些看法矛盾或冲突而忽然转化为强烈的恨。心理学家曾把处于这个时期的情绪形象地比喻为"像一个钟摆"，在寻求平衡点的过程中摇晃于两极之间，这主要与这个时期学生的认知发展特点有关。他们观察事物虽然敏锐，但较片面，思维发展以感性概括水平为主，有待于上升为理性概括水平，他们的辩证思维、批判性思维还不成熟，因此看问题还带着明显的片面性、表面性，无法准确把握事物的本质属性和内在规律性联系，对事物的前因后果还无法做出明确的全面估计和判断，对自己的行为尚缺乏自控能力。

（三）表露性与掩饰性

随着年龄的增长、认知范围的扩大、个人知识经验的积累、自我意识的逐渐成熟，青少年学生在情绪的表达方面有了一些新的特点和变化，既有表达情绪体验的倾向，也逐渐学会控制自己的真实感受，使情绪情感带有内隐性、掩饰性的特点。在不少特定情况下，他们会把自己的真实想法或情绪曲折、掩饰地表达出来。例如，对自己喜欢的人表面上无动于衷，实际上内心却狂热地爱慕、痴迷，关注对方的言行。他们也会根据场合适当控制或掩饰自己的情绪，来进行适当的表达，这体现了他们自身情绪的控制力不断增强的特点。当然，与成年人相比较，青少年学生情绪的直白性还是比较明显的，掩饰性仍相对较低。

总而言之，青少年学生随着学习、生活范围的不断扩大，身心的飞速发展，自我意识的持续提升，其情绪体验越来越丰富和深刻，具有明显的心境化色彩，表现为持久、微弱、弥散性的情绪状态。

阅读窗

如何才能保持稳定的情绪？

良好、稳定的情绪是顺利完成许多活动的重要条件，尤其是对生理、心理迅速发展，面临多种适应性挑战的青少年而言，保持稳定的情绪是非常重要的。以下是一些有助于保持情绪稳定的建议。

（1）认识和管理情绪。了解自己的情绪，并识别和命名这些情绪，是控制情绪的第一步。青少年可以通过写日记、绘画、运动等方式来表达自己的情绪。同时，他们也应该学会接受自己的情绪，而不是抑制或压抑它们。

（2）培养积极的生活态度。积极的生活态度可以帮助青少年看到问题的积极面，从而增强他们的乐观情绪。他们可以通过与家人和朋友分享自己的想法和感受，参加有益的活动，如阅读、写作、绘画等来培养积极的生活态度。

（3）建立良好的人际关系。与家人、朋友和老师建立良好的关系可以帮助青少年获得支持和理解。他们可以通过主动沟通、倾听他人的意见和建议来建立这些关系。同时，他们也应该学会尊重他人的观点和生活经历。

（4）学会应对压力。青少年可以通过放松技巧，如深呼吸、冥想、瑜伽等来减轻压力。此外，他们还可以与家人和朋友分享自己的感受，寻求支持和建议。

（5）培养健康的习惯。健康的饮食、充足的睡眠和定期的体育锻炼可以帮助青少年保持身体和心理的健康。同时，他们应该避免过度使用电子产品和过度依赖药物等不健康的行为。

摘编自：小红聊健康. 青少年如何保持情绪稳定？[EB/OL]. (2023-12-5) [2024-4-28]. https://baijiahao.baidu.com/s?id=1784453829552306714&wfr=spider&for=pc.

三、青少年良好情感品质的培养

党的二十大报告提出："青年强，则国家强。当代中国青年生逢其时，施展才干的舞台无比广阔，实现梦想的前景无比光明。"青年学生是中国特色社会主义事业的建设者，是实现中华民族伟大复兴的主力军。作为教育工作者要牢记"为党育人、为国育才"的初心使命，要切实了解青少年学生的情感特点，切实做好培养工作。

青少年学生具有丰富而强烈的情感体验，他们敢爱敢恨，敢于表达自己的情感，朝气蓬勃。但是，青少年学生的情感不稳定，常从一个极端走向另一个极端，这与他们的认识能力和社会经验的不足以及自我控制能力较弱有关，因而青少年学生情感的倾向性、深刻性、稳定性和效果性等品质需要进一步提高和完善。引导和培养学生的良好情感品质，是教师的一个很重要的任务。青少年良好的情绪情感品质的培养，应从以下几个方面着手。

（一）树立正确的人生观，确立远大的志向

一个人的情绪情感的引发，受他的人生观的影响和支配。古语云："君子坦荡荡，小人长戚戚。"一个有正确人生观、胸怀大志、要为崇高理想奋斗的"君子"，为伟大的事业孜孜以求，必然会豁达大度，他们的情绪情感指向于那些与社会意义有关的大事，而绝不会计较日常琐事、个人恩怨。党的二十大报告指出："广大青年要坚定不移听党话、跟党走，怀抱梦想又脚踏实地，敢想敢为又善作善成，立志做有理想、敢担当、能吃苦、肯奋斗的新时代好青年，让青春在全面建设社会主义现代化国家的火热实践中绽放绚丽之花。"所以，加强青年学生的思想品质修养，鼓励他们树立远大的志向，有助于学生的情感需要，有助于学生了解自己对社会的责任与义务，这样才能提高学生对问题的分析和解决能力，使他们对各种客观事物产生深刻的情绪情感体验。

（二）组织和参加各种活动，丰富人生阅历

情感深刻性的提高，与个人的知识水平和社会经验密切相关，而知识水平和社会经验又必须在实践活动中逐步积累、提高，所以组织和鼓励学生积极参加各种社会活动（如到工厂、学校、农村去参观学习，搞社会调查，听各种模范事迹报告等），有助于学生客观、全面、深入地了解社会环境，有助于学生社会倾向性的培养。

（三）学会调节情绪的方法和技术

稳定、积极的情绪情感对学生的生活、学习和健康有重要的意义，因此，教师应该教给学生情绪调节的方法和技术，使他们自觉地控制自己的情绪，使情绪稳定、健康、有效能。情绪的调节主要有以下几种方法。

1. 努力从学习和个人成长中获得满足，增加愉快的情绪体验

每个人在其一生中都会尝到酸甜苦辣等多种人生滋味，但对个人的情绪状态来说，应尽量使自己有较多的正面情绪或愉快的情绪体验。这不是说我们要逃避矛盾，而是我们可以设法发现和增加生活的乐趣，使自己有更多愉快的情绪体验。例如，知道学习成绩进步可以给人带来喜悦与满足，青少年学生就要为自己安排好学习计划，创造条件和改进方法，使自己不时看到学习的成果与进步。此外，适当的体育活动、文娱活动、课余或业余创作活动都能陶冶性情，只要安排得当，就可使生活中充满积极而愉悦的体验。

2. 培养幽默感，养成积极的人生态度

幽默是一种有助于个人适应人际关系的工具。当一个人处于极为难堪的情境中或发现一种不调和的现象时，他一方面要客观地观察面前的事实，同时又不让它使自己陷入激动的状态，最好的办法就是以幽默的态度去应对。

幽默感可以后天培养。幽默感与人生态度密切相关，人生态度消极的人，不可能有幽默感；幽默本身就包含积极的人生态度。所以，善于发现事物的积极、光明一面的人，才有可能去掌握幽默这种工具。另外，幽默感是一种善于应用语言的技巧，青少年学生可以通过学习有关幽默的书籍，努力在生活学习中有目的地应用有关技术。只要坚持训练，就可以形成幽默感。

3. 理智的引导，给情绪以适当的表现机会

面对各种使人痛苦、愤怒、烦躁的情境，青少年学生要充分发挥理智的作用，让消极的情绪得到减轻和消除。通常，可以用以下方法。

（1）情感升华。面对悲伤和痛苦的情绪，青少年可以努力将悲伤化为向上的动力，积极投身到各种有益活动中去，以全部精力和心血换得显著的成就。比如，歌德从失恋的悲痛、消沉中走出来，以满腔的热情倾注于文学创作之中，写出了举世闻名的优秀小说《少年维特之烦恼》，既获得了成功，又减轻和消除了自己消极的情绪。

（2）自我暗示。当青少年学生为消极情绪所困扰时，可以通过言语的自我暗示来调节和松弛紧张的情绪。例如，可用言语暗示自己"不要发愁""忧愁无济于事，还会损害身体健康""不要着急，冷静处理，一切都会好起来的"等，安慰和鼓励自己。在心静意专的情况下进行积极的自我暗示，对情绪的调节有明显的正向作用。

（3）他人疏导。消极情绪的减轻，有时要靠别人的帮助，因为别人的疏导不仅使心灵得到慰藉，更重要的是可使头脑清醒，从中悟出解决问题的具体办法。俗话说"当局者迷，旁观者清"，别人点拨几句，常会使自己茅塞顿开。所以，青少年学生有了烦恼和苦闷，向亲人朋友倾诉是非常有益的。必要时，还可以向心理咨询的专业人士寻求帮助。

（4）自我宣泄。每个人都会产生喜怒哀乐的情绪体验，这是十分自然的，所以当某种情绪发生时，宣泄出来，可以减轻内心的紧张。例如，愤怒时猛击沙袋，高兴时手舞足蹈，悲伤时放声哭泣，抑郁时跳迪斯科舞，等等。只要情绪表现的方式、时机、场合适当，都是一种正常的情绪反应，都有助于情绪的调节。

青少年学生只要善于应用各种情绪调节技术，就可以克服情绪不稳定的不足，并能使自己在适当的情绪情感体验中发挥自己的学习潜能，取得较好的学习效果。

第九章　要点回顾　　　　第九章　习题园地　　　　第九章　思维导图

第十章 意 志

案例导学

法国名画家纪雷参加一个宴会时，有一个身材矮小的人走到他面前，向他深深鞠了一躬，请求他收自己为徒弟。纪雷朝那人看了一眼，发现他是个缺了两只手臂的残疾军人，就婉转地拒绝他说："我想你画画恐怕不太方便吧？"可是那个人并不在意，立刻说："不，我虽然没有手，但是还有两只脚。"说着，便请主人拿来纸和笔，坐在地上，用脚趾头夹着笔就画了起来。他虽然是用脚画画儿，但是画得很好，足见是下过一番苦功的。在场的客人，包括纪雷在内，都被他的精神所感动。纪雷很高兴，马上便收他为徒。这个矮个子自拜纪雷为师之后，更加用心学习，没几年工夫便名扬天下，他就是有名的无臂画家杜兹纳。

没有手竟然成为画家，岂不是很不可思议吗？这个故事告诉我们什么道理呢？

目标解析

1. 掌握意志和意志行动的相关知识，理解认识、情感、意志及个性的关系。
2. 理解意志的品质及其训练和培养。
3. 能具体分析自己的实际情况，有针对性地制订磨砺意志的计划。

第一节 意志概述

一、意志与意志行动

意志是人自觉地确定目的，并根据目的来支配、调节自己的行动，克服各种困难，从而实现目的的心理过程。意志为人类所特有，是人的主观能动性最突出的表现，也是人和动物的本质区别。"一切动物的一切有计划的行动，都不能在自然界打下它们的意志的印记。这一点只有人才能做到。"可见，只有人类才能先确定一定目的，并有组织地去逐步实现。它是人对客观现实的积极性和能动性反映的集中表现，是人类独有的心理现象。意

志和行动是密不可分的，意志通过行动表现出来，受意志支配的行动称为意志行动。意志支配、调节着行动，并在意志行动中表现出来。

（一）意志行动是具有自觉目的性的行动

意志是通过行动表现出来的，受意志支配的行动叫意志行动。没有经过计划和思考，无意识发生的行为不是意志行动。比如，咳嗽、手遇火缩回，同学打闹不小心触碰到自己时会马上离开座位等各种受突然刺激的反射活动，以及一些无意识的手势、摇头摆脑等动作，这些不是预先确定的有目的的行动，即使在行动过程中存在困难，也构不成意志行动。只有预先确定目的，并由目的调节、支配的行动，才是意志行动。比如，家长为了培养自己的孩子，压抑自己粗暴的脾气，或者放弃喝酒等应酬，几年如一日地耐心陪伴和教育孩子，这是意志行动。

（二）意志行动是与克服困难相联系的行动

意志行动是有自觉目的性的，但在目的确立与实现的过程中，往往遇到种种困难。克服困难是意志的本质特征，困难是实现有目的的行动的障碍，没有困难的行动是非意志的行动。

困难有内部困难和外部困难。内部困难是指干扰目的的确定与实现的内在条件，包括心理和生理两种。心理上的困难如信念的动摇、情绪的冲动、能力的缺乏等，生理上的困难如健康状况不佳等。外部困难是指阻碍目的的确定与实现的外在条件，如缺乏必要的工作条件及来自他人的讽刺打击等。人们必须通过意志努力来克服困难，才能达到预定的目的。人在活动中为了较快、较易地克服困难，达到目的，必须动员自己所具有的知识、能力、情绪和体力，使自己处于良好的行动状态。意志行动因困难的程度不同而有简单与复杂的区别。越困难的情境中，意志行动越难进行。一个失去双臂的残疾人用脚学写字就需要比正常人学写字付出更多的意志努力。长征虽然艰苦，但是革命先辈还是凭借意志力巧渡金沙江，飞夺泸定桥。

（三）意志行动是以随意动作为基础的行动

所谓随意动作是一种受意识调节和支配的，具有一定目的方向性或习惯性的运动，是学会了的、较熟练的动作。学生举手发言、用脚踢球、弯腰做操，画家执笔作画，科学家操作仪器做试验，战士扔手榴弹、射击，公安人员拳击的本领，音乐家演奏和运用声带的本领，驾驶员开车的本领等，都属于随意运动。它们的掌握程度越高，意志行动越容易实现。

不随意运动一般不受意识支配，比如心脏跳动、瞳孔反射运动。

二、意志与认识、情感、个性的关系

意志作为一种心理过程，不像认识活动那样反映事物的属性，也不像情感过程那样反映人的需要和事物的关系，而是一种确定目的和实现目的的过程，是根据目的调节和支配行动的过程。

（一）意志与认识的关系

意志与认识过程有着密切的联系，首先，意志的产生以认识过程为前提。人的意志具有自觉目的性，这种目的不是凭空出现的，而是人的认识活动的结果，人的认识越丰富、越深刻，他们的活动目的就越自觉，越有可能提出实现这一目的的方法和手段，并坚持实现这一目的。相反，一个人对自己确定的目的缺乏深刻的认识，就难以提出恰当的措施和方法以实现自己的目的。这种人在行动上犹豫、动摇，因而不会有坚强的意志。其次，意志也对认识过程有很大的影响。人在进行各种认识活动的过程中，总会遇到各种各样的困难，经过意志努力去克服困难，能实现人主动、能动地认识世界的目的。

（二）意志与情感的关系

情感可以构成意志行动的动力。积极的情感对意志行动能起推动和支持的作用，而消极的情感对意志行动起阻碍和削弱作用。例如，有的学生热爱教育事业，因此，在学习教育科学理论时表现出极大的热情，并能克服种种困难，取得好成绩。意志对情感起着控制作用。积极的情感由于有意志的支持，才能持久地巩固和发展，而消极的情感要依靠意志来克服和控制。意志坚强的人可以克服和消除各种消极情感的干扰，使情感服从理智。例如，有的学生在学习失败时，产生不愉快的情感，但他们能靠意志的努力冷静地评价自己的情感，并自觉地加以控制，避免了消极情绪干扰。意志薄弱的人则会屈服于消极情感，并往往使行动半途而废。

（三）意志与个性的关系

个性倾向性影响着意志表现。理想、信念、世界观及兴趣爱好等个性倾向性影响着人的意志表现。崇高的理想、坚定的信念、强烈的兴趣爱好等会激发强大的意志力量，促使人克服各种困难和障碍，从而达到目的，即使原本意志薄弱的人也是如此。

意志对个性的形成和发展有重要意义。坚强的意志有利于高品质的个性倾向性的形成，也有利于良好的情感品质的形成，更有利于能力的发挥，还有利于健康而有魅力的个性的形成。

总之，人的认知过程、情绪情感过程和意志过程是密切联系、相互影响的。认知过程、情绪情感过程中包含着意志成分；同样，意志过程中也包含着认知过程和情绪情感成分，在对人的统一的心理活动过程进行分析时，必须注意它们之间存在的密切关系。

第二节 意志行动的过程

意志是按预定目的有意识地调节和支配行动的心理过程。意志行动有其发生、发展以至最终完成的过程。从意志活动的基本阶段分析它的心理成分，一般把意志活动分成采取决定和执行决定两个阶段。

一、采取决定阶段

采取决定阶段包括在思想上权衡行动的动机，确定行动的目的，选择行动的方法，制订行动的计划。这是意志行动的开始阶段，是意志行动的内部行动动因，属于头脑中的行动。它决定意志行动的方向，规定未来意志行动的轨道，是完成意志行动重要的、不可缺少的开端。

采取决定阶段的心理活动主要有动机冲突与行动选择决策、确定行动目的、选择方法与策略、制订行动计划等环节。

（一）动机冲突与行动选择决策

1. 动机冲突

由于人们在意志行动中常常具有两个以上的目的，而这些目的不可能同时实现，因而产生了意志行动中的内心冲突或动机的斗争。冲突可能由理智的原因引起，也可能由情绪的原因引起。但是，一旦冲突出现，就总伴随着某种情绪状态，如情绪紧张、焦躁、烦恼、心神不宁等。当问题特别重要，而可供选择的各方面又都有充分的理由时，这种特殊的内心状态就会更深刻、更持久。

动机冲突的种类很多，人的意志行动通常表现为接近或回避某一目标。根据意志行动的这一特点，可以把冲突分成以下四种类型：

（1）双趋冲突。当两种或两种以上目标同时吸引着人们，而必须选择其中一种目标时的矛盾心理状态，称为双趋冲突。在双趋冲突情况下，两种目标的吸引力就有了大小的分别，那么冲突就比较容易解决，无疑是选择吸引力大的目标。正如孟子所云："鱼，我所欲也；熊掌，亦我所欲也。二者不可得兼，舍鱼而取熊掌者也。生，亦我所欲也；义，亦我所欲也。二者不可得兼，舍生而取义者也。"鱼和熊掌、生和义二者不可兼得的心理矛盾冲突就是双趋冲突。选择熊掌是因为熊掌属于珍奇佳肴，对人更有吸引力。再如，世界杯足球赛总在6月底到8月初这段时间举行，而这段时间又恰恰是接近学校期末考试时间。喜欢看足球的同学就会产生内心的冲突：既想观看高水平的球赛，又不想影响考试。这样的冲突就会产生看与不看的焦虑，导致心理压力。

（2）双避冲突。当两种或两种以上的目标都是人们力图回避的事物，而他们又只能回避其中一种目标时的困扰心理状态就是双避冲突。即同时有两个可能对个体具有威胁性、不利的事发生，两种都想躲避，但受条件限制，只能避开一种，接受一种，在做抉择时内心产生矛盾和痛苦。如前有狼后有虎的两难境地。又如在大学之中，有的同学既不想用功读书，又怕考试不及格，于是出现"二者必居其一"的心理冲突。选择是选危害较小的。

（3）趋避冲突。这种冲突是在同一物体或目标对人们既有吸引力，又有排斥力的情况下产生的。个体对同一目的同时产生两种动机：一方面好而趋之，另一方面恶而避之。像这种对同一目的兼具好恶的矛盾心理状态，称为趋避冲突。如喜欢吃糖又担心长胖、想吃鱼又怕腥的冲突属于趋避冲突。贪官既想贪污又怕受到法律制裁的冲突属于趋避冲突。

（4）多重趋避冲突，是指面对两种或两种以上目标，每个目标都既具有吸引力，又具有排斥力，而产生的冲突。面临多重趋避冲突时，人们不能简单地选择一个目标，而回避（拒绝）另一目标，必须进行多重选择。如有些人为了有较高的经济收入和良好的住房条件，尽管工作和生活环境不适应，但还是想换一个新单位工作；与此同时，又考虑到留在原单位工作，尽管收入、住房条件差些，但却有习惯了的工作和生活环境，以及适应了的人际关系。此时，由于考虑到各种利弊和得失，就会产生多重趋避冲突。如果几个目标的吸引力和排斥力相距较大，解决冲突还比较容易；如果几种目标的吸引力和排斥力比较接近，则解决冲突就相对困难，需要较长时间考虑得失、权衡利弊。

2. 行动选择决策

意志行动中的选择与个体的决策有关。所谓决策，就是为了优化地达到目标而对若干个准备行动的方案进行选择，我们可以从达到目标的途径和达到目标的要求两个角度对决策进行分类。

（1）从达到目标的途径来看，决策可分为常规决策和非常规决策。

常规决策通常都是按照一般的规则或做法来进行决策。常规决策通常和社会上大多数人的决策一致，决策的后果很明确而且基本上有把握达到。

非常规决策是没有一般的规则可遵循的决策。人们在面临一些突发性的或完全新异的情境时经常会做出非常规决策。由于没有一般规则可遵循，这种决策的后果不明确，决策人要具备相当的勇气，而且要冒一定的风险。

（2）从达到目标的要求来看，决策可分为最优决策和满意决策。

最优决策是决策者追求最优目标的决策。同一个活动，能达到的目标有不同的层次。例如，一个运动员的追求目标可以是市冠军、省冠军、全国冠军、世界冠军、奥运会冠军。如果运动员立志拿奥运会冠军，那他就是做了最优决策。在现实生活中，达到最优目标的条件经常并不具备，最优目标无法实现，那么只能做出符合客观现实的、有把握实现的满意决策。例如，某一运动员的素质离奥运会冠军有一定的差距，那么就调整目标，争取市冠军。

在意志行动中，选择和决策时对目标状态的追求，以及所表现出的信心和勇气都可以体现个人的意志特征。做出选择和决策后，个人的心理冲突基本得到解决，接下来就可以全力以赴实现自己的目标了。

（二）确定行动目的

行动目的是指意志行动所达到的目标和结果。行动目的越明确，人的行动便越自觉；目标越远大，它对行动的动力作用越大。但是过于遥远的目的容易使人懈怠，特别是对初中学生而言，更会让他们觉得望尘莫及，不能起到应有的作用。所以，最好在远大的目的之下，再提一些近期的、具体的目的，把两者结合起来。

行动目的的确定和动机斗争是两个既有区别又有联系的过程。在确定行动目的前，往往要经过动机斗争，克服内在的矛盾。相反，在目的逐步确定的过程中也会进一步引起动机斗争，随后逐步趋于统一。要正确地确定行动目的，就必须排除对行动目的确定的种种干扰。为此要做到：第一，要以正确的动机为基础，不要患得患失；第二，要慎重思考，面对现实，权衡利弊，分析、估计目标的远近主次；第三，要保持情绪的镇静、愉快和乐观；第四，通过意志的努力，增强信心与力量，果断做出决定，迅速选择正确的行动目的。

（三）选择方法与策略，制订行动计划

确定行动目的之后，必须考虑如何实现这个行动目的，这时就要选择有效的方法和策略，制订切实可行的计划。虽然行动的方法、策略是服务于行动目的的，但方法与策略的选择对行动目的的顺利实现影响极大。切实可行的方法、策略使行动事半功倍；不好的方法、策略则使行动事倍功半，甚至导致行动的失败。在确定了行动目的且选择好方法、策略后，还必须制订切实可行的计划。制订计划要调查研究、实事求是，既不能草率、盲目，又不能害怕困难，优柔寡断。

方法、策略的选择和计划的制订受多种因素的影响，主观因素主要有三个方面。一是个体的意识智力水平会影响方法、策略的选择和计划的制订。人们选择方法时，既要考虑主观的必要性，又要分析客观的可能性；既希望付出最小代价，获得最大效应，又要符合法律、政策、社会道德、信仰及客观规律的原则。二是动机水平也影响方法、策略的选择

与计划的制订。高尚的动机激励人们采取正大光明与合理的方法,卑鄙恶劣的动机导致人们为达目的而不择手段。三是个人的知识经验是否丰富也会影响方法、策略的选择与计划的制订。知识不足、经验缺乏的人,难以选择科学的方法和现代化的手段。

解决了动机冲突,完成行动目的和行为的方式、方法的权衡比较,最后做出决策,即按照一定的标准从若干个方案中选择一个最佳或最满意的方案,就完成了意志行动第一阶段的任务,接下来就要按所做的决策,一步一步地执行。

二、执行决定阶段

执行决定是意志行动的完成阶段,是头脑里的目的、计划和措施付诸实施,支配和调节行动,达到预定目的的过程。执行决定是意志行动的关键。因为采取决定只是主观的东西,而执行决定才是主观见之于客观的物质活动,通过执行决定才能发挥意志在改造客观世界中的作用。执行决定阶段包括开始行动、面临困难、处理挫折等环节,应及时执行决定,敢于克服困难、正确处理挫折。

(一) 及时执行决定

从做出决定到执行决定,在时间间隔上有两种情况。一种情况是行动目的已确定,方法、策略已选好,完成行动的主客观条件都已具备,此时应当机立断,立即执行。这时如果优柔寡断,当行而不行,是意志薄弱、缺乏果断性的表现。例如,警察面对情绪激动的人员做出马上控制住的决定,医生对遭受重大创伤的病人做出止血的决定,这些决定都必须马上执行。如果在应该行动的时候犹豫不决、瞻前顾后,表明还没有下定决心,这也是意志薄弱的表现。另一种情况是在做出决定之后,要隔相当长的时间才能执行,这需要意志的支持性。这时如果草率从事,则是盲目性的表现。例如,学生决定在暑假里勤工助学,目的、计划都制订了,决心也下了,但并不能马上行动,因为行动的时间是在暑假里,目前还只是一种打算。由此可见,在执行决定的过程中,意志既表现为采取积极行动来达到目的,也表现为抑制那些不利于达到目的的行动。

(二) 敢于克服困难

在执行决定的过程中,常常会遇到各种主观或客观的困难,影响着意志行动,如已经放弃了的目的和动机的重新出现,新产生的诱因,不健康舆论的影响,政治和自然环境的压力,体力和脑力的紧张与疲劳,知识经验的不足,失败与挫折的出现等。在执行决定的过程中,不管是遇到困难,产生挫折感,还是遇到成功,产生成就感,都需要意志的努力。意志坚强者会胜不骄、败不馁,而意志薄弱者会在成功面前骄傲自满,在失败面前垂头丧气,一蹶不振。

在执行决定的过程中,已经确立起来的决心和信心也可能会发生动摇,通常发生在下列情况中:

(1) 解决执行决定时遇到的困难要付出很大的努力,与个体已形成的消极个性品质(如懒惰、骄傲、保守、坏习惯等)或兴趣爱好发生矛盾,从而使决心和信心发生动摇。

(2) 在做出决定时虽然选择了一种目的,但其他目的仅受到暂时的压抑,仍然很有吸引力。在执行决定的过程中,暂时受到压抑的期望又可能重新抬头,产生新的心理冲突。

(3) 在执行决定的过程中,还可能产生新的期望、意图和方法,它们也会同预定的目的发生矛盾,令人踌躇,干扰行动的进程。

（4）有时在做出决定时没有充分考虑到各种主客观条件，没有预见事物的发展变化，在执行决定时遇到新情况，出现新问题，而人又缺乏应付新情况、解决新问题的知识和技能，这也可能使人犹豫不决。这些矛盾都能妨碍意志行动贯彻到底。只有解决了这些矛盾，才能将意志行动贯彻到底，达到预定的目的。

当意志行动达到预定目的时，又会增强克服困难的毅力，增强克服困难的勇气。优良的意志品质，正是在克服困难的实际斗争中锻炼和培养起来的。

（三）正确处理挫折

挫折是指个体在通往目标的过程中遇到难以克服的障碍或干扰，需要无法满足、目标不能实现时所产生的不愉快的情绪反应，诸如紧张、焦虑、沮丧、困惑、愤懑，甚至迁移、攻击等都是心理受挫时常见的情绪反应。挫折的产生有挫折情境和挫折感受两个基本要素，两者密切相连。挫折情境是引发挫折感受的条件，挫折感受是受挫折者心理需求不能满足的一种内心体验。但两者之间并不是必然地相关，同样的（挫折）情境，由于不同的人的需求不同、心理承受力不同，所产生的心理感受也不同。如同样考上一所普通大学的甲、乙两个学生，甲的抱负远大，立志考重点大学，而现在只考上了普通大学，对甲学生来说就会产生挫折感。而乙学生，他的抱负本来就不大，现在考上了大学已经很满足，甚至还有些喜出望外，对他来说不但没有挫折感，反而还有较强的成就感。所以，挫折也叫心理挫折，心理挫折的产生，不取决于挫折情境，而是取决于个体的内在心理感受。

挫折是客观存在的，任何人无论是在学习上还是在情感上都会有这样或那样的干扰和阻碍，使得预定的目的不能达到，不可能一帆风顺，对此，我们一定要有心理准备。意志坚强的人往往能经受住各种挫折和打击，善于在失败中吸取经验教训，以顽强的毅力战胜挫折，最终实现自己的奋斗目标。

总之，意志行动的两个阶段是紧密联系的，没有意志行动的准备阶段，行动就会失去方向；缺少意志行动的执行阶段，再好的决定也失去了意义。在实际的意志行动中，这两个阶段常常是紧密联系和反复交织的。

第三节 青少年意志品质及培养

一、良好意志品质的特征

每个人都需要以一定的意志努力来克服自己的缺点，从而不断地完善自己，人的意志的强弱是不相同的。构成人的意志的某些比较稳定的方面，就是人的意志品质。它主要包括自觉性、果断性、坚持性和自制性。

（一）自觉性

意志的自觉性是指是否对行动目的有明确的认识，尤其是认识到行动的社会意义，主动以目的调节和支配行动方面的意志品质。自觉性是意志的首要品质，贯穿于意志行动的始终。自觉性强的人，能够广泛听取别人的意见并进行取舍，吸收有益的成分，独立自主地确立合乎实际的目标，自觉地克服困难，执行决定，对行动过程及结果进行自觉反思和评价。在行动中能主动积极地完成符合国家和人民需要的任务，并能自觉调整个人利益与集体利益、国家利益三者之间的关系，不为物质利诱而动心。克己奉公体现了意志品质的自觉性。

与自觉性相反的意志品质是易受暗示性与独断性。易受暗示的人，行动缺乏主见，没有信心，容易受别人左右，人云亦云，因而会随便改变自己原来的决定。独断性的人则盲目自信，拒绝他人的合理意见和劝告，一意孤行，固执己见。易受暗示性与独断性都是缺乏对事物自觉、正确的认识，分不清是非曲直而去盲目遵循的倾向。

（二）果断性

意志的果断性是指一个人是否善于明辨是非，迅速而合理地采取决定和执行决定方面的意志品质。果断性强的人，当需要立即行动时，能迅速做出决断，使意志行动顺利进行；而当情况发生新的变化，需要改变行动时，能够随机应变，毫不犹豫地做出新的决定，以便更加有效地执行决定，完成意志行动。果断性在日常生活中有重要意义。军事指挥员的当机立断，对战争胜败有直接影响。飞机驾驶员、汽车司机的果断性，也能使他们及时排除险情，化险为夷、转危为安。

与果断性相反的意志品质是优柔寡断和草率决定。优柔寡断的人遇事犹豫不决，患得患失，顾虑重重；在认识上分不清轻重缓急，思想斗争时间过长，即使执行决定也是三心二意。草率的人则相反，在没有辨明是非之前，不负责任地做出决断，凭一时冲动，不考虑主、客观条件和行动的后果。果断性能导致行动成功，而草率是以行动的冲动性、鲁莽为特征，往往使行动碰壁，导致失败。优柔寡断和草率决定都是意志薄弱的表现。

（三）坚持性

意志的坚持性是指在意志行动中能否坚持决定，百折不挠地克服困难和障碍，完成既定目的方面的意志品质。这是最能体现人的意志的一种品质。坚持性强的人一方面表现为面临各种干扰，不为所动、目标专一，不达目的誓不罢休；另一方面表现为善于长久地维持已开始的符合目标的行动，能在行动中做到锲而不舍，有始有终；此外还表现为在情况变化时，能灵活地采取新措施，直到最终实现目的。所谓"锲而不舍，金石可镂""富贵不能淫，贫贱不能移，威武不能屈"就是意志坚定的表现。凡有成就的人，都有极强的意志的坚持性。正如贝弗里奇所说的，几乎所有有成就的科学家，都有一种百折不回的精神。可见，意志的坚持性品质是事业成功的重要条件。

与坚持性相反的意志品质是顽固执拗和动摇性。顽固执拗的人对自己的行动不做理性评价，只承认自己的意见、自己的论据，并以此为自己行动的依据。不接受别人的建议，一意孤行，不能正视现实，执迷不悟，或者是明知不可为而为之，也不能审时度势，寻求变通。平时我们说某人总是"一条道走到黑"或"不见黄河不死心"，就是指行为过于执拗，总是一意孤行。动摇性是指行为缺乏坚定性，容易发生动摇，随意更改目标和行动方向，这山望着那山高，见异思迁，虎头蛇尾，不能做到有始有终。

> **阅读窗**
>
> **行而不辍，恒必有成：航天员邓清明25年终圆梦**
>
> 2022年11月29日，神舟十五号载人飞船发射，费俊龙、邓清明、张陆三位航天员领命出征太空。作为中国首批航天员，邓清明为了飞天圆梦，准备了近25年。他

直言:"25年是一个十分漫长的过程,一次次与任务擦肩而过,有过失落,也有过泪水,但我从没有彷徨过,更没有放弃过。作为航天员,坚守飞天初心、永不停歇训练,是我的常态,更是我的姿态。"这些年来,邓清明以"宁可备而无用,绝不用而无备"为信念,即使多次与梦想擦肩而过,依旧心无旁骛、坚持不懈地刻苦训练,终于驰骋寰宇、圆梦太空。许多网友发出了"追梦者终圆梦"的感慨和祝福。

万事从来贵有恒,久为功者必有成。古往今来,从来没有从天而降的辉煌,也没有一蹴而就的成功。但凡成就大业者,都有一颗矢志不渝的恒心,锚定一个目标、沿着一条道路、鼓足一身气力、踔厉奋发、勇毅前行,即使荆棘遍布也毫不气馁、决不退缩,用无数次平凡坚定的奋斗,以无数次激情无悔的付出,闯出事业发展新天地。所以,古人讲"道虽迩,不行不至""靡不有初,鲜克有终",都是在告诉我们,凡事只有持之以恒、行而不辍,才能走向远方、有所成就。

摘编自:中华人民共和国国防部,行而不辍恒必有成:航天员邓清明25年终圆梦

(四)自制性

自制性是指一个人是否善于掌握和支配自己行动的意志品质。它表现在意志行动的全过程中。在采取决定时,自制性表现为能够周密地思考,做出合理的决策,不为环境中各种诱因所左右;在执行决定时,则表现为克服各种内外的干扰,把决定贯彻执行到底。自制性还表现在对自己的情绪状态的调节。例如,在必要时能抑制激情、暴怒、愤慨、失望等。

与自制性相对立的意志品质是任性和怯懦。前者不愿控制自己的思想、情感,不能约束自己的行动,为所欲为;后者在行动时畏缩不前,惊慌失措。这是意志薄弱的表现。

阅读窗

林则徐挂匾"制怒"

林则徐少年时虽然勤奋好学、才思敏捷,但是脾气过于急躁,经常因一两句不遂心愿的话便怒火中烧。林则徐的父亲林宾日认为这毛病对孩子将来做人做事都很不利,为避免他脾气坏事,就给他讲了个"急性判官"的故事。

从前,有一个判官,非常孝顺父母,所以每遇不孝的罪犯,就判得特别严。

一天,有两个人押来一个年轻人,他们对判官说:"这是个不孝之子,他不仅骂他的娘,还动手打他娘。我们把他捆了起来,他还是不停地骂,我们就堵了他的嘴。老爷,像他这样大逆不孝的后生该不该罚?"判官一听是个不孝之子,立刻火冒三丈,就喊:"来人呀,给我结结实实地打这个逆子50大板!"这个年轻人有口莫辩,只好挨了50大板,屁股被打得血肉模糊。

这时,有个老婆婆拄着拐杖急匆匆进来,边哭边焦急地说:"请大人救救我们,刚才有两个盗贼溜进我家后院,想偷我家的牛。我儿子捉住他们,要送官府。可是,两个强盗反把我儿子捆走,不知弄到何处去了?求大人赶紧替我找找儿子,我只有这么一个孝顺好儿啊!"

判官一听,心中禁不住忐忑不安起来,心想:莫非刚才是恶人先告状,刚才打的

就是她儿子？忙叫人去找那两个捆人的人，但他们已溜得不见了踪影。这时，被打昏的人突然呻吟了一声，老婆婆循声一看，那不是自己的儿子吗？怎么被打成如此模样，心里一急就昏倒在地，再也起不来了。

判官这才知道自己被人利用了。

这个故事让林则徐当下恍然大悟，从此就非常注意克服自己的缺点，做了大官以后，仍不忘父亲的教导，在书房醒目处挂起了亲笔书写的横匾"制怒"，以时时警诫自己。

摘编自：观事因. 原来这才是林则徐"制怒"的故事[EB/OL].（2017-10-24）[2024-4-28].https://www.sohu.com/a/199954201_291539.

意志的各种品质不是孤立存在的，而是相互联系的，都通过意志行动体现出来。我们不能孤立地去培养某种意志品质，而应当把各种品质看作一个不可分割的整体。如果缺少意志品质中的任何一种，就必然会在性格上带来某种缺陷。在意志品质中，坚持性是其他品质的综合表现；缺乏自觉性的人没有明确的行动目的，因而无从谈坚持；没有果断性的人，不能当机立断，很难想象在面对困难和诱惑时，他会坚持预定的目的和方法不动摇；缺乏自制性的人不能使行动的主要目的压倒其他动机，当然也无法坚持。所以，在一定意义上，坚持性是在其他意志品质基础上发展而来的。

二、青少年意志发展的特点

青少年时期，学生进入意志品质形成的重要时期。在教育教学的影响下，青少年期学生出现了比学龄初期学生更为复杂的意志行动，并具有了一些新的特点，具体表现在以下几个方面：

（一）意志行动的动机和目的由动摇性逐渐趋向稳定性

学龄初期学生的行动动机和目的容易受到外因的影响而动摇。例如，他们常常下决心认真做功课而不去打游戏，但坚持不了多久就会心烦意乱起来。少年期学生则不然，他们的行动动机和目的的稳定性比学龄初期学生明显增强，在从事自己没有直接兴趣而与其远大目标有关的学习和工作时，就能保持较好的稳定性。不过，总的来说，由于青少年期学生缺乏远大而正确的主导动机，因而他们的意志行动和目的比青年期学生容易动摇。一般情况下，青少年期学生能按照一定的观点和原则去行动，果断性比以前有了提高。但是他们有时带有盲动性及冒险性等特点，遇到困难和复杂的事物，会出现不加周密思考而草率从事的现象，有时也会犹豫不决。

（二）意志行动从盲目性向自觉性发展

小学高年级的学生已开始逐渐学会依照自己的愿望和意图去采取有目的的行动，但这时还需要成人的言语指令来调节。而青少年期学生向自己提出行动的动机、目的时，更富有自觉性。尽管他们在行动之前，表面看来好像没有深思熟虑的样子，但实际上他们已考虑"我将要做什么""我为什么这样做"等问题。这说明青少年期学生根据目的做出决定的自觉性水平提高了。青少年期学生的意志自觉性已有了较大的发展，不少学生逐步能够自觉确立目标，制订计划，安排时间，并注意行动效果。我国心理学者以计划的目的性

与克服困难的自觉性两项指标为依据，分析了100个不同年级的先进班集体成员的自觉意志行动的水平，结果发现大部分初中学生已能统一地按集体的准则，较自觉地去行动。这就说明青少年期学生的意志自觉性有了明显的提高。

青少年期学生的自制力虽有进步，但总体来说仍然不强，特别是初中一、二年级的学生，情绪极易变化，意志不够坚定。因此，在这一时期，学校容易出现"乱班"，在同一个班内学生两极分化也较为明显。随后，到初三和高一，学生自制力的发展才比较迅速，品德也逐步趋于稳定和成熟。

（三）意志行动中克服困难的毅力逐渐增强

在中小学生的意志发展中，克服困难、坚持完成任务的毅力由弱趋强。学龄初期学生克服困难与完成任务的毅力比较薄弱，他们在活动中往往不能专心致志，特别是在外因的诱惑下，更容易心烦意乱。在困难，特别是意料之外的困难面前，他们不善于应付与灵活驾驭，常常陷入束手无策的状态之中，因而常有不能履行自己诺言的现象发生。青少年期学生由于知识经验和技能逐步增多，在对待困难与完成任务时，有较多的应变办法，也能专心致志地把已经开始的工作进行到底。尽管青少年期学生排除困难的灵活性还比较差，当第一动机的任务遇到困难时，他们往往不是做出意志努力加以排除，而是使动机变化，让第二或第三个动机来代替。但是，从总体上看，青少年期学生克服困难的毅力、手段和方法都比学龄初期学生更强、更有成效。青少年期学生在学习和活动中，常有坚持下去的决心，但当遇到困难时，往往会灰心丧气，有时会因失败而不服气，有时还会把任性当成顽强，把"一意孤行"当成坚定等。总的说来，青少年期学生在意志的坚持性方面会表现得精力充沛而毅力较差，热情有余而定力不足。

（四）意志行动的模仿性由无意向有意发展

学龄初期学生和青少年期学生都喜欢模仿别人的行动。但是，学龄初期学生的模仿常常是不自觉的、无意的，他们容易不分好坏地模仿别人的手势、表情、姿态、动作等。越是感到奇特、有趣的行为，他们越爱模仿，而不考虑这一行动的后果。青少年期学生随着年龄和知识的增长，模仿的性质也发生着变化。他们的模仿逐渐由无意、受暗示的特点变为有意、具有一定独立性的特点，他们更多的是模仿别人在品德、作风、习惯、情操等方面的良好品质。但是，由于青少年期学生的意志独立性尚未完全成熟，因此，他们对行为的模仿有时缺乏深思熟虑。青少年期学生还保留着一定程度的信赖性和模仿性。信赖性表现为在某些情况下，容易接受别人暗示。例如，教师在面前时，功课做得很起劲，教师一旦离开，就不努力了。模仿性表现为对理想人物的简单模仿，缺乏对其精神实质的思考。

意志是学生学习中的非智力因素之一。坚强的意志对学生的智力活动起着促进作用，它可以促使学生养成细致观察、主动感知、牢固记忆、积极想象、周密思考的习惯，激励他们克服学习中的困难，更好地发挥自己的聪明才智。

一般情况下，意志水平的高低与学业成就的好坏是一致的。意志坚强的学生，其学习目的明确，学习自觉性较强，能克服困难，坚持学习，为提高学习效率而努力。反之，意志薄弱的学生往往学习自觉性不够强，易受困难影响，因而学业成就往往不高。但是，意志只是学生学习活动中的必要条件，不是唯一条件。它是在学生具备一定的知识和能力时才对学习效果起作用的。因而学习成绩相对没那么优秀的学生常常会出现在短期内意志薄弱的现象。意志坚强的学生通常基础知识扎实，智力发展水平较高，身体条件较好，而意志薄弱的学生可能各方面条件较差。但是，只要坚持不懈地努力，后者也一定能取得好的效果。"有志者，事竟成"就包含了这个意义。

三、青少年良好意志品质的培养

意志培养，也称意志教育，即教育者针对学生身心发展的特点，为培养学生良好的意志品质而实施的有目的、有计划的指导和训练。

（一）青少年意志品质培养的必要性

古今中外的教育家都非常重视意志品质的培养。苏东坡云："古之成大事者，不惟有超世之才，亦必有坚韧不拔之志。"习近平总书记在 2020 年寄语广大少年儿童时强调："当代中国少年儿童既是实现第一个百年奋斗目标的经历者、见证者，更是实现第二个百年奋斗目标、建设社会主义现代化强国的生力军。希望广大少年儿童刻苦学习知识，坚定理想信念，磨炼坚强意志，锻炼强健体魄，为实现中华民族伟大复兴的中国梦时刻准备着。"由此可知，现代社会中青少年学生意志品质的培养更加具有举足轻重的作用。

首先，青少年学生的现状要求加强意志品质的培养。当前，市场经济高速发展，对人才的要求越来越高。只有德、智、体全面发展的具有良好心理素质和坚强意志品质的人，才能适应市场经济发展的需要。可是，由于物质生活水平越来越高，许多学生从小受优越生活条件的影响，成了家庭中的"中心轴"，缺少艰苦环境中的锻炼，缺乏吃苦耐劳的精神。加之社会的影响，家庭的娇惯，使有的学生养成了怕苦、怕累的习惯，意志薄弱，自觉性、坚持性和自制性差。他们对千变万化的社会认识不充分，对事物的发展估计不足，没有足够的心理准备。心理素质差，处理问题不够沉着，缺少勇于克服困难的意志品质，遭受一点挫折就悲观失望，丧失信心。如此下去，不能不令人在感到担忧的同时，意识到加强意志品质培养的紧迫性。

其次，对现代社会的适应要求加强意志品质的培养。邓小平同志早在 1983 年为北京景山学校题词时就强调，"教育要面向现代化，面向世界，面向未来"。当今，激烈的现代社会也给每个人都敲响了警钟——适者生存、劣者淘汰。社会对人才的要求越来越严，标准越来越高，这就要求学生在校时就应加强应变能力和社会适应性，以及勇敢、顽强、刚毅、果断、吃苦耐劳等意志品质的锻炼，培养灵活机智、不甘落后的进取精神和自我调节能力。社会主义现代化建设需要的是具有健康的体魄、丰富的知识、坚强的意志品质的人才。

（二）青少年意志品质的训练

实践证明，坚强的意志品质并非与生俱来，而是在后天的社会实践与教育中逐步锻炼和培养起来的。青少年学生的意志品质还不定型，不够成熟，有很大的可塑性，这些常见的意志障碍完全可以通过各种方法来克服。

1. 提高自觉性的方法

（1）确立理想和目标。理想是一个人的精神支柱，一个人要有所成就，首先要立志。确定了奋斗方向，就会产生一种积极向上的动力，激励他不懈努力。目标越明确，理想越高尚，决心越大，意志就越坚强。因而，没有远大而明确的目标，就不可能有坚强的意志。胸无大志、鼠目寸光、做一天和尚撞一天钟，是无法培养意志行为的自觉性的。

（2）确定适当的目的和任务。有些人之所以行动几日便不了了之，与计划目标定得太高、难以实现有关。有的中学生给自己制订计划，每天早上起来跑步，再背 100 个单词，结果坚持了几天就又开始睡懒觉，故态复萌，就是因为一下子把目标定得太高了。还不如分两步走，有了效果，再提高要求，因而制订切实可行的行动计划是十分重要的。

（3）加深对意志行动后果的理解。如果说保持毅力有什么秘诀的话，那就是唤起成功的感受。你感到成功和自信的时候，实际上往往也就成功了。如果这种感受十分强烈，你就会少犯错误。教育心理学家桑代克（Edward Lee Thorndike）的"试误说"实验及学习理论说明，我们只要心中充满期待，就会产生无限的力量，增强行动的自觉性。

（4）下定决心，持之以恒。磨炼意志千万不要轻易找借口。常有一些中学生以种种理由来为自己缺乏恒心的行为开脱。要培养恒心，就不能一味找借口，轻易原谅自己。要经常督促自己，制订明确、具体、可行的计划。定期检查是一种自我督促，把自己的计划挂在床头、贴在桌上，或告诉好友、同学，也是一种督促。与同伴一起实施行动计划，可互相鼓励、督促，提高行动的持久性。此外，用座右铭、格言来提醒、激励自己，也是一种有效的督促。

（5）合理预期困难与结果。许多人往往过分夸大潜在的"威胁"和"失败"。人们常常是在用自己的想象来同自己作对，小题大做，要不就是完全不用自己的分析来认识情况，而是做出习惯性的和不假思索的反应，仿佛每一次小小的机会或威胁都是生死攸关的大事。当你面临真正的危急关头，就会产生强烈的兴奋感。兴奋感在危急关头能带来很多好处，然而，如果你过高地估计了危险或困难，对错误的、歪曲的或不真实的信息做出反应，你就很可能产生过度的兴奋和紧张。

2. 提高果断性的方法

（1）克服恐惧。在做决定时犹豫不决主要是由于各种各样的恐惧：恐惧批评，恐惧改变，越是犹豫就越是恐惧。一般来讲，恐惧主要有两种情况：一是怕别人笑，最单纯的事情也要反复思索，总是担心别人的评价，以致无法决定。二是害怕别人把自己定型为某一类型的人。这种情形大致算是一种幽闭恐惧，自以为决定做一件事就表示其他的事自己都不能做，一辈子只限于一个范围之内。恐惧、后悔、效率差，都和缺乏决断力有关。先是耗费了时间去想该不该去做，又要耗费时间去想要不要继续去做。心情整日被这些事弄得沉重极了，人也变得郁闷无趣。于是因为拿不定主意而爱听别人的意见。久而久之，觉得别人都在挑你的毛病，以致仇视他人。

（2）"快速"决断，绝不怀疑。要改掉在做决定时犹豫不决的习惯，就要在做决定的时候学会"快动作"。譬如，决定看哪一部电影，写什么信，要不要买某一件外套。遇到上述这些需要做决定的情况，都强迫自己在短时间内（如 5 分钟）做出决定。

强制自己在某一时限内做决定，决定好了就不再改变，正是解决问题的关键所在。当然，比较重大长远的事不能如法炮制，不要在有限的多少小时或几分钟之内迅速决定恋爱、投资、深造之类的问题。不过，平时多做快动作，可培养面临重大事项时的决断力。

（3）勇于承担责任，不要求全责备。明白任何选择都伴随着得失，有得必有失，就不会因为怕失去什么而不做选择。只有敢于失去，才能真正得到，这才是明智而健康的心理。在需要做出决定的时刻，只有敢于承担全部责任的人才能成为胜者。因为在多种可能性中进行选择，就使你拥有了独自开辟道路的自由。因为害怕选择错误，而总是犹豫不决,或者即使下了决心,不久又动摇,这样的人,成功与他无缘。我们应该铭记:今天的你和你今天的地位都是你所选择的行动带来的结果。

3. 提高坚持性和自制性的方法

(1) 积极参加体育锻炼。体育活动是锻炼意志必不可少的一个重要方面。学生坚持参加体育锻炼,不仅可以保证在校期间有一个强壮的身体,从而更好地学习、工作和生活,而且可以增强自身的意志品质。参加体育运动,可以磨炼忍耐、坚毅的品质。参加团体项目,还可以培养机智、勇敢、公正、团结、互助等意志品质。学生如果能把体育锻炼中培养出来的自制性和坚持性用到学习中,就能有百折不挠的精神。

(2) 细分目标,逐步实现。磨炼意志,要注意循序渐进,注意选好突破口,切不可操之过急,"欲速则不达"。一般来说,细分和具体的目标易于完成,而完成分级目标对于个体来说是一种积极的反馈,能增强自信心,从而能更努力地去实现下一个子目标,由此进入一个良性循环。例如,对于一个曾经过分胆怯的同学来说,想变得勇敢,切不可一开始便过分强制自己去做超出自己身心现实的事情。若滥用意志,个体不但不能适应这种新的强迫式行为模式,反而会感到突然,难以接受,体会到挫折感,带来新的适应不良。

(3) 从小事做起。坚强的意志绝不是一个人生下来就有的,也不是在短期内就可培养出来的,而是在长期的实践活动中锻炼形成的。"冰冻三尺,非一日之寒。"顽强的毅力是在上百件小事中逐步形成的。"一屋不扫,何以扫天下",身边的小事都不肯做,又怎会有坚强的毅力去做大事呢?许多著名科学家都注重在小事上严格要求自己,从一点一滴做起。李四光的成功便是从平凡的细小工作中得来的。他的40本笔记本,每天都记着天气、风力、气温、物候,在北京的22年,每年都记下北海公园的物候现象,直到临终前仍不停止。小事很多,从哪些小事做起呢?我们认为,就从自己最容易忽略也往往最容易暴露自己弱点的小事起床做起。有的人好睡懒觉,那就不妨从睁眼就起床做起;有的人办事拖拉,就把"今日事今日毕"作为座右铭;有的人拿到书本就打瞌睡,那就每天强迫自己安下心来读一阵书。只要天天都这样严格要求自己,习惯总会产生,坚强的毅力也就会随之形成了。

(4) 自我鼓励和暗示。成功者和失败者之间的区别,往往不在于能力大小或想法好坏,而在于是否有勇气坚持到底。静止不动,裹足不前,半途而废,往往是因为失去勇气。只记住过去的失败,而忘掉了过去的成功,就会摧毁我们的自信。如果我们把失败深深地印在心里,只会怀着羞辱与懊悔的心情责备自己。于是我们放弃了,坚持不下去了。其实,过去的失败并不要紧,重要的是教训,是强化成功的尝试。任何一个年轻人想要成为一个有所作为的人,都必须准备在获得一次成功之前失败九十九次,而且不因为这些失败损伤自我。解决的办法就是把错误和过失作为一种学习,然后把它们抛在脑后。同时,有意识地记住并让自己回忆过去的成功。在开始每一项新任务时,特别要重温在过去的成功中经历的感受,不管这些成功多么微不足道。生动地回忆我们过去的成功和勇敢的时刻,是意志动摇时极其有益的训练。

(三) 青少年意志品质的培养

良好的意志品质是在生活和实践活动过程中形成和发展起来的,是有意识培养的结果。

1. 树立科学的世界观和正确的人生观

学生的一切意志行动都受到一定的动机和目的的调节、支配，加强正确的目的、动机教育，不断提高学生的动机水平，有利于培养其坚强的意志品质。要使学生确立明确的目的，其核心就是要培养学生科学的世界观和正确的人生观。事实证明，只有让学生有了正确的人生观，他们才能把远大理想与自己的学习、工作和生活结合起来，在学习和工作中有坚定的决心，不被任何困难吓倒，有克服困难的勇气、毅力及动力，从而形成良好的意志品质。

2. 发展健康的情感

意志行动过程分为两个阶段：一是采取决定阶段，包括明确动机、确立行动目的、选择行动方法、制订行动计划等环节；二是执行决定阶段，包括执行行动计划、克服困难、承受挫折、拒绝诱惑等环节。要培养学生良好的意志品质，除树立正确的人生观外，还要发展学生的健康情感。只有使学生具有健康的情感，才能使他们产生巨大的精神力量，正确选择动机，并使其成为推动行动的一种心理驱力；他们才能在完成意志行动阶段，排除各种干扰和障碍，顽强地坚持下去。

3. 发挥集体和榜样作用

少年期学生有强烈的集体观念。在良好的班集体里，同学们团结互助、关心集体、热爱集体、尊重集体，愿意完成集体委派的任务，并努力为集体争光。这有助于形成学生的自制、刚毅、勇敢等意志品质。同时，为了维护班集体的荣誉，必须遵守严格的纪律，而严守纪律又是较好的意志锻炼的过程。所以，教师应努力使自己的班级形成良好的班风，充分发挥班集体的作用，帮助学生形成良好的意志品质。

榜样的教育作用是无声的力量。少年期学生崇拜榜样，喜欢模仿榜样的行为。榜样人物身上无不折射出象征当前时代精神的意志品质。随着少年学生对榜样人物的学习、模仿，其意志品质便会被内化为学生自己的良好意志品质。此外，教师要以身作则，以自己良好的意志品质为学生树立榜样，这对培养学生良好的意志品质将起到不可估量的作用。

4. 加强意志的自我锻炼

学生的意志品质不仅在周围环境的影响下形成，而且在自我修养和自我锻炼过程中发展。教师应该满腔热情地启发和帮助学生掌握自我锻炼的方法，鼓励他们制订自我锻炼的计划，引导他们积极磨炼自己的意志，教育他们采取决定时要充分估计主客观条件，做到合理可行，执行决定时要态度坚决，有始有终，持之以恒。除此之外，还应该要求他们养成自我检查、自我监督、自我暗示和自我鼓励的习惯，对自己意志品质的优、缺点进行自我评价，以利于巩固优点，克服缺点。

努力克服困难是对意志进行自我锻炼的最好机会。因此，要教育学生在平时的工作、学习和生活中，遇到各种困难时尝试克服，从而使学生的意志品质得到锻炼和发展。

5. 针对意志的个别差异，培养良好的意志品质

针对意志的个别差异，采取不同的锻炼方式，是培养学生良好意志的必要措施。例如，对行动盲目和易受暗示的学生应加强目的、动机教育，培养学生的目的性、自觉性和责任心，对优柔寡断、冒险轻率的学生，应培养其大胆、果断、沉着耐心的品质；对

缺乏自信心、萎靡不振和自卑感强的学生，应采用正面诱导法，充分调动他们的积极性，增强其自信心，提高其自我控制、调节的能力；对于软弱和胆怯的学生应着重胆量、勇气和献身精神的培养；对缺乏毅力和恒心的学生，应着重激发他们奋发有为和坚韧不拔的精神。

第十章　要点回顾　　　　　第十章　习题园地　　　　　第十章　思维导图

第十一章 人格与人格倾向性

案例导学

人格是由每个人所具有的才智、态度、价值观、愿望、感情和习惯等以独特的方式相结合的产物。换句话说，一个人过去是什么样的人，现在和将来还是什么样的人，这种一贯性就是由其人格所决定的。那么一个人的人格是在什么年龄定型的呢？

从理论上讲，人格在任何年龄都可能发生戏剧性的变化，但这种情况并不常见。有研究表明，人在20岁时人格的"模子"就开始定型，到了30岁时便十分稳定。在30岁之后，一般不会再出现大的人格改变。有些人身上发生了人格变化，但那些大都是某种重大灾难或悲剧等特殊生活事件造成的。

一般而言，人在30岁以后，不论迁居到一个新城市还是改变了职业或找到新的朋友，那些基本的人格特点都不会改变。你在30岁时是什么样的人，到60岁时仍然会是什么样的人。

人格问题与我们日常生活的很多方面息息相关。不管科学技术达到多么先进的水平，在很多情况下，事情的成效终究是人的因素决定的。从航天飞机的数次灾难到每天可见的交通事故，究其原因，都是由人的判断失误所致。我们在选择自己的生活伴侣时、交友时、与同事相处时，都要考虑与人格有关的很多问题。那么什么是人格呢？它有哪些特点，包含哪些内容呢？我们通过本章的学习来了解一下。

目标解析

1. 理解人格的概念和特征，掌握人格的结构，能够根据学生的个体差异塑造良好人格。
2. 理解需要、动机、兴趣的概念，掌握需要、动机和兴趣的分类。
3. 了解理想、信念和价值观的概念并理解它们在人格中的作用。

第一节　人格概述

人们频繁地使用"人格"或"个性"的字眼。例如，我们常听到类似下面的谈话："那家伙虽然仪表堂堂，却没有一点人性！""那些和我父亲做生意的人都说他脾气好，但是他们应该看看他在家里的凶样子。只有在家里，他真实的个性才表现出来。""小红和小梅具有完全相反的个性，真难相信她们是一对亲姐妹！""你侮辱了我的人格！""我用人格保证……"但是，如果你要求人们对他们所说的"人格"或"个性"下一个明确的定义，很多人会感到困难，往往只是简单地解释为"尊严""气质"或"性格特点"等。心理学术语中的"人格"或"个性"与我们日常生活中所说的含义是不同的。

一、人格的概念

人格是探讨完整个体与个体差异的领域。在心理学中，一般将"人格"和"个性"视为同一个概念。《中国大百科全书·心理学》中写道："人格是个体特有的特质模式及行为倾向的统一体，又称个性。"

心理学家从许多角度对人格进行了定义，其中有两个基本概念是一致的：独特性以及行为的特征性模式。格里格（R. J. Gerrig）和津巴多（P. G. Zimbardo）将人格定义为："一系列复杂的具有跨时间、跨情境特点的，对个体特征性行为模式（内隐的以及外显的）有影响的独特的心理品质。"由此可见，个体的人格不仅包括内部的心理特征，还包括外部的行为方式。大多数心理学家认为，人格（Personality）是一个人独特的、相对稳定的行为模式。人格的含义如图11-1所示。

广义的人格不仅包括心理方面的特质，还包括身体方面的特质（图11-1中最大的圆）；狭义的人格指性格和气质（图11-1中最小的圆）。

图11-1　人格的含义

二、人格的心理结构

从系统论的观点看，人格是复杂的、多侧面、多层次的统一体。它包括人格倾向性和人格心理特征两大部分，它们既相互联系又有区别。

（一）人格倾向性

人格倾向性是人格中的动力结构，是人格结构中最活跃的因素，是人进行活动的基本动力，它决定着人对现实的态度，决定着人对认识活动的对象的趋向和选择。人格倾向性包括的内容主要有需要、动机、兴趣、理想、信念和世界观。这些心理成分较少受生理因素的制约，主要是在后天的社会化过程中形成的。人格倾向性的各个成分并不是彼此孤立的，而是相互联系、相互影响和相互制约的。其中，需要是人格倾向性乃至整个人格积极性的源泉。只有在需要的推动下，人格才能形成和发展。动机、兴趣和信念等都是需要的表现形式。世界观居于最高层次，它制约着一个人的思想倾向和整个心理面貌，是人们言论和行动的总动力和总动机。人格倾向性是以人的需要为基础的动机系统，它是推动个体

行动的动力。

(二) 人格心理特征

人格心理特征是人格中的特征结构，指一个人身上经常地、稳定地表现出来的心理特点，是个体心理差异性的集中表征。它们较早地在个体身上形成，并且在不同程度上受心理因素的影响。人格心理特征是人格中比较稳定的成分，主要包括能力、气质和性格（此方面内容将在第十二章和十三章详细阐述）。

人格倾向性和人格心理特征之间并不是彼此独立的，而是相互影响、相互制约的。人格心理特征受人格倾向性的调节，人格心理特征的变化也会在一定程度上影响人格倾向性。因此，人格是一个统一的整体结构。

三、人格的特征

研究人格必须探讨它的特性及表现，这样有助于理解人格的含义并将其与其他心理现象区别开来。

(一) 整体性和统合性

人格是指人的整个心理面貌，是人格倾向性和人格心理特征有机组合的统一的整体结构。人格不是许多特征的简单总和，也不是人格特征的大杂烩，它是由各种特征整合而成的有机的心理模式。著名的人格心理学家奥尔波特（Gordon W. Allport）等人强调了人格的组织性和整合性。他指出，人格是一种有组织的整合体，在这个整合体内各种成分相互作用、相互影响、相互依存。如果其中一部分发生变化，其他部分也将发生变化。精神分裂症患者是整体性缺失的典型案例。得了这种病，患者的感觉、记忆、思维和习惯等心理机能就会变得乱七八糟。布洛伊勒（Paul Eugen Bleuler）认为，统一性的丧失、精神的内部分裂是精神分裂症的本质。由此可见，一个正常人的心理是多样性的统一，是有机的整体。

> **阅读窗**
>
> **与精神分裂症抗争的数学天才**
>
> 电影《美丽心灵》是根据数学天才纳什的一生而创作的。约翰·纳什是一位英俊而又十分古怪的数学家，他在念研究生时便提出了著名的博弈理论，短短26页的论文在经济、军事等领域产生了深远的影响，他开始享有国际声誉。但纳什出众的直觉受到了精神分裂症的困扰，使他向学术上最高层次进军的历程发生了巨大波折。面对这个曾经击毁了许多人的挑战，纳什在深爱着他的妻子艾丽西亚的相助下，与被认为是只能好转、无法治愈的疾病做斗争。经过十几年的不懈努力，完全通过意志的力量，他一如既往地坚持工作，并于1994年获得诺贝尔奖，他在博弈论方面颇具前瞻性的工作也成为20世纪最具影响力的理论。通过这部电影，我们可以对精神分裂症病人及其症状获得一个直观的认识，这是心理学专业比较经典的一部电影。
>
> 摘编自：励志电影《美丽心灵》剧情简介

（二）稳定性与可塑性

人格的稳定性是指个体的人格特征具有跨时间和空间的一致性。从时间上看，一个人的人格一旦形成就比较稳定，在其人生的各个阶段都有相当的一致性。昨天的我是今天的我，也是明天的我。过去的我透过现在的我，影响着我的现在和将来。虽然未来不能决定现在，但自我对未来的洞察力能决定现在的我。这就是自我的持续性。从空间上看，一个人不管身处何处，其人格也具有相当的一致性。例如，一位性格外向活泼开朗的大学生，在各种不同的场合都会表现出热情积极和好交际的特点，这种特点从入学到毕业不会有很大的变化，这就是人格的稳定性。俗话说，"江山易改，秉性难移"，这里的"秉性"就是指人格。正因为人格具有稳定性，才能够把一个人与另一个人在心理面貌上加以区分，才能够了解人和使用人，才能够预测他在特定情境中的行为。

人格的稳定性并不意味着人格是一成不变的，稳定只是相对的，不是固定不变的，人格具有可塑性和可变性。一个人的人格是在主客观条件的相互作用下发展起来的，同时又在主客观条件的相互作用下发生变化。正因为人格具有可塑性，才能培养和发展人格。这里需要注意，人格改变与行为改变是有区别的。行为改变往往是表面的变化，是由不同情境引起的，不一定都是人格改变的表现。人格的改变是比行为改变更深层的内在特质的改变。

（三）独特性与共同性

每一个人的人格都由独特的人格倾向性和人格心理特征所组成。世界上没有人会有完全相同的人格。因为人格是在遗传、环境和学习等多种因素的影响下发展起来的，影响人格发展的因素和这些因素之间的相互关系都不可能是完全相同的。"人心不同，各如其面"，便是指人格的独特性。

强调人格的独特性并不是说，人与人之间的人格毫无相同之处。人格指一个人的整个心理面貌，它既包含人与人之间在心理面貌上的共性，也包括人与人之间在心理面貌上的差异。人格中包含人类共同的心理特点、民族共同的心理特点、阶级和集团共同的心理特点。人格中还包含每个人与其他人不同的心理特点。例如，许多研究表明，受传统儒家文化的影响，世界各地的华人都有不少相同的人格特征。人格是共同性和独特性的统一。

（四）社会性和生物性

人格的形成不仅受生物因素制约，还受社会因素制约。如果仅仅把其中一种因素作为个性形成和发展的原因，就会导致各种形式的还原论。但是，也不能把这两种因素的作用等量齐观。生物因素只给人格发展提供可能性，社会因素才使这种可能性转为现实。新生儿在出生时无论继承了多么优越的遗传素质，如果离开了人类社会生活，人的正常心理就无法形成，更谈不上人格的发展。所以说，人是在社会交往活动中逐渐形成和发展自己的人格，对人格形成和发展起决定性作用的是社会生活条件。

（五）功能性

人格决定一个人的生活方式，甚至决定一个人的命运，因而是人生成败的根源之一。当面对挫折与失败时，坚强者能奋发拼搏，懦弱者会一蹶不振，这就是人格功能的表现。

第二节　人格倾向性

一、需要

（一）需要的概念

需要是有机体内部的一种不平衡状态，它表现在有机体对内部环境或外部生活条件的一种稳定的要求。这种不平衡状态既有生理方面的又有心理方面的，如食物、衣服、睡眠、劳动、交往等。在需要得到满足后，这种不平衡状态暂时得到消除；当出现新的不平衡时，新的需要又会产生。

需要是个性倾向性的基础，是个体活动的基本动力。人的各种活动或行为，从饥择食、渴择饮，到从事物质资料的生产、文学艺术作品的创作、科学技术的发明与创造等，都是在需要的推动下进行的。它的表现形式多种多样，通常以动机、兴趣和信念等形式表现出来。

需要是由个体对某种客观事物的要求引起的。这种要求可能来自有机体的内部，也可能来自个体周围的环境。例如，因为血液中葡萄糖或水分的缺失产生的进食或饮水的需要，属于机体内部需要；而孩子为了吸引老师的注意故意在课堂上捣乱、扮鬼脸等，这种需要是由外部要求引起的。当人们感受到这些要求，并引起个体某种内在的不平衡状态时，就转化为某种需要。

需要具有指向性，它总是指向能满足某种需要的客体或事件，即追求某种客体，并从客体得到满足。没有客体、没有对象的需要，不指向任何事物的需要是不存在的。

（二）需要的种类

人的需要是一个整体结构，各种分类仅仅具有相对的意义。通常根据需要的来源可将其分为生理需要和社会需要；根据需要指向的对象可将其分为物质需要和精神需要。

1. 生理需要和社会需要

生理需要是个体为了维持生命和延续种族所产生的需要，它包括饮水、进食、运动、休息、睡眠、排泄和性等需要。生理需要往往带有周期性。生理需要是人类最原始的和最基本的需要，是人和动物共有的。但是，人的生理需要与动物有本质的不同。人的生理需要受社会生活条件的制约，具有社会性，带有社会历史的烙印。人和动物的生理需要的对象和满足需要的方式都有根本的区别。动物只能从自然中获取满足需要的对象，而人主要通过社会生产劳动生产出自己所需要的对象，并且随着生产的发展，不断提高自己的生理需要。

社会需要是人类特有的，是人类在社会生活中为维护社会的存在和发展而产生的需要，如劳动的需要、交往的需要、成就的需要、社会赞许的需要、求知的需要等。社会需要未得到满足不会威胁到个体的生存，但是会让人有不舒服和不愉快的体验。社会需要是社会存在和发展的必要条件。这些需要不是天生的，而是在生理需要的基础上，在社会实践和教育的影响下形成和发展起来的。社会需要受社会生活条件所制约，具有社会历史性。

2. 物质需要与精神需要

物质需要是指对衣、食、住、行的有关物品的需要，对劳动、学习、科学研究用品的需要等。在物质需要中，既包括生理需要，又包括社会需要。

精神需要是指认知需要、审美需要、交往需要、道德需要和创造需要等，它是人类所特有的需要。

物质需要与精神需要有着密切的关系。人们在追求美好的物质产品时，同样表现了某种精神需要，如向往整洁、雅静的住房，时髦的衣着，外观美丽的音响系统等。而精神需要的满足又离不开一定的物质产品，如满足阅读的需要不能没有报纸、杂志、书籍等物质条件；满足音乐欣赏的需要，不能没有乐器、表演场地及表演者的服饰等。

（三）需要的结构

关于需要的结构，在心理学界存在不同的理论观点，比较著名的有默里（Henry Murray）的需要理论和马斯洛的需要层次理论等，其中马斯洛的理论影响最大。

1. 马斯洛需要层次理论

美国人本主义心理学家马斯洛认为，人的一切行为都是由需要引起的，人的基本需要应该得到满足，潜能要求实现。基本需要即指一般人所共有的一些最基本的需要，不包括不同的社会文化条件下人们的特殊愿望。马斯洛最开始提出人类具有五种基本需要，由低级到高级依次是生理需要、安全需要、归属和爱的需要、尊重的需要和自我实现的需要，后来他又在尊重的需要和自我实现的需要之间增加了认知需要和审美需要。马斯洛需要层次理论如图 11-2 所示。

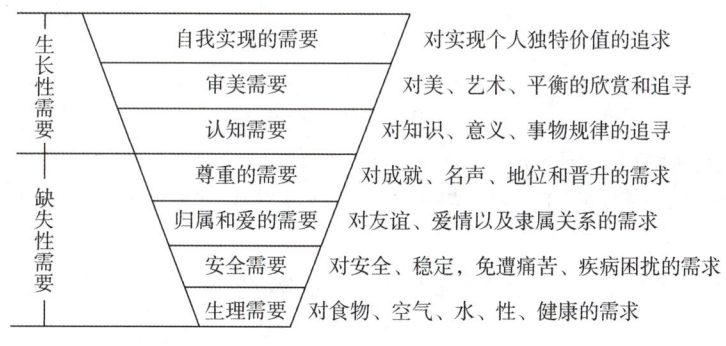

图 11-2　马斯洛需要层次理论

生长性需要：
- 自我实现的需要——对实现个人独特价值的追求
- 审美需要——对美、艺术、平衡的欣赏和追寻
- 认知需要——对知识、意义、事物规律的追寻

缺失性需要：
- 尊重的需要——对成就、名声、地位和晋升的需求
- 归属和爱的需要——对友谊、爱情以及隶属关系的需求
- 安全需要——对安全、稳定，免遭痛苦、疾病困扰的需求
- 生理需要——对食物、空气、水、性、健康的需求

生理需要（Physiological Needs）是人类最原始的也最基本的需要，包括饥、渴、性和其他生理机能的需要，它是推动人们行为的最强大动力。只有在生理需要基本满足之后，高一层次需要才会相继产生。安全需要（Safety Needs）表现为人们要求稳定、安全、受保护、有秩序，能免除恐惧和焦虑等。婴幼儿由于无力应付环境中的不安全因素的威胁，他们的安全需要就显得尤为强烈。归属和爱的需要（Belongingness and Love Needs）是一种社会需要，指人们希望与其他人建立感情的联系或关系，如结交朋友、追求爱情、参加一个团体并在其中获得某种地位等。尊重的需要（Esteem Needs）包括受人尊重与自我尊重两方面：前者是希求别人的重视，获得名誉、地位；后者是希求个人有价值，希望个人的能力、成就得到社会的承认。自尊需要的满足会使人相信自己的力量和价值，使他

(她)在生活中变得更有能力,更富有创造性。相反,缺乏自尊会使人感到自卑,没有足够的信心去处理面临的问题。认知需要(Cognitive Needs)是指人生来就有的满足自身好奇心的冲动,推动人们去探索周围陌生的世界,尝试了解和理解,成年人会发展这种好奇心的力量,推动自己分析,建立自己的意义结构。它是人们解决问题和克服障碍的工具,从而保证基本需要。审美需要(Aesthetic Needs)是对秩序、对称、完整结构以及存在于多数儿童和某些成年人身上的对行为的完满的需要。马斯洛认为,审美需要是人的本性,它不仅在成年人和普通的儿童身上发现,甚至在洞穴人的文化中也存在,但它在自我实现者身上得到充分的表现。自我实现的需要(Self-transcendence Needs)是人类需要发展的高峰,所谓"自我实现"就是要充分发挥个人的潜能和才能,对自身内在本性有更充分的把握和认可,是朝向个人自身中的统一、完整、和谐的一种倾向。马斯洛认为人们满足自我实现的需要所采取的途径是不同的。有人希望成为一位理想的母亲,有人可以表现在体育上,还有人表现在绘画或发明创造上……

马斯洛将这七种需要分为缺失性需要(Deficiency Needs)和生长性需要(Growth Needs)两类。其中生理需要、安全需要、归属和爱的需要以及尊重的需要属于缺失性需要。这四种需要是我们生存所必需的,这几种需要如果得不到满足,寻找满足这些需要的动机就增强;如果得到满足,需要的动机就减弱。认知需要、审美需要和自我实现的需要属于生长性需要。这三种需要并不是生存所必需的,但是它们能够让我们更好地生活。这些高级需要的满足,并不使动机停止,而使动机作用进一步增强。一个求知欲望很强的人会不断更新知识、学无止境。

> **阅读窗**
>
> ### 君子不食嗟来之食
>
> 齐国有一年发生严重的饥荒。有一位叫黔敖的奴隶主贵族就在路边备好饭食,以供路过的饥饿的人来吃。这时有一个用衣袖捂着脸的饿汉拖着一双破鞋,跌跌撞撞地走来。黔敖于是左手端着食物,右手端着汤,傲慢地对那饿汉说道:"喂!过来吃!"
>
> 谁知那饿汉一听,瞬间抬起头瞪着他说:"我正因为不吃别人施舍的食物,才落得这个地步!"说着往前走了。
>
> 黔敖马上意识到自己的无礼,追上前去向那饿汉道歉,但那饿汉仍旧拒绝吃黔敖的食物,最后饿死了。
>
> 这就是"不吃嗟来之食"的典故。
>
> 这个故事之所以流传下来,是因为它告诉了我们,什么叫活得有尊严!类似的古话还有"人穷志不短""宁为玉碎不为瓦全""人要脸,树要皮""饿死事小,失节事大"。
>
> 摘编自:朱自清不领美国救济粮,伯夷不食周粟:中国人的骨气藏在了吃上(baidu.com)

2. 需要各层次之间的关系

基本需要一般会呈现出前面所列出的那种顺序。一般说来,力量较强的低层次需要一经满足,力量较弱的高级需要就会出现。一种需要满足后,下一个更高层次的需要继而主宰这个人，其结果是他不断为各种需要所烦扰，但是有很多例外。高级需要优势并不是在低级需要完全满足之后才出现的，而是在强行或有意剥夺、放弃，以及压抑低级需要及其满足之后出现的。虽然一个长期贫困潦倒的人可能会失去或者减少对高级需要的欲望，但也有不少人无视自己的基本需要而成了某种理想的殉道者。人类需要由低到高发展不像爬楼梯那样，低一层次需要完全满足之后才能升上高一层次需要。马斯洛指出，需要的发展是连续的、重叠的和波浪式地向前推进的，需要层次的演进如图11-3所示。

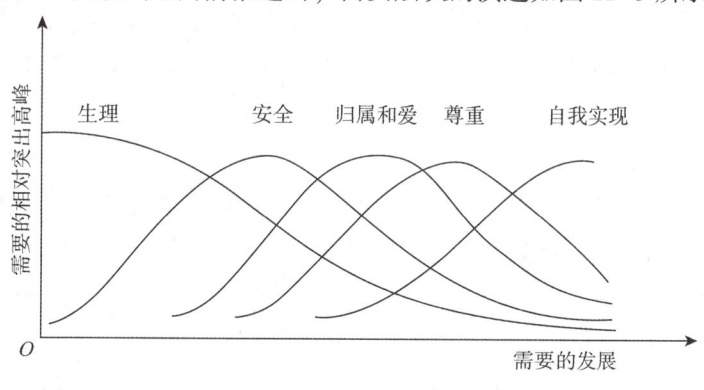

图11-3 需要层次的演进

二、动机

清晨，当你站在路旁看到来去匆匆的人群时，你可能会想，他们走向何处？去干什么，为了什么？这就是你对人的行为原因的探索，也就是在寻找行为的动机。"动机"顾名思义是指人们行为的内在动力。我们常说，行为之后必有原因，这里所说的原因就是动机。动机与需要是紧密联系的。如果说需要是人的活动的基本动力的源泉，那么，动机就是推动这种活动的直接力量。

（一）动机的概念

心理学家认为，动机是由一种目标或对象所引导、激发和维持的个体活动的内在心理过程或内部动力（Pintrich和Schunk）。换句话说，动机是一种内部心理过程，而不是心理活动的结果。对于这种内部过程，我们不能进行直接的观察，但是，可以通过任务选择、努力程度、对活动的坚持性和言语表达等外部行为间接推断出来。通过任务选择我们可以判断个体行为动机的方向、对象或目标；通过努力程度和坚持性我们可以判断个体动机强度的大小。各种动机理论都认为，动机是构成人类大部分行为的基础（Weiner）。

引起动机必须有内在条件和外在条件。内部条件即需要，动机是在需要的基础上产生的。如果说人的各种需要是个体行为积极性的源泉和实质，那么，人的各种动机就是这种源泉和实质的具体表现。例如，学生的学习动机是他们学习需要的具体表现。动机和需要密切地联系在一起，离开需要的动机是不存在的。当需要在强度上达到一定水平，并且有满足需要的对象存在时，动机就被引发了。驱使有机体产生一定行为的外部条件为诱因，这是引起动机的另一个重要因素。诱因有正诱因和负诱因之分。个体因趋向或接受它而得到满足的是正诱因，例如金钱或荣誉；个体因逃离或躲避它而得到满足的是负诱因，例如恐惧或电击。诱因可以是物质的，也可以是精神的。

个体在某一时间有最强烈的需要，并在有诱因的条件下，能产生最强烈的动机。例如，一直被关在笼子里的饥饿的猫，看到笼子外放着一条鲜鱼，就会努力逃出笼子去吃鱼。可见，需要和诱因是动机形成的必要条件。

（二）动机的功能

人类动机是个体活动的动力和方向，它既给人的活动以动力，又对人的活动方向进行控制。动机被认为具有活动性和选择性。人类的动机好像汽车的发动机和方向盘。动力和方向被认为是动机概念的核心。具体地说，动机对活动具有引发、指引、激励和制动的功能。

1. 引发/激活功能

人类的各种活动总是由一定的动机引起的，没有动机就没有活动。动机是活动的原动力，对行为起着始动作用。例如，一个学生想掌握计算机编程技术，他就会在这个动机驱动下，产生相应的行为。

2. 指引/指向功能

动机像指南针一样指引活动的方向，它使活动具有一定的方向，朝着预设的目标前进。动机是引导行为的指示器，使个体行为具有明显的选择性。例如，一位学生确立了为从事未来的实践活动的学习动机，在其头脑中所具有的这种表象可以使之力求注意他所学的东西，为完成他所确立的志向而不懈努力。

3. 激励功能

动机对活动具有维持和加强的作用，强化活动以达到目的。不同性质和强度的动机，对活动的激励作用不同。高尚的动机比低级的动机更具有激励作用，强动机比弱动机具有更大的激励作用。

4. 制动功能

一些心理学家认为，动机不仅有激活功能，还有制动的功能。艾森克（H. J. Eysenck）指出，动机是一个过程，它以某种方式引发、促进、保持和终止指向目标的行为。

（三）动机的种类

动机对活动的影响和作用有不同的方面，由此可对动机进行不同的分类。

1. 生理性动机和社会性动机

生理性动机和社会性动机是根据动机的起源对动机进行的划分。生理性动机起源于生理性需要，以有机体的生理需要为基础。例如，饥饿、渴、性、睡眠、解除痛苦等动机。生理性动机具有先天性，但也受社会生活条件的制约。社会性动机又称心理性动机，起源于社会性需要，与人的社会性需要相联系。例如，成就、交往、亲和、利他、权力等动机。社会性动机具有后天性和持久性，人与人之间存在较大差异。

2. 近景动机和远景动机

近景动机和远景动机是根据动机所指向的目标在时间上的远近对动机进行的划分。近景动机是指与近期目标相联系的动机；远景动机是指与长远目标相联系的动机。有的学生努力学习，其目标是期末考试获得好成绩；而有的学生努力学习，其目标是为今后从事教育事业打基础。前者为近景动机，后者为远景动机。远景动机和近景动机具有相对性，在一定条件下，两者可以相互转化。远景目标可分解为许多近景目标，近景目标要服从远景目标，体现远景目标。

3. 内在动机和外在动机

内在动机和外在动机是根据动机的引发原因对动机进行的划分。内在动机是由活动本身产生的快乐和满足所引起的，它不需要外在条件的参与。个体追逐的奖励来自活动的内部，即活动成功本身就是对个体最好的奖励。例如，学生为了获得知识、充实自己而努力读书就属于内在动机。外在动机是由活动外部因素引起的，个体追逐的奖励来自动机活动的外部。例如，有的学生认真学习是为了获得教师和家长的好评等。内在动机的强度大，时间持续长；外在动机持续时间短，往往带有一定的强制性。事实上，这两种动机缺一不可，必须结合起来才能对个人行为产生更大的推动作用。

> **阅读窗**
>
> **为谁而玩？**
>
> 一群孩子在一位老人家门前嬉闹，吵闹声不断。几天过去，老人难以忍受。于是他出来给每个孩子25美分，对他们说："你们让这儿变得很热闹，我觉得自己年轻了不少，这点钱表示谢意。"孩子们很高兴，第二天仍然来了，一如既往地嬉闹。老人再出来，给了每个孩子15美分，他解释说，自己没有收入，只能少给一些。15美分也还可以吧，孩子们仍然兴高采烈地走了。第三天，老人只给了每个孩子5美分。孩子们勃然大怒，"一天才5美分，知不知道我们多辛苦！"他们向老人发誓，再也不会为他玩了！
>
> 在这个故事中，老人通过操纵美分这个外部因素，让孩子们的内部动机"为自己快乐而玩"变成了外部动机"为得到美分而玩"，从而最终操纵了孩子们的行为。在现实中总有家长做类似的事，比如为了鼓励孩子学习会给孩子承诺考到100分就奖励多少钱或者什么奖品，这就人为抹杀了孩子自身的求知欲并使得他们认为学习是为了获得奖励，没有奖励就不愿意主动学习了。
>
> 摘编自：动机的寓言：孩子你为谁而玩？[2024-4-28].https://www.docin.com/p-122095182.html.

4. 主导性动机和辅助性动机

主导性动机和辅助性动机是根据动机在活动中所起作用的大小对动机进行的划分。主导性动机通常对活动具有决定性作用；辅助性动机则起加强主导动机，坚持主导动机所指引的方向的作用。事实表明，只有主导性动机与辅助性动机的关系较为一致时，活动动力会加强；彼此冲突时活动动力会减弱。

5. 高尚动机和低级动机

高尚动机和低级动机是根据动机的性质和社会价值对动机进行的划分。高尚动机能持久地调动人的积极性，促使个体为社会发展做出重大贡献。低级动机违背社会发展规律与人民利益，不利于社会发展。

6. 意识动机和潜意识动机

意识动机和潜意识动机是根据动机的意识水平对动机进行的划分。那些人们没有意识到，但能影响人活动的动机属于潜意识动机。定式属于潜意识动机。在人类动机体系中，意识动机起主导作用。

三、兴趣

（一）兴趣的概念

兴趣（Interest）是人们探究某种事物或从事某种活动的心理倾向。兴趣是价值观的初级形式，对个体的活动，尤其是认知活动具有巨大的推动作用，并且使个体产生积极的情绪体验。兴趣会逐渐发展成个体活动的内在动机。人的认识兴趣在个体发育中出现得很早，它最初表现为个体对环境的探究活动。婴儿出生后，对环境中出现的新事物，便有惊奇和兴奋的反应。年龄稍大的儿童对新玩具，一般表现为注视、抚摸、摇晃、敲打甚至毁坏等。正是在个体生命早期具有的定向探究活动的基础上，才逐渐形成了人对事物和活动的兴趣与爱好。

兴趣是爱好的前提。当兴趣进一步发展成为从事某种活动的倾向时，就发展成为爱好。爱好不仅是对事物优先注意和向往的心情，而且有从事实际活动的倾向。爱好是和活动紧密联系在一起的，如果一个人不仅喜欢读文学作品，还热衷于从事文学创作，那么这个人对文学就有了爱好。兴趣发展成爱好后，就成为人们从事活动的强大动力。凡是符合自己兴趣的活动，容易提高积极性，并且会积极愉快地去从事这种活动。

人的兴趣是在需要的基础上，在活动中发生和发展起来的。需要的对象也就是兴趣的对象。正是由于人们对某些事物产生了需要，才会对这些事物产生兴趣。瑞士心理学家皮亚杰指出："兴趣，实际上，就是需要的延伸，它表现出对象与需要之间的关系，因为我们之所以对一个对象发生兴趣，是由于它能满足我们的需要。"兴趣又和认识、情感密切联系着。如果对某些事物没有认识，也就不会对它产生情感，因而不会对它发生兴趣。相反，认识越深刻，情感越丰富，兴趣就越浓厚。

兴趣是认识和从事活动的巨大动力，是推动人们去寻求知识和从事活动的心理因素。兴趣对活动的作用表现在三个方面，分别是对未来活动的准备作用、对正在进行活动的推动作用以及对活动的创造性态度的促进作用。兴趣是引起和保持注意的重要因素，人们对感兴趣的事物，总是愉快地、主动地去探究它。兴趣使人集中注意，产生愉快、紧张的心理状态，对认识过程产生积极的影响。无论是无意注意还是有意注意都与兴趣有关，若对某种事物不感兴趣，对它也就不能集中注意。兴趣对智力发展有促进作用，是开发智力的钥匙。拉扎勒斯等人通过一项研究证明了兴趣比智力更能促进学生努力学习。他将高中生按照智力和兴趣分为智力组和兴趣组，其中智力组学生的平均智商为120，但对语文阅读和写作不感兴趣；兴趣组学生的平均智商为107，对语文阅读和写作有浓厚兴趣。在学期结束时，兴趣组比智力组被试在平均每人阅读的书本数量（$M_{兴趣组}=20.7$；$M_{智力组}=5.5$）和平均每人所写的文章篇数（$M_{兴趣组}=14.8$；$M_{智力组}=3.2$）上均存在显著差异。

（二）兴趣的种类

人类兴趣多种多样，根据不同的标准可以进行不同的划分。

1. 物质兴趣和精神兴趣

物质兴趣和精神兴趣是根据兴趣的内容对兴趣进行的划分。物质兴趣是以食物、衣服和舒适的生活环境和生活条件等物质需求为基础的兴趣。对个人的物质兴趣必须加以正确指导和适当控制，否则会发展成畸形的、带有贪婪的形式。精神兴趣是以人的精神需要为基础的兴趣，主要指认识的兴趣，如对学习和研究哲学、文学、艺术、数学等的兴趣。

2. 直接兴趣和间接兴趣

直接兴趣和间接兴趣是根据兴趣所指向的目标对兴趣进行的划分。直接兴趣是指对活动过程本身的兴趣。例如，对学习过程本身的兴趣，对劳动过程本身的兴趣。间接兴趣是指对活动过程结果的兴趣。例如为了通过四六级考试而努力学习英语。间接兴趣在一定条件下可以转化为直接兴趣，如学生为了过四六级而努力学习英语，在这个过程中发现英语挺有意义，喜欢上英语了，这时间接兴趣就转为直接兴趣了。

3. 高尚高雅的兴趣和低级庸俗的兴趣

高尚高雅的兴趣和低级庸俗的兴趣是从兴趣的社会价值或社会意义的角度对兴趣进行的划分。凡是有利于社会进步、人类文明，能满足人们的审美需要又可以增进个人的身心健康的兴趣称为高尚高雅的兴趣，例如对求知创新、吟诗作赋和各种有益的娱乐活动的兴趣。而阻碍社会进步，削弱人们的意志，对社会健康发展有害的兴趣称为低级庸俗的兴趣，例如对赌博的兴趣。

4. 有趣、乐趣和志趣

有趣、乐趣和志趣是根据兴趣的深度、范围和稳定性对兴趣进行的划分。有趣是兴趣发展的第一阶段和最初水平。幼儿经常对任何事物都感到有趣，青少年和成年人常常为事物的新异性所吸引而产生直接兴趣。这种兴趣带有直观性、盲目性和弥散性，并且是不稳定和经常变化的。乐趣是兴趣发展的第二阶段和中等水平。它是在有趣的基础上发展起来的。当有趣逐渐趋向专一和集中，并对某一客体产生特殊的爱好时，就成为乐趣。乐趣带有专一性、自发性和一定程度的坚持性。志趣是兴趣发展的第三阶段和高级水平。它是在乐趣基础上发展起来的，并且与个人的崇高理想和远大目标相联系。志趣带有自觉性、方向性和坚持性，并且具有社会价值。科学家、艺术家和社会活动家所取得的成就是与他们的志趣分不开的。

（三）兴趣的品质

兴趣主要有以下五种品质：

1. 兴趣的倾向性

兴趣的倾向性指个体对什么发生兴趣，它能推动人们较深入地认识客观世界。兴趣的倾向性有高尚和低级之分，前者对有利于人类社会的事物感兴趣，后者对有害于人类社会的事物感兴趣。

2. 兴趣的广度

兴趣的广度也称兴趣的广泛性，指兴趣的范围大小。有的人兴趣广泛，有的人兴趣狭窄。一般地说，兴趣广泛有利于人们获得较广博的知识。

3. 兴趣的中心

兴趣的中心指在广泛的兴趣基础上要有一个中心兴趣。广泛的兴趣应该在正确的倾向指导下和中心兴趣结合起来，否则就会博而不专。

4. 兴趣的稳定性

兴趣的稳定性也叫兴趣的持久性，指对事物具有持续、稳定的兴趣。儿童早期兴趣比较不稳定，兴趣一般在15岁以后才趋向稳定。兴趣的持久性是可以培养的，它和一个人的理想、信念和意志品质相关。

5. 兴趣的效能

兴趣的效能指兴趣推动活动的力量。根据个体兴趣的效能水平，可以把兴趣分为有效的兴趣和无效的兴趣。有效的兴趣能够推动个体的工作和学习，并将其引向深处，促使个体能力和性格的发展。无效的兴趣不能产生实际效果，仅仅是一种向往。

四、信念、理想、世界观

（一）信念

信念（Belief）是坚信某种观点、思想或知识的正确性，并调节控制自己行动的人格倾向性。信念使个性稳定而明确，并且具有主动性和积极性。

信念不仅是人对他所获得的知识的领悟和理解，而且富有深刻的情感和热情，并在生活中接受它的指导。实践表明，信念是知和情的升华，也是知转化为行的中介，它通过对个体需要的调控来实现对动机行为的影响。可以说，信念是知、情、意的高度统一。

信念是在社会的影响下，在个人经验的基础上通过人的活动而形成的。信念具有稳定性，一经确定就很难改变。信念的形成是从幼儿开始的。但这一年龄时期由于知识经验的贫乏，其信念一般不是经过儿童自己的独立思考而形成的，而是深受父母、家庭的传统与习惯及其周围人们的人际关系的影响，只不过是成人们的信念在他们头脑中留下的记忆印象而已。真正的信念是在青少年时期形成的。这是与他们知识的增多、思维水平的提高、活动范围的扩大密切相关的。信念是人的行为的重要动机，它和人的理想紧密联系在一起。在信念的基础上才会进一步形成世界观。

（二）理想

理想（Ideal）是对未来有可能实现的奋斗目标的向往和追求。它是以一定信念为基础的，是信念指向的未来形象，比信念更具体、更丰富、更确定、更具有感染力。理想与目标相联系，它通过目标来激发和影响人的行为。理想中的奋斗目标以客观规律的认识为基础，是符合客观规律的，因此是可以实现的。

根据理想的内容，可以把理想分为社会理想和个人理想。社会理想是对崇高的社会制度的理想。个人理想是关于个人未来的理想，主要包括道德理想、职业理想和生活理想等。社会理想和个人理想是紧密联系的，其中社会理想居于最高层次，并制约着个人理想，个人理想又是社会理想的具体表现。随着年龄的增长，在教育的影响下，初中生的理想开始发展，但初中生一般只有生活理想和职业理想，并且是不稳定的；高中生有了道德理想和社会理想；大学生的理想则进一步明确和稳定。

从认识能力的角度，可以把理想划分为具体形象理想、综合形象理想和概括性理想。

研究表明：小学高年级和中学低年级学生具体形象理想较多；中学高年级学生则概括性的理想明显增多。

理想是人格倾向性的重要形式之一，它是在人的社会生活中通过人的活动形成的。理想具有社会历史制约性。不同的历史时代、不同的社会、不同的阶级、不同世界观的人，具有不同的理想。理想在人的生活中的作用也是巨大的。理想可以鼓舞一个人为崇高的目标而奋进，也可以抑制自身行为的冲动，加强自我修养，培养良好人格。

（三）世界观

世界观（World View）是信念的体系，即一个人对整个世界的根本看法。它是在需要、动机、兴趣、理想与信念的基础上通过人的活动形成的，包括政治观、道德观、人生观、价值观、幸福观、自然观等。世界观一旦形成，就对其他人格倾向性及一切心理活动具有调节作用，因此，它是人格倾向性的最高层次，影响个人的整个心理面貌。

世界观的作用主要表现为：决定着人格发展的趋向与稳定性；影响认识的正确性与深度；制约情感的性质与情绪的变化；调节人的行为习惯。

个人的世界观萌芽于初中阶段，形成于高中阶段。我国心理学工作者研究了中学生世界观从萌芽到形成的发展，发现具有下列特点：

（1）中学生的世界观从萌芽到形成，是和中学生对世界的全面而深刻的认识相联系的。中学生的知识与智力水平，直接影响着世界观成熟的程度。

（2）中学生世界观形成的过程，主要解决关于人生意义的问题。

（3）中学生的世界观处于从萌芽到初步形成的阶段，它的可塑性很大，它还不是很成熟、很稳定，尚待继续形成和发展。

在世界观中，心理学对价值观、人生观研究较多。研究表明，学龄前儿童的价值判断多以感触为标准；学龄初期儿童则倾向于同伴关系的协调和维护群体的规则；青少年价值观迅速发展，逐渐由具体变为抽象，由重外在价值转向重内在价值。就人生观的研究表明：小学阶段的儿童对人生意义开始发生兴趣，但未形成人生观，他们不能对人生产生一个总的看法；少年期是人生观的萌芽期，青年初期学生的人生观初步形成。

理想、信念和世界观三者是有机联系的，它们受社会历史条件的制约，在阶级社会中具有阶级性。

第三节　青少年人格特点与塑造

一、青少年的人格发展与特点

青少年人格的发展包括自我意识的发展、情感的发展、社会交往的发展，以及行为与行为控制四个方面。

随着自我意识的发展，青少年自我意识逐渐展现出一些特点。少年会变得有成人感，有了评价别人与自我评价的能力，渴望独立，自制力增强。青年则要求深入了解和关心自我的成长，并且自我评价会变得成熟，自尊心、上进心较强，在道德意识方面有所发展，人生观开始形成。

青少年在人格发展的过程中，情感的发展是其主要的一方面，表现为情感丰富强烈、情感两极化明显，情感的社会化水平迅速提高。这是由于随着社会的发展变化、个体的发展变化，以及其他许多因素的影响，青少年的情感与日俱增，但是因为心理的不成熟，不能控制住这种日渐丰富起来的情感。不过，由于社会方方面面的影响，情感的社会性得到增强。

人际关系是在社会交往中产生的人与人之间的心理关系。这种关系是人在社会交往中受主体个性特点调节并伴随着肯定与否定情感状态的、比较稳定的心理关系，如亲近和疏远，满意和不满意，相容与排斥等。青少年的社会交往以学校交往为主。在与同伴们交往的过程中，时常会产生各种各样的心理问题，而这些心理问题往往会阻碍交往的顺利进行。这些心理问题主要有恐惧心理、自卑心理、孤僻心理、封闭心理、自傲心理、妒忌心理、逆反心理、猜疑心、敌意心理和干涉心理。造成上述人际交往心理问题的原因是多方面的，主要有：一是受错误的思想观点影响，对人际关系缺乏正确的认识；二是个性上的缺陷，严重的表现为人格障碍；三是以往生活中遭到挫折，造成心理创伤；四是缺乏人际交往的经验，尤其是成功的经验。社会交往是人格发展的非常重要的一个方面，必须处理好人际交往关系，才能使人格向好的一方面发展。

克服交往困难的有效策略有五种：①克服怕羞毛病的策略，包括充满信心、不怕议论、丰富知识、加强锻炼和掌握技巧；②消除同学间误会的策略，包括心底坦然、气量恢宏、寻根溯源和对症下药；③正确对待同学背后议论的策略，包括端正认识、我行我素、敢于斗争并善于斗争；④正确对待被同学妒忌的策略，如走自己的路，让别人说去；向妒忌者表露自己的不幸与努力；主动帮助妒忌者；主动求助于妒忌者；让妒忌者也来分享欢乐；⑤与同学和好的策略，包括抓住时机，有选择地说；适应特点，有针对性地说；尊重人格，有礼貌地说。

青少年在社会认知与行为方面渴望新异，易偏激，所以他们在行为控制方面容易冲动，行为坚持性不强，承受能力较低，容易受到暗示。这是人格不健全的一种表现，致使他们不能有效地控制他们的行为，从而发生错误的行为。

青少年在人格发展方面表现出三个特点。

第一是伴随生理的逐渐成熟，产生了"独立感"和"成人感"，渴望摆脱成人的控制，迫切要求独立自主，喜欢自我表现和发表自己的看法。

第二是开始关注"自我"，关心自己与他人的内心世界，逐步从行动的动机、道德品质和人格特征等方面来评价自己和他人的行为。

第三是开始了解、接纳和逐渐掌握更多的行为规范、价值标准、社会角色，并对自己的未来角色进行定位和认同，喜欢独立探索和思考问题。

二、青少年健康人格的特征

（1）具有积极健康的主体意识，能自我尊重，且有能力感。它表现为以积极的态度认识自我的存在并接受和尊重自己，对自己的能力和潜力有信心。肯定自我的特殊，并强调自我实现，肯定自我价值。积极健康的自我意识对于个人的人格成长有着十分重要的意义，尤其对那些主体意识淡薄，对自己缺乏尊重，对他人也缺乏尊重的青少年的健康人格培养更具有重要意义。美国心理学家罗杰斯就曾指出："积极的自我观念为我们正确对待生活提供了极大的有利条件，它是形成伟大的人格力量的基础。"

（2）正确了解认识评估自己，并能自我承认和接受这种评价。不盲目自信，抬高夸大自我，也不认为自己一无是处，过分贬低自己。能够实事求是地客观评价自我和定义自我。承认自己的能力和才干，同时又承认自己的不利条件和限制因素，在此基础上，社会、家长能更清楚地了解青少年，青少年更能看清和认识自己，以便能更好地朝着确定的方向去实现自我。

（3）初步掌握成人所具备的较广的知识面和较大的信息量，掌握有关的工作技能，并且有承担义务的责任心和对工作的献身精神。

（4）具备较强的适应能力与应变能力。人是在不断的适应中发展成长的。适应现实就意味着能跟上时代的节奏，与时代的各种因素相和谐，就意味着可以完好地保持自己的角色并努力实现自我。同时，社会生活还在一如既往地发生变化，青少年还必须具有敏锐的应变能力，以适应新的变化，能与变化的世界节拍保持和谐。

（5）在关注自我的同时，关注社会生活、自然和他人，有较强的爱心和同情心，对人类怀有很深的认同、同情和爱的感情。他们强调自我而不失对社会、自然和他人的关怀，明确人是社会的人，人不仅仅为自己活着。他们能理解人，有较强的奉献精神，兴趣爱好广泛，交往频繁，对社会生活抱比较积极的入世态度。这个特征是对"以自我为中心"的反省、拓展与开放，它将人置于一个更为广阔的空间，让人心怀世界、心怀天下。

（6）不迷信自我，不迷信权威，有较强的判断能力和鉴别能力，能较理智地分析问题，不感情用事，能接受不同的观点，能接受科学客观正确的意见和建议。他们已初步形成是非观，对自己认为非正当的规范不盲目遵从，对权威不盲从，有时甚至持怀疑态度。这个特征是对人格崇拜、偶像崇拜，尤其是对明星崇拜与自我崇拜反思后所确定的一种主体自我回归。

（7）面向未来，一往无前的态度，能有所侧重地看待过去、现在与未来。他们能明确地意识到生活是不断前进的，追求的方向应该适应未来的目标和任务，并用未来的希望激励和引导现实的生活。

（8）思路开阔，关注的空间地域、范围及点扩大，不局限于个人、集团、家国，而扩大到了整个社会生活、自然世界，把地球当作人类共同的家园加以关爱。这个特征同第七个特征相结合，更进一步拓宽了视野，让人心胸更加广阔。

（9）具备较强的交际能力和人际关系。这些交际包括现实生活的亲身交际和有虚拟意味的网络交际。较强的交际能力和良好的人际关系不仅是人们追求亲情、友情、爱情等情感寄托的需要，也是青少年培养健康人格心理的需要。

（10）具有较强的自主性、独立性、能动性和创造性。它要求青少年能独立自主地认识问题，处理事情，具有较强的创造动机和创造才能，"使自己成为衡量一切生活关系的尺度，按照自己的本质去估计这些关系，去选择个人成长的目标，独立地自由地塑造自己的人格"。

三、青少年良好人格的塑造

1. 塑造积极人格的方法

对青少年而言，塑造积极人格应注意以下几点：

（1）建立积极正常的情绪生活，保持开朗的心境，学会控制和调节自己的情绪，保持积极、健康的情绪状态。

(2) 加强意志锻炼，自觉主动地控制自己的行为，培养经受挫折的耐受力，不盲目冲动，不消极低沉，始终保持乐观的生活态度。

(3) 自觉检查、修正人格特点，培养健康人格模式。

(4) 提高思维能力，养成良好的思维品质，具有独立分析问题和解决问题的能力。

(5) 培养良好的情操，加强思想品德修养，树立科学的世界观、人生观，在求知和实践中实现自身素质提高。

2. 克服不良的人格弱点的方法

每个人的人格都有一定的缺陷，但只要敢于面对自我，不文过饰非，缺点就能被控制在一定的限度之内。可以通过一定的心理训练来克服不良的人格弱点。

(1) 自我激励，以模范人物或崇拜对象为榜样，不断鞭策自己。

(2) 自我暗示，自我提醒，自我督促。通过成功的想象，使自己保持思维活跃、情绪稳定、坚定果断、自尊自强的人格特征。

(3) 习惯潜化，即习惯成自然。习惯的力量比任何理论的力量来得更大。人格塑造的关键在于努力培养自己良好的生活和工作习惯，从培养习惯到人格改变，要能够针对暴露出来的人格弱点，用相反的习惯去克服战胜它。

(4) 敏感性训练，强调在人际相互作用过程中依靠自己的亲身体验和感受进行学习。

(5) 成就动机训练，在学科学习中鼓励学生建立符合自己实际的目标，体会更多的成功经验，增强自信。

(6) 归因训练，鼓励学生参与实践活动，教师对学生积极的归因给予鼓励，对消极归因给予引导。

第十一章　要点回顾　　　　第十一章　习题园地　　　　第十一章　思维导图

第十二章 气质与性格

案例导学

在我国古典名著《红楼梦》中，林黛玉才华横溢、多愁善感、孤傲清高、敏感多疑，贾宝玉聪明灵秀、温柔多情、乖张顽劣、文思敏捷、重情重义，薛宝钗温柔敦厚、博学多识、豁达大度、世故圆滑、品格端方，王熙凤聪明机变、精明能干、八面玲珑、心狠手辣、脸酸心硬。四个角色都有其各自独特的性格与脾气秉性。《西游记》中唐僧崇信佛法、严守戒律、目标明确、立场坚定、勇往直前的精神很值得学习，但有时又贤愚不分、是非不辨、慈悲过了头；孙悟空桀骜不驯、敢作敢当、富有反抗精神、有勇有谋、爱憎分明、疾恶如仇、好胜心强、喜欢恶作剧；猪八戒好吃懒做、爱搬弄是非、耍小聪明说谎、贪小便宜、喜欢与异性交往，又不失忠厚善良、憨厚淳朴，作战时也很勇敢；沙僧态度随和、任劳任怨、尽职尽责。四个不同性格的人，组成了抢滩涉险、历经磨难并最终修成正果的取经团队。

再回到现实中，肖平、王东、高力和赵翔四个人都喜欢踢足球，也爱观看足球比赛。但是他们在观看足球比赛时，情绪表现不一样。当看到自己喜欢的球星踢了一个好球时，肖平立刻大喊"好球！好球！"同时兴奋得手舞足蹈。王东也挺激动，叫好并鼓掌。但是却没有肖平那么狂热，有时还劝告肖平别喊。高力只是平静地说了一句，"这球踢得还不错，有水平"。赵翔则始终沉默不语，会心一笑。

人之所以性格、脾气秉性各不相同，是因为每个人的气质与性格不同。认识气质与性格，了解气质和性格形成的影响因素，掌握调节气质、塑造良好性格的关键，人生会有巨大的变化。

目标解析

1. 了解气质与性格的相关理论，理解气质与性格的区别和联系，掌握气质与性格的类型。
2. 明确培养良好性格的方法与途径。
3. 能在生活中应用自己的气质及良好的性格进行学习和工作。

第一节　气质

心理学中所说的气质，并非日常生活中所指的一个人的风度或仪表，而是俗称的"脾气""性情"。在现实生活中，我们经常可以看到，有的人活泼好动、反应机敏，有的人则不紧不慢、反应迟缓；有的人直率、热情、易冲动，有的人则孤僻、冷漠，这都是不同气质的表现。了解气质的概念、类型、测量方法和不同学生的气质类型特点，有助于教师有针对性地采取教育措施，从而提高教育教学工作的科学性和实效性。

一、气质的概念

气质源于拉丁语 temperament，原意是混合、掺和。现代心理学中，气质是指人的心理活动典型而稳定的动力特征。

气质是个体心理活动和行为的外部动力特点，主要表现为心理活动的速度、强度、稳定性、指向性方面的特征。气质作为人的心理活动的动力特征，一般不受个人活动的目的、动机和内容的影响，具有较强的稳定性，它能使人的心理活动染上特定的色彩，形成独特的风貌。气质受先天生物学因素影响较大，即先天因素占主要地位，具有天赋性。气质较多地受神经系统类型的影响，个体从一出生，就具有由生理机制决定的某种气质。气质具有一定的可塑性。气质虽然具有先天性，但并不意味着它完全不会变化，在生活环境和教育条件的影响下，在性格的掩盖下，气质可以得到相当程度的改造。

二、气质类型的学说

心理活动的不同动力特征组合，构成不同的气质类型。在心理学上，有关气质类型的代表性学说主要有如下几种：

（一）体液说

古代最著名的气质学说是由古希腊著名医生和学者希波克拉底（约前 460—前 377 年）提出的体液说。

希波克拉底在古希腊医生恩培多克勒（约前 495—前 435 年）"四根说"的基础上，提出了气质的体液说。他认为，人体含有四种不同的液体，即血液、黏液、黄胆汁和黑胆汁。它们分别产生于心脏（血液）、脑（黏液）、肝脏（黄胆汁）和胃（黑胆汁）。希波克拉底认为，四种体液形成了人体的性质，机体的状况取决于四种液体的正确配合。在体液的混合比例中，血液占优势的人属于多血质，黏液占优势的属于黏液质，黄胆汁占优势的人属于胆汁质，黑胆汁占优势的人属于抑郁质。希波克拉底认为，每一种体液也都是由寒、热、湿、干四种性能中的两种性能混合而成。血液具有热、湿的性能，因此多血质的人温而润，好似春天一般；黏液具有寒、湿的性能，黏液质的人冷酷无情，好似冬天一般；黄胆汁具有热、干的性能，黄胆汁的人热而燥，如夏季一般；黑胆汁的人具有寒、干的性能，因此抑郁质的人如秋天一般。四种体液配合恰当时，身体便健康，否则就会出现疾病。

后来古罗马的医生盖伦（129—200 年）继承和发展了希波克拉底的理论学说，他将四种体液进行种种配合而产生出13种气质类型,并用"temperament"(拉丁语)一词来表示气质这个概念,这便是近代"气质"概念的来源。

利用体液比例解释人的气质类型是缺乏科学根据的,但是气质和四种气质类型的名称为心理学家接纳并沿袭下来。

(二) 体型说

体型说的观点在日常生活中很流行。人们试图把人格同人的外貌、体态特征联系起来,比如,体态丰满的人往往被视为具有豁达、开朗的性格;眼睛小、眉毛低而短,被视为"贼相",有心术不正之嫌;天庭饱满、大耳垂轮,被认为富于智慧。总之,人们习惯在相貌、体格与人格之间寻找对应,以至于把相貌、体格看作是决定人格的因素。

体型说不仅流传于日常生活中,学术界也有不少人对此进行了专门的研究。德国精神病学家和心理学家恩斯特·克瑞奇米尔(Ernst Kretschmer)提出了体格类型学。克瑞奇米尔把人的体格类型分为肌肉发达的强壮型,高而瘦的瘦长型,矮而胖的矮胖型以及由内分泌的异常造成的发育不全型。他认为,不同体型的人具有不同的气质。

强壮型:肌肉骨骼结实、身体强壮,体态和身高协调。这种人乐观,富有进取心,比较固执,做事认真,注意礼仪,节俭,强调纪律和秩序,但这种人情绪具有爆发性,好斗,比较容易适应新环境。

瘦长型:体型瘦长、腿长、胸窄、孱弱,骨骼肌肉都不发达。这种人不善交际,孤僻,沉默,羞怯,偏执,退缩,多思敏感,具有分裂气质。

矮胖型:身材矮胖、腿短、胸圆,脂肪丰富。这种人外向,善于交际,好活动,易兴奋,平易近人,但这种人情绪不稳定,易动感情,有时高兴,有时垂头丧气,具有躁狂气质。

发育不全型:身体发育不全,这种人的心理存在着很多异常的特征。

克瑞奇米尔认为,体型与病人所患的精神病类型密切相关。矮胖型的人较多地出现躁狂抑郁症,瘦长型人较多地出现精神分裂症,强壮型的人较多地出现癫痫症。精神病患者和正常人之间只有量的差别,没有质的不同。不同体型的正常人在气质上也带有精神病患者的某些特征。例如,瘦长型的人在气质上具有精神分裂症的特征,矮胖型的人在气质上具有躁郁症的特征,强壮型的人在气质上具有癫痫的特征。据此,他将人的气质分为分裂气质、躁郁气质和黏着气质三种。克瑞奇米尔还研究了许多名人的资料。他发现,神学家、哲学家和法学家大都具有瘦长型的体格,具有精神分裂的特征;医师和自然科学家大都具有矮胖型的体格,具有躁郁症的特征。

体型说过分夸大了生物因素的作用,忽视了社会生活对气质的作用,并且把一切人都归入精神病患者,这显然是不正确的。

(三) 血型说

日本学者古川竹二根据血型把人的气质类型划分为四种:A型气质、B型气质、O型气质和AB型气质。

A型气质的特点:精明,理智,内向,不善交际,沉思好静,情绪稳定,忍耐力强;具有独立性,易于守规,做事细心谨慎,但不果断;责任心强,固执,感情含蓄,注重仪表,但不新奇,是处理家务的能手。

B型气质的特点:聪明,活泼,敏捷,外向,善交际,兴趣广泛多变,精力分散;大事故少，小事故却不少，行动奔放，不习惯束缚；易冲动，热心工作，不怕劳累，缺乏细心和毅力；动作语调富于感情，易引起他人注意，爱情上女性比男性主动。

O型气质的特点：外向直爽，热情好动，富于精力，爱憎分明，见义勇为，有主见，主观自信，急躁好强，有野心；易激发感情，说话易用教训人的口气，易得罪朋友；动作粗犷，不灵活，不易做耐心的工作；爱情上多属主动，易被别人爱，也易接受别人的爱，长寿者多。

AB型气质的特点：属于复合气质类，机智大方，办事干净利落，冷静、不浮夸；行动有计划，喜分担责任，兴趣广泛；因倾向不同，有的人有领导能力，有的人则沉默寡言，满腹心事，待人接物缺乏经验，易吃亏。

人的气质会受生理的制约，但仅从生理上的血型来推断人的气质类型是不科学的。如果仅仅按照血型来分类，那么同一血型的父母及所生子女由于同属一种血型，全家人的气质将是相同的，但事实并非如此。因此，这种学说由于缺乏科学依据，已被多数心理学家所否定。

（四）激素说

激素是由内分泌细胞分泌的高效能化学物质，在血液中的浓度极低，但对生理和心理活动有重大影响。

伯尔曼（L. Berman）认为，人的气质特点是由内分泌活动所决定的。他根据人的某种内分泌腺特别发达而把人划分为甲状腺型、脑垂体型、肾上腺型、副甲状腺型、胸腺型和性腺型。他认为，不同类型的人，有不同的气质特点。

甲状腺型：甲状腺分泌增多者精神饱满、不易疲劳、知觉敏锐、意志坚强、处事和观察迅速、容易动感情甚至感情迸发。甲状腺分泌减少者可能发生痴呆症。

脑垂体型：脑垂体分泌增多者性情强硬、脑力发达、有自制力、喜欢思考、骨骼粗大、皮肤甚厚、早熟、生殖器发达。脑垂体分泌减少者身材短小、脂肪多、肌肉萎弱、皮肤干燥、思想迟钝、行动懦弱、缺乏自制力。

肾上腺型：肾上腺分泌增多者雄伟有力、精神健旺、皮肤深黑而干燥、毛发浓密、专横、好斗。肾上腺分泌减少者体力衰弱、反应迟缓。

副甲状腺型：副甲状腺分泌增多者安定、缺乏生活兴趣、肌肉无力。副甲状腺分泌减少者注意力不易集中，妄动，容易激动。

胸腺型：胸腺位于胸腔内，幼年发育，青春期后停止生长，逐渐萎缩。如果成年胸腺不退化者，则单纯、幼稚、柔弱、不善于处理工作。

性腺型：性腺分泌增多者常感不安、好色、具有攻击性。性腺分泌减少者则性的特征不显现，易成为同性恋，进攻行为少。

现代生理学研究表明，内分泌腺活动所产生的各种激素激活着身体的不同机能，因而对人的心理活动也有重要的影响。但是对人体的两种调节机制来说，神经调节较体液调节起主导作用，内分泌机能受神经系统的控制，所以这种只看到激素的重要性而忽视神经系统主导作用的学说是片面的。

（五）活动特性说

美国心理学家巴斯（A. H. Buss）用活动性、情绪性、社交性、冲动性作为指标，将人的气质划分为活动型、情绪型、社交型、冲动型四种类型。

活动型的人倾向于喜欢迎接新的任务，爱活动，不知疲倦，在婴儿期表现为手脚乱动，儿童期表现为在教室里坐不住，成年期显示出强烈的事业心。

情绪型的人觉醒程度和反应强度大，婴儿期表现为经常哭闹，儿童期易激动、难以相处，成年期表现为喜怒无常。

社交型的人渴望与他人建立密切的关系，婴儿期表现为离不开父母亲人，孤单时哭闹得很凶，儿童期容易接受教育，成年后与周围的人非常融洽。

冲动型的人缺乏抑制能力，在婴儿期表现为急躁，儿童期经常坐立不安，注意力易分散，成年期表现为讨厌等待，倾向于不假思索地行动。

用活动的特性来划分气质，是近年来出现的一种新动向。不过巴斯的这一理论的缺陷在于没有揭示出活动特性的生理基础。

（六）高级神经活动类型说

高级神经活动类型学说是巴甫洛夫于 20 世纪初创立的。他通过动物实验发现，不同动物形成条件反射是有差异的，不同动物的高级神经活动的兴奋与抑制过程有独特的、稳定的结合，从而构成不同的高级神经活动类型。划分高级神经活动类型，主要依据神经过程的基本特性。

1. 高级神经活动过程的基本特性

动物的高级神经基本活动有三种特性，即神经过程的强度、神经过程的平衡性、神经过程的灵活性。

（1）神经过程的强度，是指神经细胞和整个神经系统工作的性能，也就是受强烈刺激和持久工作的能力。在一定的限度内，神经细胞的兴奋能力符合刺激的强度；强刺激引起强兴奋，弱刺激引起弱兴奋。可是当强的刺激作用于某些动物的神经系统时，并不是所有的动物都能以相应强度的兴奋对其发生反应，其中有的动物可以形成条件反射，已形成的条件反射也能继续保持，说明它的兴奋强；而兴奋弱的动物对于强烈的刺激就较难形成条件反射。同样，抑制过程较强的动物对于要求持续较久的抑制过程能忍受，而抑制过程较弱的动物在这种情况下就可能导致抑制过程的破坏。

（2）神经过程的平衡性，是指兴奋和抑制两种神经过程间的相对关系。神经过程平衡的动物，其兴奋与抑制过程的强度相近。神经过程不平衡的动物表现为或兴奋过程相对占优势，抑制过程较弱；或抑制过程相对占优势，兴奋过程较弱。

（3）神经过程的灵活性，是指兴奋过程与抑制过程的相互转化的速度。如果两种过程更迭得迅速，表明神经过程灵活；反之则灵活性低。实验证明，神经过程灵活的动物，可以顺利地改变已形成的条件反射；神经过程灵活性低的动物，其形成的条件反射不易改变。

2. 高级神经活动类型

根据神经过程的这些特性，巴甫洛夫确定了四种高级神经活动类型。

强、不平衡型，其特点是兴奋、抑制过程都强，但兴奋过程略强于抑制过程，是易兴奋、奔放不羁的类型，又称兴奋型或不可遏制型。

强、平衡、灵活型，其特点是兴奋与抑制过程都比较强，并容易转化，反应敏捷，表现活泼，能适应变化的外界环境，又称活泼型。

强、平衡、不灵活型，其特点是兴奋与抑制过程都较强，但两者转化较困难。它是一种安静、沉着、反应较为迟缓的类型,也称安静型。

弱型,其特点是兴奋与抑制过程都弱。过强的刺激容易引起疲劳,甚至引起神经衰弱、神经官能症,并以胆小畏缩、反应速度缓慢为特征,又称抑制型。

3. 高级神经活动类型与气质的对应关系

巴甫洛夫把他确定的高级神经活动类型同气质类型相对照,发现它们之间完全符合。巴甫洛夫还认为,这四种不同的神经活动类型是人与动物共同具有的一般特性,这种一般特性构成了人的气质的生理基础。由此可见,气质是神经活动类型在人的活动、行为中的表现。高级神经活动类型与希波克拉底划分的四种气质类型的相互关系如表 12-1 所示。

表 12-1 高级神经活动类型与气质类型的相互关系

神经活动类型及特征				气质类型
类型	强度	平衡性	灵活性	
兴奋型(不可遏制型)	强	不平衡	—	胆汁质
活泼型	强	平衡	灵活	多血质
安静型	强	平衡	不灵活	黏液质
抑制型	弱	不平衡(抑制占优势)	—	抑郁质

4. 四种气质类型的特征

在古典文学作品中,经常可以看到对这种四种气质类型的典型人物的生动描述。如《水浒传》中的李逵、《三国演义》中的张飞属于胆汁质,《红楼梦》中的林黛玉则是典型的抑郁质。但是,在日常生活中,只有单一气质类型的人物是很少的,大多数属于中间型或混合型,即较多地具有某一类型的特点,同时又具有其他类型的一些特征。

(1)胆汁质。胆汁质的人反应速度快,具有较高的反应性与主动性。这类人情感和行为动作产生得迅速且强烈,有极明显的外部表现;性情开朗、热情,坦率,但脾气暴躁,好争论;情感易于冲动但不持久;精力旺盛,经常以极大的热情从事工作,但有时缺乏耐心;思维具有一定的灵活性,但对问题的理解具有粗枝大叶、不求甚解的倾向;意志坚强、果断勇敢,注意稳定而集中但难于转移;行动利落而又敏捷,说话速度快且声音洪亮。

(2)多血质。多血质的人行动具有很强的反应性。这类人情感和行为动作发生得很快,变化得也快,但较为温和;易于产生情感,但体验不深,善于结交朋友,容易适应新的环境;语言具有表达力和感染力,姿态活泼,表情生动,有明显的外倾性特点;机智灵敏,思维灵活,但常对问题不求甚解;注意与兴趣易于转移,不稳定;在意志力方面缺乏忍耐性,毅力不强。

(3)黏液质。黏液质的人反应性低。情感和行为动作进行得迟缓、稳定,缺乏灵活性;这类人情绪不易发生,也不易外露,很少产生激情,遇到不愉快的事也不动声色;注意稳定、持久,但难以转移;思维灵活性较差,但比较细致,喜欢沉思;在意志力方面具有耐性,对自己的行为有较大的自制力;态度持重,好沉默寡言,办事谨慎细致,从不鲁莽,但对新的工作较难适应,行为和情绪都表现出内倾性,可塑性差。

(4)抑郁质。抑郁质的人有较高的感受性。这类人情感和行为动作进行得都相当缓慢、柔弱;情感容易产生,而且体验相当深刻,隐晦而不外露,易多愁善感;往往富于想象,聪明且观察力敏锐,善于观察他人观察不到的细微事物,敏感性高,思维深刻;在意志方面常表现出胆小怕事、优柔寡断，受到挫折后常心神不安，但对力所能及的工作表现出坚忍的精神；不善交往，较为孤僻，具有明显的内倾性。

由于气质的生理基础是高级神经系统的活动特性，所以这种特性是由人体的生理因素决定的，是与生俱来的。正因为气质具有先天性，因而具有更大的稳定性。尽管在后天的教育、社会实践等影响下，气质也具有一定的可变性，但这种变化是一个十分缓慢的过程。

> **阅读窗**
>
> ### XYZ 型——三种家庭教养方式
>
> Kagiticihasi（1990）依据家庭中两代人之间的"独立-依赖"关系，归纳出三种典型的家庭教养方式。
>
> X 型：家庭中父母与子女在物质与情感上的关系都是相互依赖的，亲子关系的取向是顺从，属于集体主义模式。例如，韩国与日本的母亲总是热心于保持与孩子的交互作用，母亲千方百计地要把自己与孩子"焊接"起来，她们认为母子的亲密关系是儿童健康发展的重要条件。在家庭教养中，母亲总是力图创造一种"关系上的协调"，但是她们却难以培养孩子的心理独立性。
>
> Z 型：家庭中两代人之间在物质和情感上都是相互独立的，亲子关系的取向是独立，属于个人主义模式。例如，美国和加拿大的母亲认为母子间的分离与个体化是孩子人格健康发展的条件。所以，母亲尽力把自己与孩子分离开，以培养孩子的独立自主性，母亲在家庭关系中创设的是一种"个体上的协调"。但是，这也会带给双方情感上的孤独与失落。
>
> Y 型：将上述两种模式辩证地综合在一起，强调在物质上的独立，在情感上的相互依赖。中国与土耳其的家庭近似这种模式。如土耳其的研究发现（Phalet 和 Claeys），土耳其青年既忠于家庭，又注重本人才能的自我实现。在具有集体主义文化基础的发展中国家，大规模的城市化和现代化背景下，家庭人际关系可能向 Y 型转化。
>
> 摘编自：彭聃龄．普通心理学［M］．北京：北京师范大学出版社，2001：450．

第二节 性格

在日常生活中，有的人勤奋、努力、诚实、坚毅、善良、谦虚、热情，有的人懒惰、马虎、不负责、自大、冷漠、奸诈、自私自利，这些都是关于性格特征的描述。

一、性格的概念

性格"Character"源于希腊语，意思是特点、特色、记号、标记。在现实生活中，既被用于标志事物的特性，也被用于标志人物的特性。现代心理学中，性格是指一个人对待现实的稳定态度和与之相适应的习惯化的行为方式中具有核心意义的个性心理特征。性格表现包括行为的方式、实践的方式以及思维、意志、情感等心理活动的方式。这些心理特征在类似的情境中不断出现，有一定的稳定性及习惯化，便形成人们独特的性格。例如，林黛玉的行为，总是受到她那冷漠的情感、孤傲的个性、多愁善感而又自卑的弱型气质等心理因素的影响，在大多数场合里总是伤感、狐疑、嫉妒、冷漠，而缺乏热情、奔放、自信等行为表现。习惯化的心理风貌就是性格。那种偶然的情境性的心理特征，不能称为一个人的心理特征。对性格定义的理解应注意以下三点：

（1）性格是人对现实稳定的态度以及与之相适应的习惯化了的行为方式。个体在现实生活中不断受到客观环境的各种影响，并通过自己的认识、情感、意志过程保留在心理结构中，逐步形成一定的态度体系，对个体的行为方式起着调节和影响作用。恩格斯简明而完整地阐明了性格概念的含义，他指出："人物的性格不仅表现在他做什么，而且表现在他怎样做。"人的性格主要表现在两个方面——"做什么"和"怎样做"。"做什么"反映了人对现实的态度，表明一个人追求什么、拒绝什么；"怎么做"反映了人的行为方式，表明一个人如何去追求他想要得到的东西，如何去拒绝他想要避免的东西。

（2）性格指一个人独特的、稳定的个性心理。研究表明，性格是人在实践活动中，在与客观世界相互作用的过程中形成和发展起来的。客观事物的各种影响通过主体的心理活动在个体的反映机构中保存下来、固定下来，构成一定的态度体系，并以一定的形式表现在个体的行动之中，构成个体所特有的行为方式。人的性格并不是一朝一夕形成的，但一经形成就比较稳定，并且贯穿于他的全部行动之中。人的性格不仅在类似情境中，甚至在不同的情境中都会表现出来。在某种情况下，那种属于一时的、情境性的、偶然的表现，不能构成人的性格特征。如一个人在偶然的场合表现出胆怯行为，不能就此认为这个人具有怯懦的性格特征。也就是说，性格必须是经常出现的、习惯化的，从本质上最能代表一个人个性特征的那些态度和行为特征。因此，如果我们了解一个人的性格，就能预料他在某种情况下会表现出什么样的态度和行为。性格的稳定性又不是绝对的，性格还有可塑的一面，除重大事件的影响外，性格的改变一般都要经过较长时间的环境影响和主体实践。

（3）性格是个性特征中最具核心意义的心理特征。性格在个性特征中的核心地位表现在两个方面。一方面，在所有的个性心理特征中，人的性格与个体需要、动机、信念和世界观联系最为密切。人对现实的态度直接构成了个体的人生观体系，人的各种行为方式也是在这种态度体系的影响和指导下逐渐形成的。因此，性格是一个人道德观和人生观的集中体现，具有直接的社会意义。人的性格受社会行为准则和价值标准的评判，所以有好坏之分，这一点是与气质有明显区别的。另一方面，性格对其他个性心理特征具有重要的影响。性格的发展规定了能力和气质的发展，影响着能力和气质的表现。成语"勤能补拙"，就说明了性格对能力有巨大作用；某一种气质的消极方面，也可以通过性格的优点加以改造或掩盖。总之，具有良好性格品质的人能最大限度地发挥自己的聪明才智，适应现实生活。

二、性格与气质的关系

性格与气质都是描述个人典型行为的概念，二者之间的关系非常密切。在实际生活和某些文献中，性格和气质的概念常发生混淆。人们有时把某些性格特点说成是气质，如"老实稳重"的气质、"一丝不苟"的气质；有时又把气质说成是性格，如性格活泼、外向等。这两个概念既有区别，又有密切的联系。

（一）性格与气质的区别

性格与气质的区别主要表现在以下三个方面：

（1）从起源上看，气质是先天的，一般产生在个体发生的早期阶段，主要体现为神经类型的自然表现。性格是后天的，在个体的生命开始时期并没有性格，它是人在活动中与社会环境相互作用的产物，反映了人的社会性。

（2）从可塑性上看，气质的变化较慢，可塑性较小；即使可能改变，但较不容易。性格的可塑性较强，环境对性格的塑造作用是明显的；即使已经形成的稳定性格，也有可能发生改变。

（3）从行为性质上看，气质所指的典型行为是它的动力特征而与行为内容无关，因而气质无好坏善恶之分。性格主要是指行为的内容，它表现为个体与社会环境的关系，因而性格有好坏善恶之分。

（二）性格与气质的联系

1. 气质对性格形成的影响

（1）气质会影响个人性格的形成。因为性格特征直接依赖于教育和社会相互作用的性质和方法。气质作为性格形成的一种变量在个体发育的早期阶段就表现出来。有些婴儿喜欢哭或笑，有些婴儿安静，另一些婴儿很好动，这些气质特征必然会影响家庭环境，影响父母或其他哺育者的不同行为反应。一个人的性格就是在这种不同性质的教育和社会环境相互作用的过程中逐渐形成的。

（2）气质可以按照自己的动力方式，渲染性格特征，从而使性格特征具有独特的色彩。例如，同样是乐于助人的性格特征，多血质者在帮助别人时，往往动作敏捷，情感明显表露于外；而黏液质者则可能动作沉着，情感不表露于外。

（3）气质还会影响性格特征形成或改造的速度。例如，要形成自制力，胆汁质的人往往需要做极大的努力和克制；而抑郁质的人则比较容易形成，用不着特别抑制自己就能办到。

2. 性格对气质的影响

性格在一定程度上可以掩盖或改变气质，使它服从于生活实践的要求。例如，侦察兵必须具备冷静沉着、机智勇敢等性格特征。在严格的军事训练的实践活动中，这些性格特征的形成有可能掩盖或改造胆汁质者易冲动和不可遏制的气质特征。又如，一位黏液质的教师会由于多年从事少先队工作，而渐渐变得活泼开朗。

总之，性格和气质是密切联系的。在日常生活中，甚至在心理学文献中，都很难把性格和气质这两类心理特征严格区分开来。这是因为人具有生物社会性。人的发展是生物因素和社会因素相互作用的结果。我们不能排除生物因素来看待性格的形成和发展，也不能排除社会因素来看待人的气质。不过，为了研究工作的需要，把气质和性格适当加以区分还是有必要的。

三、性格的类型

性格的类型是指一类人身上所共有的性格特征的独特结合。按一定原则和标准把性格加以分类，有助于了解一个人性格的主要特点和揭示性格的实质。由于性格结构的复杂性，在心理学的研究中至今还没有大家公认的性格类型划分的原则与标准。以下是一些代表性的观点。

(一) 按照心理机能优势进行的分类

这是英国的培因（A. Bain）和法国的李波特（T. Ribot）提出的分类法。他们根据理智、情绪、意志三种心理机能在人的性格中所占优势的不同，将人的性格分为理智型、情绪型、意志型。

（1）理智型的人通常以理智来评价周围发生的一切，并以理智支配和控制自己的行动，处世冷静。

（2）情绪型的人通常用情绪来评估一切，言谈举止易受情绪左右，这类人最大的特点是不能三思而后行。

（3）意志型的人行动目标明确、主动、积极、果敢、坚定，有较强的自制力。

除了这三种典型的类型外，还有一些混合类型，如理智-意志型，在现实生活中大多数人是混合型。

(二) 按照心理活动倾向进行的分类

这是瑞士心理学家荣格（C. G. Jung）的观点。荣格根据一个人力比多（Libido）的活动方向来划分性格类型，力比多指个人内在的、本能的力量。力比多活动的方向可以指向内部世界，也可以指向外部世界，故将性格分为内倾型和外倾型。

（1）内倾型的人，其特点是处世谨慎，深思熟虑，交际面窄，适应环境能力差。

（2）外倾型的人，其特点是心理活动倾向于外部，活泼开朗，活动能力强，容易适应环境的变化。

这种性格类型的划分，在国外已应用于教育和医疗等实践领域。但这种类型的划分，仍没摆脱气质类型的模式。

(三) 按照个体独立性程度进行的分类

美国心理学家威特金（H. A. Witkin）等人根据场的理论，将人的性格分成场依存型和场独立型。场依存型也称顺从型，场独立型也称独立型。这两种人是按两种对立的认知方式进行工作的。

（1）场依存型的人倾向于将外在参照物作为信息加工的依据，他们易受环境或附加物的干扰，常不加批评地接受别人的意见，应激能力差。

（2）场独立型的人不易受外来事物的干扰，习惯于更多地利用内在参照即自己的认识，他们具有独立判断事物、发现问题、解决问题的能力，而且应激能力强。

(四) 按照人的社会生活方式进行的分类

德国的心理学家斯普兰格（E. Spranger）从文化社会学的观点出发，根据人认为哪种生活方式最有价值，把人的性格分为经济型、理论型、审美型、宗教型、权力型和社会型六种类型。现实生活中，往往是多种类型的特点集中在某个人身上，但常以一种类型特点为主。

（1）经济型的人一切以经济观点为中心，以追求财富、获取利益为个人生活目的。实业家多属此类。

（2）理论型的人以探求事物本质为人的最大价值，但解决实际问题时常无能为力。哲学家、理论家多属此类。

（3）审美型的人以感受事物美为人生最高价值，他们的生活目的是追求自我实现和自我满足，不太关心现实生活。艺术家多属此类。

（4）宗教型的人把信仰宗教作为生活的最高价值，相信超自然力量，坚信永存生命，以爱人、爱物为行为标准。神学家是此类人的典型代表。

（5）权力型的人以获得权力为生活的目的，并有强烈的权力意识与权力支配欲，以掌握权力为最高价值。领袖人物多属此类。

（6）社会型的人重视社会价值，以爱社会和关心他人为自我实现的目标，并有志于从事社会公益事务。文教卫生、社会慈善等职业活动家多属此类。

四、性格的结构及特征

性格是一个复杂而完整的系统，它包含着各个侧面，具有各种不同的性格特征。这些性格特征在不同的个体身上，组成了独具结构的模式。

（一）性格结构的心理学分析

对性格结构的分析，一般着眼于性格的态度特征、性格的意志特征、性格的情绪特征、性格的理智特征四个方面。

1. 性格的态度特征

人对现实态度体系的个性特点是性格的重要组成部分。人对现实的态度是多种多样的，它由以下几方面构成：

（1）对社会、对集体、对他人的态度特征。

积极的特征表现为：爱祖国，关心社会，热爱集体，具有社会责任感与义务感，乐于助人，待人诚恳，正直等。消极的特征表现为：不关心社会与集体，甚至没有社会公德，为人冷漠、自私、虚伪等。

（2）对学习、劳动和工作的态度特征。

积极的特征表现为：认真细心，勤劳节俭，富于首创精神。消极的特征表现为：马虎粗心，拈轻怕重，奢侈浪费，因循守旧等。

（3）对自己的态度特征。

积极特征表现为：严于律己，谦虚谨慎，自强自尊，勇于自我批评。消极特征表现为：放任自己，骄傲自大，自负或自卑，自以为是等。

2. 性格的意志特征

性格的意志特征是指一个人在自觉调节自己行为的方式和水平上表现出来的心理特征。

性格的意志特征主要表现为：对行为目的明确程度的特征，如独立性或冲动性，目的性或盲目性，纪律性或散漫性；对行为自觉控制的意志特征，如自制或任性，善于约束自己或盲目冲动；对自己做出决定并贯彻执行方面的特征，如有恒心与毅力、坚韧不拔或见异思迁、半途而废；在紧急或困难情况下表现出的意志特征，如勇敢或胆小、果断或优柔寡断、镇定或紧张等。

3. 性格的情绪特征

性格的情绪特征是指一个人在情绪活动中经常表现出来的强度、稳定性、持久性以及主导心境方面的特征。

（1）情绪强度方面的特征，主要表现为人的情绪对工作和生活的影响程度和人的情绪受意志控制的程度。有人情绪反应强烈、明显，易受感染；有人反应微弱、隐晦，不易受感染。

（2）情绪稳定性方面的特征，主要表现为情绪的起伏和波动程度。

（3）情绪持久性方面的特征，主要指情绪对人身心各方面影响的时间长短。有的人情绪产生后很难平息，有的人情绪虽来势凶猛但转瞬即逝。

（4）主导心境方面的特征。不同的主导心境反映了主体经常性的情绪状态。例如，有的人终日精神饱满、乐观开朗；有的人却整日愁眉苦脸、烦闷悲观。

4. 性格的理智特征

人们在感知、思维、记忆、想象等认识过程中表现出来的个别差异，就是性格的理智特征。

（1）在感知方面，有的人观察精细，有的人观察疏略；有的人观察敏锐，有的人观察迟钝。

（2）在思维方面，有的人善于独立思考，有的人喜欢人云亦云；有的人善于分析、抽象，有的人善于综合、概括。

（3）在记忆方面，有的人记忆敏捷，过目成诵，有的人记忆较慢，需反复记忆方能记住；有的人记忆牢固且难以遗忘，有的人记忆不牢且遗忘迅速。

（4）在想象方面，有的人想象丰富、奇特，富有创造性，有的人想象贫乏、狭窄；有的人想象主动，富有情感色彩，有的人想象被动、平淡寻常。

以上性格结构的四方面不是独立存在的，它们相互联系、相互影响，构成一个统一体存在于每个人身上。要了解一个人，就应对性格的各个方面进行全面分析，其中性格的态度特征和意志特征在性格结构中占主导地位。

（二）性格结构的特征

1. 性格结构具有完整性和矛盾性

就性格的结构而言，人的性格的所有个别特征，是相互依存、相互联系的。它具有完整的统一性，但这种统一性不是绝对的，只有在人的基本态度完全决定了其余态度的情况下，绝对的统一性才有可能，然而这种情况是不可能存在的。因此，统一性是相对的。因为客观现实本身有着种种矛盾，现实向人提出的各种要求或人向现实索取之间也存在着矛盾。如在某些人的性格特征中，高傲与谦虚、懒惰与勤奋、疏忽与缜密等因素，构成了性格的对立统一面，于是性格变得复杂。

2. 性格结构的确定性

性格结构的确定性是指一个人对周围事物持有的恒常的态度倾向。确定性对于性格来说，具有不可忽视的意义，如果没有它，性格就会随环境的变化而变化，那样就显得反复无常、缺乏主见，难以成为改造世界的主体。但这并不是说性格的稳定性会固定化、僵化和孤立。人们可以改变自己的性格，塑造良好的性格。此外，性格会随着环境的变化而出现一定的改变。正是性格具有确定性和可变性，其在不同的情境中才能显出不同的生活风貌和特点。当然这些都是在确定的性格前提下发生的变化。性格是各人生活的投影，而又丰富了人的生活。

3. 性格结构具有复杂性和主导性

既然性格是生活的投影，就必然具有复杂性，这在一般人身上都有反映。主要特征一般是指人们对待现实的基本态度。尽管人们的性格复杂，却都围绕着主导方面而构成了人的独特性格。

4. 性格结构具有表层和深层的特征

一般来说，性格的复杂是基于千变万化的表象（行为）而言的。其实，性格复杂归根结底受制于深层因素，即所谓灵魂深处，如动机。正是人们内心的动机是复杂的，这决定了行为的复杂性。处于行为和动机之间，便是处世态度。处世态度也决定着动机的是否发生。从根本来说，处世态度受制于动机，受制于积累的应激经验。所以了解人的性格，必须纵深窥探。

五、性格的形成与培养

在性格的形成和发展问题上，历史上有两种极端的观点，即遗传决定论和环境决定论，现在持这两种极端的看法的人已经很少了。一般认为，性格是遗传因素和环境因素交互作用的结果，其中遗传因素是性格形成的自然前提，在此基础上，环境因素对性格的形成和发展起决定作用。性格是人在实践活动中，在人和环境交互作用中形成和发展起来的，是一个人生活经历的反映。在心理学中，一般认为遗传决定了人格发展的可能性，环境决定了人格发展的现实性。

（一）性格形成的影响因素

个体的性格不是一朝一夕形成的，它是在家庭、学校和社会环境的影响下，通过自身的实践逐步形成和发展起来的。人的社会环境，具体来说，就是他的家庭、学校、工作岗位、所属社会集团以及各种社会关系等。环境中的各种社会关系与生活条件，以及人对这些关系和条件的反映，影响、塑造着人的性格。影响性格形成和发展的因素是多方面的。

1. 性格形成的生物学条件

一个人的性格，不是直接来自机体的因素。或勇敢或怯懦，或勤勉或懒惰，或诚实或虚伪，这些性格特征都不是人生来就有的。但是，一个人的性格的发生和发展有生物学的根源，新生儿在活动水平上就各有差异。这种气质差异会影响家庭环境，特别是对母亲、父亲或其他哺育者的行为反应。婴儿在这种相互作用的性质和方法不同的环境中生活，自然会对孩子性格的形成有很大的影响。

身高、体重、体型和外貌等生理上的特点对性格的形成也有影响。因为这些特点，有的符合文化的社会价值，有的则不符合，并经常受到人们的批评，这无疑会影响一个人性格的形成。例如，有生理缺陷者（如兔唇等）容易被人们讥笑或怜悯，往往易形成内倾的性格。

生理成熟的早晚对性格的形成也有影响。一般研究表明，早熟者的特征是，爱社交，关心遵守社会常规和社会准则，给人以好的印象，社会化程度高；而晚熟者则不大遵守社会常规和社会准则，一意孤行，言行多由他自己的态度和情感驱使。

2. 家庭因素在性格形成中的作用

儿童最具有可塑性的时候，主要在家庭中度过，家庭环境对儿童性格的发展具有重要的意义。家庭对儿童的影响来自多方面。心理学工作者提出了家庭系统观。"家庭系统观的主要观点是，认为家庭是一个复杂的、互动的社会系统，各个系统之间发生着双向的调节作用。"家庭被认为是"制造人类性格的工厂"。家庭中的各种因素，例如，亲子关系、教养态度、家庭气氛和父母榜样、家庭结构、出生顺序、是否是独生子女等都对儿童性格的形成起着重要的作用。

在家庭的诸因素中，父母的教养态度，对儿童性格的形成具有深刻的影响。日本心理学家诧摩武俊对这方面的研究成果进行了概括，认为如果双亲是采取保护的、非干涉性的、合理的、民主的、宽大的态度，儿童就容易显示出领导能力、积极性、态度友好、情绪安定等特性；如果双亲采取拒绝的、干涉的、溺爱的、支配的、独裁的、压迫的态度，儿童就容易表现出适应力差、胆怯、任性、执拗、情绪不安等特性。同时，母爱是儿童性格健康发展的重要条件。缺乏母爱的孩子往往形成不合群、孤僻、任性和冷漠等不良性格特征。父亲在儿童性别角色发展上起重要作用。父亲为男孩提供模仿同化的榜样，为女孩提供与异性成人交往的机会。幼年没有与父母亲接触过的儿童，在性别社会化方面，往往是不健全的。另一项研究也表明，从子女个性成长来看，女儿受母亲教养影响显著高于父亲，儿子受母亲和父亲教育影响无显著差异。

家庭一般认为有三种主要的结构：大家庭、核心家庭和破裂家庭。大家庭指几代同堂的家庭。大家庭中的孩子受家风、家规等影响，有助于他们形成良好的性格特征。但可能会有隔代溺爱和长辈在教育孩子问题上看法不一致的情况，致使孩子无所适从，可能会形成恐惧、焦虑等不良性格特征。核心家庭指一对夫妇和一个孩子组成的家庭。核心家庭中没有传统的隔代溺爱，但由于年轻的父母缺乏教育孩子的经验和方法，对孩子可能有时放纵，有时管教过严。夫妇一般都是双职工，可能缺少教养和爱抚孩子的时间。杨善堂等人比较了两代人家庭和三代人家庭幼儿个性心理发展，结果表明，两代人家庭的幼儿个性品质优于三代人家庭的幼儿个性品质，其中七种品质（独立性、自制力、敢为性、情绪特征、自尊心、文明礼貌、行为习惯）存在显著差异，两种品质（合群性、聪慧性）无显著差异。破裂家庭指父母中有一人死亡或父母离婚的家庭。许多研究表明，破裂家庭会给孩子的性格带来不良的影响。有人认为，父母离婚甚至比父母死亡对孩子性格影响更大。不过，有些研究表明，如果有良好的教育，破裂家庭的孩子也可以形成良好的性格特征。

出生顺序影响孩子性格的形成和发展。但是，这种影响并不是由孩子出生的先后所决定的，而是由父母对出生顺序不同的孩子的态度和孩子在家庭中的地位不同所造成的。许多学者研究了出生顺序对孩子性格发展的影响，目前结论还没有达成一致。

3. 学校教育在性格形成中的作用

学校教育对儿童的性格形成也起重要作用。学校是对学生进行有目的有计划教育的场所。学生在学校里不仅学习、掌握系统的文化科学知识，而且发展智力，接受思想和品德教育，形成优良性格特征。英国思想家欧文（R. Owen）说："教育人就是要形成人的性格。"学生在学校里形成了良好性格，就能顺利地走向社会，适应社会生活。反之，则会发生各种问题。人格适应不良最初是由于不良的亲子关系的影响，然而学校在教育上的不得法也会造成学生适应不良。学生的适应不良具有一定的普遍性。在国外，有些研究表明，约有22%的学生具有中等或严重的情绪缺陷。

学校教育对学龄儿童性格的形成，具有重要的作用。课堂教学是学校教学的主要环节。在传授知识的过程中，训练学生进行系统、有明确目的的学习，克服学习中的困难，培养坚定、顽强等性格的意志特征。

学校的基本组织形式是班集体，学生在集体中生活，班集体、少先队、共青团组织对学生性格形成具有重要意义。学生参加集体活动，体验集体生活的乐趣，并得到克服困难的锻炼。集体生活有利于培养学生的组织性、纪律性、合群、自制、勇敢、利他和意志坚强等特征，也有利于克服自私、孤独等不良的特征。苏联教育家马卡连柯指出：要在集体中，通过集体进行教育。由此可见，学生性格的形成离不开集体教育。

教师是学生的一面镜子，是学生经常学习的榜样。教师的言行对学生的性格会产生潜移默化的作用。有威信的教师，学生言听计从，他的高尚品格，如强烈的责任心、富于同情心、谦虚朴素等，会对学生产生深刻的影响；没有威信的教师，学生不愿接受其教育，但他的消极性格，如粗暴、偏心、神经质等，可能对学生产生自暴自弃、不求上进等不良影响。

教师和学生的关系也影响学生性格发展。有人在研究学生诚实这一性格特征时发现，喜欢教师的学生说谎少，容易形成诚实的特征；不喜欢教师的学生则经常说谎，不容易形成诚实的特征。著名的罗森塔尔效应，即教师的期待效应，就说明：赞美、信任和期待具有一种能量，它能改变人的行为，当一个人获得另一个人的信任、赞美时，他便感觉获得了社会支持，从而增强了自我价值，变得自信、自尊，获得一种积极向上的动力，并尽力达到对方的期待，以避免让对方失望，从而维持这种社会支持的连续性。

4. 主观因素

性格是在人和环境交互作用的实践活动中形成和发展的，但任何环境都不能直接决定人的性格，它们必须通过人已有的心理发展水平和心理活动才能发生作用。社会各种影响只有为个人所理解和接受，才能转化为个体的需要和动机，才能推动他去行动。个体已有的心理发展水平对性格形成的作用，随着年龄增大而日益增强。个体已有的理想信念和世界观等对接受社会影响有决定性的作用。例如，守纪律、有责任心等性格特征都是接受与领会外部的社会要求，并逐渐将这一要求转变为对自己的内部要求的过程。威尔逊（Thomas Woodrow Wilson）说过，每一个人都是他自己个性的工程师。人是一个不断自我完善的调节系统，一切外来的影响都要通过自我调节而起作用。从这个意义上说，每个人都在塑造自己的性格。

因此，一个人的性格特征实际上就是他的生活经历的一种反映，是他的生活历史的记录。一般来说，人的性格，到了中学时期即青年期就已初步稳定。但是性格的形成并不限于儿童、少年和青年时期，在人的整个生活中，性格特征都有可能发生变化。虽然这种改变是比较困难的，但由于人们生活实践的变化以及主体的主观努力，在青年期以后，性格还可能发生某些大的变化。

（二）性格的培养

性格培养的天地是广阔的，家庭小世界、学校大课堂、社会大舞台，无处不是培养性格的场所。在培养学生性格时，应根据影响性格形成和发展的因素，有针对地做好以下几个方面的工作。

1. 重视早期良好性格的培养

"三岁看大，七岁看老"的说法虽然有些言过其实，但也生动地描述了早期教育的重要性。早期教育不应只着眼于智力发展，而更应重视良好性格的培养。许多事实说明，纠正一种坏习惯比形成一种好习惯困难得多。目前，随着国家鼓励生育政策的推进，家庭中子女数量开始增加，父母将面临更多的教育和照顾责任，家庭资源的分配、亲子关系的建立及家庭和谐的维持将成为一项巨大的挑战。儿童的性格的形成也必然会受到影响，出现一些问题，所以要充分引起注意并及早纠正。

2. 树立好榜样

培养性格首先要使人确认一定的行为准则，明是非，知荣辱，这对青少年尤其重要。榜样不但提供了生动具体的行为准则、是非界限，而且具有明显的激励作用。革命领袖、历代英雄、科学家等杰出的人物都是应大力宣传的好榜样，教师和家长也应严格要求自己，使自己成为孩子们的好榜样。

3. 个别指导

对自卑的学生，应多表扬，少批评；而对自负的学生，则应少夸奖，多让他知其不足，逐渐提高他们正确认识自己的能力。

4. 帮助学生进行自我教育

一切外来影响都必须通过自我调节才能发挥作用。古人提倡"吾日三省吾身"，说明自我教育的重要性。青少年学生都热切希望自己成为理想中的人物，所以应强化他们自我教育、自我培养的愿望，并指导其进行自我教育。例如，鼓励他们制订行动计划，自觉检查对照；创设情境条件让其发现自己的性格缺陷并加以完善。

> **阅读窗**
>
> **生活中的心理学——为什么一些人会害羞？**
>
> 一项调查发现，超过50%的大学生认为自己是"经常害羞"的人。他们中的许多人认为害羞是一种令人不快的状态，与它所带来的积极效果相比，它对人格和社会后果具有更多的负面影响。另外一群学生说他们有"情境性害羞"，而不是大部分学生所具有的"气质性害羞"。他们认为，如果他们在一定情境，比如新奇、窘迫、社会压力下（如看不到前途、单独被拒绝或在没有准备的情况下被推上舞台给大家表演），"好像"会感到害羞。研究者对成年人的害羞进行调查，却惊奇地发现，那些"不害羞"的人在美国和其他受调查的国家中非常少。
>
> 害羞（Shyness）可以界定为一种在人际环境中使人感到不舒服和压抑的状态，它影响了一个人的人际交往和是否能顺利达到人生目标。害羞可能是缓慢的和气质性的，作为一种人格特质起作用，是自我概念的核心。它可能是我们中的许多人到新环境后常感觉到的稍微有点沉默寡言和窘迫，但是它也可能会发展成由于对人害怕而引起的极端恐惧。许多害羞的人同时也是内向的人，他们采用独居的方式生活，没有社会活动。其他一些是"外向性害羞"的人，在公共场合表现活跃但内心是害羞的，他们喜欢参加社会活动，也有社交技巧来有效地完成这些活动，但是他们仍然担心别人是否会真正地喜欢和尊重他们。

为什么有些人害羞，有些人不害羞？其中一个解释是天性。研究证据表明，大概有10%的幼儿"生来害羞"。从一生下来，这些儿童在与不熟悉的人或环境接触时，显得不同寻常的谨慎和缄默。关于天性的问题，有如下更为复杂的解释。在儿童期，一些人被嘲讽，并且由于一时失误，成为大家取笑的对象。另外一些人生长在这样的家庭，这些家庭认为"被爱戴"是在竞争中由于外表美丽或在活动中取得了成功带来的结果。第三个解释集中在文化上。害羞在亚洲国家和地区中比例最高，这是对9个国家和地区研究的结果。最显著的是日本，最低的是以色列。这些不同，一部分是由文化所强调的内容不同造成的。在这些亚洲国家里，由于社会活动中的失败而屈从于权威，被认为是一种耻辱。而在以色列，由于冒险而被表面上责备一番，会被认为是一种鼓励。第四个原因或许来自美国最近出现的关于害羞普遍性的报告：年轻人都被电子产品包围着，他们长时间独自一人看电视、打电子游戏、网上冲浪和发电子邮件，由此产生了社会隔离，减少了与人面对面接触的机会。过量使用网络会使人们感到孤独、隔离和更加害羞。

当害羞变得更极端化时，就会迫使人们的生活发生进一步的变化，使得一个人将其社会快乐最小化，使其社会不适和隔离感最大化。这里有几个给害羞学生的简单原则和策略，希望你深入地思考，并尝试去做。

◆要意识到，并不只有你一个人感到害羞。每一个你见到的人可能都会比你更害羞。

◆即使存在着遗传因素，害羞也是可以改变的。但是这需要勇气和毅力，就像你要改变一个存在了很久的习惯一样。

◆尝试对你所接触到的人微笑，并与他们进行目光的接触。

◆与别人交谈，大声说话，用最清晰的声音，特别是当你说出你的名字或是询问信息时。

◆在一个新的社会环境中努力使自己第一个提出问题或是发表观点。准备一些有趣的东西去说，第一个去说。每一个人都会欣赏"破冰者"，以后也就不会再有人认为你害羞了。

◆永远不要小瞧你自己。相反，想一下为了达到你想要得到的成就，下一步你要采取怎样的行动。

◆注意要使别人感到舒服，特别是当你寻找其他害羞者时。这样做会降低你的自我意识。

◆在你去通常会使你感到害羞的地方之前，练习沉思，使身体放松，使思想集中到理想的状态。

如果你是个害羞的人，我们建议你采用上述办法，一些学生采用了这些方法，已经从害羞的框格中摆脱出来，生活中充满了新的自由。这是把一些简单的心理学知识应用到生活中，并确实有所收益的例子。如果你不害羞，可以鼓励那些害羞的朋友和家庭，鼓励他们改变他们的生活方式。

摘编自：理查德·格里格，菲利普·津巴多. 心理学与生活 [M]. 王垒，王甦，周晓林，译. 16版. 北京：人民邮电出版社，2003.

第三节 气质、性格与教学

气质和性格既有区别又有联系，气质是先天的，其变化较慢，可塑性较小，无好坏之分；性格是后天的，可塑性较大，有好坏善恶之分。教学作为学校教育的中心环节，对于影响学生气质和塑造学生的性格有特殊意义。下面让我们一起了解气质、性格与教学的关系，以及如何利用气质的相关理论进行教学和塑造学生良好的性格。

一、气质与教学

（一）气质对教学的意义

气质是个体心理活动的稳定的动力特征，个人的各种心理活动，如认识活动、情感活动和意志活动都会表现出特有的气质特点，从而使个性具有独特的色彩。在学校教育中，教学是中心环节，教师要了解学生的气质类型和气质特征，在教学中做到"因材施教""一把钥匙开一把锁"，能有效提高教学质量。

气质在人的实践活动中不起决定性作用，但有一定的影响，主要表现为影响活动的效率。教师作为教育教学的组织和实施者，其自身的气质类型也会对教学效率有一定的影响。例如，教师的教学风格体现出教师气质类型的差异，气质类型是教师教学风格形成的心理基础。教师了解自身的气质类型，形成良好的教学风格，也能够侧面提高教学质量。与此同时，充分利用学生的气质特性，对有效提高学生学习的效率也有一定作用。

（二）气质规律在教学中的应用

了解学生的气质特点，有利于教育工作者根据学生的特点因材施教，培养学生优良的个性品质。

1. 正确对待学生的气质特征

气质本身没有好坏之分，教师对学生的气质不应存在任何偏见，不能偏爱某种气质类型的学生，或讨厌某种气质类型的学生，因为各种气质既有积极一面又有消极一面。例如，多血质的学生有朝气、活泼灵敏、爱交际，但也有变化无常、粗枝大叶、轻浮不稳重的一面；胆汁质的学生开朗直率、反应敏捷、但简单冲动、粗心急躁；黏液质的学生，稳重踏实、善于自制，但行动缓慢、比较固执、冷漠；抑郁质的学生观察细致、感情细腻，但怯懦多疑、行为孤僻。

教师教育的目的不是设法改变学生原有的气质，而是发展学生气质中的积极因素，使学生在原有气质的基础上形成优良的个性特征。教师的教育任务是找到适合学生气质特点的、能培养他们个性积极特征的最好的教育途径与方法。事实证明，对不同气质学生采取不同的教育态度与策略，所产生的实际效果是不同的。例如，尖锐严厉的批评能使多血质的学生受到震动，使其改正自己的缺点；对抑郁质学生要尽量采取温和、委婉、同情的态度，对他们的要求不能过于严格或急于求成，那将会适得其反；胆汁质的学生容易激动，如果教师态度过于强硬，就会惹怒学生，产生不必要的师生对立，使教育失败。当然，对黏液质的学生也不能因为他们是安静的，不妨碍任何人而忽视对其良好个性的教育和培养。

2. 根据学生的气质特征进行教学

教师在传授知识、技能时不可忽视学生的气质特点。有研究表明，各种气质类型的学生，都可以在学习知识、技能方面取得优良成绩，其主要原因是学生在学习中充分发挥了各自气质的积极特征，克服消极特征的影响，从不同途径，以不同方式方法取得的好成绩。例如，胆汁质的学生发挥了思维较灵敏、学习热情高、意志坚强、不服输的特点，弥补了粗心与简单化的学习方式的不足；黏液质的学生以踏实、认真、刻苦、自制力强的优点，弥补了较迟缓与不大灵活的缺点。

教师在教学中要针对不同的气质类型对学生进行教育。对多血质的学生不能放松对他们的要求，不能使他们感到无事可做，要使他们在多种有意义的活动中培养踏实、专一和克服困难的精神；对胆汁质的学生要让他们学会抑制自己，耐心帮助他们养成自制、坚忍的习惯，平稳而镇定地工作；对黏液质的学生要热情，不能操之过急，要允许他们有充分的时间考虑问题和做出反应，引导他们积极探索新问题，并鼓励他们参加集体活动，引导他们生动活泼、机敏地投入工作，发展他们的灵活性和积极性；对抑郁质的学生不要在公开场合指责批评他们，要安排适当的工作鼓舞他们，让他们有更多的机会参加集体活动，在活动中磨炼意志的坚韧性、情绪的稳定性。胆汁质和抑郁质的学生应该是教师特别关怀的对象。艾森克认为，这两种气质类型都具有情绪不稳定的特征。胆汁质的人，可能会出现进攻好斗的行为问题；抑郁质的人，可能会出现焦虑不安的人格问题。教师要使具有胆汁质特征的学生，多得到工作与休息交替的机会；使具有抑郁质特征的学生，在集体中获得友谊和生活乐趣。教师要培养具有这两种气质特征学生的情绪稳定性。

因此，教师在教学过程中要充分调动学生气质中的积极因素，在学习的方式和方法上给予个别指导，帮助他们克服气质中不利于知识、技能学习的消极因素，真正做到因材施教，有的放矢。

3. 指导学生正确认识和调控自己的气质

作为教师，掌握气质的原理与规律不仅有利于教育教学，更重要的是可以指导学生正确认识自己的气质。教师应该使学生懂得，人的气质是不可选择的，要乐于接受自己的气质，因为每种气质都各有优劣之处。教师要指导学生善于认识和分析自身气质的长处与不足，在各种活动中，根据学生的气质特点合理地分配角色，充分调动学生气质的积极方面，帮助他们有意识地克服气质中的消极方面。例如，让多血质和胆汁质的学生多做些宣传、组织、演讲与联络的工作，因为他们善于交往、热情、思维较敏捷而又行动迅速，但在工作中要提醒他们应埋头苦干，学会坚忍自制，不可蛮干和轻率；对黏液质的学生，应给予他们一些具体的、需要认真而又细致的工作，在工作中注意培养他们与人交往、敢于承担责任与创新的精神；对抑郁质的学生则可做一些需要精益求精而又要耐心的事情，在工作中锻炼他们的胆量，让他们学会与人合作，培养其自尊与自信的品质。总之，教师应调动学生的自我教育能力，自觉地克服气质的消极表现并巩固其积极的特性，真正做自己气质的主人。

最重要的一点是，教师本人必须正确认识与调控自己气质的优缺点，努力增强自身的言行修养，身体力行才能收到教育的实效。

二、性格与教学

人生来时不具有某种性格，一个人的性格是在他的生活实践的过程中形成的。性格的形成和发展，反映着一个人的整个生活历程。性格的形成过程是主体与客体相互作用的过程，人的实践和人在每时每刻的内部世界都制约着性格的发展。性格形成的速度和品质与人们亲自参加实践的积极性和多方面性成正比。学校教育是有目的地培养人的活动，可以通过教学创设良好的环境，促进学生良好性格的形成。

（一）性格形成与教学的关系

性格问题不仅已成为心理学科的重要研究领域，而且日益成为人们普遍关注的话题，尤其对性格在人一生中的作用以及对人自身成功的影响，许多心理学家、教育学家做了大量广泛的研究，并用许多事实证明，"性格决定人一生的成败及命运"。教育界人士也越来越意识到学习者之间存在着性格差异，他们各自有独特的性格、动机和学习风格，所有这些特征都会影响学习者在课堂上的表现进而削弱其学习效果。现有的研究表明，性格虽然不会决定学习是否发生，但它却会影响学生的学习方式。性格外向者对学习新的难度较大的教材感兴趣，能迅速举手回答教师的课堂提问，但课后不爱认真复习，作业比较马虎。性格内向者在课堂里反应缓慢，课后常花较多时间复习，作业认真，遵守纪律。性格独立者爱参与竞争性学习，性格顺从者等待教师的布置，依赖同学的帮助。性格也作为动力因素影响学习的速度和质量。

我国著名教育家陶行知先生，从长期的教育实践中充分认识到性格在学生学习活动中的重要性。他指出，在学习活动中，良好的性格特征主要体现在以下四个方面：一是努力奋斗，二是实事求是，三是独立意识，四是创造精神。在教学中，学生的学习成绩不仅受智力水平的影响，更重要的是受到性格的制约。

因此学校教育应重视情感因素的作用，使教育内容的选择和组织更好地适应学生的性格差异。在这方面，美国心理学家罗杰斯（C. R. Rogers）提倡的非指导性学习，强调以学生为中心，教师着重创造促进经验学习的课堂气氛，设身处地为学生着想，使学生产生自我指向的学习。在教育过程中，以学生们的合作学习方式为主，培养学生的人际沟通能力，帮助学生养成集体感、友谊感等良好的性格特征。在教学过程中，教师应教会学生取他人之长，补己之短，不断改变自己的性格，不断改变自己的学习风格，从而提高学习成绩和能力。

（二）性格差异与个性化教学

了解学生的性格因素与学习之间的关系对教学是具有指导意义的。这能使我们更深入地了解学生的学习特点，从而指导学生扬长避短，提高学习成绩；也使教师能更充分地了解学生，进行个性化教学，因材施教，提高教学效果。

1. 实施个性化教学

个性化教学与个性发展的关联性早在20世纪初苏联的教育文献中就已有精辟的论述。1918年10月，苏维埃国家教育委员会制定的《统一劳动学校基本原则》指出，个性化教学指的是教师要分析每一个学生的爱好和性格特点，应当使学校所教内容和所提要求尽可能符合学生个人的需要。我国有学者认为，个性化教学是指"教师以个性化的教学为手段来满足学生个性化的学习需求，从而促进个体人格健康发展的教学活动"。

从教学内容上来说，个性化教学要求教学安排适应个别差异的环境条件，创设相应的情境，建构相应的课程知识以及相应的评价制度等。从教学形式上来说，个性化教学强调以异质分组的形式来调整班级内部的个别差异，进行随机分班分组。从教学目标来说，个性化教学要求教师尊重不同学生的禀赋水平，支持所有学生的成长，为全体学生提供发展的机会，教学过程是促进每一个儿童的个人成长和个体成功的过程。

个性化教学强调教师和学生在教学活动中的平等地位，通过师生间和学生间的互动，实现学生心理逻辑和知识逻辑的和谐统一，从而构建一个学习螺旋上升的发展过程。在教学过程中，教师应采用不同的教学策略和手段，引导和启发学生进行自主和自治的学习，让学生在不断的探索和体察中逐步提高。

2. 根据学生性格倾向性的差异设计教学

任何一种个性既有其优势、长处，即促进学习者学习的一面；也有其劣势、不足，即妨害学习者学习的一面。瑞士心理学家荣格根据一个人力比多的活动方向把性格分为内倾型和外倾型。内倾型和外倾型的性格在学习中有显著的差异。例如，在实施课堂英语教学的过程中，要提高学生的学习兴趣，激发学生主动学习的积极性，就必须注意学生的性格差异。因为内倾型性格与外倾型性格的学生接受语言知识的程度和效果是不一样的。外倾型性格的学生爱参与、乐于表达、善于交往。有些在课堂上爱举手发言，极愿意在老师和全班同学面前表现自己，积极回答老师的问题。不怕出错误，竭尽可能地为自己创造英语交流的机会，抓住一切可能来展示自己的英语能力。而内倾型性格的学生恰恰相反。有些同学沉默寡言，不擅长在大庭广众之下讲话，回答老师问题时未说话先红脸。自己从不主动举手回答问题，即使会回答也羞于表达，对他们我们应尽量做到多鼓励少批评，满腔热情地引导他们。帮助他们树立自信，从心理上增强战胜困难的勇气和决心，逐步克服性格上的弱点。上课时尽量创造不让内倾型性格同学畏惧的课堂气氛，有意识地多给他们一些机会来表现自己，教师提问时有目的地预留给他们一些较容易回答的问题，甚至是一些只需要"yes"或"no"来回答的一般疑问句。尽量做到让这些性格内向的学生在轻松和谐的环境中去努力尝试，最终达到流利地使用英语的目的。

3. 教师充分利用自身的性格特征

教师的个性特点能促进开发学生智力因素潜能，同时也直接或间接地影响学生的个性。苏联教育家彼得洛夫斯基说："教师的个性强有力地影响着儿童的智慧、感情和意志的发展，影响着他们的生活。在教育中，一切都应以教育者的个性为基础。"苏霍姆林斯基也说："一个无任何个性特色的教师，他培养的学生也不会有任何特色。"乌申斯基说得好："只有个性才能作用于个性的发展和形成，只有性格才能养成性格。"教师良好的个性是学生优良个性品质生成、发展的不可缺少的催化剂，能充分调动学生的非智力因素，更好地促进智力的发展。近年来，有学者在教师的个性与教学的表现方式方面进行过探索性研究。有的研究者把教师的个性与教学方式分为民主与权威两个维度，结果发现民主方式教学下的学生比权威方式教学下的学生活跃、外向、好奇心强，富有创造力并且富有建设性。还有的研究从爱与冷淡两个维度进行研究，结果发现充满爱的教学方式能使学生产生热情，富有情感，有较强的灵活性、适应性和变通性；而冷淡的教学方式使学生冷淡、无情、独断专行、呆板僵化。

第十二章　要点回顾

第十二章　习题园地

第十二章　思维导图

第十三章 能力

案例导学

屠呦呦，中国中医科学院首席科学家，终身研究员兼首席研究员，青蒿素研究开发中心主任，博士生导师，共和国勋章获得者。她多年从事中药和中西药结合研究，创制新型抗疟药青蒿素和双氢青蒿素。1972年成功提取分子式为 $C_{15}H_{22}O_5$ 的无色结晶体，命名为青蒿素。2011年9月，因发现青蒿素，挽救了全球特别是发展中国家数百万人的生命，获得拉斯克奖和葛兰素史克中国研发中心"生命科学杰出成就奖"。2015年10月，因发现的青蒿素可以有效降低疟疾患者的死亡率获得诺贝尔生理学或医学奖。她成为第一位获诺贝尔科学奖项的中国本土科学家。

丁俊晖，中国男子台球队运动员，斯诺克球手。8岁接触台球，13岁获得亚洲邀请赛季军，从此"神童"称号不胫而走。丁俊晖打球沉着稳健，善于思考，控球细腻。职业生涯共获得11次排名赛冠军、2次PTC分站赛冠军以及1次温布利大师赛冠军，共打出5次单杆147。2014年12月3日，世界台联宣布中国斯诺克球手丁俊晖已在新的世界排名榜上跃居世界第一，他也成为台联有史以来第11位世界第一，同时也是首位登上世界第一的亚洲球员。

每个人都有其专长的能力，有的人视觉观察能力强，有的人空间定向能力强，有的人数学分析能力强，有的人音乐能力强，还有人综合能力强。认识能力，了解能力差异，掌握能力提升的方法，你的能力也会有快速的提升。

目标解析

1. 了解能力的定义、能力的个体差异及类型，理解一般能力与特殊能力、知识与能力之间的关系，掌握能力的发展和培养。
2. 明确工作顺利开展的前提是能力，明确自己的突出能力及欠缺的能力。
3. 能分析自己的实际能力，有针对性地制订提升能力的计划。

第一节 能力概述

能力这个词大家都不陌生，它总是在我们生活中出现，与我们从事的活动紧密相连。某项工作有些人能干，而且能干好，我们说他有能力。能力的高低直接影响人们所从事活动的效率。苏联心理学家克鲁捷茨基指出，如果一个人能迅速地和成功地掌握某种活动，比其他人较易得到相应的技能和达到熟练程度，并且能取得比中等水平优越得多的成果，那么这个人就被认为是有能力的。

一、能力的概念

能力的概念很复杂。一般认为，能力是一种心理特征，能力是顺利完成某种活动所必需的并直接影响活动效率的个性心理特征。例如，一位画家所具有的色彩鉴别力、形象记忆力等，都叫能力，这些能力是保证一位画家顺利完成绘画活动的心理条件。

理解能力的含义必须把握以下几点：第一，能力可以指向已经表现出的实际能力和已经达到的某种熟练程度。第二，能力可以指向潜在能力（即尚未表现出来的心理能量），通过学习和训练后可能发展起来的能力与可能达到的某种熟练程度。第三，能力总是和人的某种活动相联系，只有通过活动才能看出一个人是否具有某种能力及其能力的大小。第四，能力是直接影响活动效率的一种心理特征。人的个性心理特征，即气质、性格和能力，对人所从事的活动都有影响。

在实际生活中，人们要完成一种活动，光靠一种或少数几种能力是不够的，必须多种能力有机结合才能奏效。通常人们进行某种活动需要多种能力的配合、协调才能完成，多种能力的有机结合就是"才能"。例如，画家有绘画才能，绘画才能是色彩辨别能力、形象记忆能力、空间想象能力、形象思维能力等多种能力的有机组合；又如，教师的教学才能需要敏锐的观察力、准确的记忆力、灵活而深刻的思维力和清晰的语言表达能力等。说一个人有才能，意味着他能把从事某项活动所必需的各种能力进行综合运用，因而取得很好的效果。各种不同的活动需要不同的才能，如音乐才能、文学才能、数学才能等。

若各种能力本身得到高度发展，彼此又能以最完美的方式结合，就称为"天才"。心理学家认为，天才不是"天赋之才"，不是一个人先天就有的才能，而是指在后天社会实践活动中得到高度发展的才能，是各种能力的独特完善的结合。因此，我们可以说牛顿、爱因斯坦、爱迪生等科学家是天才，但他们的杰出才能并非先天就有的，如果他们没有经过后天的勤奋学习和艰苦劳动，是不可能成为天才的。正如爱迪生所说，"天才就是99%的汗水加上1%的灵感"。

> **阅读窗**
>
> **天才出于勤奋**
>
> 1930年，华罗庚在《科学》杂志上发表了一篇论文《苏家驹之代数的五次方程式解法不能成立的理由》，被清华大学数学系主任熊庆来教授发现，让熊庆来惊奇不

已，迅即做出决定："这个年轻人应该请他到清华来！"这时华罗庚只有21岁，他终于离开了杂货店的"暗室"，来到了北京的清华大学。来到清华大学工作，是华罗庚一生中的一个重要转折，也是他的数学生涯真正的开始。

从初中毕业生到一个大学教师，华罗庚只花了六年半时间。他后来对友人说："人家受的教育比我多，我必须用加倍的时间以补救我的缺失，所以人家每天8小时的工作，我要工作12小时以上才觉得安心。"华罗庚在清华大学的4年中，在数论方面发表了十几篇论文，自修了英、法、德语。25岁时他已成为蜚声国际的青年学者。华罗庚迅速由助理提升为助教、教员，以后又被中华文化教育基金会聘为研究员。

华罗庚从不迷信天才，认为："天才由于积累，聪明在于勤奋。"他用"树老易空，人老易松，科学之道，戒之以空，戒之以松，我愿一辈子从始至终"这一句名言作为对自己的告诫。直到他逝世前不久，还这样写道："发白才知智叟呆，埋头苦干向未来。勤能补拙是良剂，一分辛苦一分才。"

摘编自：优青史活（十）华罗庚——伟大励志的教学人生 [EB/OL]．[2024-4-28]. https://www.sohu.com/a/287911363_120056400.

二、能力与知识、技能的关系

人们要完成某种活动，既需要一定的能力，又需要相应的知识、技能。有些人认为，读书多就是知识、技能多，知识、技能多就是能力强。其实，能力不同于知识、技能，能力与知识、技能既有联系，也有区别。

（一）能力与知识、技能的区别

（1）能力与知识、技能所涵盖的范畴不同。能力是直接影响活动效率的个性心理特征，它直接影响着知识、技能掌握的速度、难度和广度；知识是人类经验的概括和总结，技能是经过反复训练而形成的自动化了的操作方式。知识和技能反映的都是人对某些事物及其关系认识的结果。知识与技能掌握的多少可以说明一个人对自然、社会的了解程度，而能力考核成绩的强弱则关系到能否根据对自然和社会的了解来改造它们，促进它们的发展。

（2）能力与知识、技能的发展不同步。能力的发展与知识的增加、技能的掌握并不是同步的，知识、技能的增加并不必然地会发展能力，知识多的人并不意味着能力一定强。日常生活中，有些人知识、技能水平相同而能力差异很大，有些人则能力相等而知识、技能水平不同。一般来说，人的能力在青年期以前发展得较快，以后逐渐放慢，到了老年某些能力还可能减退，如记忆能力、语言能力等。但是，人的知识在一生中可以随年龄增长而不断积累增加。

（3）能力与知识、技能的表现不同。能力不表现为知识、技能本身，而是表现在获得知识技能的动态上，也就是在其他条件相同时，人掌握知识技能所出现的快慢、深浅、难易以及巩固的程度。例如，一个学生靠死记硬背可能取得高分，但能力可能很差；另一个学生尽管考试没有取得好成绩，但他能灵活思考，甚至创造性地解决问题，这说明他的能力比较强。

（二）能力与知识、技能的联系

能力和知识、技能在实践活动中是密切联系的。

（1）能力是在掌握知识、技能的过程中发展起来的，没有知识、技能，能力就失去了发展的基础，无知必然无能。例如，学生在掌握数学知识的同时，也训练了头脑的敏捷、灵活和逻辑特性，抽象逻辑思维能力正是在此基础上逐步形成的。

（2）掌握知识又是以一定的能力为前提的，能力是掌握知识的内在条件和可能性。在同样条件下，能力强的人掌握知识的速度快，并且容易掌握难度深的知识，能力越强，学习知识、技能的效率越高。例如，一个智力发育迟滞的学生因缺乏学习能力而无法掌握数学的运算规则。所以，在教学中教师不仅要向学生传授知识、技能，更应该注意发展学生的能力。一定的知识、技能只能解决具体问题，而能力可把对知识、技能的运用迁移到其他相关的问题上，从而解决从未遇到的新问题。

三、能力的分类

分类是认识的一种方法，为了从不同角度进一步考察能力的性质与构成，对能力进行分类是必要的。根据不同标准可对能力进行不同分类。

（一）一般能力和特殊能力

根据能力的适用范围不同，可以把能力分为一般能力和特殊能力。一般能力是指人成功完成各种活动所必需的能力的总和，它对这些活动的效率有重要影响，如观察能力、记忆能力、想象能力、思维能力等，这种在认识活动中表现出来的一般能力通常也叫智力，其中，思维能力是智力的核心；特殊能力是指从事某项专业活动所必需的能力，它对该项活动的效率有决定性影响。例如，曲调感、节奏感是从事音乐活动所不可缺少的能力，就属于特殊能力。一个人可以具有多种特殊能力，但其中仅有一两种特殊能力占优势。

一般能力与特殊能力的划分是相对的，在某一具体活动中总是联系在一起，是不可分割。特殊能力的发展能促进一般能力的发展，一般能力发展了也有助于特殊能力的进一步提升。从事某一专业活动既需要一般能力，也需要该专业所要求的特殊能力。例如，绘画所需的辨色能力、形象记忆能力和空间想象力等，就反映了绘画活动对一般观察力、记忆力和想象力的特殊要求，是这些一般能力在绘画活动时的特殊表现。

（二）认知能力、操作能力和社交能力

根据能力的功能不同可以把能力分为认知能力、操作能力和社交能力。认知能力是指人脑加工、储存和提取信息的能力，它是人们完成活动的最基本条件，如观察力、记忆力、思维力等。人们认识客观世界，获得各种知识，主要依赖于认知能力。操作能力是指人们操纵自己的身体完成各项活动的能力，是人们有意识地调节自己的外部动作，以作用于周围环境的能力，如体育活动能力、实验操作能力、体操表演能力等。社交能力是在人们的社会交往活动中所表现出来的能力，是参加社会群体活动，与周围的人相互交往、保持协调的能力，如处理人际关系的能力、组织管理能力等，这是人们参加集体生活、与周围人保持良好的人际关系所不可缺少的能力。

认知能力、操作能力和社交能力三者关系密切。通过认知能力积累的知识、经验，为操作能力和社交能力的形成和发展提供了条件，而操作能力的发展、社交能力的提升也会

促进认知能力的发展。人在实践和交往活动中认识世界，提高认识能力，同时人又是根据他对世界的认识调节自己的实践活动和社会交往活动的。

（三）流体能力和晶体能力

根据能力与先天素质、社会文化因素的关系可以把能力分为流体能力和晶体能力。流体能力也称流体智力，是指在信息加工和问题解决过程中所表现的能力，如对关系的认识，类比、推理能力，形成抽象概念的能力等，它较少依赖于文化和知识，而主要取决于个人的遗传素质。研究发现，流体智力属于人类的基本能力，受文化教育的影响较少，通常个体在 20 岁以后，其流体智力的发展就达到顶峰，一般可维持到 30 岁左右。进入 30 岁以后，流体智力将随年龄的增长而出现降低的趋势。晶体能力也称晶体智力，是指获得文化知识的能力，它取决于后天的学习，与社会文化有密切关系。它在人的一生中都在发展，只是到 25 岁以后的发展速度放慢。

晶体能力的发展依赖于流体能力。例如，两个人具有相同的经历，一个人如果有较强的流体能力，那么他将表现出较强的晶体能力；然而，一个有较强流体能力的人如果生活在贫乏的文化环境中，那么他的晶体能力的发展是不好的。

（四）再造能力和创造能力

根据在活动中能力的创造性大小，可将能力分成再造能力和创造能力。再造能力是指在活动中顺利地掌握前人所积累的知识、技能，并按现成的模式进行活动的能力，这种能力有利于学习活动的要求，例如，学习活动中的认知、记忆、操作与熟练能力。创造能力是指在活动中创造出独特的、新颖的、具有社会价值的产品的能力，它具有独特性、变通性、流畅性的特点。

再造能力与创造能力相互联系，在实际活动中两种能力相互渗透。再造能力是创造能力的基础，任何创造活动都不可能凭空产生，为了更好地发展创造能力，要先虚心地学习、模仿和再造。

四、能力的结构

能力的结构是指构成能力的诸要素相互联系的方式。心理学家对于能力结构的认识和理解，既有基于"能力"概念的解读，也有以其核心成分"智力"为基础的理论阐述。可以认为是从不同角度对于能力结构的探索，各种理论总体可以概括为"因素论""结构理论"和"信息加工理论"三大类。

（一）能力的因素说

1. 单因素说

美国心理学家桑代克（Thorndike）曾对能力做过系统的描述。在他看来，人的能力是由许多独立的成分或因素构成的。例如，抽象力、对社会关系的适应能力、对机械问题的适应能力等。根据这种学说，不同能力和不同因素是彼此没有关系的；能力的发展只是单个能力独立的发展。这种学说很快受到人们的批评。心理学家们很快发现，当人们完成不同的认知作业时，他们所得到的成绩具有明显的相关。这说明各种能力并不是完全独立的。

2. 二因素说

1927年，英国心理学家和统计学家斯皮尔曼（C. Spearman）根据人们完成智力作业时成绩的相关程度，提出能力由两种因素组成：一种是一般能力或一般因素（General Factor），简称G因素，它是人的基本心理潜能（能量），是决定一个人能力高低的主要因素。正是由于这种因素，人们在完成不同智力作业时的成绩才会出现某种正相关。另一种是特殊能力或特殊因素（Specific Factor），简称S因素，它是保证人们完成某些特定的作业或活动所必需的。由于这些因素起作用，人们的作业成绩才没有完全的相关。由许多特殊因素与某种普遍因素结合在一起，就组成人的智力。人们在完成任何一种作业时，都有G和S两种因素参与。活动中包含的G因素越多，各种作业成绩的正相关就越高；相反，包含的S因素越多，成绩的正相关就越低。能力的二因素理论示意如图13-1所示。图中的圆圈代表G因素，三个长方形代表三种作业。其中1、2两种作业渗透了较多的G因素，因而测验分数的相关度较高；而1、3两种作业，只有少量的G因素，因而测验分数的相关度很低。

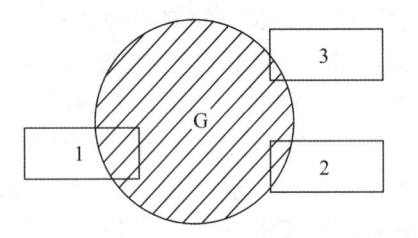

图13-1　能力的二因素理论示意

斯皮尔曼的二因素理论对我们理解能力的结构有重要的启发。由于能力包含着一般能力和特殊能力，两者并不相同，这就为研究一般能力与特殊能力的实质及其相互关系、制定测验这些能力的手段，奠定了理论和实验基础。当然，斯皮尔曼强调一般因素与特殊因素的区别，把它们绝对对立起来，而没有看到它们之间的联系和关系，这是不可取的。

3. 多元智力理论

多元智力理论（Multiple-intelligence Theory）是由美国心理学家加德纳（Gardner）提出的。加德纳通过对脑损伤病人的研究及对智力特殊群体的分析，提出人类的神经系统经过100多万年的演变，已经形成互不相干的多种智力。加德纳认为，智力的内涵是多元的，它由七种相对独立的智力成分构成。每种智力都是一个单独的功能系统，这些系统可以相互作用，产生外显的智力行为。

（1）言语智力（Linguistic Intelligence）：包括阅读、写文章或小说以及日常会话的能力。大脑的"布洛卡区"负责产生合乎语法的句子。这个区域受到损伤的人，能够很好地理解单词和句子，但不能将单词组成句子。

> **阅读窗**
>
> **情绪智力**
>
> 情绪智力（Emotional Intelligence）的概念是由美国耶鲁大学的萨罗威（Salovey）和新罕布什尔大学的玛伊尔（Mayer）提出的，是指"个体监测自己及他人的情绪和情感，并识别、利用这些信息指导自己的思想和行为的能力"。换句话说，情绪智力也就是识别和理解自己和他人的情绪状态，并利用这些信息来解决问题和调节行为的能力。在某种意义上，情绪智力是与理解、控制和利用情绪的能力相关的。

"情商"是相对于智商而言的,是指情感智力的高低。高尔曼(D. Goleman)在其著作《情绪智力》一书中明确提出"真正决定一个人成功与否的关键是情商而非智商"。到目前为止,人们对"情商"的提法存在着分歧和争议,情商能否和智商一样加以定量测量还有待进一步研究。但是,有关情绪智力是决定人们成功的重要因素的观点正逐渐被人们所接受。

情绪智力包括一系列相关的心理过程,这些过程可以概括为三个方面:准确地识别、评价和表达自己和他人的情绪;适应性地调节和控制自己和他人的情绪;适应性地利用情绪信息,以便有计划地、创造性地激励行为。

情绪智力作为人类社会智力的一个组成部分,是人们对情绪进行信息加工的一种重要能力。情绪智力有很大的个体差异。情绪智力高的个体可能更深刻地意识到自己和他人的情绪和情感,对自我内部体验的积极方面和消极方面更开放。这种意识使他们能对自己和他人的情绪进行积极的调控,从而维持自己良好的身心状态,与他人保持和谐的人际关系,有较强的社会适应能力,在学习、工作和生活中取得更大的成功。因此,培养和发展人们的情绪智力对全面提高人的素质具有重要的意义。

摘编自:彭聃龄. 普通心理学[M]. 北京:北京师范大学出版社,2001.

(2)逻辑-数学智力(Logical-mathematical Intelligence):包括数学运算与逻辑思考的能力,比如做数学证明题及逻辑推理。

(3)空间智力(Spatial Intelligence):包括认识环境、辨别方向的能力,比如查阅地图等。大脑右半球掌管空间位置的判断。大脑的右后部受伤的病人,会失去辨别方向的能力,容易迷路,其辨别面孔和关注细节的能力明显减弱。

(4)音乐智力(Musical Intelligence):包括对声音的辨别与韵律表达的能力,比如拉小提琴或写一首曲子等。大脑右半球对音乐的感知和创造起重要作用。研究表明,右脑损伤会造成人的"失歌症"或音乐能力丧失。

(5)身体运动智力(Bodily Kinesthetic Intelligence):包括支配肢体完成精密作业的能力,比如打篮球、跳舞等。身体运动由大脑运动神经皮层控制。大脑的每一个半球都控制或支配对侧身体的运动。

(6)社交智力(Interpersonal Intelligence):包括与人交往且能和睦相处的能力,比如理解别人的行为、动机或情绪。大脑额叶在人际关系的知识方面起主要作用,这一区域受到损伤,虽然不会影响解决其他问题的能力,但会引起性格的很大变化。

(7)自知智力(Intrapersonal Intelligence):包括认识自己并选择自己生活方向的能力。像社交智力一样,大脑额叶对自知智力也起着重要作用。

(二)能力的结构理论

把能力看成包含多种成分的复杂结构,形成了能力的结构理论或群因素理论。如吉尔福特的三维智力结构理论和阜南的层次结构理论等。

1. 吉尔福特的三维结构模型

吉尔福特(J. P. Guilford)认为,智力可以区分为三个维度,即内容、操作和产品。

(1)智力活动的内容(Contents)包括听觉、视觉(我们所听到、看到的具体材料,例如大小、形状、位置、颜色)、符号(字母、数字及其他符号)、语义(语言的意义概念)、行为(本人及别人的行为)。它们是智力活动的对象或材料。

(2) 智力操作(Operations)指智力活动的过程,它是由上述种种对象或材料引起的。其中包括认知(理解、再认,C)、记忆(保持,M)、发散思维(对一个问题寻找各种答案或思想,D)、聚合思维(对一个问题寻找最好、最适当、最普通的答案,C)、评价(对一个人的思维品质作出某种决定,E)。

(3) 智力活动的产品(Products)是指运用上述智力操作所得到的结果。这些结果可以按单元计算(单元V),可以分类处理(类别C),也可以表现为关系(R)、转换(T)、系统(S)和蕴涵(I)。

由于三个维度和多种形式的存在,人的智力可以在理论上区分为 5×5×6＝150 种。这些不同的智力可以分别通过不同的测验来检验。如给被试一系列四字母组合,如PANL、CEIV、EMOC,要求被试把它们重新组合为熟悉的单词,如PLAN、VICE、COME等。在这项测验中,智力活动的内容为符号,操作为认知,产品为单元,即按重新组合的字词数量来计算成绩。根据产品的数量即可度量一个人对符号的认知能力。如给被试10种图案,每种呈现5秒钟,然后让他们进行简要的描述。在这项测验中,作业的任务为视觉,操作为记忆,产品为单元。它代表了对视觉记忆能力的度量,吉尔福特的智力三维结构模型如图13-2所示。

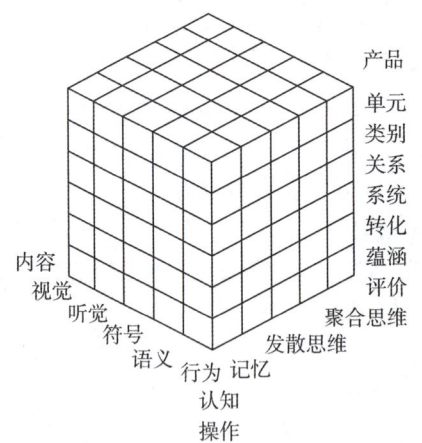

图13-2 吉尔福特的智力三维结构模型

吉尔福特的三维智力结构(Three Dimension Structure of Intelligence)模型同时考虑到智力活动的内容、过程和产品,这对推动智力测验工作起了重要的作用。1971年,吉尔福特宣布,经过测验证明了三维智力模型中的近百种能力。这一成就对智力测验的理论与实践,无疑是一次巨大的鼓舞。

2. 能力的层次结构理论

英国心理学家阜南(P. E. Vernon)继承和发展了斯皮尔曼的二因素说,提出了能力的层次结构理论。他认为,能力的结构是按层次排列的。智力的最高层次是一般因素(G);第二层次分两大群,即言语和教育方面的因素,与操作和机械方面的因素,叫大群因素;第三层为小群因素,包括言语、数量、机械信息、空间信息、用手操作等;第四层次为特殊因素,即各种各样的特殊能力,如图13-3所示。阜南的能力层次结构理论像生物分类学的分类系统那样来设想能力的结构。

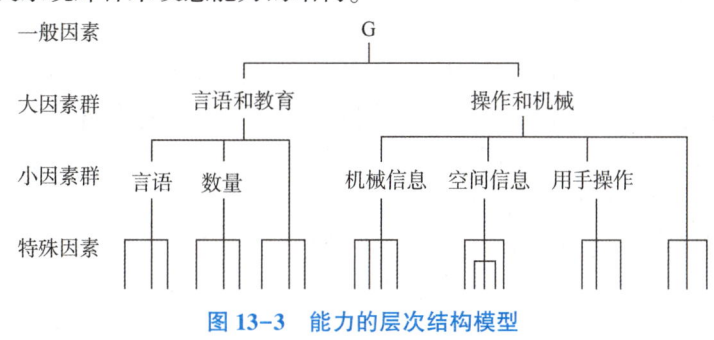

```
一般因素                    G
                        ／   ＼
大因素群         言语和教育      操作和机械
                ／   ＼      ／    ｜    ＼
小因素群    言语   数量   机械信息  空间信息  用手操作
           ｜｜    ｜｜    ｜｜     ｜｜      ｜｜
特殊因素
```

图 13-3　能力的层次结构模型

（三）能力的信息加工理论

20 世纪 70 年代以来，与能力的结构理论不同，能力的信息加工理论（Intellectual Informationtion Processing Theory）把人的能力和智力看成一个过程，它由不同的阶段组成，并且是由某些更高的决策过程组织起来的。智力是为了达到一定的目的，在一定的心理结构中进行的信息加工，包括感觉输入受到转换、简约、加工、存储、提取和使用的全部过程（Nesser），如模式识别、注意、记忆、视觉、表象、言语、问题解决、决策等（Reed）。认知心理学关于智力结构的研究，以斯腾伯格提出的三元理论（Triarchic Theory of Intelligence）、纳格利尔里和戴斯（Naglieri&Das）提出的"智力的 PASS 模型"最具代表性。

1. 智力的三元理论

美国耶鲁大学的心理学家斯腾伯格（Sternberg）提出了智力的三元理论（Triarchic Theory of Intelligence），试图说明更广泛的智力行为。斯腾伯格认为，大多数的智力理论是不完备的，它们只从某个特定的角度解释智力。一个完备的智力理论必须说明智力的三个方面，即智力的内在成分，这些智力成分与经验的关系，以及智力成分的外部作用。这三个方面构成了智力成分亚理论、智力情境亚理论和智力经验亚理论。

智力成分亚理论（Component Subtheory of Intelligence）认为，智力包括三种成分（Components）及相应的三种过程，即元成分、操作成分和知识获得成分。元成分（Meta-components）是用于计划、控制和决策的高级执行过程，如确定问题的性质，选择解题步骤，调整解题思路，分配心理资源等；操作成分（Performance Components）表现在任务的执行过程，是指接受刺激，将信息保持在短时记忆中，并进行比较，它负责执行元成分的决策；知识获得成分（Knowledge-acquisition Components）是指获取和保存新信息的过程，负责接受新刺激，判断与反应，以及对新信息的编码与存储。在智力成分中，元成分起着核心作用，它决定人们解决问题时所使用的策略。

智力情境亚理论（Contextual Subtheory of Intelligence）认为，智力是指获得与情境拟合的心理活动。在日常生活中，智力表现为有目的地适应环境、塑造环境和选择新环境的能力，这些能力统称作情境智力（Contextual Intelligence）。一般来说，个体总是努力适应他所处的环境，力图在个体及其环境之间达到一种和谐。当和谐的程度低于个体的满意度时，就是不适应。当个体在一种情境中感到不能适应或不愿意适应时，他会选择能够达到的另一种和谐环境。在这种情况下，人们会重新塑造环境以提高个体与环境之间的和谐程度，而不只是适应现存的环境。

智力经验亚理论（Experienced Subtheory of Intelligence）提出，智力包括两种能力，一种是处理新任务和新环境时所要求的能力，另一种是信息加工过程自动化的能力。新任务是个体以前从未遇到过的问题，新情境是一种新异的、富于挑战性的环境。当遇到新问题时，有的人能够运用已有的知识和经验来解决它，有的人则束手无策；在面临新的情境时，有的人能很好地应对自如，有的人则不知所措。在任务、情境和个体三者间存在相互作用。信息加工过程自动化的能力也是智力的重要成分，人们在进行复杂任务的操作时，需要运用许多操作化的过程。只有许多操作自动化后，复杂任务才容易完成。如果个体不能有效地将一些自动化的操作运用于复杂问题的解决中，就会导致信息加工的中断，甚至使问题解决失败。斯腾伯格认为，应对新异性的能力和自动化的能力是完成复杂任务时两个紧密相连的方面，如图 13-4 所示。当个体初次遇到某个任务或某一情境时，应对新异性的能力就开始了，在多次实践后，人们积累了对任务或情境的经验，自动化的能力才开始起作用。

图 13-4　任务在经验过程中的新异性与自动化

总之，智力的成分亚理论是三元智力理论中最早形成和最为完善的部分，它揭示了智力活动的内部机制。根据这种理论编制的能力测验，能测量出人们是怎样解决问题的，因而对深入了解能力的实质，促进能力的训练与培养，都有重要意义。

2. 智力的 PASS 模型

PASS 是指"计划-注意-同时性加工-继时性加工"（Planning-arousal-simultaneous-successive，PASS），它包含了三层认知系统和四种认知过程。其中，注意系统又称注意—唤醒（arousal）系统，它是整个系统的基础；同时性加工和继时性加工统称为信息加工系统，处于中间层次；计划系统处于最高层次。三个系统协调合作，保证了一切智力活动的运行。PASS 模型建立在鲁利亚（A. R. Luria）的三个机能系统学说的基础之上。

三个机能系统之间有一种动态的联系，注意、信息编码和计划之间是相互作用和相互影响的。第一机能单元和第三机能单元关系非常密切，计划过程需要一个充分的唤醒状态，以使注意能够集中，进而促使计划的产生。编码和计划过程也密不可分，因为在现实生活中的任务往往能以不同的方式进行编码，个体如何加工这种信息也是计划的功能，所以同时性加工或继时性加工要受到计划功能的影响。

上述各种理论从智力的不同角度和智力的不同层次阐述了智力的特征，一些新的智力理论的出现，表现了脑科学对智力研究的影响。这说明人类对脑的秘密了解得越多，对智力的认识就可能越深入、越全面，因而对智力的发展和培养可能产生重要的意义。

第二节 能力发展的个体差异

人与人之间在能力上存在明显的个体差异。德国哲学家莱布尼茨（G. W. Leibniz）有一句名言："世界上没有两片相同的绿叶。"这也意味着，世界上也没有两个能力完全相同的人。人的先天素质不同，后天的环境教育和从事的实践活动不同，能力就完全不同。能力的个别差异主要表现在能力的类型差异、能力发展水平的差异和能力表现早晚的差异。了解人的能力差异，有助于教师掌握学生的能力特点，因材施教。

一、能力类型的差异

能力类型是指个体和群体在一般能力和特殊能力方面的差异，所以能力类型差异可以分为智力类型差异和特殊能力类型差异。能力类型方面的差异一般并不标志着智力水平的高低，而主要是反映出个人能力结构要素的不同、兴趣的不同以及所从事的实践活动对人不同的要求。正确区分自己的优势能力与非优势能力，发挥优势能力的作用，弥补非优势能力的不足，对于建立自信、取得成功具有重要的意义。

（一）智力类型差异

智力类型差异是指智力组成因素的质的差异，人们在知觉、表象、记忆、思维等方面都表现出个别类型差异。

1. 知觉的类型差异

人们在知觉方面，表现出个体类型差异，具体可以分为三类。

（1）知觉综合型。这种人知觉的特点是观察时注意事物的概括性，分析能力较弱，但对于事物细节的感知不足。

（2）知觉分析型。这种人知觉的特点是有较强的分析能力，观察时注意事物的细节，但对于事物的整体性的感知不够。

（3）知觉的分析-综合型。这种人兼有知觉综合型和知觉分析型两种知觉类型的特点，在观察中既能注意事物的整体，也能注意事物的细节。

2. 表象的类型差异

人们在表象方面，也表现出个体类型差异，具体可以分为四类。

（1）表象视觉类型。这种人视觉表象占优势。

（2）表象听觉类型。这种人听觉表象占优势。

（3）表象运动觉类型。这种人运动表象占优势。

（4）表象混合型。这种人几乎在同等程度上运用各种表象。

这种个别差异可以作为某种活动的条件，从而成为某种特殊能力的构成部分。同时，从事同一种活动也可能依靠不同的表象。有的作家主要依靠听觉表象，另一些作家主要依靠视觉表象等。

3. 记忆的类型差异

人们在记忆方面，也表现出个体类型差异。根据不同感觉器官参与记忆的情况，可以

分为四类。

(1) 记忆视觉型。这种人运用视觉记忆较好。

(2) 记忆听觉型。这种人运用听觉记忆较好。

(3) 记忆运动觉型。这种人有运动觉参加时记忆较好。

(4) 记忆混合型，如记忆的视觉-听觉型、记忆的听觉-运动觉型等。这种人运用多种记忆表象时效果较好。许多画家、作家、演员往往具有发展较好的视觉记忆，使他们在绘画写作或表演动作中准确地再现瞬息呈现的人物景象。

4. 思维的类型差异

人们在思维方面，也表现出个别类型差异，具体可以分为两类：

(1) 集中思维型。这种人思维时，集中性思维占优势，对一个问题可以得出一个正确答案或一个最佳的解决方案。

(2) 发散思维型。这种人思维时，发散性思维占优势，对一个问题能够得出多种答案。

(二) 特殊能力类型差异

特殊能力是由若干种不同能力构成的。研究表明，完成同一种活动可以由能力的不同组合来保证。

1. 音乐能力的类型差异

苏联心理学家 B. M. 捷普洛夫认为，音乐能力由三种主要能力构成：旋律感、听觉表象、音乐节奏感。他对三个学习音乐成绩最好的学前儿童的研究表明，其中一个儿童的特点是有强烈的旋律感和很好的听觉表象，但音乐节奏感较弱；第二个儿童的特点是有很好的听觉表象和强烈的音乐节奏感，但旋律感较弱；第三个儿童的特点是有强烈的旋律感和音乐节奏感，但听觉表象较弱。这显示出音乐能力构成因素之间相互关系的差异。

2. 运动能力的类型差异

不同运动需要不同的运动能力。例如，击剑运动能力由观察力、反应速度、攻击力量、意志力等多种心理因素组成。有研究者曾对三个击剑运动员的研究表明，他们具有同等水平的职业能力，并达到同样的运动成绩，但他们的击剑运动能力的组成因素的发展水平却不尽相同。第一个运动员具有高度发展的观察力和"感觉因素"，但反应速度并不突出；第二个运动员以超常的灵活性与坚韧性为其突出特点；第三个运动员则具有强烈的攻击力量与必胜的信心。短跑运动能力由动作强度、动作和节奏的配合等因素组成。两个短跑运动员可以达到同样良好的短跑成绩，其中一个运动员依靠动作和节奏的良好配合，而另一个运动员则依靠更大的动作强度。

3. 组织能力的类型差异

苏联心理学家彼得洛夫斯基介绍了组织能力的类型差异的具体事例。尼古拉和维克多都具有杰出的组织能力。尼古拉的组织能力由多种心理品质综合组成：主动、敏感、关心人、对人要求合理、有观察力、善于并乐意分析同伴的性格和才能、对集体有高度责任感、个人的吸引力等。维克多的组织能力由另一些心理品质综合组成：严肃、考虑周到、善于利用同伴中每个人的优点、精明强干等。

总之，构成特殊能力的各种因素，它们之间的关系并不是固定不变的，某种能力的薄弱，可以由其他的能力或能力组合的发展来补偿或代替。

二、能力发展水平的差异

早在 2000 多年前，孔子就对人的能力水平进行过区分。他说，"唯上知与下愚不移"。这里，孔子将人的能力分为三种水平，即"上知""中人""下愚"。现代心理学认为，智力就是指人类学习和适应环境的能力。智力包括观察能力、记忆能力、想象能力、思维能力等，智力的高低直接影响到一个人在社会上是否成功。

智力的高低以智商 IQ 来表示，正常人的 IQ 在 90 与 109 之间；110 到 119 是中上水平；120 到 129 是优秀水平；130 以上是非常优秀（超常）水平；而 80 到 89 是中下水平；70 到 79 是临界状态水平；69 以下是智力缺陷。一般来说，智商比较高的人，学习能力比较强，但这两者之间不一定完全有正相关。因为智商还包括社会适应能力，有些人学习能力强，但他的社会适应能力并不强。另据我国科学家证实，不同民族、不同性别和不同血型的人的智商，并无明显的先天差异，智商并非完全由先天决定，后天的培养同样至关重要。

在智商测量实验中人为的认定：平均智商的人占全人口的 50%，那么智商范围便在 90~109 之间（由统计学数量分布得来）。在平均值之上是智商高的，在平均值之下是智商低的。高的或低的范围又可以分为若干个等级，而且可以用一定的智商数来限定。这样的智商计算方法，可以将一般标准样本的儿童都纳入这个限度内。按照这个理论和方法，人群智商分布如表 13-1 所示。

表 13-1 人群智商分布

在人群中所占的百分比	等级	智商数
2.2%	超常	130 以上
6.7%	优秀	120~129
16.1%	中上	110~119
50%	中等	90~109
16.1%	中下	80~89
6.7%	边缘	70~79
2.2%	低下	69 以下

（一）智力超常

智力发展水平很高、智商在 140 以上的人被称为智力超常，也有人称其为天才。像许多著名的科学家、思想家，如牛顿、爱因斯坦、马克思等都属于智力超常者。智力超常者常常在童年时期就表现出过人的才能，通常被称为"早慧"或"神童"。例如，唐代诗人王勃 6 岁即擅于文辞，13 岁写出脍炙人口的《滕王阁序》；数学家高斯 4 岁验证数学定理等。智力超常既与人的先天素质有关，也离不开后天的教育、培养和人的勤奋努力。因此，在童年时代没有表现出超常才能的人，不一定没有作为。大家熟悉的发明家爱迪生、物理学家爱因斯坦，他们在童年时都没表现出超常的才能，但成年后都成为划时代的科学家，这些人我们称之为"大器晚成"者，在晚年期睿智无比，成果惊人。

智力超常者常常具备以下一些共同的心理特征：

（1）浓厚的认识兴趣和旺盛的求知欲。智力超常者常常在童年期就表现出强烈的好奇心，爱问这问那，喜欢刨根问底。这种对各样东西都想弄明白的强烈好奇心，稍加引导，就会变成旺盛的求知欲。他们很小就对知识产生浓厚的学习兴趣，并且兴趣非常广泛。

（2）感知敏锐，观察细心。他们观察事物时更富有目的性，能比较细致全面地观察事物，常常能够发现别人没有注意到的细节。

（3）注意力能够高度集中。智力超常者注意力广阔又能高度集中，尤其对自己感兴趣的事，能长时间集中注意而不受外界干扰。中国科技大学少年班的大学生叶丹昭读高一时，有一天晚上在自己房间里解物理题，从傍晚6点直到第二天清晨，持续了12个小时，家长叫他吃饭才知道天亮了。

（4）记忆力超群。智力超常者在记忆方面的共同特点是：迅速、持久、准确。中国科技大学第三期少年班学生洪涛，2岁左右就能记住家里所有人的生日和鞋子的尺码，父亲教他毛泽东诗词，他只要跟着念两遍就能背诵。

（5）思维力、理解力强。在思维和理解方面，他们表现得思维敏捷、思路开阔、具有创造性。在中国科技大学少年班学习的陈瀚洋和陈晓阳是兄弟俩，他俩从小就思维敏捷、反应快。有一次，老师出了一道题，用100元钱买母鸡、公鸡和小鸡。母鸡7元/只，公鸡3元/只，小鸡每3只1元。问100元能买小鸡、公鸡、母鸡各多少只？晓阳随之报出答案"小鸡81只，公鸡15只，母鸡4只"，在另一房间的瀚洋一边穿鞋，一边答出另一个结果"小鸡84只，公鸡10只，母鸡6只"。

（6）自信、好胜，意志力坚强。智力超常者一般比较自信，有进取心，他们爱和别人比胜负，不但爱和同龄人比，还和成人比，如比做题、比下棋、比记忆。对于选定的事情能够一心一意，克服困难，坚持完成，表现出坚强的意志力。

（二）智力落后

智力发展远远落后于同龄人的正常水平（智商在70以下），而且社会适应能力差，这种人被称为智力落后。造成智力落后的原因是多方面的，有的是遗传的染色体畸变，有的是中枢神经系统受疾病感染，有的是出生过程中缺氧或脑外伤，有的是代谢疾病，有的是后天环境不良（如与社会长期隔离）等。

智力落后根据其程度又可分为三级。

（1）轻度，又称可教育的智力落后者，智商一般在50～70之间。他们能自理，能上小学低年级，能够独立生活并从事有指导的体力劳动。

（2）中度，又称可训练的智力落后者，智商一般在25～49之间。这种儿童不能随正常儿童入学，社会适应能力很差，有的说话不清，经过专门训练，可以在生活上自理，学会躲避危险，能够适应熟悉范围内的社会生活，可以帮助做家务，可以在监护人的照管下做些有经济收入的工作。

（3）重度，俗称"白痴"，智商在25以下。婴儿期就表现出精神痴呆，对各种刺激反应迟钝，不知躲避危险，说话不成句，不能独立生活，需要监护。

现在，我国许多大中城市设立了对智力落后儿童进行专门教育的学校，这些儿童经过专门的训练、培养，绝大多数成为自食其力的劳动者。同时，我们要大力提倡优生优育，防止弱智儿出生，改善人口素质。

三、能力表现早晚的差异

中国有这样的典故"甘罗早，子牙迟"，说的是战国时期秦国的甘罗 12 岁被秦王封为上卿，出使赵国而不辱使命；商周时代的姜子牙 72 岁被周文王拜为宰相，辅佐武王一统天下。这说明人的能力在发挥早晚上表现出了很大差异。能力表现的早晚差异可分为人才早熟，中年成才，大器晚成。

（一）人才早熟

人才早熟又称才能的早期表现，指在人生的早期就表现出卓越的才华。这在我国历史上不乏其人，如三国时期的孔融 4 岁让梨，曹冲 5 岁称象，曹植 10 多岁能诵读《诗》《论语》及辞赋。中国科技大学少年班的大学生平均入学年龄在 13 岁左右，有的 15 岁考取了研究生。这种情况古今中外都有。在音乐、绘画、文学、体育等领域表现得尤为突出，如奥地利作曲家莫扎特 5 岁开始作曲，8 岁作交响乐；俄国诗人普希金 8 岁就能用法文写诗。但是，才能的早期表现，并不必然意味着他们必然在今后的发展过程中会有杰出的成就，还要经过一定的教育和训练以及自身的努力，否则，他们早期表现的才能就可能退化或被埋没。如宋代王安石在《伤仲永》一文中记载：仲永"少会作诗"，但他的父亲不是想方设法教育引导他，而是每天领着他出入于亲朋之间，于是来年就"泯然众人矣"，跟普通人没什么两样了。在中国科技大学少年班有少数不思进取的少年大学生，毕业时仅仅获得大学文凭，与普通大学生没什么两样；也有极个别的学生，由于自理能力很差等原因，被迫退学。

（二）中年成才

人才早熟现象毕竟是少数，大部分的科学家、发明家是在中青年时才有成果的。有人曾对 1960 年以前的 1 243 位科学家、发明家所做的 1 911 项重大发明创造做过统计，绘制出了人才成功曲线，这一曲线呈现科学发明的最佳年龄在 35 岁左右。中年人年富力强，精力充沛，有扎实的基础知识和丰富的实践经验，创造力强，善于独立思考与分析批判，因而是出成果的最佳时期。

（三）大器晚成

有些人在年轻时并未显示出众的才华，到中年以后才表现出超人的才智，这种现象被称为"大器晚成"。中国国画大师齐白石，少年时代只读过半年书，当过牧童，做过木匠，中年投师学画，50 岁以后才成为著名画家；达尔文年轻时一事无成，可他最终成为进化论的创始人，于 50 岁时写出《物种起源》。这种现象在科学和政治生活舞台上屡见不鲜，说明人的智力通过勤奋学习和艰苦劳动是可以获得高度发展的，并不是所有取得重大成就的人，智力都是早熟的。在青少年时代没有表现出超人才华的人也不要丧失信心，经过努力，还是可以成才的。

四、能力的性别差异

（1）智力发展的性别差异。从发展水平上看，男性的智力发展水平的离散趋势比女性大，而女性的智力发展趋势则比较均衡或离散程度较小；从学业成绩的状况看，学业成绩中最高和最低的少数人中男生居多，成绩居中的人中女生居多；从智力结构中的各因素看，男女的发展显露出某些差异，各自有优势的方面，但综合起来又无明显的性别差异。

(2) 空间能力发展的性别差异。林兰德和皮特森认为，空间能力由三个因素构成：第一，空间知觉能力；第二，心理旋转能力；第三，空间想象能力。研究表明，在空间知觉和旋转测验中，男性明显优于女性；而在空间想象能力中，男女差异不显著。

(3) 男女能力差别还表现在其他方面：第一，在注意上，男性容易引起无意注意，女性则容易保持有意注意。在注意稳定上，女性优于男性。女性的注意分配能力优于男性，而男性注意转移较女性容易。第二，在感知上，男性的视觉感受性高于女性，而女性的听觉、嗅觉、痛觉、触觉的感受性高于男性。第三，在记忆方面，男性擅长逻辑思维，女性擅长形象记忆和情感记忆。第四，在思维方面，女性偏向于形象思维，因而更喜欢语文、外语、历史、生物等学科，并容易取得好的学习成绩。男性偏向于抽象思维，因而更喜欢数学、物理、化学等抽象性较强的学科。

第三节 能力的测量与培养

能力作为一种心理特性，不同于物理现象的特性，它看不见，摸不着，不能直接进行度量。但是，一个人的能力又能通过它成功地解决各种问题的活动表现出来。因此，分析一个人怎样解决问题，取得了什么结果，就可以判断他能力的大小。例如，一个学生正确而迅速地完成了学校的各项作业，说明他有较强的学习能力；一个作家创作了具有重大社会影响的作品，说明他有较强的创作能力；一个管理干部善于处理工作中遇到的各种问题，使本单位的工作面貌发生了巨大的变化，说明他有较强的管理能力。能力与人的行为活动的这种内在联系，为间接地测量人的能力提供了客观可能性。

测量能力的工具是按标准化的程序所编制的各种能力测验。根据测验的方式可分为个人测验（Individual Test）和团体测验（Group Test）；根据测验的内容可分为文字测验（Verbal test）和非文字测验（Nonverbal Test）；根据能力的分类可分为一般能力测验（General Ability Test）、特殊能力测验（Special Ability Test）和创造力测验（Creative Ability Test）。实施这些测验的目的就是要把能力用数量化的方法精确地表示出来。

一般能力测验即智力测验（Intelligence Test）。这是目前世界各国普遍流行的一类测验。智力是人的能力结构的重要组成部分。测量人的智力，了解人的智力水平，对做好教育、医疗工作，合理选拔人才具有重要的意义。

一、智力发展的特征

(一) 智力发展的一般趋势

人类智力的发展是否有规律可循呢？美国心理学家布鲁姆（B. S. Bloom）等人追踪研究了1 000名被试，提出智力发展假说，认为个体的智力发展呈现出先快后慢的趋势。他们的研究表明，个体17岁时所测得的智力，大约有50%是在胎儿至4岁之间发展的，30%是在4~8岁时完成的，大约20%是在8~17岁时完成的。即以17岁为界，人的智力最初4年的发展等于其后13年的发展。后续有关研究也表明，人类智力发展的确存在非匀速增长的现象。例如心理学家贝利（Nancy Bayley）用3种智力量表，对同一组被试进行长达36年的追踪研究,结果表明,智力在13岁以前直线上升,13岁以后缓慢发展,25岁时达到顶峰,26~35岁保持高原水平,之后开始呈下降趋势。这是多数人智力发展的大致趋势,此外还有"早慧"和"大器晚成"现象。

在人的一生中,智力水平随个体年龄的增长而变化。一般来说,智力的发展可以划分成三个阶段,即增长阶段、稳定阶段和衰退阶段。从出生到15岁左右,智力的发展与年龄的增长几乎等速增长,之后以负加速方式增长,增长速度逐渐减慢。一般在18~25岁之间,智力的发展达到高峰。在成人期,智力表现为一个较长时间的稳定保持期,可持续到60岁左右。进入老年阶段(60岁以后),智力的发展表现出迅速下降趋势,进入衰退期。智力发展的一般趋势如图13-5所示。

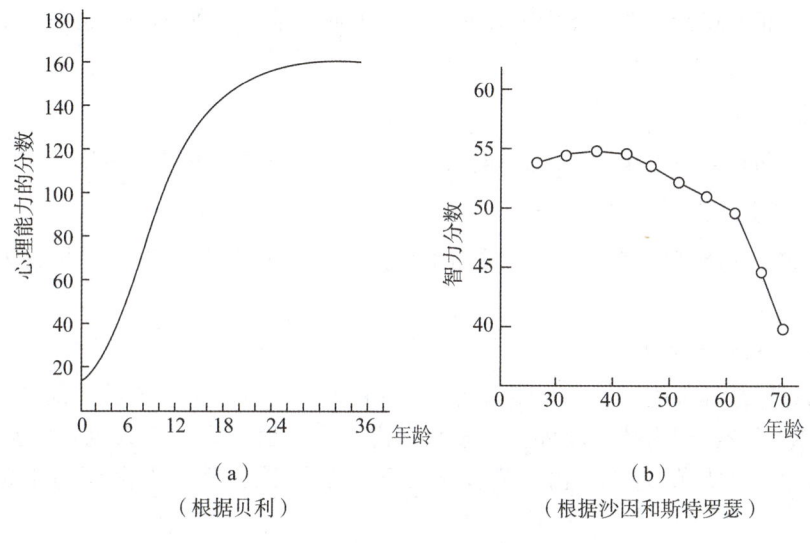

(a)智力发展曲线;(b)智力的年龄化。

图 13-5 智力发展的一般趋势

智力是由许多不同的成分组成的,智力的各种成分的发展轨迹各不相同,达到顶峰的年龄以及增长与衰退的过程也各不相同。智力各成分的发展趋势如图13-6所示。

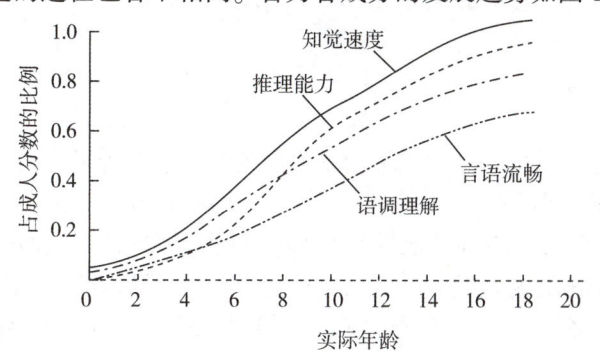

图 13-6 智力各成分的发展趋势

(二)智力发展的稳定性和可变性

人的智力是相对稳定的,但不是一成不变的。美国心理测量学家布朗(Brown)指出:"一个人的智力测验分数是他的遗传特性、测量前的学习和生活经历以及测验时情境的函数。"个体的智力既有稳定性，又有可变性。不同年龄儿童在智力测验分数间的相关是有规律可循的。不同年龄间智商的相关系数随年龄间距的增加而明显减小。例如，2岁和3岁之间的智商相关为0.74，但在2岁和7岁时智商间的相关减少到0.54，在2岁和15岁之间智商的相关只有0.47。也就是说，两次测验时间间隔越长，智商间的预测力越低。同时，儿童第一次测验时年龄越小，预测力越低。测验分数在短期内具有较高的预见性。一个人在8、9岁时的智商分数可以较好地预测他们在15岁时的智商（相关分别为0.78和0.80）。大量的研究获得了类似的结果。

婴儿早期智力测验的预测性较低。一般认为，这可能是由于婴儿期的某些能力尚未发展起来，智力尚未分化。对婴儿的测量主要集中在感知运动能力方面，而对较大儿童的测量偏重于言语能力和计算推理能力等方面。这两方面的能力有所不同，也是造成相关较低的一个原因。

（三）青少年智力发展的特点

青少年时期是智力迅速发展的时期，这一时期具有以下明显的发展特点：

1. 智力水平随年龄增长而变化

国内外的一些研究发现，青少年时期不仅是身体发展的关键期，也是智力发展的关键期。

2. 智力发展趋势各有差异

青少年时期是推理能力、理解能力迅速发展的时期，他们的各种特殊能力发展处于不稳定状态。除了少数智力超常者外，大多数智力水平一般的人，特殊能力均表现了出来，出现了智力水平发展的差异。由于青少年处于发展阶段，其智力发展趋势表现出不一致性。

3. 创造能力的发展相对滞后于智力的发展

研究中发现，30岁至40岁是创造力发挥的最佳年龄，55岁是创造力的又一高峰期。青少年时期虽然创造能力有较大的潜力，但毕竟创造力还处于萌芽状态，他们受思维定式的影响小于成人，而且好奇心强，探索兴趣广泛，所以青少年时期是培养创造力的最佳时期。

二、智力的测量

在我国，较早的"测量"智力的方法是使用七巧板、九连环、猜谜语、做对联，虽然比西方国家开始得早，但是缺乏科学性。首先使用科学的方法测量人的智力始于西方。1905年，法国人比奈（A. Binet）根据教育部门测量智力落后儿童的实际需要，与西蒙（T. Simon）制定了第一个测量智力的工具，即比奈-西蒙智力量表，这是科学能力测验的开端。到目前为止，各种类型的能力测验有几百种之多。以下介绍测量智力的两种智力量表。

（一）年龄量表

最早的年龄量表是由法国人比奈、西蒙编制的，它是在1905年量表的基础上，于1908年修订而成，称比奈-西蒙智力量表。这一量表以年龄为测量智力的标尺，又称年龄量表，用以测量3~15岁儿童的智力。

美国心理学家、斯坦福大学教授推孟（Lewis Terman）于1916年对比奈-西蒙智力量表进行了修订，使其适合美国人使用，并进一步标准化，形成斯坦福-比奈量表。该量表在儿童智力测量中影响很大。这一量表曾进行多次修订，我国学者对此量表也进行了修订，称为中国比奈智慧测验。

斯坦福-比奈量表适用于2~14岁儿童。该量表中每一年龄阶段都有六个题目，通过每个题目代表着两个月的智龄，通过六个题目就代表有一周岁的智龄。智龄又称心理年龄，是比奈首先提出来的，它表示一个人的智力水平。例如，一个儿童通过了6岁组的全部题目和7岁组的3个题目，那么他的智龄就是6岁半（6岁6个月）。

推孟把智力测验的结果用智商（Intelligence Quotient，IQ）表示，智商是通过测验所得到的儿童心理年龄和实际年龄（Chronological Age，CA）之比，又叫比率智商。国际流行的智商计算公式是：

$$IQ = 心理年龄(MA) / 实际年龄(CA) \times 100$$

例如，一个儿童通过了6岁组的全部题目和7岁组的3个题目，他的智商（IQ）就是105。心理年龄和实际年龄相等时，IQ等于100，表示中等智力。IQ越大，表明儿童智力越高；相反，智力越低。

（二）项目量表

制定年龄量表是以假定心理年龄同实际年龄一起增长为基础的，但事实并非如此。儿童在达到一定年龄之后，他们的心理年龄就不再随实际年龄增长，而稳定在一定的水平上。在这种情况下，如果再用智商表示一个人的智力水平，那将出现年龄越大，智力越下降。这说明用比率智商表示人的智力水平是有局限性的。

美国著名的心理学家韦克斯勒（D. Wechsler）编制的韦氏量表包括三种：韦氏幼儿智力量表，适用于4~6岁儿童；韦氏儿童智力量表，适用于6~16岁儿童；韦氏成人智力量表，适用于16岁以上的成年人。

韦氏量表采用项目分类标准，而不再采用年龄分类标准。每套量表都包括言语和操作两个分量表。韦氏量表也不再用智龄的概念，而把测量一个人与同龄组正常人的智龄平均数之比确定为智商，即离差智商。离差智商表示一个人在同年龄组正常人中的相对地位。离差智商不受年龄影响，因此可以据此对各种年龄的被试进行比较。计算离差智商先要进行大规模测试，以获得团体平均数（X''）和标准差（SD）。然后以一个年龄组或团体的平均智商为100、标准差为15进行换算。计算公式是：

$$IQ = 100 + 15Z$$
$$其中：Z = (X - X'')/SD$$

式中，Z为标准分数，X为个人原始分数，X''为团体的平均分数，SD为标准差。

如某个年龄组的平均分数为70分，标准差为10分，甲生得80分，乙生为60分，其离差智商分别是：

$$IQ_甲 = 100 + 15 \times (80 - 70)/10 = 115$$
$$IQ_乙 = 100 + 15 \times (60 - 70)/10 = 85$$

目前在我国，上述两种量表都有修订版。因为科学的测验远胜一般的观察，所以对学生智力的鉴定多采用智力测量的方法。不过由于智力现象极为复杂，目前智力测验尚不能提供完全准确无误的指标，所以对学生智力的鉴定应采取定量与定性分析相结合的方法。

> **阅读窗**

21世纪的心理学——在互联网上的测量

学生们读完智力这一章时经常会问，当他们进行IQ测验时该怎么做。现在，上网、完成测验并得到一些IQ分数是很容易的。但这些数字对你来说重要吗？

我们需要数据来进行分析，所以我们请一位叫波因德克斯特（Poindexter）的朋友来进行在线IQ测验。他访问的第一个网站有4个不同的测验，这为我们评价测验的信度提供了机会。回忆一下，信度是有一致性的：假定这些测验是测定同一个能力的，那么它们是否可以得出相近的分数？事实上，波因德克斯特的4个得分分别为116、117、129、130。如果你再看一下图13-7，你会明白所有的分数都表明波因德克斯特的得分高于正常水平，但2个分数将他划为"较好"，2个分数将他划在"优"或"很优"的边界。这提示我们，这些IQ测验并不很可信。

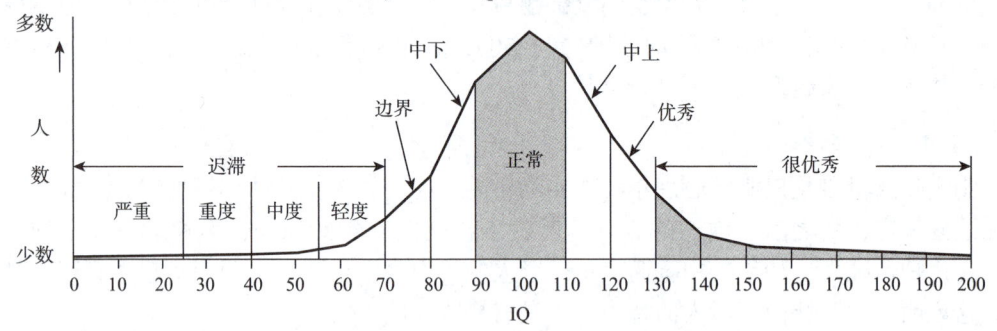

图13-7　IQ分数在大量样本中的分布

如果测验不是可信的，它们就不是有效的。但让我们假定它们是有效的。让我们来看，为什么在任何情况下，我们都要考虑测验的效度：测验在多大程度上测定了它想测的东西？波因德克斯特在网上得到的IQ分数是通过比较他的操作（在20个问题中的正确数）与其他访问过网站的人的操作得到的。假定这一分布如图13-7中的钟形，网站的测验所测的是IQ值，你看出问题的所在了吗？首先，我们没有理由相信访问网站的人的平均IQ值为100（这是由传统的可信的离线测定法得到的）。这看起来是不是像从愿意进行网上IQ测验的人中的自我选择？第二，我们没有理由相信每一个人都是在标准的情境下进行测验的。例如，测验在某种程度上依赖语词问题。我们能保证人们不用手头的字典（或用在线字典）来提高成绩吗？（"妈妈，你看，我总是告诉你我是一个天才！"）

国际互联网为你提供了很多测定IQ值、其他操作和个性结构的机会。你应该运用你在这一章中所学的知识，对你在网上所得的分数进行仔细的信度和效度评价。

同时，波因德克斯特开始迷恋于在线IQ。他的最好成绩是在"欧洲人的IQ测验"中的159。波因德克斯特相信159是对他IQ的可信评价。你也相信吗？

摘编自：理查德·格里格，菲利普·津巴多. 心理学与生活 [M]. 王垒，王甦，周晓林，译. 16版. 北京：人民邮电出版社，2003：391.

三、能力发展的影响因素

能力的形成与发展受多种因素的影响，既包括先天素质，也包括后天因素，是多重因素交织在一起相互作用的结果。

（一）先天素质

素质是有机体生来具有的解剖生理特点，主要是神经系统、感觉器官和运动器官的解剖生理特点，特别是大脑的解剖生理特点，素质是遗传的，它服从于遗传规律。一般认为，素质是能力发展的自然前提，没有这个前提，就不能发展相应的能力。如果缺乏某方面的素质，就难以发展某方面的能力。例如，脑发育不全的儿童，就不可能发展计算能力，天生盲人难以发展绘画能力，天生聋哑的人无法发展音乐能力。但是，素质本身不是能力，也不能决定一个人的能力，它仅仅提供能力发展的可能性。人只有通过后天的教育和实践活动才能使发展的可能性变为现实。例如，一个人的手指长，可能发展打字能力，也可能发展成为钢琴家，向哪个方面发展则取决于环境，取决于教育和实践活动，取决于社会需要。

我们承认先天素质在能力形成中的作用，并承认先天素质具有遗传性，但并不能由此而得出能力（主要指智力）由遗传决定的结论。第一，先天素质本身就不完全是通过遗传获得的胎儿期由于母体环境的各种变异的影响，如孕妇的营养、疾病、药物和受到辐射等，都会给儿童的智力形成和发展带来危害，这些危害是先天因素造成的而非遗传因素。第二，先天素质只能为能力提供形成与发展的可能性，并不能预定或决定能力的发展方向。例如，人的手指长短是由遗传决定的，手指长为学弹钢琴提供了良好的自然条件，但这不能决定将来就一定能成为钢琴家，因为成为钢琴家还需要许多主客观条件，所以说，先天素质并不等于能力本身。第三，同样的先天素质可能发展多种不同的能力，而良好的先天素质由于没有受到良好的培养和训练，能力也不可能得到应有的发展。

（二）环境、教育

1. 产前环境及营养状况

胎儿在母体中的环境状况对胎儿的生长发育及出生后智力的发展有重要的影响。许多研究表明，母亲怀孕期间服药、患病、大量吸烟、遭受过多的辐射、营养不良等，会造成染色体受损或影响胎儿细胞数量，使胎儿发育受到影响，甚至直接影响出生后婴儿的智力发展。

2. 早期环境

在儿童成长的整个过程中，智力的发展速度是不均衡的，往往是先快后慢。美国著名的心理学家布鲁姆对近千人进行追踪研究后，提出这样的假说，即五岁前是儿童智力发展最为迅速的时期。日本学者木村久一提出了智慧发展的递减规律，他认为，生下来就具有100分能力的人，如果一出生就得到最恰当的教育，那么就可以成为有100分能力的人；如从五岁才得到最恰当的教育，那么就只能具有80分能力；若从10岁才开始教育，就只能成为有60分能力的人。可见，发展能力要重视早期环境的作用。

3. 教育条件

一个人能朝什么方向发展，发展水平的高低、速度的快慢，主要取决于后天的教育条

件。家庭环境、生活方式、家庭成员的职业、文化修养、兴趣、爱好以及家长对孩子的教育方法与态度，对儿童能力的形成与发展有极大的影响。

在教育条件中，学校教育在学生能力发展中起主导作用。学校教育是有计划、有组织、有目的地对学生施加影响，因此，不但可以使学生掌握知识和技能，而且在学习和训练的同时促进了其能力的发展。在教育教学中发展学生的能力并不是无条件的、绝对的、自发的，而是依赖教育教学内容的正确选择、教学过程的合理安排、教学方法的恰当使用等。

（三）实践活动

实践活动是人与客观现实相互作用的过程，是人所特有的积极主动的运动形式。先天素质、环境、教育是能力形成的重要因素，但这些因素只有在实践活动中才能促使能力形成与发展，因此实践活动是能力形成与发展的必要条件。

我国汉代唯物主义哲学家王充提出"施用累能"和"科用累能"的思想。前者是说能力是在使用中积累的，后者指从事不同职业活动可以积累不同的能力。许多关于劳动、体育、科研等实践活动影响能力形成的研究充分证明了这一点。油漆工在长期的工作中，辨别漆色的能力得到充分的发展，他们可以分辨的颜色有四五百种；陶器和瓷器工人听觉很灵敏，他们可以根据轻敲制品时发出的声音的性质，来确定器皿质量的优劣。同样的道理，人的自学能力是在学习活动中形成与发展的，人的组织能力也是在长期的社会实践中逐渐形成的。人的各种能力，脱离了具体的实践活动是无从提高和发展的。

（四）其他因素

环境和教育是能力形成与发展的外部条件，外因必须通过内因起作用。一个人要想发展能力，除必须积极地投入实践之外，还要充分发挥自身的主观能动性——积极的个性心理特征，即理想、兴趣、勤奋和不怕困难的意志力。

许多学者和有成就的人都指出，人的智慧同坚强的信念、崇高的理想联系在一起。没有理想和信念，发展能力就缺乏强大的动力；兴趣和爱好是促使人们去探索实践，进而发展各种能力的重要条件。高尔基说过：才能不是别的什么东西，而是对事业的热爱。当人们迷恋于自己感兴趣的工作时，就会给能力的发展提供巨大的内部力量；勤奋与坚强的毅力也是能力得以发展所不可缺少的性格因素。歌德说过：天才就是勤奋。著名的物理学家爱因斯坦在向别人介绍自己的成功经验时写下了一个公式：$A=X+Y+Z$。A 代表成功，X 代表艰苦的劳动，Y 代表正确的方法，Z 代表少说空话。从这个公式可以看出，爱因斯坦把自己的成功归于多种因素的结合，但勤奋是最重要的因素，因此把它放在首位。优秀的个性心理品质能促进能力的发展，教师在注重发展学生能力的同时，还必须重视学生优良个性品质的培养。

四、能力的培养

党的二十大报告指出："深入实施人才强国战略。培养造就大批德才兼备的高素质人才，是国家和民族长远发展大计。"教育的根本目的是育人，教师在教学中应如何培养学生的能力，这是一个值得认真研究的课题。注重能力的培养，有助于学生树立正确的教育理念，克服重知识轻能力、重课内轻课外、重教材轻实践、重传授轻探索、重共性轻个性、重结果轻过程等不良倾向。在知识爆炸的信息时代，要求个体掌握人类过去、现在和未来的所有知识，是不可能的，也是没有必要的，让学生变得更聪明，更善于学习与创新才是更重要的。那么如何让学生变得更聪明，更善于学习与创新呢？由能力发展的特点和影响因素可知，加强知识与技能的学习，针对学生能力差异因材施教，积极培养学生的元认知能力和创造能力，培养学生的非智力因素是非常重要的。

（一）加强知识与技能的学习与训练

能力是在掌握和运用知识、技能的过程中得到发展的。知识的获得是能力发展的基础，知识的掌握有赖于能力的发展。知识是载体、是基础，能力是展现、是才华。

（1）教师在教学中必须注重基础知识的教学，没有渊博的知识不可能有很强的能力。例如，通过语文课的教学，使学生在听、说、读、写的各种练习中，培养和发展他们的理解力、语言表达能力、记忆力、材料的组织能力；通过数学知识的教学，培养学生的概括能力、空间想象力、计算能力和判断推理能力。

（2）要注意开阔学生的视野，拓宽知识面。教师在教学中要把基础知识、基本概念、基本原理讲清楚，并予以适当的归类、组织，使之具有一定的概括水平。因为只有经过高度概括和合理组织的知识，才有利于学生良好认知结构的形成，才有利于学生学习迁移的产生。

（3）教学中重视学生智力技能的训练。这对学生学习能力的提高也是必不可少的。有研究表明，学有成就的学生与较一般的学生的重要区别之一，就在于前者拥有可以广泛应用的智力技能和有组织地思考问题的习惯，在解决较复杂的问题时，前者多采取提出假设再加以检验的方式去解决，而后者则倾向于运用尝试和逐渐排除的方式获得偶尔成功。由此，教师要善于指导学生掌握解答各类课题的程序，各类课题的解题规则、方法和步骤，经过反复强化训练，形成较稳固的智力技能，以促进学生的思维能力、概括能力的发展。

（二）针对学生的能力差异因材施教

能力差异规律使我们认识到，在能力发展上每个学生是不可能齐头并进的，每个儿童都有自己的独特之处。因此，教师可以通过观察、测验等方法了解并掌握学生能力的差异，从而对学生采取不同的教学措施、方法，进行个别指导。

（1）树立正确的教育观和学生观。新课程改革的根本要求之一，便是学校教育要培养学生的能力。具体体现为：学校教育要以培养能力为主；教师与学生是教育中的"双主体"；要重视学生的学习过程和学习方法。学校教育是影响学生能力发展速度和发展水平的重要外因，而这一外因要通过内因起作用。教育工作者要充分意识到这一点，要告别教师中心、教材中心、课堂中心、围绕考试的填鸭式教育方式。要注重学生对学习本身的兴趣，启发学生从多角度思考问题，激发和维持学生的学习动机，有效地调动学生学习的积极性，教会学生学习。只有在"要我学"变为"我要学""我善学""我会学"的情况下，学习才对学生更富有意义，才有助于促进学生的能力发展。

（2）在教学过程中，教师可根据学生不同的特点，分别提出不同的要求。对能力发展水平较高、学习成绩优良的学生，应提供较难的学习任务，鼓励他们独立思考，创造各种条件发挥他们的才智；对智力发展较差的学生，要给更多的帮助，对其作业进行具体的指导，使他们树立起信心；对那些智力水平不差，但学习成绩差的学生，要针对他们各自的特点从端正学习态度和培养良好学习习惯入手，不断完善其良好的个性品质。

（3）教师不应歧视在某些能力方面有缺陷的学生。教师要树立一种观念，即任何儿童都有可能发展某种活动所需要的能力，要鼓励他们树立信心，扬长避短，同时采取适当的方法，长善救失，让学生人尽其才。

（4）教师要善于发现和培养有特殊兴趣和才能的学生，对于有某方面特长的学生，应给予机会，通过组织各种课外活动来促进他们特长的进一步发展。尊重和合理利用学生之间能力的个别差异，倡导合作学习，合理利用学生的同伴资源，达到资源的充分共享，既有助于兼顾个体差异，又可以面向群体，增加学生自我教育、自我促进的机会，从而提高教育的效率，促进能力的发展。

（三）积极培养学生的元认知能力和创造能力

"元认知"一词最早出现在美国儿童心理学家弗拉威尔（J. H. Flavell）于1976年出版的《认知发展》一书中。所谓元认知，就是对认知的认知，具体地说，是关于个人自己认知过程的知识和调节这些过程的能力，对思维和学习活动的认知和控制。简单来说，元认知就是对自己思考过程的认知与理解。培养学生元认知能力，主要就是教会学生如何去学习和如何正确评价自己的学习能力，使学生由被动学习变为主动学习。在人们的各种活动中，元认知都发挥着十分重要的监控、调节功能，其实质就是人们对认识活动的自我意识、自我监控和自我调节。有研究表明，元认知在儿童的学习、记忆、理解、问题解决等方面的活动中起着重要的作用。元认知的训练可以提高儿童的智力发展水平，其训练的方法主要有以下几种：

（1）自我提问法，即通过提供一系列关于学生自我观察、自我监控、自我评价的问题，不断促进学生自我反省，从而提高学生问题解决的能力。美国数学家波利亚（George Polya）就解决数学问题的几个阶段，提出了一系列供学生自我提问的问题。例如，在理解问题阶段可以问：未知条件是什么？已知条件是什么？足以确定未知量吗？多余还是不足？在回顾步骤时问：我能检验结果的正确性吗？我能运用这个结果或方法在其他问题上吗？等等。

（2）相互提问法，即将学生每两人分为一组，给每个学生一份类似于上述自我提问的问题表，要求学生在解决问题的同时根据问题表相互提问并做出回答。研究表明，相互提问法能有效地促进学生思考与竞争，发展元认知能力。

（3）知识传授法，即通过传授学习理论的有关知识，特别是关于元认知的知识，使学生通过学习，认识到元认知在学习中的重要性，自觉地将元认知运用到学习中，形成适当的学习策略，提高学习效果。

以上几种元认知训练，都能在一定程度上提高学生的元认知水平，特别是对复杂、困难的问题，元认知的训练就更为有效。元认知能力的培养可以通过元认知学习意识的提高、元认知知识体验的丰富、元认知知识操作的指导等途径实现。

创造能力是一种综合的心理品质，与创造者的思维、情感、意志、个性特征乃至社会环境都有密切的关系。每个学生都有创造的潜能，学校的教育教学应为学生营造良好的创造性学习的环境，使其创造性潜能得以发挥。创造能力的核心是创造性思维，因此，通过教学培养学生的创造性思维能力是提高创造能力的重要途径。

（四）注意培养学生的非智力因素

在教学中，学生的认识活动不仅有智力活动，还需要非智力活动的参与。对学习效果的影响不仅有智力因素，也有非智力因素，二者协同作用。智力因素是非智力活动的基础，学生的需要、动机、态度、目标期望、归因、态度与价值观、自我效能感、习得性无助等非智力因素是在认知事物、掌握知识的过程中产生和发展的，它积极作用于智力因素。因此，教师在教学中除注重发展学生智力因素外，要特别重视对学生非智力因素的培养与引导，因为这两方面都是我们的教育目标。从智力开发的角度来说，非智力因素所起的作用是至关重要的。没有非智力因素，智力因素就失去了动力源。教师只有善于培养和激发学生的非智力因素，并通过系统课程的学习和智力操作训练，才能使学生的智力或能力不断地充分发展起来。影响学习的非智力因素活动模型如图13-8所示。

在实际教学中，培养非智力因素可通过以下三个阶段进行：第一阶段，用个别教育的方法，分别培养每个学生的兴趣、意志、情感等。第二阶段，采用整体教育的方法，使整个班级甚至全校都形成良好的学习风气，让学生在其中受到熏陶，逐步培养自己良好的个性品质。教师在此阶段要为学生树立身边的、好的学习榜样，使学生从榜样身上汲取力量。第三阶段，教师要采取个别化教育的方法，有针对性地逐个纠正学生的不良习惯，使之在原有的水平上得到不同程度的提高和进步。总之，对学生非智力因素的培养，其目的就是调动学生学习的积极性。具体讲，就是使学生建立正确的学习需要，激发他们的学习兴趣和热情，培养他们坚强的学习意志和良好的学习习惯，形成良好的性格特征。

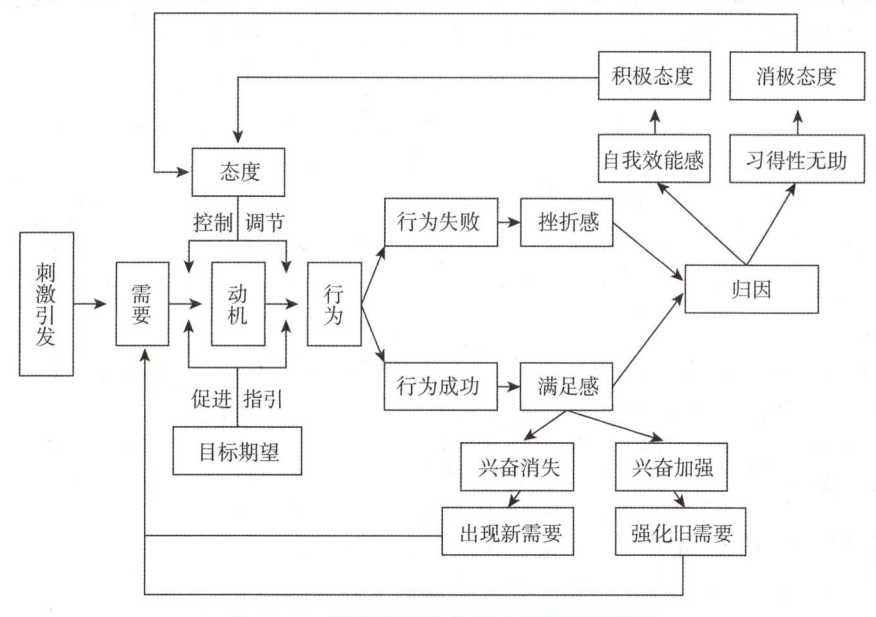

图13-8 影响学习的非智力因素活动模型

第十四章　青少年心理健康与辅导

案例导学

2022年3月至6月，中国科学院心理研究所国民心理健康评估发展中心对我国29个省（自治区、直辖市）3万多名10~16岁的中小学生进行了调查，发布了《2022年青少年心理健康状况调查报告》。报告显示，青少年抑郁风险检出率相较2020年有所下降，但仍约有14.8%的青少年存在不同程度的抑郁风险，其中4.0%的青少年属于重度抑郁风险群体，10.8%的青少年属于轻度抑郁风险群体；约有40%的青少年经常感到孤独；农村户口的青少年的抑郁、孤独、手机成瘾得分略高于城镇户口青少年。

青少年时期是一个身心快速发展、面临多个成长议题的重要阶段，在全球范围内青少年都是心理健康问题的多发人群。青少年的心理健康问题不仅会导致个人痛苦、造成家庭负担，也会给社会发展带来潜在的消极影响。那么对青少年学生应该给予什么样的指导和教育呢？

摘编自：傅小兰，张侃，陈雪峰，等．中国国民心理健康发展报告（2021—2022）[R]．北京：社会科学文献出版社，2023．

目标解析

1. 理解心理健康的实质，了解心理健康的标准。
2. 了解青少年常见的心理问题，掌握心理辅导的基本方法。

青少年正处于身心发展迅速的时期，身心发展的不平衡给他们带来许多矛盾和困惑，强烈的成人感和自主意识使他们呈现出情绪易变、行为冲动等特点。青少年在心理困惑时如果没有得到及时的疏导，易出现心理问题，甚至出现极端行为。联合国儿童基金会和世界卫生组织联合发布数据显示，目前全球12亿名10~19岁青少年群体中，约20%存在心理健康问题，10~19岁青少年群体遭受的疾病和伤害中，约有16%由心理健康问题引发。因此，了解青少年身心发展特点，理解青少年的矛盾心理，明确青少年心理健康的标准和青少年常见心理问题，掌握心理辅导的基本方法是极为必要的。

第一节 心理健康与心理问题

一、心理健康的实质及标准

（一）心理健康的实质

心理健康是指心理的各个方面及活动过程处于良好或正常的状态。心理健康的理想状态是具备正常的智力、拥有健全的人格、认知正确、情感适当、意志合理、态度积极、行为恰当、适应良好的状态。

1. 心理健康影响身体健康

据世界卫生组织预测，21世纪抑郁症是威胁人类生存的第二大杀手，这一心理疾患的杀伤力仅次于癌症。曾有权威机构统计，70%的疾病是由心理原因造成的。可见心理不健康可以导致人身体发生病变。

另外，良好的心理状态也可以提高身体免疫力。"心宽体胖"说的也是这个道理。我们听说过有些人利用精神的力量超越人类生理机能的极限，创造了医学界的康复奇迹。可见心理健康可以带来身体健康。

2. 心理健康是正常学习、工作和生活的前提

心理健康是保证人正常工作、学习和生活的前提条件，心理的健康程度直接影响这三者的质量和效率，关乎个人的幸福感和生活质量。例如，我们熟知的文学家郭沫若，他年少时在日本留学就因神经衰弱而几乎中断学业。我们生活中的许多人也曾因患有各种心理困扰而影响生活学习，如焦虑、神经衰弱、抑郁症等。

（二）青少年心理健康的标准

1. 正常的智力

正常的智力是指个体智力发展水平与其实际年龄相称，是指个体在适应环境中表现出的综合心理能力的正常水平。正常的智力是人们生活、学习、工作、劳动的最基本的心理条件。智力正常是心理健康的一个重要组成部分，它有助于个体更好地适应环境，发展自己的潜能，实现自己的价值。一个心理健康的人，智商应高于80，因为只有在这种智力前提下，人们才能完成正常的学习、交往、生活与工作。

2. 健全的人格

人格指的是个体比较稳定的心理特征的总和。人格完善就是指有健全统一的人格，即个人的所想、所说、所做是协调一致的。健全的人格即个性和谐健康，有正确积极的兴趣、人生观、信念、志向、价值观、世界观；有良好的性格品质，如随和、宽容、上进、坚强等；有一定能力，能有效完成正常的学习和工作；能较好地处理生活中遇到的各类难题。

3. 稳定的情绪

稳定的情绪包括情绪稳定和心情愉快，是指一个人在面对各种情境时，能够保持相对

平和的心态，不会因为外界的刺激而产生过度的情绪反应。具体表现为愉快情绪多于负面情绪，通常表现得乐观开朗，富有朝气，对生活充满希望；情绪较稳定的个体也善于控制与调节自己的情绪，尽管也有悲哀、困惑、忧虑等消极情绪的产生，但能自觉地调节情绪，理智地处理各种问题，使自己的身心活动处于和谐状态。

4. 正确的自知

心理健康的青少年能正确认识自己，清楚自己存在的价值，有自己的理想，对未来充满信心。此外，还能客观地认识自己、评价自己，对自己的能力、心理特点有比较全面的了解，能正确对待自己的优缺点，不自傲也不自卑。

5. 积极的心态

心理健康的青少年对周围事物保持清醒、客观的认识，对现实生活中的问题和矛盾，能以适当的方式加以处理，表现出积极进取的精神。他们热爱生活，能充分发挥自己各方面的潜力，不因挫折和失败而对生活失去信心。

6. 良好的交往

心理健康的青少年能够正确认识交往的意义，乐于与人交往，在交往中自觉遵守交往规则，能尊重、理解他人，学习他人长处，能友善、宽容地与人相处。他们有较好的人际关系，无不良的行为模式或生活方式。

7. 有效的学习

心理健康的青少年能主动地确立学习目标，明确学习价值，有较强的学习动机，注意学习方法，正确对待竞争及得失。

> **阅读窗**
>
> **马斯洛和米特尔曼提出的心理健康标准**
>
> （1）充分的安全感。
> （2）充分了解自己，并对自己的能力做适当的评估。
> （3）生活的目标切合实际。
> （4）与现实的环境保持接触。
> （5）能保持人格的完整与和谐。
> （6）具有从经验中学习的能力。
> （7）能保持良好的人际关系。
> （8）适度的情绪表达与控制。
> （9）在不违背社会规范的条件下，恰当满足个人的基本需要。
> （10）在集体要求的前提下，较好地发挥自己的个性。
>
> 摘编自：10条心理健康标准［EB/OL］.（2014-9-23）［2024-4-28］.http://www.xlzx.zju.edu.cn/2014/0923/c55639a2236226/page.htm.

二、青少年常见心理健康问题

青少年的心理健康问题指的是青少年在发展过程中所表现出来的不符合或违反社会准

则与行为规范，或不能良好地适应学习和生活，从而给自身、他人或社会造成不良影响甚至危害的问题。青少年常见心理健康问题包括网络成瘾、抑郁症、焦虑症、强迫症、恐怖症等。

（一）网络成瘾

成瘾的概念最早来源于临床医学中病人对药物的依赖现象。当前，在青少年群体中最大的成瘾问题是网络成瘾。

网络成瘾（Internet Addiction Disorder，IAD），又称为网络性心理障碍或网络依赖等。目前对网络成瘾还没有一致的定义，有人将其定义为无成瘾物质作用下的上网行为冲动失控，表现为由于过度使用互联网而导致个体明显的社会心理功能损害。网络成瘾的人主要表现为一种不自主的强迫性网络使用行为和在网络使用过程中不能有效控制时间，并且随着网上活动带来的满足感的强化，使用者出现难以自拔的现象。在初期，个体会出现精神依赖，渴望上网，如果不能如愿就会产生极度的不适应感、情绪低落、烦躁不安、焦虑、抑郁等；随后就会发展为躯体的依赖，表现出头昏眼花、双手颤抖、疲乏无力、食欲不振等症状，最终导致学习、生活等方面受到严重影响。网络成瘾会造成青少年心理、生理和社会生活方方面面的不良后果。它会占据成瘾者几乎所有的时间和注意力，使其自我控制能力和认知能力下降，出现严重的动机冲突和情绪困扰，对现实生活失去兴趣，参与集体活动的动力减弱。

据中国互联网络信息中心第51次调查数据，截至2022年12月我国手机网民规模为10.65亿，未成年人互联网普及率持续提升，截至2021年我国未成年人互联网普及率达96.8%。我国青少年互联网用户规模已达3.48亿，其中约有70%的青少年使用互联网进行游戏娱乐。此外，北京市疾控中心在一项研究中发现，超过15.2%的中学生存在游戏过度使用的问题。

网络游戏因具有娱乐性、互动性、开放性和虚拟现实性等特点，吸引了大量的青少年。由于青少年的自制力比较差，社会技能和自我保护意识较弱，更容易沉溺于游戏不能自拔。过度玩电子游戏会导致类似依赖综合征等一系列的问题。游戏成瘾者与那些精神活性物质成瘾者有许多相似之处，主要表现为持久地渴望或难以控制或减少玩电子游戏，为了满足强烈的玩游戏的冲动而放弃重要的社会角色和其他有意义的社会活动，停止电子游戏活动后则会出现生理和心理的不良反应。沉迷于电子游戏的青少年更多地表现出较高的抑郁和焦虑倾向，还会产生一系列的社交问题、行为问题以及家庭矛盾等。

导致青少年网络成瘾的原因主要有以下几个方面：

（1）网络本身特征。网络本身具有虚拟性、高速率、范围广、自由度高等特点，可以使人际交流具有很大的吸引性，而同时不受现实交流方式的限制。

（2）人格特征。那些具有高焦虑、低自尊、抑郁倾向、自我控制能力差等方面特征的青少年更容易形成网络成瘾。

（3）家庭和学校环境。家庭和学习的压力会导致青少年产生情绪、认知、人际关系等方面的失调，因此他们会借助网络来缓解压力，逃避现实中遇到的困难。

（二）抑郁症

抑郁症又称抑郁障碍，是以显著而持久的心境低落为主要特征的心理障碍，表现为兴趣淡漠、情绪低落、自卑消沉、思维迟缓、悲观绝望、难以投入现实生活，严重者会出现

自杀行为。青春期的身心剧变及对社会生活的不适应，使青少年容易产生困扰、绝望、悲观等消极情绪，越来越多的青少年存在着不同程度的抑郁问题。有研究发现，青少年在 13~15 岁抑郁心境急剧增加，在 17~18 岁达到高峰，随后下降到成人水平。女性患抑郁症的比例高于男性。

1. 抑郁症的表现

抑郁症主要表现在情绪、认知、动机和身体等方面，具体内容如下。

（1）在情绪方面。抑郁的青少年常常表现出沮丧的状态，对前途悲观，觉得生活毫无意义；常常沉思，回忆不愉快的往事，或遇事往坏处想；自我评价低，夸大自己的缺点；常唉声叹气，易伤感流泪，愁容满面；日常生活中，常感到没有活力，懒散乏力，精神不振，脑力迟钝，反应缓慢，社会交往活动减少，心境沮丧，烦躁，易激怒。

（2）在认知方面。抑郁的青少年常常表现出否定性的自我评价、犯罪感和绝望。抑郁的青少年在认知上的另一个表现是不能专心致志地学习和工作。在抑郁的青少年中，有 48%~62% 的人出现学习困难。

（3）在动机方面。抑郁的个体在动机方面的表现主要体现为做任何事情都缺乏动力。要开始做任何事情都是一件极其困难的事，需要做极其激烈的自我斗争。抑郁的青少年也通常表现出社交退缩和自杀意向。有轻生念头，倾向于逃避社会交往，进行自我封闭。

（4）在身体症状方面。抑郁的青少年经常诉说头痛、胃痛或身体其他部位的疼痛，常伴有头晕、耳鸣、口干、心悸、胸闷等症状，表现出无缘无故的疲倦，并经常出现睡眠障碍，体重下降，运动、言语和反应迟钝。

2. 抑郁症产生的原因

对于抑郁症产生的原因，不同理论给出了不同的解释。

（1）认知理论中以贝克（A. T. Beck）为代表的观点认为，抑郁与人们的自我评价有关。抑郁的人倾向于消极地看待自我、世界和未来，他们在认识和应对事物时，习惯于高估否定性的行为，低估自己肯定性的行为。这种自我歪曲和消极的认知是导致抑郁的重要原因。

（2）行为主义则认为，生活压力和负性事件会导致抑郁，因为压力会减少生活中的正性强化物，使人变得退缩，形成恶性循环。例如，认知心理学用习得性无助和归因来解释抑郁。长期的挫折体验，让个体认为结果不可控，对结果无能为力，这种无能为力感便是习得性无助。习得性无助会使人把自己行为的后果归因于自己不可控制的力量，进而陷入悲观绝望的抑郁状态。

（3）社会学理论认为，某些社会因素与抑郁症的发病有关。例如，童年遭受虐待、社会支持不足、经济困难等社会因素，都可能导致个体出现抑郁症状。

以上是关于抑郁症的理论学说。在现实生活中，引起青少年抑郁的原因主要包括以下几方面。一是家族遗传。家族遗传因素对青少年抑郁起一定的作用。约 50% 抑郁青少年的父母中，至少有一人曾患抑郁症；对双生子的研究发现，同卵双生子的同病率高达 70% 以上，而异卵双生子的同病率仅为 19%。二是个体因素。青春期剧烈的身心变化容易诱发消极情绪。性格内向、多疑、孤僻，常常注意事物消极面的人，容易陷入抑郁状态。另外，急性抑郁发作者，病前个性多呈现倔强、执拗的特点。慢性抑郁患者病前多表现出无能、被动、依赖、好纠缠和孤独的特点。三是精神刺激因素。抑郁情绪的出现，一般与创伤性应激事件、持续积累的不良体验有关。例如，父母死亡或离异，父母对子女采取排斥或漠不关心的态度；早年有过不幸的经历，青春期后又碰到精神上的创伤或其他负性生活事件等，均易诱发抑郁情绪。

抑郁影响青少年的学习和生活质量，如果不及时治疗会对成年后的工作、家庭和社会生活产生持续的不良影响。另外，抑郁也是导致青少年自杀的重要因素。

（三）焦虑症

焦虑症即焦虑性神经症，是一种常见的神经症，患者以焦虑情绪反应为主要症状，同时伴有明显的植物性神经系统功能的紊乱。处在焦虑状态的人，在心理和行为上会出现提心吊胆、惶惶不安、忧心忡忡、敏感易怒、注意力不集中、记忆力下降等现象，经常处于警觉状态。他们在躯体上呈现颤抖、坐立不安，以及心跳加快、呼吸紧迫、心悸胸闷、心慌多汗等症状。

焦虑在正常人身上也会发生，这是人们对于可能造成心理冲突或挫折的某种特殊事物或情境进行反应时的一种状态，同时带有某种不愉快的情绪体验。这些事物或情境包括一些即将来临的可能造成危险或灾难，或需付出特殊努力应对的事情，如果对此无法预计其结果，不能采取有效措施加以防止或予以解决，这时心理的紧张和期待就会引发焦虑反应。人们在考试前，或在第一次登台表演或演讲、参加重要的会议或拜访重要的人物之前，都会有焦虑的体验，这是正常的。焦虑使人不愉快，驱使人避开引起焦虑的事物。因此，从心理学角度看，焦虑具有保护性意义。然而过度的、无端的焦虑是不正常的，对人体是有害的，长期过度焦虑可能演变成神经性焦虑症。青少年群体常见的有青春期焦虑症和考试焦虑。

1. 青春期焦虑症

青春期是焦虑症的易发期，有研究显示，有70%的青少年自称有很多忧虑，将近半数的青少年表示他们的生活缺少乐趣并且使他们紧张，超过1/4的个体存在睡眠障碍。

青少年身心变化剧烈，随着第二性征的出现，有些青少年对自己的体态、生理和心理等方面的变化不知所措。例如，女孩由于乳房发育而不敢挺胸、因月经初潮而紧张不安；男孩出现性冲动、遗精、手淫后追悔自责等。如果教育引导不及时、不科学，青少年就会因为不理解而恐惧、紧张、羞涩、孤独、自卑和烦恼，还可能伴有头晕头痛、失眠多梦、眩晕乏力、口干厌食、心慌气促、神经过敏、体重下降等身体症状。但检查却并没有发现任何器质性病变，这类病症在精神科常被诊断为青春期焦虑症。身心变化、不良的生活环境、不恰当的教育方法是导致青少年焦虑的重要原因。青春期焦虑症会严重危害青少年的身心健康，长期处于焦虑状态，还会诱发神经衰弱，因此必须及时予以合理治疗。

2. 考试焦虑

考试焦虑是学生常见的一种心理问题，是指在一定的应试情境下，受个体认知评价能力、人格倾向与其他身心因素的制约，以担忧为基本特征，以防御或逃避为行为方式，通过一定程度的情绪反应所表现出来的心理状态。它集中表现为对考试情境的一种类似神经症性的紧张、不安、担忧的反应，主要源于对考试目标的实现缺乏信心，并认为考试失败将可能导致严重的不良后果，如教师或家长的失望与责备、前途无望等。过度的焦虑会影响学习状态和考试发挥，使个体产生紧张、焦急、担忧、害怕等消极情绪，并伴随思维迟钝、记忆下降、无法完成学习任务等问题，严重的会出现失眠、食欲不振、紧张性头痛、神经衰弱、心悸盗汗和胃肠疾病。导致考试焦虑的原因包括对考试的错误认知、他人的过高期望、自我苛求和盲目攀比等。

（四）强迫症

强迫症是一种以强迫思维和强迫行为为主要特征的神经症，其特点为有意识的强迫和反强迫并存，一些毫无意义，甚至违背自己意愿的想法或行为反反复复侵入患者的日常生活。患者虽体验到这些想法或冲动是源于自身，极力抵抗，但始终无法控制，二者强烈的冲突使其感到巨大的焦虑和痛苦，影响学习工作、人际交往甚至生活起居。

1. 强迫症的类型

（1）强迫性思维又称强迫观念，是指患者脑海中反复多次出现某一观念或概念，伴有主观的被强迫感觉和痛苦感。例如，反复思考"人为什么要活着""太阳为什么从东边升起""为什么把桌子叫桌子而不叫椅子""为什么一加一等于二却不等于三"。患者对日常生活中的一些事情或自然现象反复思索，追根溯源，明知毫无意义，但无法控制，其思维经常纠缠于一些缺乏实际意义的问题而不能摆脱，常伴有烦躁焦虑的情绪。

（2）强迫行为，这是为了减轻强迫思维产生的焦虑而不得不采取的顺从性行动。强迫行为包括：强迫检查，如患者反复检查作业，或门窗是否关好；强迫性清洗，如反复洗手、洗澡或洗衣服；强迫性仪式动作，即做事有固定的仪式或程序，比如洗手时一定要从指尖开始，连续不断洗到手腕，如果顺序反了或是中间被打断了就要重新开始洗，为此常耗费大量时间，痛苦不堪。

2. 强迫症产生的原因

强迫症的病因复杂，一般认为强迫与成长经历、不良生活事件、追求完美的人格特质及遗传因素有关。

（1）成长经历。强迫症患者的家庭教育往往比较严厉，父母对孩子的要求高，如果孩子不能达到要求，往往会给予严厉的训斥和惩罚。久之，孩子会形成做事细致谨慎、追求完美的行为习惯。

（2）不良生活事件。许多研究表明，患者首次发病往往是在遭受不良生活事件后发病的，如失恋、离婚、考试失败、工作受挫、人际关系紧张等。

（3）追求完美的人格特质。强迫症与强迫型人格有很大关系，有接近半数的强迫症患者病前就有强迫型人格，表现为过分谨小慎微、追求完美、责任感过强、希望凡事都能尽善尽美，对自己和他人要求高，在处理不良生活事件时表现得刻板、适应差、缺乏弹性。强迫型人格在青少年期就开始表现，如做事效率特别低，追求完美，做题比其他同学慢，做完要反复核对等。

（4）遗传因素。调查表明，强迫症患者的一级亲属中焦虑障碍发病危险率明显高于对照组，如果将有强迫症状但未达到诊断标准的人包括在内，则病人组父母的强迫症状危险率（15.6%）明显高于对照组父母（2.9%）。双生子研究显示，同卵双生子的同病率高于异卵双生子。这说明强迫症的发生可能存在一定的遗传倾向。

（五）恐惧症

恐惧症，也叫恐怖症，是一种神经症，指对某一特定的事物、活动或处境产生的持续和不必要的恐惧和回避行为。患者能认识到这种恐惧是过分的和不必要的，但自己却无法克服，且伴有明显的焦虑及自主神经症状，并主动采取回避的方式来解除这种不安。恐惧的对象可以是单一的或多种的，如动物、广场、密闭空间、登高或社交活动等。根据恐惧对象，可以把恐惧症分为空间恐惧、动物恐惧、疾病恐惧、社交恐惧、学校恐惧等。学生中常见的恐惧症为学校恐惧症。据统计，有0.4%~2%的中小学生患有学校恐惧症，学校恐惧症易发生在7~15岁人群中，男女无差异。一般来讲，性格内向、自尊心强、自卑、不敢冒险、缺乏主动性、胆怯易受暗示的人较容易出现社交恐惧。

1. 学校恐惧症

学校恐惧症是一种特殊类型的恐惧状态，患者主要表现出对学校的强烈恐慌不安，上学时显得很勉强、很痛苦，该去上学的时候违拗不去或提出苛刻的条件，当家长让他们上学的时候，他们就感到极度惊恐和害怕，伴随着这种恐怖情绪的是一些躯体症状，通常表现为腹痛、头痛、呕吐、恶心、腹泻等躯体性症状，并伴随着焦虑、抑郁和恐怖等心理症状，但当他们在家时看书或和伙伴们游戏时，一切都正常。

对于学校恐惧症的产生原因，不同学派有不同的解释。

（1）行为主义者认为，学校恐惧症是经由学习得来的。从很小的时候，孩子就过分依赖父母，遇到什么问题都习惯于求助父母，他们倾向于把家看作避难所。所以，有朝一日必须上学，在学校里独自处理问题和照顾自己时，孩子便想到家，借回家逃避一切困难。

（2）精神分析理论认为，学校恐惧症主要源于儿童与母亲的分离焦虑。如果没有很好地解决亲子依恋，造成孩子过度依恋母亲，母亲也过度依恋孩子，当孩子上学时，孩子的上学恐惧便会发生。孩子在心理上忍受不了与母亲分离这一事实，而母亲在无意识中也愿意孩子依恋自己。精神分析将这种母子不愿分开的情感叫分离焦虑。

（3）学习中遇到挫折。有的孩子是由于在学校经历了某种创伤，如同学的欺辱、老师的训斥等；有的是因为学习成绩落后，在学校中体验不到任何乐趣，经常受到嘲笑而害怕上学。

2. 社交恐惧症

社交恐惧症是指在有他人在的场合，特别是有陌生人的场合或公共场合，感到心理紧张，有异常的恐惧体验，并伴有异常的行为表现，如害怕与人目光接触、表情紧张、脸红、心慌、不安、手脚发冷、出汗、语无伦次等。社交恐惧症绝大多数始发于青少年时期。因为社交恐惧影响学习、工作和生活，部分人不得不休学、停职。

有社交恐惧症的青少年在学校里，非常害怕老师提问、当众发言，与同学很少交往，经常独自活动，尽量回避学校的集体活动。他们的智力正常，学习能力并不低下，有时还超过一般人。除了社交和情感障碍外，没有其他心理行为的异常。

对于社交恐惧症的产生原因，不同学派有不同的解释。

（1）行为主义认为，社交恐惧症的形成有两种原因：一是通过经验而获得的对某个令

人不快的社会情境的反应，如曾经有过不愉快的或失败的社交经验，以后再遇到类似的情境，就会条件反射地出现紧张不安、担心害怕等焦虑反应；二是由缺乏社会交往技能而引起的，如不知道如何与人打招呼、不会与人聊天等。

（2）认知学派认为，社交恐惧症的产生是由于一系列不合理的信念所导致的不良情绪反应，这些信念包括："完美主义"的人际交往观，如"我一定要做到人人都满意才算有良好的人际关系"或"一个人只有被所有人称赞才算人缘好"；对自己的否定性评价，如"我总是样样不如人""我不可能与人建立良好的人际关系"；对社会交往所做的否定性预期，如"我到时候肯定会给人留下不好的印象""我到时候会不会失态"等。这样一些不合理的信念会使人在人际交往中因为在乎别人的评价而紧张不安。

第二节　心理辅导方法

党的二十大报告指出："教育、科技、人才是全面建设社会主义现代化国家的基础性、战略性支撑。"学校心理健康教育是学校教育的重要组成部分，是学校教育现代化的重要标志之一。它是根据学生生理、心理发展特点，运用有关心理健康教育的方法和途径，培养学生良好的心理素质，全面促进学生身心和谐发展和素质提升的教育活动。学校心理健康教育包括发展性教育与补救性教育两项任务。

发展性教育主要是指对全体学生开展心理健康教育，是通过有针对性的课程、活动和训练，增强学生健康意识，增强学生控制情绪、承受挫折、适应环境的能力，培养学生健全人格，不断提升学生的心理素质。

补救性教育是对少数有心理困惑或心理障碍的学生，给予科学有效的心理辅导，帮助他们掌握科学方法，摆脱心理障碍，恢复心理健康状态。心理辅导的方法很多，常用的方法包括强化法、系统脱敏法、认知疗法、来访者中心疗法、理性情绪疗法等。

无论使用哪种辅导方法，咨询者的素质都决定着治疗效果。心理辅导要求治疗者有专业的心理训练和丰富的咨询经验，能熟练地运用心理咨询技巧，并在心理咨询过程中对求治者做到无条件地接纳和关注，认真倾听、充分理解、坚持以学生为中心，严格为来访学生保密等。

一、强化法

强化法是指通过强化达到纠正不良行为、促进良好行为形成的一项行为治疗技术，是行为治疗常用的方法。

（一）强化法的原理

强化法是行为主义学派的治疗方法。行为主义学派心理学家认为，人的问题行为、症状是由错误的认知与学习导致的，主张把心理咨询的着眼点放在求治者当前的行为问题上，注重当前某一特殊行为问题的学习和解决，以促进问题行为的改变、消失或新行为的获得。

强化法是基于斯金纳的操作性条件反射原理而设计。强化法是斯金纳学习理论的基石与核心，因此斯金纳的学习理论也被称为强化论。

> **阅读窗**
>
> **斯金纳的操作性条件反射实验**
>
> 斯金纳（B. F. Skinner）在特制的实验箱（斯金纳箱）内研究了白鼠的学习机制。箱内装有一个杠杆。杠杆与传递食物的机械装置相连，只要杠杆一被压动，一颗食丸便滚进食盘。白鼠被放进箱内，自由活动，当它踏上杠杆时，有食丸放出，于是吃到食物。它一旦再按压杠杆，食丸又滚出，反复几次，白鼠就学会了按压杠杆来取得食物的条件反射。斯金纳将这种条件反射叫作操作性条件反射。
>
> 摘编自：陈琦，刘儒德. 当代教育心理学［M］. 2版. 北京：北京师范大学出版社，2007.

斯金纳认为强化是塑造行为和保持行为强度的关键，行为的变化是强化的结果，控制强化就能控制行为。如果一个行为发生后，接着呈现一个强化刺激，则这个行为发生的概率就会提升。强化的次数越多，行为发生概率也越大，久而久之，就形成了习惯。反之，行为发生后，没有得到及时强化，行为就会消退，最终消失。可见，是否得到外部刺激的多次强化，是个体衡量自己的行为是否妥当、是否正确的唯一标准。

自20世纪70年代以来，很多研究发现，外部强化虽然能够提高外来动机，但也可能损伤人们对活动本身的兴趣。例如，有研究者在幼儿园对很喜欢绘画的孩子进行实验。实验者对孩子的绘画行为进行奖励，即每画一张就送给他们每人一个小奖杯。后来，实验者取消了奖励，当孩子们知道用绘画再也不会得到奖励时，他们就不再继续画了。另外，在学习中，我们也经常看到过度强化考试结果容易使学生的注意范围变窄，学生可能会只关心考试、分数和奖赏，而忽略对所学内容本身的掌握。可见，不当的强化会损害个体对活动本身的兴趣。因此，当我们运用外部强化激发学生行为时一定要慎重。对于学生本来有内在兴趣的活动，要避免用外部奖赏损害其内在兴趣；对于学生一开始就缺乏兴趣的活动，可以运用外部强化去激发兴趣，并通过合理的强化，逐渐使学生对活动本身产生兴趣。

（二）强化物

能引起行为发生频率或持续时间增加或减少的刺激物，被称为强化物。强化物可以分为一级强化物和二级强化物。

（1）一级强化物是指能直接满足人和动物的基本生理需要的刺激物，如食物、水、安全、温暖、性等。这些物品是生存所必需的，它们的强化作用是与生俱来的，即不需要学习就能得到强化。在一级强化物的刺激下，个体会产生自然的愉悦感和满足感，并倾向于做出相应的行为以获得这些物品。

（2）二级强化物是指能间接满足人或动物需要的刺激物，如表扬、奖励、喜欢等。任何一个中性刺激如果与一级强化反复结合，就能成为二级强化物。例如，对于婴儿，钱不是强化物，但当小孩知道钱能换自己喜欢的东西时，它就成为能影响儿童行为的二级强化物。

对于年龄较小的儿童，一级强化物能更有效地促进孩子行为养成。随着年龄的增长、社会经验的积累，个体的社会性需求不断增多，二级强化物能更有效地激发个体兴趣，促进良好行为的形成。例如，对于年幼的孩子，糖果比奖状更有效，而对于学生，奖状的激励效果远远大于糖果。

（三）代币法

代币法是强化法在治疗中的具体运用，是一种行为治疗方法。代币法又称标记奖酬法，是通过一套系统的激励系统，促使求治者执行治疗方案，用奖励强化所期望的行为，或使某种行为减少或消退的治疗方法。这种行为疗法被广泛地应用在各类行为纠正或行为训练中。代币法要求事先确定欲加以奖励的行为（靶行为），确定可供交换的代币以及发放和交换奖励的办法。在决定这些问题的过程中，应当尽可能地让求治者参加，这是代币法奏效的一个基本条件。

实施前要与求治者充分交流，共同确定目标行为、强化物和治疗方案，这样才能保证求治者认真执行治疗方案，实现行为纠正的目标。代币法具体操作程序如下：

（1）首先了解求治者的现实状况，明确将矫正或塑造的行为，共同确定将达成的目标行为。需要注意的是要细化目标行为，目标行为应该是外显的，是可观察和评估的。

（2）选择强化物，并确定可供交换的代币。强化物要能有效地激发求治者的行为变化，可以是求治者喜欢的活动或物品，如玩自己喜欢的游戏、购买喜欢的物品等。可供交换的代币要直观，便于记录，如卡片、奖章等。需要避免交换的物品诱惑力过大，以免将来行为过渡到自然情境时难度增加。

（3）确定监督者，签订协议。在实施代币制过程中，求治者往往会缺乏毅力，或认为这只是人为的游戏而不认真对待。因此，要寻找求治者身边的人作为监督者，如父母或朋友。

（4）拟订行为矫正方案，签订三方协议。矫正方案要明确行为变化的评估指标，并确定可供交换的代币以及发放和交换奖励的办法。比如，目标行为是形成自觉完成作业的习惯，强化物是玩游戏，以卡片作为代币。强化程序是求治者如果当天能自觉完成作业，就获得1张卡片，5个卡片可以换1小时的游戏时间。为增加约束力，可签订三方协议，即治疗者、监督者和求治者在代币行为纠正方案上签字，并明确责任，承诺共同遵守治疗条款。

（5）实施代币纠正。在实施纠正的过程中，监督者要提醒、鼓励和督促求治者完成目标行为，且每当目标行为出现，就要及时给予强化。要让求助者感受到监督者对他的关心与关注，直观感受到自己的变化，提高对活动的兴趣和达成目标行为的自我效能感。

代币法的目标是使求治者形成目标行为，并在自然生活中持续保持。因此，代币交换系统还应根据求治者目标行为形成情况进行调整，以防止出现强化物的饱厌情况，培养求治者的内部动机。如果目标行为多次按期望的频率发生，应当逐渐减少外部强化物，增加社会性肯定，并由持续强化逐渐转为间歇性强化，直至停止强化物，过渡到自然情境。同时，要让求治者看到自己可喜的变化，以激发内部动机，提高自我效能感。行为纠正结束之后，应进行周期性评价，以确保目标责任制行为在日常生活中持续保持。

二、系统脱敏法

系统脱敏法又称交互抑制法，是由美国学者沃尔普（J. Wolpe）创立和发展的。这种方法主要是诱导求治者缓慢地暴露导致神经症焦虑、恐惧的情境，并通过心理的放松状态来对抗这种焦虑情绪，从而达到消除焦虑或恐惧的目的。此种方法可以用来治疗恐惧症、强迫症或以焦虑为主导的行为障碍，如口吃、性功能障碍等。

（一）系统脱敏的原理

反应包含情绪反应与身体反应，二者往往是一致的。比如，当人恐惧时，不仅情绪上紧张焦虑，身体也会心跳加速、肌肉僵硬。人身体松弛时，情绪也会放松。而身体反应是可以人为改变的，比如我们可以通过按摩、沐浴、睡眠等方式让身体放松。在心理治疗中，我们可以通过更系统的放松训练，让求治者学会控制自己的身体反应。

系统脱敏的基本原理是交互抑制。交互抑制是指个体不可能同时对一个刺激产生两种对立的反应，如果改变其中一个反应，另一个反应会随之改变。在引发恐惧或焦虑的刺激物出现时，让求治者进行肌肉放松。身体的放松可以削弱情绪的紧张，多次重复强化，能够切断刺激物与紧张情绪的联系，即使求治者不再害怕刺激物的出现。

（二）系统脱敏的程序

根据交互抑制原理，在心理治疗时应从能引起个体较低程度的焦虑或恐怖反应的刺激物开始进行治疗。如果一个刺激所引起的焦虑或恐怖状态在求治者所能忍受的范围之内，经过多次反复呈现，他便不再会对该刺激感到焦虑和恐惧，治疗目标也就达到了。治疗者便可向处于放松状态的求治者呈现另一个比前一刺激略强一点的刺激。采用系统脱敏法进行治疗应包括三个步骤。

（1）建立恐惧或焦虑的等级层次，即将引起求治者恐惧或焦虑的刺激情景由低到高建立等级。

（2）进行放松训练，学习放松的方法，逐渐学会控制身体放松。

（3）按恐惧或焦虑的等级，由低到高进行脱敏治疗。从能引起个体较低程度的焦虑或恐惧反应的刺激物开始，先使求治者处于放松状态，然后呈现引发恐惧的刺激情景或让其联想刺激情景，这时求治者开始紧张，要求求治者进行身体放松，对抗情绪紧张。反复多次，直到这一刺激或情景不再引起求助者的恐怖反应为止。之后，呈现比前一刺激高一级的刺激继续进行脱敏。注意脱敏要逐级进行，每次脱敏选择的等级要在求治者能忍受的范围内。

（三）放松训练

放松训练是通过系统的训练，使求治者达到掌控身体放松的能力，进而实现随时保持情绪放松的方法。渐进性的放松训练是对抗焦虑的一种常用方法，和系统脱敏法相结合，可治疗各种焦虑性神经症、恐怖症，且对各系统的身心疾病都有较好的疗效。

1. 放松训练的要求和过程

环境要求：房间安静整洁，光线柔和，周围没有噪声。

声音要求：训练时，一般是治疗者本人用语言指示求治者放松，说话声音应低沉、轻柔和愉快。

准备工作：让求治者靠在沙发上，尽量使自己坐得舒适些，让求治者闭上眼睛。

训练过程：让求治者根据提示，依次进行上肢、下肢、头部、躯干的放松训练，遵循从末端向中心、从紧张到放松的流程。对放松不了的求治者，可以采用辅助措施，即在生物反馈电子仪器帮助下，将求治者生理反应指标，如呼吸、心率、血压、肌电、皮电等以

视觉（如仪表读数）或听觉（如蜂鸣音）形式呈现出来，从而使主体了解自身的机体状态，逐渐学会控制身体反应。

日常训练要求：求治者在治疗者指导下进行放松训练之后，需要回家自行进行练习。要求求治者每日练习1~2次，每次15分钟左右。治疗者可以为求治者提供书面指示语或录音磁带，供求治者在家练习时用。

2. 放松训练注意事项

（1）第一次进行放松训练时，作为示范，治疗者也应同时做。这样可以减轻求治者的羞涩感，也可以为求治者提供模仿的对象。事先得告诉求治者，如果不明白指示语的要求，可以先观察一下治疗者的动作，再闭上眼睛继续练习。

（2）会谈时进行的放松训练，最好用治疗者的口头指示，以便在遇上问题时，能及时停下来。治疗者还可以根据情况，主动控制训练的进程，或者有意重复某些放松环节。

（3）在放松过程中，为了帮助求治者体验其身体感受，治疗者可以在步与步的间隔时，指示求治者，如"注意放松状态的温暖和轻松的感觉""感到你身上的肌肉非常地放松""注意肌肉放松时与紧张时的感觉差异"等。

三、认知疗法

认知疗法是通过认知技术来改变来访者的不良认知，从而达到消除不良情绪、矫正不良行为的一种心理治疗方法。认知疗法是由美国临床心理学家贝克（Aaron T. Back）创立的。贝克认为，一个人的思维方式决定了他的感觉和行为反应，认知歪曲或错误是导致情绪紊乱和行为适应不良的根源。例如，认为"自己考不好，就一无是处"导致考试焦虑。所以，改变不良情绪和行为的关键在于纠正错误的认知以及由此形成的自动思维或信念。

（一）认知疗法的原理

认知理论认为人的情绪来自人对所遭遇的事情的信念、评价、解释或哲学观点，而非来自事情本身。情绪和行为受制于认知，认知是人心理活动的决定因素，认知疗法就是通过改变人的认知过程和由这一过程中所产生的观念来纠正个体适应不良的情绪或行为。治疗的目标不仅仅是针对行为、情绪等外在表现，而且分析求治者的思维活动和应对现实的策略，找出错误的认知加以纠正。

认知是指一个人对一件事或某对象的认知和看法，对自己、对他人的想法，对环境的认知和对事件的见解等。典型的认知错误有绝对化、以偏概全、糟糕至极等。例如，导致考试焦虑的错误认知，绝对化思维式即"我必须考好，否则就是笨蛋"，以偏概全式即"考不好，就啥也做不好"，糟糕至极式即"考不好，这辈子就完了"。

（二）认知疗法的使用过程

1. 识别自动化思维

自动化思维（Automatic Thought）是指非自愿发生于当事人意识流中的一些想法与意象。许多判断、推理和思维显得模糊、跳跃，很像一些自动化的反应。由于引发心理障碍的思维方式是自动出现的，已构成求治者思维习惯的一部分，多数求治者不能意识到在不良情绪反应以前会存在这些思想。因此在治疗过程中，治疗者首先要帮助求治者学会发现和识别这些自动化的思维过程。治疗者可以采用提问、自我演示或模仿等方法，找出导致不良情绪反应的认知。

2. 进行假设验证，识别错误认知作用原理

对求治者的错误认知不要急于否定，而是告诉求治者，"假设"他的认知是正确的，将求治者的自动思维和错误观念作为一种假设，鼓励他按照错误认知进行假设检验，使之认识到原有观念中不符合实际的地方，这是认知疗法的核心。例如，假设"考不好，就啥也做不好"是对的，让求治者说出如果考不好，会发生哪些情况，并逐一进行分析，从而使求治者意识到假设和事实的区别，意识到错误认知的作用原理。可通过提问等方式，使求治者对所持有认知产生怀疑，进而产生改变意愿。

3. 建立合理认知

引导求治者发展新的合理的认知来替代错误认知。比如"考不好，可以总结经验，继续努力，不影响做其他事情"替代"考不好，就啥也做不好"的错误认知。治疗者指导求治者广泛应用新的认知，可以通过角色扮演的方式帮助求治者练习运用新的认知，并引导求治者评估认知改变的作用，使求治者建立持续改变的信心。

4. 坚持日常训练

要让求助者练习将新的认知模式应用到现实生活中，即在处理日常生活问题的过程中培养观念的竞争，用新的认知对抗原有的认知。每次治疗之后都应要求求治者在家里或工作场所进行练习，即练习察觉自动思维，进行假设验证，并有意识地用新的认知对抗原有的认知。

四、来访者中心疗法

来访者中心疗法（Client-Centered Therapy）也称为求治者中心疗法，是20世纪60年代兴起的，由美国心理学家罗杰斯（Carl Rarsom Rogers）所倡导。来访者中心疗法认为，任何人在正常情况下都有积极的、奋发向上的、自我肯定的、无限的成长潜力。如果人的自身体验受到闭塞，或者自身体验的一致性丧失、被压抑、发生冲突，使人的成长潜力受到削弱或阻碍，就会表现为心理病态和适应困难。如果创造一个良好的环境使他能够和别人正常交往、沟通，便可以激发潜力，发挥人的自愈能力，改变其适应不良行为。

（一）来访者中心疗法的理论基础

来访者中心疗法的理论基础是人本主义心理学观点。人本主义心理学家认为，人性是善良的，人具有自我实现的需要。自我实现的需要是指个体向上发展和充分运用自身才能、品质、能力倾向的需要。罗杰斯认为，人具有自我实现和成长的能力，有很大的潜能理解自己的问题，且人有自愈的能力。因而，治疗的过程是求治者学习与改变自我的过程，治疗者主要任务是协助求治者寻找迷失的自我，探索真正的自我，重建新的自我。

（二）来访者中心的治疗技术

罗杰斯认为，治疗的关键在于建立良好的咨询关系。来访者中心疗法从根本上来讲是一种以关系为导向的方法，没有固定的步骤，是需要治疗者灵活运用关系建立的咨询

技术。

1. 理解的技术

（1）无条件关注。对来访者要做到无条件关注，即不论来访者的阶层、感情和行为是什么样的，都要发自内心地认为对方是一个有价值的人，并且持有一种非评价性的态度，对其问题和情感表达真诚的关注。治疗过程中，治疗者要做到设身处地理解和尊重求治者，要让来访者感觉到无条件的关注，体会到来自治疗者的真诚、热情、理解、接纳和尊重。

（2）表达理解和共情。治疗者要做到设身处地理解来访者的认知、情感和行为，并且让来访者感受到他被准确理解。治疗者运用语言、非语言和沉默等方式表达对来访者的理解。理解的言语交流包括重复、概括、解释、回应，或运用语气词鼓励求治者表达等。非语言手段包括姿势、表情和动作等，如微笑、点头、目光接触。适当的沉默也是治疗者表达理解的有效方式。

共情又称为同感、神入、同理心等，是指在治疗过程中，要从来访者的角度出发，以感同身受的体验方式对来访者给出反应。一是充分理解来访者的感受和那些感受的意义；二是要将这种理解准确传达给对方；三是促使来访者对自己的感受和问题有更深层的思考和认识。例如，一位16岁的女孩来到咨询室，她因考试失败受挫，感到很沮丧和无助，对未来也失去了信心。咨询师可以说："我能够感受到你因考试成绩不理想而沮丧和失望，我也能够理解你对自己的未来失去了信心，这让你感到焦虑和不安。"

2. 坦诚交流的技术

坦诚交流是良好关系维系的条件，要实现坦诚交流就要注意以下几个方面：

（1）不固定的角色。治疗者不固定自己的角色，就意味着在咨询中的表现如同在现实生活中的表现一样坦率，即治疗者不把自己隐藏在职业咨询师的角色之内，能保持与目前情感和体验的和谐，并进行交流。

（2）自发性。一个自发的人会很自由地表达和交流，而不是总在掂量该说什么。治疗者要能够自由表达，不会冲动或压抑，他们的言行充满自信。

（3）无防御反应。坦诚的人也是没有防御反应的。一个没有防御反应的治疗者了解自己的优势和不足，并且了解该如何感受它们。治疗师能做到积极面对来访者的消极反应，不会感到受打击和威胁，不会进行防御反应。

（4）一致性。对坦诚的人来说，他的所思、所感及所信的东西与他的实际表现之间只有很小的差异。治疗者的思想与行为保持一致，没有价值观与行为的矛盾冲突。

（5）自我的交流。坦诚的人在合适的时候能够袒露自己。治疗师能够通过来访者的言行，了解来访者的真实情感。

来访者中心疗法的一些治疗理论已经整合到现代心理治疗中，关于治疗者对来访者的共情、尊重、真诚的态度等已经变成各种现代心理治疗的基本原理和技术。来访者中心疗法的基本原理应当成为当代心理咨询师素质培养的基础内容。

五、理性情绪疗法

理性情绪疗法（Rational-emotive Therapy，RET），又称合理情绪疗法，是由美国心理学家阿尔伯特·艾利斯（Albert Ellis）于 20 世纪 50 年代创立的。它以认知理论为基石，通过逻辑思辨和自我辩论的方法，消除不合理信念，建立合理信念，解决情绪和行为问题。

（一）理性情绪疗法的理论基础

理性情绪疗法是在"ABC 理论"基础上建立的。在 ABC 理论模型中，A 是指诱发性事件（Activating Events）；B 是指个体在遇到诱发性事件后产生的信念（Beliefs），即他对这一事件的看法、解释和评价；C 是指导引发的情绪和行为后果（Consequence）。

艾利斯认为，激发事件（A）只是引发情绪和行为后果（C）的间接原因，直接原因是对激发事件的信念、看法、解释（B）。换言之，不合理的信念、看法、解释是导致情绪和行为障碍的直接原因。例如，同样面对考试失败，王同学表现得不在意，而李同学却伤心欲绝，这是因为王同学认为"考试是对学习的检验，考不好，下次努力"，而李同学认为"考试失败，会带来很严重的后果"。由于持有的信念不同，遭遇同样的事件，两位同学的情绪表现和行为结果完全不同，ABC 理论示意如图 14-1 所示。

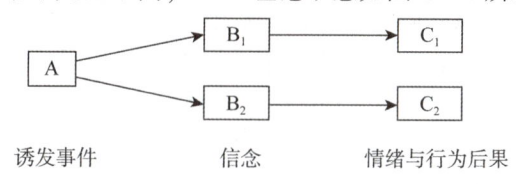

图 14-1　ABC 理论示意

艾利斯认为，人的信念有合理的，也有不合理的。合理的信念会引起人们对事物适度的情绪和行为反应。当人持有某些不合理的信念，并不断重复不合理的信念，就会导致无法排解的情绪困扰。如果长期处于不良的情绪状态之中，最终会出现情绪和行为障碍。情绪是由人的思维和信念引起的，每个人都要对自己的情绪负责。艾利斯重视个人的意志，强调理性选择的作用，认为人能够"自己救自己"。治疗者可以训练求治者进行科学思考和分析，使用新的理性的信念代替旧的非理性的信念。

（二）理性情绪疗法的运用

理性情绪疗法实际上是一种对有情绪障碍的人实施再教育的过程。治疗者引导求治者进行思维与分析，通过客观理性的辩论，用合理信念代替不合理信念，进而改变情绪反应和行为结果。理性情绪疗法的治疗包括三个阶段。

1. 心理诊断阶段

治疗者主要通过与求治者的交流，找出求治者情绪和行为不适的具体表现（C），以及其诱发性事件（A），寻找、发现、准确把握求治者的不合理理念（B）。

不合理信念的主要特征是绝对化的要求、过分概括化以及糟糕至极等。绝对化的要求是指个体以自己的意愿为出发点，认为某一事物必定会发生或不会发生的信念。过分概括化是一种以偏概全的不合理的思维方式，是以某一件或某几件事来评价自身或他人的整体价值。糟糕至极是一种把事物的可能后果想象、推论到非常可怕、非常糟糕，甚至是灾难结果的非理性结果。

> **阅读窗**
>
> **默兹比（Maultsby）提出的区分合理与不合理信念的标准**
>
> 1. 合理的信念大都是基于一些已知的客观事实，而不合理的信念包含更多的主观臆测成分。
> 2. 合理的信念能使人们保护自己，努力使自己愉快地生活，不合理的信念则会产生情绪困扰。
> 3. 合理的信念使人更快地达到自己的目标，不合理的信念则使人难以达到现实的目标，并因此而苦恼。
> 4. 合理的信念可使人不介入他人的麻烦，不合理的信念则难以做到这一点。
> 5. 合理的信念使人阻止或很快消除情绪冲突，不合理的信念则会使情绪困扰持续相当长的时间而造成不恰当的反应。
>
> 摘编自：情绪行为疗法［EB/OL］.［2024-4-28］.https://baike.baidu.com/item/%E6%83%85%E7%BB%AA%E8%A1%8C%E4%B8%BA%E7%96%97%E6%B3%95?fromModule=lemma_search-box.

2. 领悟阶段

治疗者帮助求治者了解合理情绪疗法，使其领悟 ABC 的关系，并能结合自己的问题进行初步分析。

（1）引起其情绪困扰的并不是诱发事件本身，而是他对事件的态度、看法、评价等认知内容，是信念而不是诱发事件本身引起了情绪及行为后果。

（2）要改变情绪困扰，不是致力于改变外界事件，而是应该改变认知，通过改变认知，进而改变情绪。只有改变了不合理信念，才能减轻或消除他们目前存在的各种症状。

（3）求治者可能认为情绪困扰的原因与自己无关，治疗者应该帮助求治者领悟，引起情绪困扰的认知恰恰是求治者自己的认知，求治者对自己的情绪和行为反应负有责任。

3. 修通阶段

这一阶段治疗者的主要任务是运用多种技术，使求治者修正或放弃原有的非理性观念，并代之以合理的信念，这是整个合理情绪疗法的核心部分。常用技术有以下几种：

（1）与不合理信念辩论。这是合理情绪疗法最常用最具特色的方法，它来源于古希腊哲学家苏格拉底的"产婆术"的辩论技术。这种方法通过治疗者积极主动的提问，引导求治者依照旧的观点进一步推理，最后引出谬误，从而使求治者认识到自己先前思想中不合理的地方，动摇其信念。

一般来讲，求治者并不会简单轻易地放弃自己的信念，他们会寻找各种理由为它们辩解。这就需要治疗者时刻保持清醒、客观、理智的头脑，根据求治者的回答一环扣一环，紧紧抓住求治者回答中的非理性内容进行重复辩论。

与不合理信念辩论是一种主动性和指导性很强的认知改变技术，它不仅要求治疗者对求治者所持有的不合理信念进行主动发问和质疑，也要求治疗者指导或引导求治者对这些观念进行积极主动的思考，促使求治者对自己的问题进行深入思考，这样做会使辩论比求治者被动接受治疗者的说教更有成效。

（2）合理情绪想象技术。求治者常常进行消极自我暗示，即不断重复不合理信念，并想象各种失败的情境。合理情绪想象技术就是要帮助求治者停止消极自我暗示，提升求治者解决自身问题的信心，强化其改变自我的内在动力。

合理情绪想象技术具体步骤包括：第一，使求治者想象自己处于最糟糕的情绪反应情境，充分体验这种强烈的负性情绪。第二，帮助求治者改变不合理信念，将糟糕情绪调整为适度的情绪，并充分体验适度的情绪反应。第三，停止想象，让求治者讲述他是怎样想的，自己的情绪有哪些变化，是如何变化的，改变了哪些观念，学到了哪些观念。对求治者情绪和观念的积极转变，治疗者应及时给予强化，以巩固他获得的新的情绪反应。

（3）家庭作业。家庭作业是让求治者在生活中自己与自己的不合理信念进行辩论，主要有两种形式：RET 自助表和合理自我分析报告（RSA）。

①RET 自助表是先让求治者写出事件 A 和结果 C，并从表中找出符合自己情况的 B，或写出表中未列出的其他不合理信念；然后要求求治者对 B 逐一进行分析辩论，并找出可以代替那些 B 的合理信念，填在相应的栏目中；最后，求治者要填写他所得到的新的情绪和行为。

②合理自我分析报告（RSA）和 RET 自助表基本上类似，也是要求求治者以报告的形式写出 A、B、C、D、E 各项，只不过它不像 RET 自助表那样有严格规范的步骤，但报告的重点要以与不合理信念的辩论为主。

（4）其他方法。合理情绪疗法强调认知、情绪和行为三方面的整合。在治疗过程中要保持对求治者完全的接受和容忍。不论求治者的情绪和行为多么荒谬和不合理，治疗者也要理解、接受和尊重。此外，治疗者还要鼓励求治者自我接纳，即在接受自己好的方面的同时，也要接受自己不好的方面。

4. 再教育阶段：重建心理与行为模式

治疗者在这一阶段的主要任务是巩固前几个阶段治疗所取得的效果，帮助求治者在认知方式、思维过程以及情绪和行为表现等方面重新建立起新的反应模式，减少他在以后生活中出现情绪困扰和不良行为的倾向；帮助求治者摆脱不合理信念，强化合理信念，提高应付焦虑性情绪的能力，更好地适应现实生活。

第十四章　要点回顾　　　第十四章　习题园地　　　第十四章　思维导图

第十五章　教师心理

案例导学

张桂梅，1957年6月出生于黑龙江省牡丹江市，1975年12月参加工作，1998年4月加入中国共产党，现任丽江华坪女子高级中学党支部书记、校长，华坪县儿童福利院（华坪儿童之家）院长。作为一名基层教育工作者，她将教书育人、立德树人作为自己的终身使命，踏实地、无私地践行着。她坚守滇西贫困地区40多年，放弃优越的工作条件，毅然投身贫困山区教育扶贫主战场，攻坚克难，执着奋斗，为当地教育发展和脱贫攻坚作出重要贡献。她矢志不渝，克服种种困难，努力阻断贫困代际传递，建成全国第一所针对贫困山区家庭困难女孩的全免费女子高中，使1 600多名贫困家庭学生圆梦大学，托举起贫困家庭脱贫发展的希望与信心。二十多年来她为帮助贫困学生家访行程10万多千米，自己身患重疾却拖着病体坚守岗位，把自己的工资、奖金和社会各界捐助她治病的100多万元全部投入教育事业。在她的不懈努力下，华坪女子高中连续9年高考综合上线率100%。她无怨无悔、无私无畏地在平凡的岗位上奉献着自己、燃烧着自己，谱写了一曲可歌可泣的壮丽篇章。

支月英，江西省宜春市奉新县澡下镇白洋教学点教师。1980年，只有19岁的支月英不顾家人反对，远离家乡，只身来到离家两百多千米，离乡镇45千米，海拔近千米且道路不通的泥洋小学，成了一名深山女教师。数十年来支月英坚守在偏远的山村讲台，从"支姐姐"到"支妈妈"，教育了大山深处的两代人。

每一位教师都承载着教书育人的重要使命，清晰的教师角色与教师形象不仅关乎教师自身，更影响着每一位学生的成长。一位有爱心、懂得学生心理、掌握教育技巧的教师，一位具备良好教育能力的教师会有效地引导学生认识自己，并促进其健康成长。同时，关注教师心理，理解他们的压力与挑战，也是提升教育质量、培养健康人才的基石。让我们共同努力，为教师营造一个良好的心理环境，激发他们的教育热情，共同助力学生的全面发展。

目标解析

1. 理解教师的角色，明确学生心目中好教师的形象。
2. 了解教师能力的构成及各能力的重要作用。
3. 明确教师心理健康的重要意义，掌握教师心理健康的自我调适方法。

第一节 教师的角色

社会角色是人在社会关系中的特定位置和与之相关联的行为模式,它反映了社会赋予个人的身份与责任。在某一个时点,每个社会成员都处于某个社会位置上,这时他便扮演着社会角色。

社会对处在某一社会位置上的角色都有一定的要求,为他们规定了行为规范和要求,这就是社会对角色的期望,我们称之为角色期待。角色期待的内容,是在社会生活的长期发展中形成的,它规范和约束了角色扮演者的行为,以保证社会生活的顺利进行。每个人只有按角色期待行事,才能保证对社会的适应,他的行为才会得到社会的认可和称赞。虽然角色期待并不像法律规范那样强制人们执行,但它在一定社会群体中约定俗成并由公众舆论来监督执行,只有符合角色期待的行为,才会受到公众舆论的赞许。

一、教师的主要角色

教师也是一种社会角色。教师角色是指教师按照其特定的社会地位承担起相应的社会角色并表现出符合社会期望的行为模式。教师是社会职业的一种,其工作任务是根据社会所规定的教育目的和学生身心发展的特点去培养人才,同时教师的职业特点决定了社会对教师的角色期待。

从社会对教师的角色期待以及教师的社会职责来分析,教师在学校主要应该充当学习的指导者、班集体活动的领导者、行为规范的示范者、心理保健者和教育科研人员这样五种角色。

(一)学习的指导者

教师承担着系统、准确地向下一代传播人类文化科学知识,指导学生学习和发展学生智力的任务,即教师应该充当学习指导者的角色。

教师这一角色要求教师指导学生掌握基础知识和基本技能,指导学生在获得科学知识的同时学会如何学习并发展各种能力,从而保证学生在未来的社会生活中能够不断扩充知识。在指导学生学习的过程中,教师既要面向全体学生,促进每个学生的全面发展,又要因材施教,发展每个学生的特长。同时,教师还必须熟悉并掌握知识传播的技能和技巧,善于运用教学的技术设备,根据教学需要,恰当地使用直观教具或现代化教学手段来形象地表达教材。

教师是学习的指导者,他们不仅传授知识,更要引导学生发现自己的潜能,激发他们的学习兴趣和动力。教师通过精心设计的教学计划和活动,帮助学生掌握学习方法和技巧,培养他们自主学习和解决问题的能力。在教师的指导下,学生能够更好地理解知识,发展自己的思维和创造力,成为终身学习者。

(二)班集体的领导者

学生的学习是在班集体这种特有的社会群体中进行的,担任班主任工作的教师是班集体的领导者,没有担任班主任工作的教师在班集体活动中也担负着领导者的责任。要充当好领导者的角色，首先要求教师在课堂教学活动中建立良好的课堂秩序，在教学的同时督促全体学生遵守课堂纪律，使学生养成自觉遵守纪律的习惯；其次，教师要建好班集体，必须注意选择学生干部，培养积极分子，形成有力的领导核心，营造良好的集体氛围，建立和谐的人际关系。教师的领导方式可以划分为不同的类型，其行为表现不同，对学生的影响也不一样。

（三）行为规范的示范者

在培养学生道德品质和人格特性的过程中，教师不仅要指导学生掌握社会价值观念和行为规范，更要充当示范者的角色，通过自己的一举一动，给学生提供榜样。教师要不断反省自己的思想品德、行为作风、处世态度，充分意识到自己的榜样作用，使自己的言行成为学生的表率。例如，要求学生正直公正，教师首先要公正地对待学生；要求学生关心他人，教师首先要关心学生。

（四）心理保健者

随着现代社会生活节奏的加快，竞争日趋激烈，在生活条件和生活质量逐渐提高的同时，学生也面临许多选择和挑战，使学生的心理压力不断增大，心理问题日趋增多。这就要求教师做好学生的心理健康教育工作，担当学生的心理保健者的角色。

教师要担当好学生的心理保健者的角色，就应该努力做到以下几点：

（1）要注意转变观念。做现代教师，除去担当学习指导者的角色外，更重要的是注意维护学生的心理健康，使其健康地成长与发展。

（2）要自觉学习、了解一些青少年心理发展及心理卫生、心理咨询方面的知识。通过深入学习，掌握青少年学生心理发展的年龄特征，关注每个年龄段的学生容易出现的心理问题，及时预防，提出相应对策以解除学生的心理困惑。

（3）在教育过程中，教师还必须充分了解每个学生的情感、意志、能力、气质、性格等心理特征，尊重他们的人格，有的放矢地实施教育，以保证学生心理的健康发展。

（五）教育科研人员

由于教师的工作具有复杂多样并富有变化的特点，教师在实际工作中会遇到一些依靠现有理论和教师自身经验解决不了的问题，这就要求教师能够开展教育科研活动，成为"科研型"的教师。要充当好教育科研人员的角色，首先要求教师具有发现问题的意识，注意收集资料，勤于反思，不满足于工作中的"轻车熟路"；其次，要求教师能够掌握教育科研方法，并注重运用所掌握的方法来解决自己在教育实践中所遇到的问题。

二、教师角色的形成阶段

教师角色的形成可分为以下三个阶段：

1. 角色认知阶段

角色认知是指角色扮演者对某角色行为规范加以认识和了解，知道哪些行为是合适的，哪些行为是不合适的。对教师职业角色的认知，就是教师对教育事业的深刻理解过程，包括教育者是怎样的职业，它所承担的社会职责是什么，它在历史、现实中处于怎样的地位等。

2. 角色认同阶段

教师角色的认同是指个体亲身体验并接受教师角色所承担的社会职责，并用来控制和衡量自身的行为。对教师角色的认同不仅要了解教师角色的行为规范、社会价值和评价，并且能用优秀教师的标准来衡量自己的心理和言行，自觉评价与调节自己的行为，而且在情感方面表现出较强的职业情感，如热爱教育事业、热爱学生等。

3. 角色信念阶段

信念是个体确信并愿意以之作为自己行动指南的认识。信念表现在教师职业中就是为教育事业奉献的精神。在此阶段中，教师角色中的社会要求转化为个体需要，坚信自己对教师职业的正确认识，并形成了职业的自尊心和荣誉感。教师意识和教师特有的情感使其自觉、本能地献出毕生的精力。

第二节　教师的能力

能力是人在实践活动中形成和发展起来的直接影响活动的效率、使活动任务得以顺利完成的个性心理特征。教师的能力水平直接影响他们的教育教学效果，教师具备了教育工作所要求的各种能力，才能使他们所储备的渊博知识以及从事教育工作的热忱得到充分发挥。现代社会科学技术和教育对教师的能力提出了更高的要求，当代教师不仅要有广博的知识和热情，还要有符合教育教学工作需要的高能力素质。

广义地说，教师的教育能力包括教师的一般能力、教师的教学能力、思想教育与组织管理能力。

一、教师的一般能力

教师的一般能力是各种教育能力中的共同成分，实质上是智力结构的四个方面在教育活动中的特殊表现。教师凭借敏锐的观察力，了解学生在教育活动中的细微表现，判断各种问题所在；靠清晰的记忆力，回忆起教育现象的各种表现；思维能力是帮助教师理解教学内容、设计教学方案、解决教学问题的关键能力；而教师的教育机智是教师一般能力的核心，它在教学、思想品德教育和组织管理活动中都有所表现。

（一）教师的观察力

观察在教育实践中具有重要的意义。教育者需要对教育对象等进行系统、周密、精确的观察，以获得有价值的一手材料，从而更有效地进行教育工作。教师正是通过其敏锐的观察力，了解学生的特征、判断问题的关键，为教育教学提供可靠的依据。

敏锐的观察力是教师了解学生必不可少的心理品质。教师要找出某类学生共同的典型特点，发现学生细微的变化及个别的特征，有的放矢地采取有效的教育措施等，都要求教师具有敏锐的观察力。教师在教学工作中，通过各种教学活动，观察了解学生知识掌握水平、知识理解接受的情况、学生的学习态度等。同时，教师还要通过各种活动细心观察、逐渐了解每个学生特有的兴趣、专长及性格特点。只有通过观察，才能了解学生，才能在教育教学中有的放矢，取得预期的教育效果。

教师的观察力品质对学生观察力的培养有直接影响。学生的观察力是在教学过程中，教师指导学生进行观察实践而发展起来的，如果教师自身缺乏良好的观察能力，就无法有效地指导学生的观察实践。同时，学生的观察兴趣和习惯养成也深受教师的影响，教师优

良的观察力品质，必然在长期的教学中对学生产生潜移默化的影响。

(二) 教师的记忆力

各种教育活动都要求教师具有良好的记忆力，教师在工作中依靠记忆力，回忆起教育现象的各种表现，以对面临的问题做相应的处理；备课时记住各种知识内容及其联系，讲课时又将记住的内容准确地再现出来。教师职业的特性要求教师应有良好的记忆力品质。

（1）教师应具有敏捷的记忆。记忆的速度是其敏捷性的标志。教师应有能够迅速地识记和回忆事物的能力。

（2）教师的记忆应有持久性。这种持久性是指持续地保持记忆的内容。教师应善于把持久保持的有关教育教学的记忆内容，有机地运用于教育教学工作中去。

（3）教师应有准确的记忆能力。这种记忆的准确性在于能够正确地再认和回忆所识记过的事物。也就是说，回忆出来的内容与原来识记过的事物本质上相符，没有歪曲和遗漏。

（4）教师应能及时、迅速地从记忆中再现所需要的知识。教师储备的知识就是为了在教育活动中随时应用。教师应具备在工作中及时而迅速再现相关教育知识、处理相关问题的能力。

(三) 教师的思维能力

对教师来说，思维能力尤为重要，教育工作对教师的理解能力、思辨能力、创造性思维能力等有较高的要求。

1. 教师应具备良好的理解能力

教师要把人类积累了世世代代的科学知识、原理准确无误地传授给学生，首先自己必须充分理解这些知识。教师所掌握的教育学、心理学等知识也需要在理解的基础上加以运用。教师的教学过程也不是照本宣科的传授，而要求教师在充分理解教材的基础上，把知识归纳概括传授给学生。如果教师只是死记硬背教材上的内容，不会取得好的教学效果。

2. 教师应具备优良的创造性思维能力

创造性思维能力是教师在前人的知识和技能的基础上运用求异性思维，提出创见和做出发明的能力。教师的创造性思维能力表现在其创造思维的敏捷性、求异性、独立思考性和坚忍性等方面。具有优异的创造性思维能力，善于培养创造型人才的教师，被称为创造型教师。创造型教师的特点是富于创造精神，能够进行创造性教学，能够不断革新教材，易于接受新的教育观念等。

3. 教师应具备较强的应用能力

在教育教学工作中，教师要具有将教育理论、方法、成果等内容应用到教育实践中去的能力。教师的这种能力包括其备课能力、讲课能力、调节自我情绪及学生情绪的能力、组织学生开展活动的能力等。

(四) 教师的教育机智

教师的教育机智是在指在教育过程中，教师敏感、迅速而准确判断的能力和妥善处理问题的能力。它是教师了解学生、正确而机敏地影响学生的重要心理品质。教师的教育机智也依赖于其他教育能力等因素，如工作方法上的技巧、了解学生的深刻程度以及对待学生的态度等。

在教育工作中，很多情况需要教师机智地对待与处理。这是因为教师的工作对象是由许多具有复杂的心理活动的学生组成的群体，工作中随时可能发生需要特殊对待的情景，这就要求教师能够正确而迅速地理解所发生的变化并做出准确的判断，妥善处理。

我们可以通俗地把教育机智看成随机应变能力。首先，教育机智表现在优秀教师能够把新情境中的一些地方与自己熟知的情境联系起来，表现出快速的模式再认。所以，教师可以从课堂上学生眼神、表情、动作的微小变化中发现问题。这也被称为教师的敏感性。其次，教育机智表现在教师能够很快地将出现的意外情况与正在进行的教学目标联系在一起。最后，教育机智还表现为优秀教师在解决面临的一些实际问题时能够灵活运用教育学、心理学的原理，而新教师只看到一些表面现象。

二、教师的教学能力

由于教师职业的专门性，就教师的教育能力而言，应该是父母或其他职业的人所不能代替的。教师的教学能力是其教育能力的重要组成部分。教学是教师最主要的活动形式，教学能力是教师在教学工作中形成的、直接影响教学效果的特殊能力。

（一）掌握专业知识的能力

教师掌握知识的情况与其认知能力密切相关，而且学生是通过教师的传递来学习知识的，因此，教师应该具备什么样的知识结构引起了研究者们的重视。

> **阅读窗**
>
> **教师应具备的知识结构**
>
> 威尔逊（S. M. Wilson，1987）以中学教师为对象用观察和面谈的方式进行了研究，这一研究的结果表明，教师要上好一节课需要七个方面的知识：①课程内容的知识；②学生情况的知识；③教学目标的知识；④教育学原理与教学论方面的知识；⑤学科和教材的内容、结构方面的知识；⑥与这一部分内容相关的其他学科的知识；⑦如何把教材的内容教给学生的教学法方面的知识。
>
> 威尔逊等人进一步指出，在备课写教案的过程中，教师要综合运用这七个方面的知识：第一步是理解教材；第二步是根据教材与教学目标去选择适当的材料，如举哪些例子；第三步是选择适合这些材料的教学方法，如归纳或演绎、实物呈现或图片呈示等；第四步是根据这个班级儿童的心理特点分析教学方法是否适当。
>
> 摘编自：学生的学习是认知完善的过程，不是一个被动的接受过程［EB/OL］．
> ［2024-4-28］．https：//baijiahao.baidu.com/s？id=1727983213029605796

教师所掌握的专业知识既包括特定的学科知识的内容，也包括如何传授这些知识的内容。后者被称为"实践的知识"（Practical Knowledge），它具有五个特点：①依赖内容和学生等具体的情境，带有情境性的特点；②经常以案例的形式来记忆；③是一种跨学科的综合知识；④是一种熟练后得以自动化的知识；⑤有很多知识产生于教师个体的经验。由于教师专业知识具有这些特点，教师要在教育实践中通过不断反思与相互交流来进一步学习和提高。

（二）组织教材的能力

组织教材的能力是教师保证教学效果，使学生顺利地掌握知识的必要条件之一。它使教师区分出教材中的本质的最主要的内容，并根据学生的理解水平对教材进行分析综合、加工改组，将教材恰当地概括化、系统化。

学生所要学习的知识内容极为丰富多样，为了使学生能在某一学习阶段掌握既适合于他们的发展水平，又是最必要的知识，教师从开始备课的时候起，就必须十分精确地分析教材，从教材中区分出主要的和本质的内容，确定各部分知识之间的关系或联系，同时根据学生已有的知识和能力水平把它们组织起来，并以学生比较容易理解和感兴趣的形式传授给他们。

教师组织教材的能力表现在下述三个方面：

（1）通过对教材的研究，充分理解教材的知识内容，融会贯通，使教材的知识内容转化成教师自身的知识。

（2）在研究教学大纲、教学目的、教材内容和学生实际情况的基础上，明确教学目的与要求及教学重点，使之成为教师教学的指导思想，并据此确定教材的难点、重点，以及决定讲解的详略和教材内容的增减。

（3）根据教学目的的要求，探讨既适应学生接受能力，又能促进学生智力发展、完成教学任务的可行的教学方法和步骤。教师通过对教材深入细致的分析和综合，把学生可能感觉复杂困难的知识，以简要、容易理解的方式传授给学生。这样既可以使学生顺利地掌握知识，同时使学生逐渐学会思考问题的方法，从而促进他们思维能力的发展。

（三）言语表达能力

教师的言语表达能力是教师应该具有的职业能力之一，是教师职业要求的基本条件。因为教师对学生的教育或教学主要是在言语交流的过程中实现的，缺乏这种能力，就无法正常地与学生进行言语交流，也就谈不上对学生的教育。

经验表明，教育教学的效果在很大程度上取决于教师的语言在发音、用词和语法上的正确性，以及教师与学生进行交往时所表现出来的语言是否内容丰富、通俗易懂和富有表现力与感染作用等。因为精练、清晰、富有情感的言语不仅可以使教师清楚确切地讲述教材内容和表达自己的思想，而且可以富有情感，对学生产生影响，从而激发学生相应的体验与行为动机，使学生更加深刻地体会和掌握教师所讲述的内容。同时，教师卓越的言语表达能力，通过与学生的交往，自然也会对学生的言语和智力发展起到很大的促进作用。

教师在教学过程中的言语，多数是以对话的形式组织起来的。在课堂教学中，教师既可自行讲述教材，又可以运用与学生谈话的形式传授知识。即使教师长时间讲述教材内容，他的言语仍然是与学生密切相关的。在讲述过程中，教师常常从学生的角度提出一些问题，自己再回答这些问题，或提出反驳、怀疑，然后再进一步解释。在教学中教师也时刻注意观察学生对自己讲课时的反应并根据学生的反应来改变自己的言语表达。

教师良好的言语表达能力表现为形式简单、语句不长、停顿适当、词汇丰富、简练准确、内容具体、形象生动、逻辑严密和符合学生的理解水平。教师职业口语是教师在教学教育过程中运用的语言，它要求教师的口语具有规范性、科学性、生动性。规范性，即要用普通话进行教学和教育活动；科学性，即要以科学的规律指导教育教学、讲述内容科学无误；生动性，即要以生动的表达增强教师职业口语的可接受性。

（四）组织教学的能力

教师所从事的教学活动效果如何，在一定程度上取决于教师的组织教学能力。组织教学的能力是教师在课堂教学中，利用各种积极因素，控制或消除学生消极情绪行为的能力。通过教学组织能力的运用，排除课堂信息传递中的各种干扰，集中学生的注意力，以保证教学的顺利进行。这种能力包括以下几个方面：

1. 制订课堂教学计划的能力

教师对教学大纲和教学目的充分理解，对教材内容进行深入细致的分析综合后，应该在学校总的教学计划的基础上，制订所授课程的课堂教学计划。在课堂教学计划中，明确课堂教学的所有具体方面，如讲述的内容、让学生练习的内容、难点和重点内容，以及如何营造良好的课堂气氛、调动学生的兴趣和积极性等。周密完善的课堂教学计划，是课堂教学有序进行的重要依据。

2. 正确选择运用教学方法的能力

教学方法是教师为达到教育和教学目的所采取的工作手段和方法。教师应该具有根据教学目的和不同学科内容等正确灵活选择和运用教学方法的能力。教学方法选择的主要依据是学生的年龄、知识水平和理解接受能力等。在教学实践中可以看到，同样的教材内容，用不同的方法教给学生，教学效果会有所差异。适当灵活的教学方法，对学生掌握知识技能及其智力发展都是有益的。

3. 调节课堂气氛、调动学生积极性的能力

在课堂教学中，不仅教材内容、教学方法等会影响教学效果，而且整个课堂内部的气氛也会产生影响。这种气氛是由师生心理活动发出的特殊信息，在集体中散布，给教师和学生以不知不觉的心理影响。教师应具有营造良好的课堂气氛、调动学生积极性的能力。教师应根据不同的教学任务，根据不同年龄学生的特点，营造良好的课堂氛围，促进学生的课堂学习活动效果。教师的教学能力随着教龄的增长而不断提升，因而专家型教师与新手教师相比，在教学过程中存在一定的差异，具体如表 15-1 所示。

表 15-1 专家型教师与新教师的比较

课时计划的差异	专家型教师课时计划简洁、灵活、以学生为中心，并具有预见性，而新教师灵活性差，较为死板	
课堂教学过程的差异	课堂规则的制定与执行	专家型教师制定的课堂规则明确，并能坚持执行，而新教师的课堂规则较为含糊，不能坚持下去
	吸引学生的注意力	专家型教师有一套完善的维持学生注意力的方法，新教师则相对缺乏这些方法
	教材的呈现	专家型教师在教学时注重回顾先前知识，并能根据教学内容选择适当的教学方法，新教师则不能
	课堂练习	专家型教师将练习看作检查学生学习的手段，新教师仅仅把它当作必经的步骤
	家庭作业的检查	专家型教师具有一套检查学生家庭作业的规范化、自动化的常规程序，而新教师往往缺乏相应的规范
	教学策略的运用	专家型教师具有丰富的教学策略，并能灵活运用，新教师相对缺乏或不会运用教学策略

续表

课后评价的差异	专家型教师更多评价学生对新材料的理解情况和他认为课堂中值得注意的活动，很少谈论课堂管理问题和自己的教学是否成功，专家型教师对那些他们认为对完成目标有影响的活动都关心。新教师的课后评价要比专家教师更多地关注课堂中发生的细节，有的分析课的特点，有的对课程内容做出大量的评估，有的关注自己授课时的有效性

（五）教学媒体使用能力

教学过程是一个信息传递的过程。现代教学媒体是在教学活动中，利用现代科学技术传递信息的工具。幻灯机、投影仪、录像机、计算机及其相应的幻灯片、投影片、录像带、计算机软件等，都属于现代教学媒体。现代教学媒体以其信息量大、形象化、丰富的表现力等，在教学中起到提高教学质量、提高教学效率等积极作用。

教师除具有使用传统教学媒体（如教科书、黑板、挂图等）的能力外，必须具有使用现代教学媒体的能力。

当然，传统的教学媒体在教学中仍然有很大的作用，这里应该强调的是教师应该具有较强的板书能力。教学中要求教师的板书内容简明扼要、分量适当；布局合理，位置适宜；字迹工整，避免错字、漏字。

（六）教学监控能力

教师为了保证教学的成功、达到预期的教学目标，而在教学的全过程中，将教学活动本身作为意识的对象，不断地对其进行积极、主动的计划、检查、评价、反馈、控制和调节的能力，称为教师的教学监控能力。这种能力主要可分为三个方面：①教师对自己的教学活动的事先计划和安排；②教师对自己实际教学活动进行有意识的监察、评价和反馈；③教师对自己的教学活动进行调节、校正和有意识的自我控制。由于教学活动极其复杂，包括的方面和涉及的因素多种多样，所以教师的教学监控能力不仅仅指教育机智，它具有多方面的内容和多样化的表现。

申继亮等人将教学监控能力划分为七个方面：①计划与准备性；②课堂的组织性；③呈现教材的意识性；④沟通性；⑤对学生进步的敏感性；⑥对教学效果的反省性；⑦职业发展性。教师教学监控能力水平与学生的学业成绩和心理发展有密切的关系。申继亮等人在研究中发现，一些教师的教学监控能力比较低，特别是在沟通性、对学生进步的敏感性和职业发展性这三个方面比较差。但是，通过学习有关的知识、接受教学反馈和现场指导，教师能够提高教学监控能力，并有效地促进了学生的学习。

申继亮等人提出了提高教师的教学监控能力三种技术。①角色改变技术。其目的是让教师形成正确的教育观念，提高其参加教育科研的自觉性和主动性，从而自觉地实现角色的改变。内容包括专家讲座、听观摩课、参加教育科研工作，并要求教师带领自己班的学生设计一个小实验，最终写出自己的研究报告。②教学反馈技术。其目的是使教师对自己教学各环节有一个准确而客观的认识。正确地评价自己的教学效果和学生的学习状况，是教师形成教学监控能力的基础；教师教学监控过程都是从其对教学活动的反思与评价开始的。这是通过多种教学反馈技术实现的。③现场指导技术。帮助教师针对不同教学情景，选用最佳的教学策略，以达到最佳的教学效果，使其最终能对自己课堂教学进行有效调节和校正。

三、思想教育与组织管理能力

教师的任务不仅仅是向学生传授知识，还肩负培养学生优良思想品德的重任。因此，教师仅具有教学能力是不够的，还要具有对学生进行思想品德教育的能力。此外，教师的工作常常是对学生集体进行的，为保证教育工作的系统性和建立良好的学生集体，教师要有良好的组织能力。这两种能力与教学能力构成了教师教育能力的有机整体。

（一）对学生进行思想教育的能力

学生优良的思想品德是在一定的社会关系中，通过学校、家庭、社会的影响形成的。学生在接受这些影响时，并不是消极被动的，而是表现出其积极性、能动性。因此，要想培养学生优良的思想品德，教师必须了解学生的心理特点，根据品德形成过程的心理活动规律，为学生创造良好的环境条件并进行正确引导。教师在这方面的能力主要表现为：①培养学生集体活动兴趣的能力；②正确引导学生学习榜样的能力；③利用学生进行自我教育的能力；④对学生进行心理辅导的能力。

（二）组织管理能力

教师既是教育者，又是学生和班集体的管理者。教师的组织管理能力主要是对教育活动的计划决策、组织指挥、监督控制等的能力。学生集体的组织管理是多层次的复杂工作，它与教育教学工作有机结合，构成教育的整体系统。教师的组织管理能力表现在对班级集体和学生个人的管理方面，从而影响到教育的效果。

教师对学生全面地了解和研究，是有效地进行组织管理的重要前提，是班主任工作和团队工作顺利进行的重要因素。了解学生的需要，为学生指出满足其需要的目标和途径，激发学生学习的兴趣，并在学生实现目标后给予奖励等都是教师的组织管理策略。教师依靠对班集体的管理能力，使班级形成良好的群体精神。优秀的班级具有很高的凝聚力，这样的集体也有益于学生身心健康发展。

查有梁指出，优秀教师还要具备动态的管理能力，即随着学生的心理状态与外界环境的变化，而改变管理策略和管理方法，使管理效果始终达到最佳。随着学生心理状态和经验能力的发展，教师的管理风格也随之变化，从教师的全权支配向学生的自主管理过渡。这种教师管理风格的变化是教师动态管理能力的一种表现。

四、教师能力的培养途径

教师能力培养问题是师范教育和在职教师进修的中心问题。心理学只能根据教师行为研究的一些成果提供一些方法。各种方式本身无优劣之分，关键是是否符合教师特定的需要，教师要根据不同的需求和条件综合选用各种方式。

（一）观摩和分析

对优秀教师的课堂教学活动进行观摩和分析，是一种有效的教师训练方法。这种观摩可以有两种方式：结构化观摩和非结构化观摩。结构化观摩一般在观摩之前制订较详细的观察计划，确定观察的主要行为对象、角度以及观察的大致程序，也可以进行有组织的讨论分析。非结构化观摩则没有以上特征。一般说来，结构化观摩要比非结构化观摩效果好，除非观察者有相当完备的理论知识和洞察力。这种观摩可以是现场观摩，也可以是观看优秀教师的教学录像。在观摩之前，先思考和预测：本节课若由自己上，会使用什么样的教学模式、教学策略？为什么要使用这样的教学模式或者教学策略？在观摩的过程中，要仔细观察他人运用了什么样的教学模式、教学策略，观察他人是如何运用的；观摩之后，对比预测和实际情况的不同，思索自己能够从中学到什么。并且想一想，自己是否可以在此基础上有所创新？

（二）微型教学

通过自己实际进行教学而获得丰富的经验，是提高教学水平的另一种重要途径。但是，一开始就以众多学生为对象，进行正规的一个课时的课堂教学，对于经验较少的新教师来说，是一件困难的事情。在这种情况下，一般进行微型教学，即以少数的学生为对象，在较短的时间内（5~20分钟），尝试进行小型的课堂教学，然后把这种教学过程摄制成录像，课后再进行分析。微型教学不仅对新教师，而且对其他教师来说也是很有效的。

微型教学虽有各种方法，但基本采用这样的程序：①明确选定特定的教学行为作为要着重分析的问题，如解释的方法、提问的方法等；②观看有关的教学录像，这时，指导者说明这种教学行为具有的特征，使实习生和教师能理解要点；③实习生和教师制订微型教学的计划，以一定数量的学生为对象，实际进行微型教学，并录音或摄制录像；④和指导者一起观看录像，分析自己的教学行为，指导者帮助教师和实习生分析教学行为是否合适，考虑改进行为的方法；⑤在以上分析和评论的基础上，再次进行微型教学，这时要考虑改进教学的方案；⑥进行以另外的学生为对象的微型教学并录像；⑦再次分析第二次微型教学。微型教学使教师可以对自己的教学行为进行更为深入的分析，并增强了改进教学的针对性，因而往往比正规课堂教学的经验更有效。

（三）教学决策训练

教师的教学过程中包含着一系列的决策，判断自己的教学行为所引起的学生的反应是否符合期望，如果符合，就继续维持自己的行为，如果不符合期望，就要采取一定的预防和矫正措施等。让新教师进行教学决策的训练，可以提高教师的教学能力。有人设计了决策训练的程序，向接受训练的新教师提供有关所教班级的各种信息，包括学业水平、学习风格、班级氛围等，可以使用印刷资料，也可以使用录像等，然后让他们观看教学实况录像，从中吸取自己认为重要的成分。在此过程中，指导者一面呈现出更恰当的行为，一面给以说明。通过这种方法，新教师可以获得近乎实际上课的经验，而且可以获得指导者的及时解释与说明。这种方法不仅可以改善他们的教学行为，而且可以使他们对决策的有效线索更加敏感，而这正是专家型教师的重要特征。

（四）教学反思

美国教育家波斯纳（R. A. Posner）提出了一个教师成长公式：经验+反思=成长。他指出，没有反思的经验是狭隘的经验，至多只能形成肤浅的知识。华东师范大学叶澜教授也指出，一个教师写一辈子教案不一定能成为名师，如果一个教师坚持写三年的教学反思就可能成为名师。

教师在反思过程中具有演员和戏剧批评家的双重角色，在这一过程中，教师反思要经历以下四个环节：具体经验、观察与分析、重新概括和积极的验证。

（1）具体经验阶段。这一阶段的任务是使教师意识到问题的存在，并明确问题情境。一旦教师意识到问题，就会感到不适，并试图改变这种情况，于是进入反思环节。事实上，让教师明确意识到自己教学中的问题往往并不容易，在此时要创设轻松、信任、合作的气氛，帮助教师看到自己的问题所在。

（2）观察与分析阶段。教师开始广泛收集并分析有关的经验，特别是关于自己活动的信息，以批判的眼光反观自身，包括自己的思想和行为，也包括自己的信念、价值观、目的、态度和情感。获得观察数据的方式可以有多种，如反思日记、他人的观察模拟、角色扮演，也可以借助录音、档案等。在获得一定的信息之后，要对它们进行分析，看驱动自己的教学活动的各种思想观点到底是什么，它与自己所倡导的理论是否一致，自己的行为与预期结果是否一致等，从而明确问题的根源。

（3）重新概括阶段。在观察分析的基础上，教师重新审视旧思想，并积极寻找新思想与新策略来解决所面临的问题。

（4）积极的验证阶段。这时要检验上一阶段形成的概括的行动和假设，它可能是实际尝试，也可能是角色扮演。在检验的过程中，教师会遇到新的具体的经验，从而又进入第一阶段，开始新的循环。

（五）教学研究

教学研究就是教师自我提升的关键，是教师个人成长和发展的关键，也是解决教育问题的有效手段。

随着时代的进步，学生、知识、教学环境都在发生变化，教师要提高教学能力，就需要有问题意识，能结合实际自己的实际教学开展研究。针对教育教学过程中出现的问题和不足，以问题带动课题研究，以研究促进问题的有效解决。教师只有在反思中研究，在研究中反思，通过反思与研究，不断改进教学，才能寻找教育与教学最佳的契合点，进而提高教学能力，实现高效的课堂教学。

第三节　教师心理健康

教师是实施教育的关键所在，教师的人格和心理健康状况直接或间接地影响着学生及其他教师的心理与行为，对于教师个人工作的成败也有极其重要的作用。随着经济社会的急剧变革，种种压力不期而至，使人们的心理问题越来越严重。教师作为一个普通的自然人、社会人，也同样会存在不同程度的心理问题，但教师职业的特殊性又要求教师必须是心理健康的人。教师的心理健康问题日益受到教育决策者、学校和社会的广泛关注。

一、教师心理健康标准和意义

（一）教师心理健康的标准

教师的心理健康是指教师的思维方式、处世态度与社会的要求相协调，为社会所容纳，并具有创造的思想，即教师有广泛的生活兴趣、融洽的人际关系、健康的情绪体验、积极的进取精神、稳定的工作热情。教育心理学研究者从不同角度、不同层面提出教师的心理健康标准。大多数人认为，教师心理健康的标准包括：对职业角色的认同，勤于教育工作，热爱教育工作；有和谐的人际关系；能正确认识自我、体验自我和控制自我，具有高度的自我效能感；具有教育的独创性；在教育活动和日常生活中都能重视感受情绪并恰如其分地控制情绪。

> **阅读窗**
>
> **教师心理健康状况的调查**
>
> 国家中小学心理健康教育课题组对14个地区168所中小学教师的抽样调查显示，有51.23%的教师存在心理问题，其中2.49%已构成心理疾病。中国人民大学启动的中国教师职业压力和心理健康调查则显示，82.2%的被调查者对工作不满意，逾60%表示有跳槽意向。
>
> 摘编自：《2022年中国中小学教师心理健康状况调查报告》

（二）教师心理健康的重要意义

教师是学校教育的关键所在，教师的人格和心理健康状况直接或间接地影响着学生及其他教师的心理与行为，教师心理健康的重要意义主要体现在以下几个方面：

1. 教师心理健康是实施素质教育的内在需要

教育的根本目的就在于改造社会、改造人生，增进人生幸福。人类幸福是以保持身心健康为基本前提的，但片面追求升学率的应试教育忽视了学生身心健康，违背了教育目的。当前，针对应试教育的弊端提出的素质教育，其目的不仅要让学生接受知识、掌握技能，还要把他们培养成道德高尚、身心健康、具有开拓精神和创造性的全面发展的人。其中身心健康就是一项重要内容。目前很多调查显示，我国的大中小学校中有20%～30%的学生存在不同程度的心理问题，并且导致这一结果产生的师源性因素占有相当一部分比例。在教学过程中，教师可能会出现行为偏差，如对学生大声呵斥、体罚等，这并不全是道德问题，更多、更直接的内在原因是教师心理健康方面出了问题。因此，要更好地实施素质教育，促进学生的心理健康，教师心理健康教育显得尤为重要。

2. 教师心理健康是教师作为多重角色者的必然要求

现代教师的角色是多重的。他们既是学生学习的指导者，又是学生心理的辅导者、人际关系的协调者；他们还是营造良好的学生集体学习、生活氛围的引导者和充满希望的关怀者；他们更是道德行为和人格形象的示范者。所有的这些角色要求，都需要教师具备良好的心理素质，具有健康的心理，需要教师以健康乐观的心态更好地去关心、理解、支持和鼓励学生。

3. 教师心理健康是学生心理健康发展的重要保障

健康的心理是一个人成长、发展的重要方面，也是学习、工作、生活的重要条件，它还关系着一个人的品德、人格的健康发展。教师的健康心理对学生的学习和心理健康发展起着积极的影响和促进作用。美国的社会心理学家所罗门（E. A. Solomon）认为："在个体人格发展方面，教师的影响仅次于父母，一个孩子如果拥有幸福的家庭，享有父母的爱，又得到一个身心健康的教师，那是无比幸福的。相反，如果他既不能从父母那里得到足够的关怀与爱护，又受到情绪不稳定教师的无端困扰，必将造成许多身心发展的问题。"心理健康是对教师最基本的要求。按照社会心理学的观点，教师是青少年生活中不可替代的"重要他人"，学校里教师与学生长时间面对面地接触，其言谈举止和情绪表达是构成整个教育环境的重要组成部分。教师心理不健康，往往不能正确理解学生的心理、行为，赏罚无度、喜怒无常，容易使师生矛盾尖锐，引起学生情绪的困扰，适应不良，甚至发生心理障碍；反之，教师心理健康，适应良好，教师就能够尊重、理解学生，与学生建立民主、平等的良好关系，促进学生的健康成长。

二、教师心理问题产生的原因

从整体上看，教师群体和其他群体一样，其心理健康状况的不良表现有躯体化、抑郁、偏执、人际敏感、敌意、强迫、焦虑等。教师心理问题产生的原因主要包括外在原因和教师职业特点两个方面。

（一）外在原因

1. 教师的社会地位和经济收入普遍较低

古人云："家有三斗粮，不当孩子王。"从古至今，教师的社会地位、工资待遇都不高，教师的付出总是高于回报。改革开放以来，教师工资待遇和社会地位都有较大提升，但偏远地区教师的收入还是很低。相对于其他行业，教师在社会地位、交际环境、住房安置、医疗保健等方面也比较差。因此，许多师范院校的学生毕业后纷纷改行，尤其是男生。社会的高要求与低评价，工作的繁重与低回报形成的落差，使教师心理不平衡，但又不得不服从社会的要求。这就导致有的教师在工作中抱怨多、牢骚多、功利心和攻击性强。

2. 教师心理健康教育严重滞后

我国正处于多层面、全方位的转型期，社会的转型也带动了文化教育的转型。传统的教育思想和新教育观念之间的碰撞，教师的职业理想与现实的社会环境的不一致，教师队伍内部竞争的逐渐增大，社会对教师期望的不断提高，都给教师心理带来严重冲击。沉重的心理压力使教师比一般人群更易出现心理问题。国家中小学健康课题组调查显示，有 51.23% 的教师存在心理问题，而我国正常人群心理问题发生率在 20% 左右。可见，教师已成为心理问题的高发群体。但是针对教师心理问题的心理健康教育工作在我国还基本处于空白状态。心理健康是提高道德素质的前提，教师心理健康工作的落后，使许多教师心理问题不能得到及时预防和解决，而教师心理问题不断增多，必然阻碍教师良好道德行为的形成。

（二）教师职业特点

1. 教师行业竞争压力大

随着我国人口数量逐渐减少，教育市场的需求也在发生变化，教师行业竞争压力日益

增大。越来越多的学校和教育机构开始注重提高教学质量和个性化教育服务，以满足家长和学生对于高质量教育的需求，这使得教师需要不断更新自己的教育理念和教学方法，提高自身的专业素养和教育能力，以适应市场的变化和发展的需要。同时，由于人口数量的减少，学校的生源也在逐渐减少，这也给教师的职业发展带来了挑战。一些教师可能面临转岗或失业的风险，因此需要不断提高自身的职业竞争力和适应能力。因此，教师行业需要不断创新和改革，需要加强对教师的培训和支持，提高教师的专业素养和教育能力。

2. 教师工作具有间接性和权威性

一方面，教师的工作效果不取决于工作本身，而是以学生的表现和成绩来衡量的。目前，不少学校把教师的工资、晋级与学生的考试成绩挂钩。另一方面，教师在地位、年龄、知识、经验等多方面明显高于教育对象，往往是学生心目中的权威，所以容易形成较强的优越感和控制支配欲望。有的教师甚至不能接受任何对自己不恭敬的行为，不允许有悖于自己意愿的事情发生。绩效评价的窄化和工作的权威性，使许多教师为了出成绩或维护所谓的"尊严"，忽视学生的权利，总是"高标准严要求"，人们常将这种现象称为"教师职业病"。

3. 教育工作长期繁重，具有不可选择性

"十年树木，百年树人。"人才成长的周期性决定了教师劳动是长期而繁重的。同时，教师工作内容和教育对象一般是不可选择的，例如，做哪个班的班主任、教哪些学生、教什么科目、完成哪些课外活动等，都不能按个人喜好进行选择。尤其是班主任，每天不仅要备课、讲课、批改作业，还要管理不同个性的学生。较高的职业要求和长期繁重的工作使教师更容易出现多种身心疾病，生理疾病如咽炎、腰肌劳损、颈椎炎、下肢静脉曲张等，心理疾病如强迫症、焦虑症、抑郁症等。

4. 教师的工作环境封闭，具有独立性

教师一般从师范院校毕业后就进入学校从事教育教学工作，他们在学习和工作期间接触的对象多是同事和学生，这个群体在思想和行为上都比较单纯和正统。另外，教师的工作相对独立，缺少变化。教师总是独立完成备课、上课、批改作业、管理班级等工作，"三尺讲台"意味着固定的工作岗位、相对稳定的学生和周而复始的教学内容。这些工作特点使教师的合作意识差，社会适应能力差，习惯以自我为中心，容易产生职业倦怠。对700名青年教师心理健康状况进行抽样调查表明，55.7%感到工作压力大，53.9%的教师体力上感到较累，22.9%的教师觉得很累。

> **阅读窗**
>
> **教师职业倦怠**
>
> Maslach和Jackson认为职业倦怠是在以人为服务对象的职业领域中，个体的一种情绪耗竭、去人性化和低个人成就感的症状。情绪耗竭是指个体的情感资源过度消极，情感处于极度疲劳的状态，工作热情完全丧失，是倦怠的个体压力维度；去个性化指个体以一种否定负性、冷淡、过度疏远的消极态度对待服务对象，是倦怠的人际关系维度；低个人成就感是指个体的胜任感和工作成就感下降，消极评价自己工作的

意义和价值的倾向，是倦怠的自我评价维度。随着"积极"心理学的兴起，Maslach 和 Leiter 将职业倦怠重新定义为对个体工作投入的销蚀，认为投入和倦怠是一个三维连续体的两个端点。

教师职业倦怠通常表现为：精神疲惫，体力明显透支，缺乏工作热情和创新力；无成就感，感觉工作付出不少但成绩不大，丧失职业理想；在工作上安于现状，不思进取，得过且过；在情绪上常常表现为焦躁不安、紧张、萎靡不振，效能感降低，猜疑、自责等。

职业倦怠的形成分四个阶段。

（1）热情期。个体的需求大于本身资源的阶段。疲乏性为此阶段的典型特征。这一阶段包括临床维度的生理枯竭和认知维度的才智枯竭。

（2）停滞期。紧张和焦虑阶段。厌烦性为此阶段的突出特征。主要表现为个体在工作中长时期经历不断循环的资源丧失，慢性疲劳得不到及时缓和、清除，会使人的身心系统懈怠。这一阶段是职业倦怠的一个临界维度。

（3）挫折期。个人成就感降低阶段，怠惰性为其特征，这是一个评价性维度。

（4）冷漠期。教师会彻底放弃乃至嘲弄自己当初追求的理想目标，在不用心与不负责的精神状态下生活，不在乎自己的公众形象和未来前途，个体的枯竭已达到最低限度，身心健康严重受损。从业者对工作中的事和人甚至出现了嫌恶感，行为发生扭曲，整个人毫无生气，不能振作。

摘编自：李永鑫. 三种职业人群工作倦怠的比较研究：基于整合的视角 [D]. 华东师范大学，2005.

三、教师心理健康的自我调适

要让学生具有良好的心理素质，首先教师要有良好的心理素质；要提高学生的心理健康水平，首先教师要有较高的心理健康水平。

教师的心理健康从根本上说还得由教师自己维护。一个优秀的教师应该能够处理好两个方面的关系，既关注学生的心理健康，同时重视自己的心理健康。优秀的教师在需要的时候能承受巨大的压力，但他绝不应让自己一直处于压力之中以至于身心俱损，影响工作和生活的正常进行。那么，教师应如何维护自身的心理健康呢？

（一）提高认识，悦纳自我

认知活动是心理活动顺利进行的基础，合理的认知是心理健康发展的基础。在导致心理障碍的各种原因中，错误的认知是最重要的原因之一。生活中我们都有这样的经验，对待同一件事情，不同的人会有不同的感受和反应，其原因多与认知上的差异有关。因此教师应从教育观念、世界观等方面分析自身的误区和偏差，学习和掌握一定的心理学基础知识，正确认识心理健康问题和心理疾病，形成自我保健意识。同时应形成正确而稳定的自我概念，正确地认识自我、评价自我，合理对待自我，以平和的心态接纳自我，并由己及人，接纳和理解别人的错误和缺点，达到维护和增进心理健康的目的。

1. 树立正确的自我概念，悦纳自我

教师应该树立正确且稳定的自我概念。自我概念是个人心目中对自己的印象，包括对自己身体、能力、性格、态度、思想等方面的认识，是一系列态度、信念和价值标准所组成的有组织的认知结构。个体只有树立正确而稳定的自我概念，才能正确认识自己，客观评价自己，合理要求自己，了解并愉悦地接受自己的优点和缺点，不给自己设定高不可攀的目标。同时，个体因为对自己更加了解，推己及人，也就能够客观地评价别人，接纳并理解别人的错误和缺点，对世事中的不平、不满、不尽善尽美之处能处之泰然。这种心态对保持心理健康是非常有利的。

自我概念是在经验积累的基础上发展起来的。正确的自我概念的形成与知识的积累是分不开的。教师可以坚持收集有关他的教学效果和学生学习情况的资料。这些资料不仅能用来帮助教师提高教学水平，而且能使教师更清楚地知道他是否达到了自己预定的目标。教师对自己教学方法的利弊了解越深，越了解学生是否接受这些方法，就对自己了解越深，自我认识就更客观，自我概念就越坚定，评价工作就做得越全面，对自己也就更自信。

作为教师一定要接受"我是教师"的角色设定和要求，这样才能在繁重、琐碎的教育教学中寻得乐趣。一个厌烦教师工作的人，在天天面对教育工作的同时，怎么可能会有一种好的心态呢？如果能冷静地对待自我、悦纳自我，就会"天天有个好心情"，也只有热爱自己的工作，把自己的工作当作乐事而不是负担的教师，才能够保持健康的心理。

2. 正确看待工作任务，变压力为动力

教师只要能正视压力，积极乐观地对待工作和生活中的问题，就能有效地保持自己的心理健康。面对教育部门或学校实行的标准化考核、教学竞赛等工作，教师应正确认识这些活动的目的，化压力为动力，努力健全自我人格，完善自我，提高"耐压"度。

在教学和学生工作中，老师要加强与学生的交流和沟通，以学生为友，善于发现学生的闪光点。教师要自觉克服不良心理，消除不良情绪，经常反思自己的不良心理，学会给自己减压，学会宽容学生，主动学习心理健康教育等知识，同时根据自己的实际情况，进行有效的自我心理调节。

3. 客观分析问题，正确面对挫折

能接受困难和挫折的考验，保持人格完整和心理平衡，是心理健康的重要标志。每个人都会有失败的经历，关键是看怎么去认识和对待自己的失败。如果能从失败中吸取教训、总结经验，失败就是成功之母，而且这样能减少压力和焦虑的来源，更有利于自身的心理健康。教师要有角色意识，明确自己在社会中的位置，拼搏进取，要知道优胜劣汰永远是社会发展的公平法则。教师要正视现实的压力和问题，客观公正地看待自己和他人。

客观地讲，教师是无法满足别人以及自己对自己的所有要求的。而且，许多期望，包括教师自己对自己的期望都是非常极端的。比如，班级数学期末考试的结果是，班上有60%的学生很好地掌握了数学理论，20%以上的学生可视为勉强过关，还有几个不及格。数学老师可能有两种想法，一是觉得远远没有实现自己的目标，二是自己已经在客观条件

允许的情况下做得很好了。采取前一种想法就会有挫折感,体验到不安、焦虑等负性情绪,而采取后一种想法却能相对心理舒适,并积极提升教学方式,提高教学效果。

这说明,教师应该正确地认识和评价生活中的"失败"。很多时候,这种失败实际上只是教师个人主观上体验到的挫折,不一定是客观的。有时,教师要学会放下,因为有时即使你付出了全部也不会取得满意的结果,因为教学工作中的事务会受很多因素的影响。总之,在遇到挫折后,应认真分析挫折产生的原因,及时调整工作思路,明确是非标准,提高抵御挫折的能力。

(二)调节情绪,保持心理平衡

情绪情感是人对主客体的主观体验,它是心理活动的色彩和背景。情绪的变化是心理健康状态的"晴雨表",教师关注自己的情感变化既是关注自己的身心健康,也是通过自己的健康情感去感染、影响学生,使之得到健康发展的重要条件。教师应当增强对消极情绪情感进行调控的意识,掌握有效调节与控制自己消极情绪情感的方法。

情绪控制指个体对自身情绪状态的主动影响。这里主要讲教师在学生面前应控制自己的消极情绪,不把消极情绪带进教室,更不要发泄在学生身上。教师觉得在工作中受了委屈,很容易把气发泄在自己的学生身上。然而教师在情绪激动的时候很难把握好这一尺度,常常会无意中伤害到学生,也破坏了自己在学生心中的形象。

情绪控制的方法包括以下几个方面:

1. 认识情绪产生的原因,增强控制情绪的意识

从认识上分析造成不良情绪的原因,看自己的反应是否合理、是否适度;从情绪本身控制可能发生的冲动行为,采用合理或间接手段适当疏导。例如,自己提醒自己在情绪激动时不要批评学生,等待自己能心平气和地冷静处理问题时再批评学生,防止过激言行。在这方面,如果调整得法,可以化消极被动情绪为积极主动的建设性行动。

2. 合理宣泄

如果不良情绪积蓄过多,得不到适当的宣泄,容易造成身心的紧张状态。这种紧张状态持续时间过长或强度过高,还可能造成身心疾病。因此,教师也应该选择合适的时候、合理的方式宣泄自己的情绪。情绪的宣泄可以从"身""心"两个方面着手。"心"方面如在适当的环境下放声大哭或大笑,对亲近和信任的朋友或亲人诉衷肠,给自己写信或写日记。"身"方面如适当强度的运动,纵情高歌,逛逛街,买点自己喜欢的东西等,还可以出门旅游,从大自然中使自己的情操得到陶冶。

3. 积极的自我暗示

奥尔波特指出,暗示能够产生强大的功效,它对人的情绪乃至行为有奇妙的影响,既可以用来放松过分紧张的情绪,也可以用来激励自己。如在心中经常默念"别人能行,我也一定行""我教学成功,我有信心"等。运用积极的自我暗示,能有效地使自己更加乐观地面对生活中的困难和挫折,防止由于悲观失望而带来的心理上的压抑和消沉。

4. 丰富业余生活,兼顾家庭幸福

学会放松。会休息才会工作。教师要学会安排自己的业余生活,这是保持心理健康的

重要方法。当自己的工作压力过大时，不妨到户外运动一下，或者跟朋友爬爬山、喝喝茶等，让自己的身心得到有效的放松，更利于精神抖擞地投入教育教学中去。可能的话，最好学会一种技艺，它会使你进入一种新的境界，产生新的追求，在爱好中寻找乐趣，以驱散不健康的情绪，令生活更有意义，比如打球、集邮、养花等。

另外，教师应努力营建一个幸福和谐的家庭。美满的家庭、幸福的婚姻，能促进个体健康人格的形成与发展，能在个体遇到困难时给予鼓励和帮助，缓解个体的心理压力。这一点对于中小学教师尤为重要。在工作中遇到困扰、受到压力的教师如果回到家中能感受到家庭的温馨，其情感需求就能够在家庭中得到弥补。

(三) 积极面对，改变行为

1. 角色学习

角色学习是预防焦虑的途径之一。当多种角色发生冲突时，当教师已分不清自己是谁时，焦虑就容易产生。事实上，教师适应职业生涯的主要问题就是学会扮演合适的角色。新教师在参加工作的头几年，几乎把时间都花在教师这个新角色的学习上。当教师开始觉得他所扮演的这些角色有效且合适时，许多问题就会迎刃而解，焦虑水平就会减低。因为这时，即使面对在教学工作中不得不面对的各种情况，教师也知道该做什么，该如何要求自己，如何要求学生。新教师的许多焦虑之所以会产生，大多是因为他们不能预料将发生的事，更不知道如何处理。通过职业角色学习，教师可以减轻或消除教学情境的这些不确定因素和难预测性。这样，角色学习也就帮助教师消除或降低了教学中可能会产生的焦虑。

当然，角色学习也有它的弊端：一些教师太过依赖现在所扮演的角色，即现在所使用的教学法、所采用的教材、所例行的程序而不愿尝试新的方法、接受新的思想。事实上，他们是害怕如果放弃已经证明可行的方法（虽然这些方法也许效率不高），会再一次体验曾体验过的焦虑。如果学校领导强行执行新的教学手法，教师很有可能会产生焦虑、烦躁、无奈，甚至怨恨等消极情绪。

2. 个别或集体讨论

与其他众多的教师进行讨论是寻求解决问题的有效途径，也是减轻压力和烦恼的好办法。大家往往都有这样一个错误的观念，认为一个优秀的教师应该是无所不能的。所以许多教师在遇到困难的时候，情愿压抑自己的情绪，在强烈的心理压力下继续工作，也不愿与其他人讨论问题或寻求帮助。他们害怕（有时这种害怕也不是全无道理的）承认自己在教学中有困难、教学工作有待改进就等于承认自己能力不够或教学失败。

其实，每个人在工作中都会有困难，没有人是样样精通、无所不能的。与同事交流讨论不仅是解决问题、增加工作经验的好方法，也是获得所需支持的重要途径。

3. 坚持锻炼

前面曾讨论过生理健康与心理健康之间的密切关系，身体健康能促进心理健康，因此，坚持体育锻炼，增强体质，预防生理疾病也是维护心理健康的好方法。不过，教师在体育锻炼时应注意量的问题，不要适得其反，因锻炼过量产生疲劳而影响了正常的工作和学习。

4. 不断学习

现代社会飞速发展，新的知识层出不穷，而教师是知识的传播者，是人类知识的代言人，因此，教师不断接受继续教育，学习新的知识，就成为必然之举。所谓"活到老，学到老"就是这个道理。教师如果不学习，就跟不上时代的要求，跟不上社会的发展，而青少年的好奇心强，求知欲强，特别喜爱并能接受新事物，这样教师与学生之间的代沟会越来越大、越来越深，学生还有可能会因此而不尊重教师。

所以，积极参加继续教育也是教师维护自身心理健康的一项重要措施。身为教师，只有不断提高自身的综合素质，不断学习和掌握新的知识，尽快适应新的教学观念，掌握新的教学方法，达到新的教学要求，才能寻求新的发展，也才能真正拥有心理上的安全感。教师不断地接受新知识，开阔自己的视野，也能使自己站在更高的角度看问题，以更平和的心态对待生活和工作中的问题和困难，更少地体验到焦虑和挫折，对维护心理健康有重要意义。

5. 寻求专业帮助

心理治疗能提高教师的理解力，使他们和学生、同事一起工作得更好。当自我调节困难时，教师要主动寻求专业的心理帮助。寻求专业帮助在这里主要是指教师在有心理障碍或心理疾病时应寻求心理咨询或心理治疗。

不仅仅是教师，各行各业的人都正逐步认识到，不管是短期的还是连续的心理治疗，都能帮助他们更愉快、更有效地工作。以前，一提到心理治疗，人们就会把它与精神病挂钩。但现在，人们越来越认识到，求助于心理治疗是诚实、有勇气、愿意进步和发展的一种行为。一个被心理问题所困扰的教师硬撑着低效率地工作是没有任何意义的，其结果很有可能是教师把他的消极情绪投射到他所教的学生身上，给学生的心理造成不良影响。

总之，教师是教育过程的决定者，教师的行为直接影响学生人格的形成和发展。所以教师要在工作中不断充实自我，完善自我，以健康的心理状态和良好的心理素质去帮助每个学生，让学生得到健康和可持续发展。

第十五章　要点回顾　　　第十五章　习题园地　　　第十五章　思维导图

参 考 文 献

[1] 陈琦，刘儒德. 当代教育心理学［M］. 2版. 北京：北京师范大学出版社，2000.
[2] 戴晓阳. 常用心理评估量表手册［M］. 北京：人民军医出版社，2011.
[3] 傅小兰，张侃. 中国国民心理健康发展报告（2021—2022）［R］. 北京：社会科学文献出版社，2023.
[4] 郭黎岩. 心理学［M］. 南京：南京大学出版社，2006.
[5] 黄希庭. 心理学导论［M］. 北京：人民教育出版社，2015.
[6] 洪明，张锦坤. 教育知识与能力（中学）［M］. 北京：北京大学出版社，2014.
[7] 李飞. 心理学基础［M］. 长春：东北师范大学出版社，2020.
[8] 李红. 现代心理学［M］. 成都：四川教育出版社，2009.
[9] 李祚山. 心理学［M］. 北京：北京师范大学出版社，2011.
[10] 梁宁建. 心理学导论［M］. 上海：华东师范大学出版社，2013.
[11] 林崇德. 发展心理学［M］. 北京：人民教育出版社，2009.
[12] 刘爱伦. 思维心理学［M］. 北京：人民教育出版社，2002.
[13] 刘景平. 心理学［M］. 合肥：安徽人民出版社，2010.
[14] 刘儒德. 学习心理学［M］. 北京：高等教育出版社，2010.
[15] 卢家楣. 心理学——基础理论及其教育应用［M］. 上海：上海人民出版社，1998.
[16] 鲁中义. 心理学［M］. 北京：科学出版社，2009.
[17] 莫雷. 教育心理学［M］. 北京：教育科学出版社，2007.
[18] 彭聃龄. 普通心理学［M］. 北京：北京师范大学出版社，2004.
[19] 全国十二所重点师范大学联合编写. 心理学基础［M］. 北京：教育科学出版社，2002.
[20] 任金杰，陆雪莲. 高师心理学教程［M］. 北京：教育科学出版社，2013.
[21] 邵志芳. 思维心理学［M］. 2版. 上海：华东师范大学出版社，2007.
[22] 宋宝萍. 创新思维心理学：培养与训练［M］. 北京：电子工业出版社，2012.
[23] 王重鸣. 心理学研究方法［M］. 北京：人民教育出版社，2001.
[24] 王小晔，赵鑫. 皮格马利翁的象牙雕像［M］. 上海：上海科学技术出版社，2005.
[25] 汪凤炎. 中国教育史新编［M］. 北京：人民教育出版社，2013.
[26] 徐光兴. 中外电影名作心理案例集［M］. 上海：上海教育出版社，2006.
[27] 徐浩渊. 我们都有心理伤痕［M］. 北京：中国青年出版社，2003.
[28] 姚本先. 心理学［M］. 北京：高等教育出版社，2005.
[29] 姚乃琳. 大脑修复术［M］. 北京：中信出版集团，2020
[30] 叶奕乾，何存道，梁宁建. 普通心理学［M］. 5版. 上海：华东师范大学出版

社，2016.

[31] 俞国良，任金杰. 心理学理论与实践教程［M］. 北京：教育科学出版社，2021.

[32] 张洁. 心理学［M］. 北京：北京师范大学出版社，2010.

[33] 张世富. 心理学教学指导［M］. 北京：人民教育出版社，2004.

[34] 郑雪. 心理学［M］. 2 版. 北京：高等教育出版社，2006.

[35] 朱彤. 日常生活中的心理学［M］. 北京：金城出版社，2007.

[36] 朱智贤. 儿童心理学［M］. 北京：人民教育出版社，2003.

[37] 多米尼克·奥尔赖恩. 记忆术——过目不忘的记忆秘诀［M］. 闫圆媛，蔡侗辰，译. 海口：海南出版社，2006.

[38] 芭芭拉·弗雷德里克森. 积极情绪的力量［M］. 王珺，译. 北京：中国人民大学出版社，2010.

[39] 理查德·格里格，菲利普·津巴多. 心理学与生活［M］. 王垒，译. 19 版. 北京：人民邮电出版社，2016.

[40] 哈维·席尔瓦，理查德·斯特朗，马修·佩里尼. 多元智能与学习风格［M］. 张玲，译. 北京：教育科学出版社，2003.

[41] COON D，MITTERER J O. 心理学导论［M］. 郑钢，译. 北京：中国轻工业出版社，2007.

[42] 拉里·谢佛，马修·R. 麦伦斯. 普通心理学研究故事［M］. 石林，译. 2 版. 北京：世界图书出版公司，2007.

[43] 马库斯·白金汉，唐纳德·克利夫顿. 现在，发现你的优势［M］. 方晓光，译. 北京：中国青年出版社，2007.

[44] MCINTYRE D J，HAIR M J. 教师角色［M］. 丁怡，马玛，译. 北京：中国轻工业出版社，2002.

[45] WOOLFOLK W. 教育心理学［M］. 何先友，译. 10 版. 北京：中国轻工业出版社，2008.

[46] 筱原菊纪. 30 种大脑训练方法：提高你的注意力［M］. 江霆，译. 北京：电子工业出版社，2010.

[47] 斯托曼. 情绪心理学：从日常生活到理论［M］. 王力，主译. 5 版. 北京：中国轻工业出版社，2006.